<u>**_ACCESO GRATIS_**</u> ***a la Lectura en la Nube***

Para visualizar el libro electrónico en la nube de lectura envíe junto a su nombre y apellidos una fotografía del código de barras situado en la contraportada del libro y otra del ticket de compra a la dirección:

ebooktirant@tirant.com

En un máximo de 72 horas laborables le enviaremos el código de acceso con sus instrucciones.

EL DECOMISO

Procedimiento de selección de originales, ver página web:
www.tirant.net/index.php/editorial/procedimiento-de-seleccion-de-originales

EL DECOMISO

TAMARA FUNES BELTRÁN

tirant lo blanch
Valencia, 2025

En caso de erratas y actualizaciones, la Editorial Tirant lo Blanch publicará la pertinente corrección en la página web www.tirant.com.

La aceptación de la presente obra ha tenido en consideración la evaluación y calificación otorgada por los expertos componentes del tribunal calificador de la tesis doctoral en la que se basa, cumpliendo con el criterio correspondiente de los revisores externos y ofreciendo la calidad debida a la presente edición.

EDITA: TIRANT LO BLANCH
C/ Artes Gráficas, 14 - 46010 - Valencia
TELFS.: 96/361 00 48 - 50
FAX: 96/369 41 51
Email: tlb@tirant.com
www.tirant.com
Librería virtual: www.tirant.es
DEPÓSITO LEGAL: V-1355-2025
ISBN: 978-84-1095-691-9

Si tiene alguna queja o sugerencia, envíenos un mail a: *atencioncliente@tirant.com*. En caso de no ser atendida su sugerencia, por favor, lea en *www.tirant.net/index.php/empresa/politicas-de-empresa* nuestro procedimiento de quejas.

Responsabilidad Social Corporativa: http://www.tirant.net/Docs/RSCTirant.pdf

A Raúl y Leyre, los amores de mi vida.

A mi familia, por su apoyo incondicional.

A mis directores, José M.ª y Mercedes,
por su confianza.

A todos vosotros, eternamente agradecida.

Índice

Capítulo 2

PARTE SEGUNDA
EVOLUCIÓN JURÍDICA DEL DECOMISO EN EL DERECHO ESPAÑOL

Capítulo 1

Capítulo 2

Capítulo 3

Capítulo 4

PARTE TERCERA
VISIÓN GENERAL DE LOS ASPECTOS SUSTANTIVOS, PROCESALES Y ORGÁNICOS DEL DECOMISO EN EL ORDENAMIENTO JURÍDICO ESPAÑOL

Capítulo 1

Capítulo 2

Abreviaturas

AA.VV	Autores Varios.
AC	Actualidad Civil.
ADPCP	Anuario de Derecho Penal y Ciencias Penales.
ART	Artículo.
ATC	Auto del Tribunal Constitucional.
BOE	Boletín Oficial del Estado.
BOP	Boletín Oficial de la Provincia.
CE	Constitución Española.
CESEJ	Centro de Estudios Superiores de Especialidades Jurídicas.
CGPJ	Consejo General del Poder Judicial.
CNP	Cuerpo Nacional de Policía.
CP	Código penal.
CPC	Cuadernos de Política Criminal.
CCIV	Código civil.
EDJ	Estudios de Derecho Judicial.
EPC	Estudios Penales y Criminológicos.
FGE	Fiscalía General del Estado.
LEC	Ley de Enjuiciamiento Civil.
LECrim	Ley de Enjuiciamiento Criminal.
LO	Ley Orgánica.
MF	Ministerio Fiscal.
PJ	Poder Judicial.
RD	Real Decreto.
RDPC	Revista de Derecho Penal y Criminología.
RDPP	Revista de Derecho y Proceso Penal.
RECPC	Revista Electrónica de Ciencia Penal y Criminología.

RGDP	Revista General de Derecho Penal.
SAP	Sentencia de la Audiencia Provincial.
STC	Sentencia del Tribunal Constitucional.
STEDH	Sentencia del Tribunal Europeo de Derechos Humanos.
STS	Sentencia del Tribunal Supremo.

Prólogo

La primera obra que se publica es y constituye una tarjeta de presentación de la autora ante la comunidad científica y ésta, por sus cualidades, la sitúa en un lugar propio y merecido en el ámbito del derecho procesal. Se analiza su objeto desde la dificultad que el mismo presenta, mucha, y se acredita un excelente manejo de los conceptos de la asignatura, el uso adecuado de los materiales bibliográficos y legales y, sobre todo, al autor en su forma de escribir, de abordar la realidad y apuntar hacia el pasado y futuro, su libertad al punto de describir ambos y la de proponer alternativas sin más ataduras que las que marca la siempre obligada ciencia jurídica y el sistema. Y ello desde el eclecticismo que, lejos de rechazar toda idea o premisa, las valora y acoge en la parte que se considera válida. Esta forma de análisis significa respeto al pensamiento todo, moderación y conciencia de que los extremos son siempre erróneos y que en cada planteamiento hay valores que deben considerarse. Nada hay absoluto y el buen jurista es consciente de que en cualquier postura existen argumentos válidos que no deben desconocerse y menos aún rebajar a la categoría de error.

La Pfra. Funes, en esta que es su tesis doctoral, cumple y con creces todas estas exigencias, revelando con ello que este primer peldaño es eso, un peldaño superado que anticipa y acredita una jurista procesalista con todos los atributos y condiciones para constituirse en el futuro inmediato en referente obligado en su ámbito de conocimiento y especialización. Desde la primera página se aprecian virtudes que deben estar en la base del jurista humanista, humilde, pero valiente y respetuoso, cual es exigible en una Universidad que predica el conocimiento fuera de marcos estrictos dominados por criterios ajenos a la ciencia y la libertad.

Los que la conocemos y sabemos de su trayectoria, de su esfuerzo muy superior al común, de su incansable dedicación al estudio, a la universidad, a la docencia en el sentido de entrega a la enseñanza sin calificativos, no esperábamos otra cosa. El esfuerzo y el sacrificio son siempre presupuesto de los resultados, especialmente si éstos tienen el rango que se les ha de conceder y se compaginan con valores humanos imprescindibles que la Pfra. Funes posee y ha demostrado. Y es que toda obra jurídica, además de serlo, es fruto de la conciencia personal, individual, social e ideológica. Cuando se tiene, la obra adquiere un valor superior en tanto viva, útil y no sólo un compendio de conocimientos que informan, no forman.

No es fácil el objeto de la monografía que se prologa y no lo es desde su naturaleza jurídica, compleja y no aceptada unánimemente, pasando por su ubicación legal, penal y procesal, por la regulación europea e internacional y por las partes que intervienen en su desarrollo en el marco del proceso. Una materia amplísima que se aborda en el trabajo con profundidad y poniendo el acento en los presupuestos doctrinales, previos y preceptivos para cualquier análisis del tratamiento procesal del objeto del trabajo.

Parte la obra de una definición conceptual de lo que es el decomiso, figura que transita entre consideraciones de naturaleza distinta, aunque todas ellas con elementos comunes. La determinación del carácter de la medida es, pues, necesaria en una elaboración procesal, pues del mismo deriva el tratamiento que ha dársele en el proceso que ha de ser coherente con el posicionamiento que se adopte. Es por ello por lo que la autora, previamente a configurar o desarrollar ese concepto, en una parte de sumo interés, diferencia el decomiso de otras figuras cercanas o similares parcialmente, siendo destacable la que hace respecto de las medidas cautelares o la responsabilidad civil derivada de hecho ilícito y acumulada a la pretensión penal, materia ésta que no es tampoco fácil de abordar. Y, a partir de estas reflexiones concluye ubicando el decomiso en su lugar para, sobre esa base desarrollar el régimen jurídico procesal aplicable.

Destaca en la obra el estudio, amplio y útil en una materia como ésta que ha pasado de la irrelevancia o escasa atención a ser un elemento esencial en procesos que afectan a la delincuencia grave y a delitos en los que se implican bandas organizadas y en los casos de corrupción, el que se hace de la evolución histórica de la medida estudiada. La historia enseña y explica muchas cosas que no la tienen desde su mera contemplación presente, sin los elementos que constituyen las razones de una evolución que entroncan siempre con la realidad de un país y sus cambios en amplios aspectos de la vida. Esta parte del trabajo es de un interés que el lector comprenderá.

Sigue a esta parte la relativa al derecho internacional, con especial referencia al europeo. Tratándose de una figura que afecta a delitos de carácter patrimonial, presente en el blanqueo de capitales y en la corrupción, es fundamental, en un mundo globalizado, contar con normas de rango internacional que prevean la cooperación y el mutuo reconocimiento de las resoluciones judiciales, ejecutivas y cautelares. Más allá de los principios, la normativa internacional debe considerarse, en su realización práctica, esencial para la eficacia del decomiso y los efectos que con el mismo se persiguen.

Termina el trabajo con el desarrollo del proceso de decomiso, en sus diferentes configuraciones. Un capítulo pedagógico y reflexivo, además de práctico y suficiente para conocer, en el marco de la obra y sus pretensiones, el conjunto de elementos que sirven para su aprehensión intelectual y material.

El resultado de la lectura del trabajo que nos presenta la Dra. Tamara Funes es fruto de una estructura que lo enmarca en un proceso que va de lo previo a lo concreto, de lo general a lo particular, de lo teórico a lo práctico. Apoyado en un arsenal bibliográfico muy completo y en un marco normativo exhaustivo, proporciona al lector una visión de conjunto, que acoge la interdisciplinariedad, propia del derecho en el ordenamiento y el sistema, que enriquece, pero que no es fácil de desarrollar y que demuestra una alta capacidad de la autora.

Concluyo mostrando mi enorme satisfacción porque la autora me ha considerado para confeccionar este prólogo, lo que acredita el afecto y la consideración que sabe que le tengo desde el primer día y la plena confianza en su futuro, que augura éxitos en este oficio maravilloso que es la Universidad. Ella es universitaria por vocación y leal a sus convicciones por trayectoria humana. Y eso es un mérito en una sociedad que necesita personas como la Dra. Funes.

En Benissa, a seis de marzo de dos mil veinticinco

JOSÉ MARÍA ASENCIO MELLADO
Catedrático de Derecho procesal de la Universidad de Alicante

Introducción

El funcionamiento de la sociedad globalizada se ha visto transformado por los grandes avances de la tecnología, hecho que ha caracterizado a esta época de tal manera que es conocida como la "era digital". Esta tecnología ha eliminado muchos obstáculos presentes en el mundo globalizado, y que ha repercutido favorablemente en la economía de los Estados. No obstante, las ventajas que suponen la configuración de un mercado globalizado de libre circulación y el uso de las nuevas tecnologías no solo han repercutido favorablemente a la sociedad en general, sino que las organizaciones criminales han sabido aprovechar estas circunstancias para multiplicar sus ganancias.

Especialmente ha sido la delincuencia económica a gran escala la que se ha beneficiado de estas condiciones para desarrollar sus actividades criminales, ampliando el objeto de su actividad delictiva, que ya no se reduce a un tipo concreto, sino que suelen ser diferentes actividades criminales con una estrecha vinculación entre ellas. A ello se suma que, a nivel territorial, dejan de ser actividades meramente locales para pasar a internacionalizarse, operando simultáneamente en diferentes Estados.

En este contexto social, la cooperación policial y penal a nivel internacional deviene imprescindible para lograr su prevención y persecución. En este sentido, una de las medidas que ha adquirido mayor relevancia, especialmente, con el fin de lograr de forma satisfactoria la recuperación de los activos ilícitos, ha sido el decomiso, que, junto con otras medidas como el embargo, las órdenes europeas de investigación, etc., permiten debilitar a estas organizaciones criminales, especialmente dañinas con los intereses democráticos de los Estados.

La importancia que ha adquirido el decomiso en los últimos tiempos ha supuesto que sea desde este ámbito transnacional desde el que se desarrolle normativamente la figura, marcando las líneas generales de actuación a los legisladores nacionales. Es por ello que encontramos numerosos convenios, acuerdos, recomendaciones de carácter internacional y europeo que influyen de forma directa en el régimen legal del decomiso previsto en nuestra regulación interna.

Todos estos instrumentos normativos referidos al decomiso de una forma directa o indirecta recogen unas líneas estratégicas orientadas a lograr una efectiva recuperación de activos bajo la premisa de evitar que la comisión del crimen resulte provechosa, es decir, que mediante la privación del patrimonio vinculado a la actividad delictiva se vean reducidas las posibilidades de enriquecimiento ilícito que motivan la comisión de estas actividades delictivas y que pueden ser consideradas rentables para los delincuentes. Por ello, se ha desarrollado a nivel internacional, supranacional y estatal medidas que permitan perseguir estos rendimientos del delito (o *follow the money*).

El Derecho penal clásico resulta insuficiente para lograr este fin último. Por ello, las políticas criminales más modernas se han centrado en actualizar la tipificación de delitos como el blanqueo de capitales o la receptación, en el reconocimiento de la responsabilidad penal de las personas jurídicas y, por supuesto, con el embargo y decomiso de los activos para hacer frente a la delincuencia organizada. Especialmente, se ha puesto el foco de atención en el decomiso como mecanismo penal indispensable para la privación de los bienes del delito, lo que, consecuentemente, ha supuesto grandes cambios en su regulación.

Efectivamente, la nueva configuración del decomiso que resulta de las estrategias de política criminal, lo posiciona como mecanismo clave para la privación de los bienes relacionados con el delito, desplazando en algunos supuestos al orden civil, sector del ordenamiento que se encarga de la correcta formación de los patrimonios y su transmisión. Genera, pues, grandes controversias en su aplicación, ya que, se trata de una figura que se mueve entre líneas muy difusas, que la llevan en la práctica a invadir el ámbito de otras instituciones civiles, e incluso a la posibilidad de calificar la conducta del titular del bien decomisado como delictiva.

En el ordenamiento español, sin embargo, el decomiso nunca fue de gran interés legislativo, por lo que fue la jurisprudencia y la doctrina penalista quienes fueron delimitando su ámbito de aplicación y ofreciendo diferentes interpretaciones a las escuetas referencias normativas. Esta circunstancia ha desembocado en el hecho de que, prácticamente, todos sus elementos se hayan sometido a interminables debates jurídicos de difícil solución. Ni siquiera es posible resolver las numerosas dudas que genera en la configuración actual que se recoge en nuestro ordenamiento.

Fijado, así, el punto de partida, el presente trabajo tiene como objeto analizar la problemática general que plantea la regulación del decomiso en nuestro ordenamiento. Tras las reformas operadas por Ley Orgánica 1/2015, de 30 de marzo y la Ley 41/2015, de 5 de octubre, en la regulación contenida en el Código penal y en la Ley de Enjuiciamiento Criminal, respectivamente, no solo no han quedado resueltos los debates tradicionales, sino que las dudas que envuelven a la figura se han multiplicado ante la deficitaria técnica legislativa empleada, lo que justifica la necesidad de realizar un estudio sistemático de esta figura.

Además, su interacción con otros sectores del ordenamiento, como el Derecho civil o el Derecho administrativo, y el hecho de que todas sus características estén íntimamente conectadas entre sí, la convierten en una figura de carácter complejo que obliga a tener presente toda la problemática que surge en cada uno de sus puntos a la hora de analizar cualquiera de las cuestiones que integran su régimen. Por tanto, la complejidad que implica su disección teórica es mucho mayor en una institución como esta, donde deben ponerse en relación de forma constante todas sus piezas, para poder emitir un razonamiento lógico dentro de unos límites. Se trata, pues, de un trabajo de carácter expositivo que pretende plasmar en una obra uniforme el recorrido evolutivo de la figura, y aunque son muchos los temas vinculados directa o indirectamente con el decomiso, nos centraremos en los debates más importantes generados en torno a la misma.

A los efectos de abordar las cuestiones anteriores, la obra se encuentra divida en tres partes. La primera parte del trabajo, denominada "consideraciones generales sobre la figura del decomiso", se aborda un estudio del concepto de decomiso. Se trata de un apartado que engloba las principales definiciones que se han ofrecido sobre el decomiso desde una triple vertiente.

En primer lugar, se hace un repaso de las diferentes referencias legislativas al concepto de decomiso en nuestro ordenamiento. Este término queda unificado, tras un uso indistinto junto con el concepto anterior, comiso, que queda finalmente relegado. Se trata de una primera medida adoptada para armonizar nuestras normas al contexto normativo europeo. En este sentido, se exponen las definiciones más relevantes recogidas en los instrumentos internacionales y la repercusión de las normas de reconocimiento mutuo de resoluciones, en concreto, en las definiciones contenidas en nuestra Ley de Reconocimiento Mutuo de 2014 y en el Reglamento (UE) 2018/1805, del Parlamento y del Consejo, de 14 de noviembre sobre el reconocimiento mutuo de resoluciones de embargo y decomiso. En segundo lugar, se aborda la cuestión desde la perspectiva doctrinal. En este apartado se recopilan las definiciones más relevantes expuestas por la doctrina tradicional y, correlativamente, aquellas otras de autores expertos en la materia que, conforme a la regulación del momento, han formulado una definición concreta del decomiso. Por último, se hace un recorrido temporal de las definiciones ofrecidas por la jurisprudencia del Tribunal Supremo.

Tras exponer el tratamiento del concepto del decomiso en sus tres vertientes, se recoge, en el último apartado de este capítulo I, los presupuestos generales más relevantes de la figura, que pueden coadyuvar a dar un concepto del decomiso. No obstante, se hace referencia a una "aproximación" y no a una configuración exacta del decomiso. Esto se debe a que no es posible dar una definición válida y uniforme del decomiso, pues, se trata de una institución cuyo régimen se ha ampliado en su objeto y, en consecuencia, han surgido tantas modalidades que impide otorgarle un tratamiento único como institución. Son múltiples las teorías que se formulan del decomiso, incluso dentro del mismo ámbito del ordenamiento. Por ello, se ha considerado más adecuado desarrollar dentro de cada uno de estos presupuestos, las características comunes y sus diferencias con las distintas figuras afines.

Especialmente, el decomiso ha mantenido una cierta fricción con las medidas cautelares reales en el proceso penal, como el secuestro o el depósito judicial. Esto ha llevado a complicar más su delimitación, al verse afectado en este punto por las deficiencias de las que, a su vez, adolecen las medidas cautelares. En este punto entran en juego las imprecisiones terminológicas con el uso del término "decomiso preventivo o cautelar", el uso indistinto de los términos secuestro-depósito- incautación o el uso del término de "embargo preventivo" que se hace en las normas de reconocimiento mutuo de resoluciones. Por otro lado, el hecho de ser una consecuencia de tipo patrimonial convierte al decomiso en una institución con rasgos civiles, sobre todo en algunas de sus modalidades como el decomiso ampliado, y que llevan a la figura a solaparse con otras instituciones como el partícipe a título lucrativo y el responsable civil. Todos estos aspectos y, muchos otros, son los principales conflictos que surgen en esta labor de componer una definición del término y que, como tal, se hace referencia a ellos a lo largo de este apartado.

En el segundo capítulo se expone la evolución que ha tenido la naturaleza del decomiso en nuestro ordenamiento, desde su consideración como pena pecuniaria hasta su inclusión como consecuencia accesoria en el Código penal de 1995. Se trata de una ardua tarea que ha generado posiciones contrapuestas en la doctrina y que, ha llevado a considerar su naturaleza penal, donde existe un sector doctrinal más moderno que se postula a favor de considerar el decomiso como una tercera categoría de sanción penal, distinta de las penas y medidas de seguridad. Sin embargo, hay otros sectores más minoritarios que han defendido su naturaleza civil o incluso, administrativa y procesal. No obstante, no puede afirmarse que ninguna de ellas se haya podido constituir como una verdad absoluta, manteniéndose vivo este debate en la actualidad.

La segunda parte del trabajo denominada "Evolución jurídica del decomiso en el Derecho español" se encuentra dividida en cuatro capítulos. En el primer capítulo se recoge la evolución histórica del decomiso desde el Derecho clásico, remontándonos a la figura de la confiscación de bienes de la época arcaica del Derecho romano, pasando por las principales etapas de la Edad Media, hasta su abolición en las Cortes Constituyentes de Cádiz de 1812. A partir de este periodo, se recopila la regulación del decomiso en todos los Códigos penales españoles desde 1822 hasta la actualidad. Esta perspectiva histórica permite dar una visión general de los cambios sufridos en la figura del decomiso y los motivos políticos y criminales que han ido marcando cada una de estas etapas.

El capítulo II y III desarrollan toda la normativa internacional y, especialmente, en el ámbito de la Unión Europea que ha regulado el decomiso o ha influido en su configuración. Se analizan los principales instrumentos adoptados en el seno de las Naciones Unidas y del Consejo de Europa. Destaca, en mayor medida, el Derecho europeo, por su influencia directa sobre el legislador español. Principalmente, se hace mención a las Decisiones Marco y Acciones comunes que tratan de aproximar las legislaciones nacionales en una primera etapa, y como poco a poco se va implementando un sistema de armonización basado en la confianza mutua. Especial mención merece en este marco normativo la regulación del reconocimiento mutuo de resoluciones de embargo y decomiso, donde se analiza: su origen europeo, su transposición al ordenamiento español, la regulación contenida en la Ley de Reconocimiento Mutuo de 2014 y el último Reglamento Europeo 2018/1805. En esta última parte se desarrolla todo el procedimiento que debe articularse para la emisión de estas resoluciones y su reconocimiento como Estado receptor, en un proceso penal.

El último capítulo de esta segunda parte va dedicado al marco actual de la legislación española. En él se desgrana, en un primer lugar, la Directiva 2014/42/UE que ubicamos en este apartado, y no en el capítulo anterior, por entender que a efectos didácticos es mucho más recomendable situarlo aquí junto a la transposición que realiza nuestro legislador a través de las reformas operadas en el Código penal y en la Ley de Enjuiciamiento Criminal en el año 2015, que son analizadas en este mismo capítulo.

Por último, la tercera parte del trabajo, denominada "Visión general de los aspectos sustantivos y procesales del decomiso en el ordenamiento español", aglutina la regulación de la figura y los debates más significativos sobre los dos principales planos de la figura, a los que se suma el análisis del tercer aspecto del decomiso, referido a su vertiente orgánica.

Por ello, en el primer capítulo se ofrece un tratamiento conjunto de los aspectos sustantivos del decomiso, y de cómo se encuentran regulados en el Código penal. Tras las reformas del 2015, el decomiso ha pasado de dos preceptos a ampliarse a un conjunto más detallado, que abarca los artículos 127 a 127 octies, y el 128 con la cláusula de proporcionalidad. En primer lugar, se hace referencia al objeto del decomiso, donde se distingue entre el decomiso de efectos e instrumentos y el decomiso de las ganancias. Se tratan de dos categorías que según la doctrina y la jurisprudencia poseen unos fundamentos y fines distintos. El segundo apartado recoge un esquema de las diferentes modalidades del decomiso, lo que ha llevado a la doctrina mayoritaria a referirse al término "decomisos", negando así el tratamiento unitario de la figura. No obstante, no existe tampoco un criterio doctrinal unificado en esta cuestión.

El capítulo dos recoge los "aspectos procesales de la figura del decomiso", donde se analiza, en primer lugar, la intervención de los terceros afectados por el decomiso. Y, en segundo lugar, se trata el decomiso autónomo, que permite decomisar un bien al margen del procedimiento principal en determinadas situaciones

Ambos se encuentran regulados en el Título III TER de la LECrim, artículos 803 ter letras A- U.

Por último, el capítulo tres, se refiere al "aspecto orgánico", en el que se desarrolla la labor ofrecida por la Oficina de Recuperación y Gestión de Activos. Se trata de un órgano de naturaleza administrativa, más conocida como ORGA, que auxilia a los órganos judiciales y fiscalías en la localización, recuperación y gestión de los efectos, bienes, instrumentos y ganancias procedentes de las actividades delictivas. Tras desarrollar su marco regulador, se analizan las cuestiones relativas a sus funciones, los aspectos más importantes de su intervención en la aplicación del resultado obtenido con el decomiso y las facultades que le otorga el legislador en relación con el uso provisional y la realización anticipada.

En definitiva, se trata de ofrecer al lector un estudio completo sobre el marco general del decomiso en nuestro ordenamiento, aglutinando en él los distintos debates doctrinales generados ante los problemas teóricos que plantea la figura en nuestro sistema penal y procesal. Este planteamiento nos permite reflexionar sobre si la configuración legal del decomiso en nuestro sistema actual es acorde con las directrices impuestas por Europa, quedando superados los viejos debates suscitados. O, si por el contrario, sigue presentando deficiencias técnico-jurídicas que impiden su correcta aplicación judicial.

PARTE PRIMERA

CONSIDERACIONES GENERALES SOBRE LA FIGURA DEL DECOMISO

Capítulo 1

Aproximación a un concepto moderno de decomiso

1. DEFINICIÓN NORMATIVA

Para abordar la delimitación conceptual de la figura del decomiso o comiso[1]-ambas expresiones son correctas[2]-, debemos ser conscientes de la evolución jurídica de la regulación de esta figura, la cual no ha estado exenta de dificultades, ya que, prácticamente todos los aspectos relacionados con el decomiso han sido objeto de una interminable discusión doctrinal[3]. Cuestión que, en general, no es ajena a la labor desempeñada por quien se embarque en una investigación jurídica de esta índole.

La primera traba que se presenta a la hora de definir el decomiso es la ausencia de una definición legal expresa[4]. El legislador español no ofrece un concepto claro y diferenciado de qué es el

---

1 Hasta el año 2015 se venían utilizando indistintamente ambas expresiones para referirse a este instituto jurídico penal, pero con la transposición de la Directiva 2014/42/UE a nuestro ordenamiento se unificó el término y pasó a referirse a éste exclusivamente como "decomiso".

2 GARRIDO CARRILLO, F.J., *El decomiso. Innovaciones, deficiencias y limitaciones en su regulación sustantiva y procesal,* Dykinson, Madrid, 2020, p.11.

3 OCAÑA RODRIGUEZ, A., "Una propuesta de regulación del comiso", *Revista de Derecho y Proceso Penal,* núm. 14, 2005, p.73.

4 GASCÓN INCHAUSTI, F., "Cooperación Judicial y Decomiso de bienes en la Unión Europea", *El Derecho Procesal Penal de la Unión Europea. Tendencias actuales y perspectivas de futuro,* Colex, Madrid, 2006, p. 211: «Las fuentes de origen interno de nuestro ordenamiento jurídico no ofrecen una definición normativa del decomiso de bienes, sino que ésta se da por supuesta en los arts. 127, 128, 301,374 y 431 del Código penal. En cambio, sí que se pueden encontrar definiciones del decomiso en

decomiso en ninguno de los textos legales en los que se regula, ni vigentes ni anteriores, manteniéndose esta omisión en las sucesivas reformas[5]. Por el contrario, parte directamente de regular la figura con una visión general. Evidentemente, esta conducta le ha generado al legislador la recepción de numerosas críticas[6]

---

diversos textos de origen supranacional, que forman parte también de nuestro ordenamiento jurídico».

5 CARRILLO DEL TESO, A.E., *Decomiso y recuperación de activos en el sistema penal español*, Tirant lo Blanch, Valencia, 2018, pp. 96-97.

6 CARRILLO DEL TESO, A.E., *Decomiso y recuperación…, Op.cit.*, pp. 96-97. No obstante, la falta de interés sobre la figura del decomiso no era exclusiva del legislador, la doctrina de la época tampoco se mostraba atraída por la investigación de este instituto, así pone de relieve CEREZO DOMÍNGUEZ, A.I., *Análisis jurídico-penal de la figura del comiso*, Comares, Granada, 2004, pp. 3-5. JIMENEZ- VILLAREJO FERNÁNDEZ critica la escasa atención prestada al decomiso en nuestro Derecho penal y la necesidad de desarrollarse por el Derecho procesal penal, JIMENEZ- VILLAREJO FERNÁNDEZ, F., "Novedades legislativas en materia de decomiso y recuperación de activos", *Revista de Derecho Penal*, 2011, núm. 34, p. 93. También, AGUADO CORREA,T., "Decomiso de los productos de la delincuencia organizada: Garantizar que el delito no resulte provechoso", *Revista Electrónica de Ciencia Penal y Criminología*, núm. 15, Mayo- 2013, p.05:23; IDEM, "Comiso crónica de una reforma anunciada: análisis de la Propuesta de Directiva sobre embargo y decomiso de 2012, y del proyecto de reforma del código penal de 2013", *Indret: Revista para el análisis del derecho*, núm.1, Enero-2014, p. 13: « Lamentablemente, como viene siendo la práctica habitual en nuestro país, el legislador no utiliza los términos que se utilizan en las normas internacionales en materia de comiso, con la consiguiente confusión que ello general no solo a nivel nacional, tanto en el seno de la doctrina como en los propios Tribunales, sino también a nivel internacional. Como en su día puso de manifiesto la Comisión, "Estos términos son fundamentales porque su utilización en las normas de aplicación garantiza que los conceptos a los que se refieren son los mismos y tienen el mismo significado». DIAZ CABIALE, alude a la necesidad de unificar la terminología del Código penal y la Ley de Enjuiciamiento Criminal, y sobre todo, definir los conceptos en armonía con las definiciones utilizadas en los instrumentos internacionales, DIAZ CABIALE, J.A., "El decomiso tras las reformas del código penal y la Ley de enjuiciamiento criminal de

por parte de la doctrina mayoritaria, ya que ha sido la comunidad científica quien ha tenido que asumir junto con la jurisprudencia[7], la tarea de definir el decomiso, lo que conlleva una innegable dificultad.

Quizás, uno de los motivos que ha desencadenado esta situación a lo largo del tiempo por parte del legislador, se debe a la complejidad de determinar la naturaleza jurídica del decomiso, lo que irremediablemente ha repercutido en su delimitación conceptual. Como veremos, el concepto de decomiso está íntimamente ligado tanto a los diferentes fines que cumple – preventivos y retributivos-, como a los fundamentos a los que responde. En ambos casos, la respuesta dependerá del tipo de objeto sobre el que recaiga el decomiso, esto es, si trata de un decomiso de efectos e instrumentos –denominado decomiso de seguridad- o un decomiso de ganancias – denominado de confiscación[8]-; Ambos tipos de decomiso responden a fundamentos diferentes y su finalidad es distinta. Por ello, se ha venido reclamando desde hace tiempo una previsión normativa independiente de ambos tipos de decomiso. Por tanto, es en torno a estos aspectos principalmente – es decir, sus fines y fundamentos-, sobre los que, la doctrina se ha basado para abordar la tarea de delimitar el concepto teórico del decomiso y, consecuentemente, sobre su naturaleza jurídica.

2015", *Revista electrónica de Ciencia Penal y Criminología*, núm. 18-10, 2016, pp. 9-10. Acerca de la regulación de la figura, OCAÑA RODRIGUEZ, A., manifiesta que el exceso de retórica, la falta de una terminología fija y criterios de distinción, así como, las omisiones y lagunas que el legislador intenta rellenar por medio de la analogía provocan conflictos ante las diversas interpretaciones posibles, además de aumentar su ineficacia. OCAÑA RODRIGUEZ, A., "Una propuesta de regulación del comiso", *Op.cit.*, p. 74.

7 CEREZO DOMÍNGUEZ, A.I., *Análisis jurídico-penal...*, *Op.cit.*, p. 5.

8 GARRIDO CARRILLO, F.J., *El decomiso. Innovaciones, deficiencias y... Op.cit.*, pp. 39-40.

Posiblemente, el hecho de que el legislador olvidara por completo definir la figura del decomiso se debió a que tradicionalmente las consecuencias de carácter patrimonial derivadas del hecho delictivo quedaban relegadas a un segundo plano.[9] El Derecho penal clásico se encaminaba en mayor medida a sancionar al autor del delito, poniendo el foco de atención en su sanción y en las penas que afectaban a la libertad ambulatoria (especialmente la pena privativa de libertad) y, no tanto, en la recuperación de activos obtenidos ilícitamente que quedaba relegada a un segundo plano[10].

---

9 Circular 4/2010, de 30 de diciembre, sobre las funciones del Fiscal en la investigación patrimonial en el ámbito del proceso penal, Doctrina de la fiscalía general del Estado, BOE del 30 de diciembre de 2010. Referencia: FIS-C-2010-00004. Así, han puesto de manifiesto autores como QUINTERO OLIVARES, G., "Sobre la ampliación del comiso y el blanqueo, y la incidencia en la receptación civil", *Revista Electrónica de Ciencia Penal y Criminología*, núm. 12, 2010, p. 3.

10 BLANCO CORDERO, I., "La aplicación del comiso de adjudicación de contratos públicos obtenida mediante soborno de funcionarios públicos", *Estudios penales y criminológicos*, núm. 27, 2007, p. 41. Igualmente, en BLANCO CORDERO, I., " El comiso de ganancias: ¿brutas o netas?, *Diario la Ley*, núm. 7569, 2011, p.1. En el mismo sentido, aunque, no se trata de un hecho acaecido únicamente en nuestro ordenamiento, ROMERO PRADAS destaca la falta de interés por el resto de Estados miembros de la Unión Europea en la persecución de las ganancias derivadas del delito: «No puede desconocerse, sin embargo, que ha venido siendo una asignatura pendiente común en los distintos ordenamientos de los Estados miembros, centrar la fase de investigación del proceso penal en el objetivo de clarificar la comisión del hecho delictivo de cara a su prueba en el juicio, dejando a un lado la averiguación de los beneficios económicos de la actividad delictiva». ROMERO PRADAS, M.I., "Estado actual del reconocimiento mutuo de las resoluciones de embargo y decomiso", *en MORENO CATENA, V.; ROMERO PRADAS, M.I., Nuevos postulados de la cooperación judicial en la Unión Europea. Libro homenaje a la Prof.ª M.ª Isabel López Cano,* Tirant lo Blanch, Valencia, 2021, p. 1412. JIMENEZ- VILLAREJO FERNÁNDEZ, F., "Novedades legislativas..., *Op.cit.*, p.93. Las razones pueden deberse a como apunta NAVAS BLÁZQUEZ: « la falta de concienciación procesal de los Jueces y Fiscales de cara a la aprehensión de bienes y activos financieros pro-

Sin embargo, en las últimas décadas fueron apareciendo nuevas formas de delincuencia[11]–por ejemplo, la cometida por organizaciones criminales, personas jurídicas, etc.-y que afectaban a otro tipo de bienes jurídicos de carácter colectivo como, por ejemplo, el orden socioeconómico o la salud pública y no solo a bienes ju-

---

cedentes de la delincuencia organizada transnacional, centrada más bien en la persecución del delincuente y su sanción penal que en la aprehensión de las ganancias y beneficios de su patrimonio ilícito, así como en el escrupuloso respeto de las garantías procesales del imputado en una fase todavía embrionaria como la que representa la instrucción». NAVAS BLÁZQUEZ, J.J., "Cuestiones prácticas relativas al reconocimiento de resoluciones sobre embargo preventivo y aseguramiento de pruebas", en ARANGÜENA FANEGO, C.; DE HOYOS SANCHO, M.; RODRÍGUEZ- MEDEL NIETO, C. (Coord.), *Reconocimiento mutuo de resoluciones penales en la Unión Europea. análisis teórico-práctico de la Ley 23/2014, de noviembre, Aranzadi, Pamplona,* 2015, pp. 363-388.
Destacar la relevancia de la confiscación o el decomiso en materia aduanera y delitos de contrabando. En este sentido encontramos numerosas sentencias desde 1860, entre ellas, STS núm.1/1860, de 31 de diciembre (TOL5.096.290); STS núm. 1450/1948, de 4 de diciembre (TOL4.457.669); STS núm. 1755/1971, de 15 de noviembre (TOL4.269.240); STS núm. 369/2001, de 7 de marzo (TOL4.925.860); y más reciente, SAP de Madrid núm. 398/2020, del de septiembre (TOL8.171.791).

11 BLANCO CORDERO, I., SÁNCHEZ GARCÍA DE PAZ, I., "Principales instrumentos internacionales (de Naciones Unidas y la Unión Europea) relativos al crimen organizado: la definición de la participación en una organización criminal y los problemas de aplicación de la ley penal en el espacio", *Revista Penal,* núm.6, 2000, p. 3: «En los últimos años se están produciendo transformaciones de gran relevancia en la criminalidad a nivel mundial. Frente a las actividades criminales clásicas, llevadas a cabo básicamente de manera individual, se observa en la actualidad una evolución hacia una criminalidad más corporativa, hacia el crimen como empresa: es el denominado crimen organizado. Se trata de grupos de delincuentes organizados, que se encuentran además en condiciones de actuar tanto en la vertiente legal como en la ilegal de la actividad política y económica, cuya influencia en estos ámbitos se extiende hasta poder, incluso, condicionar negativamente sectores enteros de la vida productiva, social e institucional».

rídicos individuales. Estas circunstancias, entre otras, influyeron en la transformación del Derecho penal moderno. De tal manera que, siendo conscientes de la importancia de privar de las ganancias obtenidas por el hecho delictivo[12], además de imponer una sanción al responsable penal, se comenzó a poner énfasis en la investigación del patrimonio criminal. Así, pues, la finalidad ya no se dirigía exclusivamente a asegurar las responsabilidades derivadas de la comisión del hecho delictivo, sino también a evitar el enriquecimiento ilícito y, por supuesto, a prevenir la continuidad de la actividad criminal[13] mediante el decomiso de los efectos, bienes, medios e instrumentos con los que se hubiera preparado o ejecutado el delito, además de las ganancias.

En el ordenamiento jurídico español, y como se expondrá detenidamente en el apartado correspondiente a la normativa vigente de esta figura, el punto de inflexión en su regulación surge con la transposición de la *Directiva Europea 2014/42/UE* en el año 2015. Año legislativo destacable por la gran transformación sufrida en la regulación del decomiso, tanto en su régimen normativo sustantivo como en el aspecto procesal -esfera bastante más olvidada a la hora de estudiar esta figura-, pero también, desde el punto de vista institucional con la creación de la Oficina de Recuperación y Gestión de Activos[14]. El contenido de la meritada Directiva se transpuso a nuestro ordenamiento mediante dos instrumentos. Por un lado, la *Ley 41/2015, de 5 de octubre, de modificación de la Ley de Enjuiciamiento Criminal para la agilización de la justicia penal y el*

---

12 DIAZ CABIALE, J.A., *Op.cit.*, p. 3. AGUADO CORREA, T., hace referencia a como «las ganancias son consideradas el "talón de Aquiles" de la delincuencia organizada», AGUADO CORREA, T., "Embargo preventivo y comiso en los delitos de tráfico de drogas y otros relacionados: presente y ¿futuro?", *Estudios Penales y Criminológicos*, núm.33, 2013, p. 266.

13 GARRIDO CARRILLO, F.J., *El decomiso. Innovaciones, deficiencias y…*, *Op.cit.*, p. 37.

14 JIMENEZ- VILLAREJO FERNÁNDEZ, F., "La nueva regulación del decomiso y la recuperación de activos delictivos en el ordenamiento jurídico español", *Revista del Ministerio Fiscal*, núm.0, 2015, p. 96.

fortalecimiento de las garantías procesales; por otro lado, mediante la *Ley Orgánica 1/2015, de 30 de marzo, por la que se modifica la Ley Orgánica 10/1995, de 23 de noviembre, del Código Penal.* Estos dos instrumentos provocaron una modificación trascendental de la figura del decomiso que marcaron un antes y un después, constituyendo una nueva regulación más acompasada con las exigencias de la normativa comunitaria.

No obstante, con la trasposición de esta Directiva Europea a nuestro ordenamiento no quedó resuelto el problema de la delimitación conceptual del "decomiso", si bien, para lograr una mayor armonización en esta materia, se unificó su denominación quedando atrás el uso indistinto que se hacía de los términos "comiso y decomiso", para fijarlo exclusivamente en este último. De manera que, a través del artículo 260 de la *Ley 1/2015, de 30 de marzo por la que se modifica la Ley Orgánica 10/1995, de 23 de noviembre, del Código Penal*, se ponía punto final a esta cuestión terminológica y, en el que se dispuso que «Todas las referencias contenidas en la Ley Orgánica 10/1995, de 23 de noviembre, del Código Penal, al término "comiso" se sustituyen por el término "decomiso"». Sin embargo, seguía sin hacerse frente a la delimitación del propio concepto de "decomiso", que era lo realmente importante.

A pesar de haberse consolidado esta unificación terminológica en nuestra normativa interna debe advertirse que, en el texto del *Anteproyecto de reforma de la Ley de Enjuiciamiento Criminal de noviembre de 2020,* se incurre de nuevo en el uso equivalente de ambas expresiones y, aunque la expresión más utilizada a lo largo de sus preceptos sigue siendo "decomiso", son varios los preceptos que se refieren a esta figura como "comiso", entre ellos, los artículos 851, 958.1, 960 y 973, que de ser aprobado en un futuro, deberán ser rectificadas en concordancia con lo dispuesto en la Ley 1/2015.

Frente a la habitual omisión conceptual – intencionada o no- del legislador español, el legislador europeo sí que ha ofrecido en numerosas ocasiones una definición de decomiso, eso sí, normalmente ha consistido en definiciones muy sencillas y escuetas.

En el caso de esta Directiva, se ha referido al "decomiso", como «la privación definitiva de un bien por el órgano jurisdiccional en relación con una infracción penal[15]», pero sin llegar a pronunciarse sobre una cuestión mucho más polémica como era su naturaleza[16], es decir, si se trataba exclusivamente de una pena o medida o de cualquier otra cosa. El uso de este tipo de ambigüedades en los instrumentos normativos supranacionales permite reducir los obstáculos en su aplicación y prevenir los posibles conflictos que pudiera ocasionar su transposición a los diferentes ordenamientos nacionales y, con ello, evitar un fracaso en el intento de lograr una verdadera armonización normativa entre los Estados parte.

En cuanto a las definiciones más relevantes que podemos encontrar en los distintos instrumentos internacionales y europeos que regulan el decomiso –y a los que se hará referencia más detalladamente en el apartado correspondiente[17]-, por orden cronológico, cabe destacar: por un lado, la recogida en la *Convención de las Naciones Unidas contra el tráfico ilícito de drogas, estupefacientes y sustancias psicotrópicas celebrado en Viena el 20 de diciembre de 1988*[18], que entendía por decomiso « la privación con carácter definitivo de algún bien por decisión de un Tribunal o de otra autoridad competente». Definición que se mantuvo en la *Convención de Palermo o Convención de las Naciones Unidas contra la Delincuencia Organizada Transnacional, hecho en Nueva York el 15 de noviembre de 2000*[19]; y en la *Convención de Mérida o Convención de las Naciones Unidas contra la corrupción hecha en Nueva York el 31 de octubre de 2003*[20] .

---

15 Artículo 2.4. Directiva Europea 2014/42/UE.

16 AGUADO CORREA, T., "La Directiva 2014/42/UE sobre embargo y decomiso en la Unión Europea Una solución de compromiso a medio camino", *Revista General del Derecho Europeo*, núm. 35, 2015, pp. 12-13.

17 Vid. Parte III, capítulo I, apartado 2.

18 Artículo 1.f).

19 Artículo 2. G).

20 Artículo 2. G).

Por otro lado, el decomiso apareció también en el *Convenio nº141 del Consejo de Europa relativo al blanqueo, identificación, embargo y decomiso de los productos del delito de 1990*[21], bajo el término de "confiscación", y se indicaba que por tal «se entenderá una sanción o medida ordenada por un tribunal en virtud de un procedimiento relativo a un delito o delitos, cuyo resultado sea la privación definitiva de un bien».

Ya en el *Convenio del Consejo de Europa relativo al blanqueo, identificación, embargo y comiso de los productos del delito y a la financiación del terrorismo, hecho en Varsovia el 16 de mayo de 2005*[22] se modificó ligeramente el concepto de decomiso respecto de los términos en los que se venía utilizando hasta ahora: «Por «comiso» se entenderá una sanción o medida ordenada por un tribunal en virtud de un procedimiento relativo a uno o varios delitos, cuyo resultado sea la privación definitiva de un bien».

En nuestro Derecho interno, como ya se ha puesto de manifiesto, el legislador español no ha ofrecido una definición expresa del decomiso. Esta figura viene recogida en nuestro Código penal actual entre las llamadas consecuencias accesorias del delito[23] , lo que, además, ha generado gran confusión acerca de su naturaleza jurídica, puesto que las sitúa al margen de las penas y de las medidas de seguridad. No obstante, y manteniéndose el legislador en su línea de guardar silencio acerca del concepto del decomiso, se refiere al mismo en el artículo 127.1 en los siguientes términos: «Toda pena que se imponga por un delito doloso llevará consigo la pérdida de los efectos que de él provengan y de los bienes, medios o instrumentos con que se haya preparado o ejecutado,

---

21 Artículo 1. D).

22 Artículo 1. D). Este convenio fue firmado por España el 20 de febrero de 2009. Posteriormente, fue aprobado y ratificado el 28 de diciembre de 2009. El instrumento de ratificación se encuentra disponible en el «BOE» núm. 155, de 26 de junio de 2010.

23 Previsto en el Libro I Título VI, artículos 127 al 128 del Código penal LO 10/1995, de 23 de noviembre, reformado por la LO 1/2015, de 30 de marzo.

así como de las ganancias provenientes del delito, cualesquiera que sean las transformaciones que hubieren podido experimentar». Mientras que en el apartado segundo de este artículo hace referencia a su aplicación potestativa en los delitos imprudentes si conllevan una pena de prisión superior al año.

Con base en esta escueta referencia normativa, algunos autores se han referido en los mismos términos a la hora de definir el concepto de decomiso, sin necesidad de pronunciarse en este momento sobre aspectos más complejos como es su naturaleza jurídica, sus fines o los fundamentos a los que responde. Más bien, se refieren a éste como una simple consecuencia accesoria de la pena o del delito que supone una privación definitiva del bien o derecho sobre el que recae a favor del Estado.[24]

Esta noción básica del decomiso en la versión actual del Código penal no difiere en gran medida de la descripción utilizada en los Códigos anteriores a la promulgación de la LO 10/1995, cuando el decomiso tenía naturaleza de pena accesoria. En este caso, se regulaba en el artículo 48 del Código penal de 1973[25] que establecía lo siguiente: «Toda pena que se impusiere por un delito llevará consigo la pérdida de los efectos que de él provinieren y de los instrumentos con que se hubiere ejecutado. Los unos y los otros serán decomisados, a no ser que pertenecieren a un tercero no responsable del delito. Los que se decomisaren se venderán, si son de lícito comercio, aplicándose su producto a cubrir las responsabilidades del penado y, si no lo fueren se les dará el destino que dispongan los reglamentos, o, en su defecto, se inutilizarán»[26].

---

24 GARRIDO CARRILLO, F.J., *El decomiso. Innovaciones, deficiencias… Op.cit.*, p. 39.

25 Artículo 48, Decreto 3096/1973, de 14 de septiembre, por el que se publica el Código penal, Texto Refundido conforme a la Ley 44/1971, de 15 de noviembre.

26 En esta redacción se caracterizaba el decomiso por ser una pena accesoria a todas las penas impuestas por un delito, por lo que quedaban excluidas las faltas – y aunque fueron introducidas posteriormente- a estas se les aplicaba un comiso, al que MAPELLI y TERRADILLOS BASOCO,

Posteriormente, con la *Ley Orgánica 8/1983, de 25 de julio de reforma urgente y parcial del Código penal*[27] se añadía al artículo 48: «Cuando los referidos efectos e instrumentos no sean de ilícito comercio y su valor no guarde proporción con la naturaleza y gravedad de la infracción penal, podrá el Juez o Tribunal no decretar el comiso o decretarlo parcialmente».

No obstante, no fue hasta la *Ley 23/2014, de 20 de noviembre, de reconocimiento mutuo de resoluciones penales en la Unión Europea*[28], cuando finalmente el legislador se comprometió con un concepto más o menos concreto de decomiso[29]. En efecto, el artículo 157, acerca de las resoluciones de decomiso, disponía lo siguiente:

> «1. Las resoluciones cuyo régimen de reconocimiento y ejecución se regula por este Título son aquellas por las que un órgano jurisdiccional impone una sanción o medida firme a raíz de un procedimiento relacionado con una o varias infracciones penales, que tiene como resultado la privación definitiva de bienes.

---

caracterizan de "sui generis" y que hace referencia en el artículo 602 a una lista específica de bienes decomisables, MAPELLI, B. y TERRADILLOS BASOCO, J., *Las consecuencias jurídicas del delito,* Civitas, Madrid, 1990, p. 106.

27 «BOE» núm. 152, de 27 de junio de 1983. Corrección de errores: «BOE», núm. 175, de 23 de Julio de 1983.

28 BOE» núm. 282, de 21/11/2014. Ya con su antecesora, esto es, la *Ley 4/2010, de 10 de marzo, para la ejecución de la Unión Europea de resoluciones judiciales de decomiso* que trasponía la Decisión Marco 2006/783/JAI, algún autor como CEREIJO SOTO advierte que el concepto utilizado en esta norma no podía identificarse con el concepto que se venía recogiendo en el Código penal, pues resultaba mucho más amplio. CEREIJO SOTO, A., "Nuevos instrumentos para el decomiso a partir de la Ley 4/2010, de 10 de marzo para la ejecución en la Unión Europea de las resoluciones judiciales de decomiso", *Diario la Ley,* núm. 7457, 2010, p. 17.

29 GARRIDO CARRILLO, F.J., "Deficiencias y contradicciones del decomiso de bienes de terceros en la lucha contra el crimen organizado", en GARRIDO CARRILLO, F.J. (Dir.), FAGGIANI, V. (Coord.,) *Respuesta institucional y normativa al crimen organizado. Perfiles estratégicos para una lucha eficaz,* Thomson Reuters Aranzadi, Pamplona, 2022, p. 355.

> 2. La resolución de decomiso puede afectar a cualquier tipo de bienes, ya sean materiales o inmateriales, muebles o inmuebles, así como a los documentos con fuerza jurídica u otros documentos acreditativos de un título o derecho sobre esos bienes respecto de los cuales el órgano jurisdiccional del Estado de emisión haya decidido:
>
> a) Que constituyen el producto de una infracción penal o equivalen total o parcialmente al valor de dicho producto.
>
> b) Que constituyen los instrumentos de dicha infracción.
>
> c) Que pueden ser decomisados con motivo de la aplicación en el Estado de emisión de cualquiera de los supuestos de potestad de decomiso ampliada que se especifican en el artículo 3, apartados 1 y 2, de la Decisión Marco 2005/212/JAI, del Consejo, de 24 de febrero de 2005, relativa al decomiso de los productos, instrumentos y bienes relacionados con el delito.
>
> d) O que pueden ser decomisados a tenor de cualesquiera otras disposiciones relacionadas con una potestad de decomiso ampliada de conformidad con el Derecho del Estado de emisión».

Más recientemente y, en relación con el reconocimiento mutuo de resoluciones penales, junto a nuestra LRM 2014 nos encontramos con la entrada en vigor del *Reglamento (UE) 2018/1805 del Parlamento y del Consejo de 14 de noviembre de 2018 sobre el reconocimiento mutuo de las resoluciones de embargo y decomiso*[30]. Se trata de un instrumento europeo directamente aplicable sin necesidad de trasposición a nuestro ordenamiento y, en el cual, se ha conservado la misma definición recogida en la *Decisión Marco 2006/783/JAI,* que se refería a las resoluciones de decomiso como una «sanción o medida firme impuesta por un órgano jurisdiccional a raíz de un procedimiento relativo a un delito, que tenga como resultado la privación definitiva de bienes de una persona física o jurídica», y que, como se puede observar viene a utilizar los mismos términos que la LRM 2014.

Por último, desde el punto de vista procesal, como ya se apuntó en el análisis de la evolución normativa de la figura, la Ley de En-

---

30 «DOUE» núm. L 303/1 de 28 de noviembre de 2020.

juiciamiento Criminal vigente no recoge una definición expresa sobre el decomiso, ni si quiera a lo largo del Título III ter dedicado a la intervención de terceros afectados por el decomiso y al procedimiento de decomiso autónomo, en cuyos artículos se va desarrollando los distintos trámites procesales que englobaría cada una de las actuaciones sin mencionar exactamente qué es o en qué consiste el decomiso, ni hace remisión alguna al Código penal. Esta cuestión tampoco se abordó en los textos preparatorios o prelegislativos de reforma de la ley de enjuiciamiento criminal anteriores, entre ellos, el Anteproyecto de 2011 y el Proyecto de 2013. Silencio que se mantiene en el Anteproyecto de 2020, aunque este último texto resulta más controvertido ante la inclusión del llamado "decomiso provisional".

2. DEFINICIÓN DOCTRINAL

Entre la doctrina más clásica MANZANARES SAMANIEGO señala, citando a la doctrina más tradicional, que:

> «Define SILVELA el comiso como "acto por el cual el Estado se apodera de un objeto que perteneció al delincuente, de manera que, perdiendo éste el dominio, pasa a ser propiedad del Estado mismo". En opinión de Puig Peña, el comiso es una "incautación definitiva que el Estado, por medio de sus órganos judiciales, realiza de los instrumentos y productos del delito para dar a los mismos la aplicación determinada en las leyes"» [31].

Concluye este autor que el decomiso es «la sanción de este orden consistente en la pérdida de la propiedad de las cosas concretas relacionadas con una infracción criminal[32]».

Esta definición reducida a los términos más básicos y, normalmente, con los que se ha referido el legislador al decomiso como

---

[31] MANZANARES SAMANIEGO, J.L., *Las penas patrimoniales en el código penal español. Tras la Ley Orgánica 8/1983*, Bosch, Barcelona, 1983, p. 251 y ss.

[32] *Ídem.*

«la privación definitiva de un bien o derecho a su titular como consecuencia de la comisión de un delito», ha constituido la base de la mayoría de las definiciones ofrecidas por la doctrina a lo largo de los diferentes periodos normativos de la figura[33]. De manera que, a partir de ella, podemos encontrar multitud de definiciones mucho más complejas o elaboradas ofrecidas por aquellos otros que sí se han atrevido a abordar esta tarea dogmática, entre ellas podemos destacar las siguientes:

MUÑOZ CUESTA entiende el decomiso como: «...la pérdida de los efectos del delito, los bienes, medios o instrumentos utilizados en la preparación o ejecución del mismo, y de las ganancias que se hubieran podido derivar de la comisión del delito o falta...»[34].

Para GASCÓN INCHAUSTI es: «La esencia del decomiso de bienes–a menudo denominado también comiso o confiscación– consiste en la privación definitiva de un bien o dere-

---

33 La mayoría de los autores se refieren en dichos términos al decomiso, además de los autores ya expuestos y, sin ánimo de exhaustividad, podemos mencionar a modo expositivo otros, quienes se han referido al decomiso como una sanción penal, como GRANADOS MUÑOZ, C., "El decomiso de los bienes, efectos o ganancias procedentes del delito", *Revista Jurídica de Castilla y León*, núm. 48, 2019, p. 96; CHOCLÁN MONTALVO, J.A., *El patrimonio criminal: comiso y pérdida de la ganancia*, Dykinson, Madrid, 2001, p. 28; CEREZO DOMÍNGUEZ, A.I., *Análisis jurídico-penal...*, *Op.cit.*, p. 5; AGUADO CORREA, T., *El comiso, Op.cit.*, p. 38; o PORTAL MANRUBIA, quien además se refería a este como un tipo de pretensión "ad rem" que recae sobre los bienes y se diferencia de la sanción penal del tipo delictivo que recae "ad personam", PORTAL MANRUBIA, J., "Aspectos sustantivos y procesales del decomiso", *Revista Aranzadi Doctrinal*, núm.3, 2016, p. 8.

34 MUÑOZ CUESTA, J., "El comiso: aspectos novedosos introducidos en su regulación por la LO 15/2003, de 25 de noviembre", *Repertorio de Jurisprudencia Aranzadi 2004*, Vol. Núm. 6, Tomo LXX, Aranzadi, 2005, p. 263. Definición compartida por JIMENEZ- VILLAREJO FERNÁNDEZ, quien considera al decomiso como una medida del derecho sancionador dirigida a impedir un lucro injusto. JIMENEZ- VILLAREJO FERNÁNDEZ, F., "La nueva regulación del decomiso..., *Op.cit.*, pp. 94-95.

cho, padecida por su titular, derivada de su vinculación con un hecho antijurídico. Como consecuencia del decomiso, el Estado- u otro ente público- pasa a adquirir la titularidad del bien decomisado, en perjuicio de su titular anterior, que queda privado de aquélla».[35]

Más recientemente, DIAZ CABIALE lo define como « la privación definitiva de los productos e instrumentos del delito. Tiene lugar en los delitos dolosos, y potestativamente en los imprudentes que tengan aparejada una pena privativa de libertad superior a un año». [36]

Por su parte, NIEVA FENOLL hace referencia a que «el decomiso es una consecuencia natural de las condenas penales (artículo 127 CP) que declaran una apropiación o producción ilícita de patrimonio, o también de la condena por otros delitos, aunque no esté siempre presente el ánimo de lucro»[37].

Por el contrario, GRACIA MARTÍN se postula en términos generales a favor de una naturaleza no penal de todas las consecuencias accesorias. Se refiere al decomiso como una consecuencia accesoria del delito y, en este sentido, criticaba la previsión de esta medida en el artículo 127.1 del Código penal, el cual recogía el tipo básico de decomiso, y que, atendiendo a su interpretación literal determinaba que el decomiso constituyese una consecuencia accesoria a la "pena" que se impusiera por el hecho delictivo cometido, al referirse el precepto: «toda pena que se imponga por un delito doloso llevará consigo la pérdida de los efectos ....». Si se considerase de tal forma al decomiso, tendría como consecuencia su incompatibilidad con el régimen previsto

---

35 GASCÓN INCHAUSTI, F., "Cooperación Judicial y Decomiso de bienes en la Unión Europea", *Op.cit.*, pp. 210-211.

36 DIAZ CABIALE, J.A., *Op.cit.*, p. 2.

37 NIEVA FENOLL, J., "El procedimiento de decomiso autónomo en especial, sus problemas probatorios", *Diario La Ley*, núm.8601, 2015, p. 2.

en los artículos posteriores. En primer lugar, porque el decomiso sólo podría ser aplicado de acuerdo con el principio de culpabilidad, por lo que el sujeto tendría que ser declarado culpable por sentencia, lo que sería incompatible con algunas modalidades de decomiso – por ejemplo, el decomiso autónomo o el de terceros-. El fundamento común a todas las modalidades sería la comisión de un hecho típico y antijurídico como presupuesto para su aplicación, pero no la concurrencia de culpabilidad ni de imposición de una pena. En segundo lugar, impediría el decomiso de bienes no vinculados con el delito concreto por el que se condena, con lo cual no sería posible el decomiso ampliado, y tampoco podrían decomisarse bienes de terceros, pues solo cabría respecto de bienes del sujeto declarado culpable[38].

En definitiva, este autor realiza una delimitación en sentido negativo de la figura, a la que califica de consecuencia accesoria del delito, de naturaleza no penal ni sancionadora. Y consecuentemente, no exige el principio de culpabilidad en su aplicación, sino la concurrencia de un hecho delictivo que por su conexión con unos hechos accesorios no penales – por ejemplo, el daño, el enriquecimiento ilícito, la peligrosidad objetiva, etc.- resulta una consecuencia jurídica también accesoria[39].

Pone de relieve GIMENO SENDRA[40] la relación entre decomiso y las piezas de convicción, refiriéndose al decomiso como «el acto del juez de instrucción de aprehensión de los instrumentos de comisión del delito ilícitos o "*extra comertium*", así como los frutos y ganancias previstos como penas en el CP o autorizados por la LECrim y legislación complementaria, siempre y cuando no constituyan piezas de convicción

---

38 GRACIA MARTÍN, L., *Lecciones de consecuencias jurídicas del delito,* 5ºed., Tirant lo Blanch, Valencia, 2016, pp. 217-222.

39 *Ibid,* p. 208.

40 GIMENO SENDRA, V., *Derecho Procesal Penal,* Thomson Reuters-Civitas, Cizur Menor, 2015, p. 726.

> que deban asegurarse en el proceso». Por tanto, se incluyen dentro del ámbito objetivo del decomiso los efectos derivados del *acti delicti commissi*, los medios e instrumentos empleados y el denominado producto del delito (artículo 127 CP), aunque estos se encuentren en el extranjero[41].

CAMPOS NAVAS distingue entre un concepto amplio de decomiso, al que se refiere como «la pérdida de un bien acordada por una autoridad competente como consecuencia de un acto prohibido por la ley», y un concepto más estricto, al que define como «la privación definitiva de un bien, acordada por un tribunal penal por su condición de objeto, instrumento o producto de un delito»[42].

3. DEFINICIÓN JURISPRUDENCIAL

En un sentido mayoritario, la jurisprudencia ha venido definiendo el decomiso como la pérdida definitiva de bienes integrados en el patrimonio del infractor penal, cuya propiedad pasa al Estado. Si bien, tal definición ha ido variando en aquellos elementos que dependían de la naturaleza jurídica que tuviera la figura en el Código penal en cada momento. Así por ejemplo, en la *STS de 20 de junio de 1963*, se señala que el decomiso: «consiste en la privación de la propiedad sobre ciertos bienes integrantes del patrimonio del culpable de una infracción criminal, impuesta a éste por los órganos jurisdiccionales como retribución accesoria del delito cometido, pérdida del dominio, constitutiva del efecto sustantivo penal inmediato y definitivo del comiso, que no se esfuma ni es incompatible con la circunstancia de que en determinado y particular supuesto el productor de la venta ulterior de los objetos decomisados quede afecto eventualmente en la fase procesal de ejecución, junto con

---

41 SAN núm. 492/2017, de 9 de marzo.

42 CAMPOS NAVAS, D., "Aspectos relativos a la investigación patrimonial: medidas cautelares y comiso", *Estudios Jurídicos*, 2012, p. 6.

los bienes propios del penado, a la satisfacción de las responsabilidades pecuniarias dimanantes del delito y del proceso»[43].

En la *STS de 31 de octubre de 1973* se refiere al decomiso en los siguientes términos: «CONSIDERANDO que la pena accesoria y de carácter patrimonial- del comiso, se halla establecida en el artículo 48 del Código sancionador, para los efectos e instrumentos del delito -"instrumenta vel producta sceleris»- y estimada como tal pena en dicha norma y en el 27, porque supone la pérdida de la propiedad de determinados bienes integrantes del acervo patrimonial del culpable de un delito, que le impone el Tribunal criminal, como retribución de su mal quehacer»[44].

Posteriormente, a partir del año 1983, y tras el cambio de naturaleza del decomiso y su calificación como consecuencia accesoria en el Código penal de 1995, el Tribunal Supremo define el decomiso como «pérdida de los efectos e instrumentos de la infracción punitiva y traslado directo e inmediato de la titularidad dominical de los mismos a favor del Estado[45]». De esta manera, el decomiso se aleja mucho más de las penas y las medidas de seguridad[46].

---

43 STS núm. 490/1963, de 20 de junio (TOL4.329.973).

44 STS núm. 560/1973, de 31 de octubre (TOL4.258.460).

45 STS núm. 3562/1992, de 5 de mayo (TOL5.138.421).

46 STS núm. 16/2009, de 27 de enero (TOL1.438.893); STS núm. 11/2011, de 1 de febrero (TOL2.041.999); STS núm. 600/2012, de 12 de julio; y, en la STS núm. 969/2013, de 18 de diciembre (TOL4.066.312), citando a las anteriores, se refería en los siguientes términos: «el CP 1995 considera el comiso como una "consecuencia accesoria" al margen tanto de las penas como de las medidas de seguridad. Su naturaleza es, según la doctrina más autorizada, la de una tercera clase de sanciones penales, siguiendo así nuestro Código Penal la línea iniciada por los derechos penales germánicos (CP. suizo o CP. alemán) de establecer un tercer genero de sanciones bajo la denominación de "consecuencias jurídicas o consecuencias accesorias". Así la STS. 20.1.97 señala que "el comiso de los instrumentos y de los efectos del delito (art. 48 C.P. de 1973) constituye una "pena accesoria", y, en el nuevo Código Penal, es configurada como una "consecuencia accesoria" de la pena (v. art. 127 C.P. 1995). En ambos Códigos, por tanto, es cosa distinta de la responsabilidad civil

En la jurisprudencia más reciente puede observarse a la hora de definir la figura el cambio sufrido tanto en el sujeto que puede verse afectado por el decomiso, en los bienes a los que puede afectar y en las funciones que cumple. Siendo ahora un concepto comprensivo de un muy variado conjunto de situaciones jurídicas[47], por ejemplo, en la *STS de 17 de junio de 2019*[48] se reseñaba que:

> «Esta Sala viene exigiendo en todo caso para que los citados bienes puedan ser decomisados que haya sido probado que la procedencia del dinero o bien incautado sea delictiva, razonándolo así en la sentencia, y que se respete en todo caso el principio acusatorio (STS núm. 41/2017, de 31 de enero). Igualmente, esta Sala de forma reiterada viene manteniendo que el decomiso en el Código Penal de 1995 es *una consecuencia accesoria y no una pena*. De esta forma el artículo 127 dedicado al decomiso se encuentra incluido dentro del Título VI del Libro I, "De las consecuencias accesorias", separado del Título III "De las penas ", y del Título IV "De las medidas de seguridad". Su naturaleza es la de una tercera clase de sanciones penales, bajo la denominación de consecuencias jurídicas o consecuencias accesorias, distinta de la responsabilidad civil. Pero es más, en la sentencia núm. 338/2015, de 2 de junio decíamos que " ... El comiso, en el ordenamiento jurídico español, no es solo una consecuencia accesoria de la pena de los procesos criminales, sino que también es una sanción administrativa susceptible de ser impuesta en los casos de infracciones a la legislación de contrabando, por lo que nada se opondría a su consideración como una medida sui géneris postdelictual que alcanzase a todo el patrimonio directa o

---

"ex delicto", ésta constituye una cuestión de naturaleza esencialmente civil, con independencia de que sea examinada en el proceso penal, y nada impide que, por ello, su conocimiento sea deferido, en su caso, a la jurisdicción civil. El comiso, por el contrario, guarda una directa relación con las penas y con el Derecho sancionador, en todo caso, con la lógica exigencia de su carácter personalista y el obligado cauce procesal penal para su imposición».

47 El concepto se ha flexibilizado tras las últimas reformas operadas, y atendiendo a la regulación de las nuevas clases de decomiso: decomiso ampliado, por sustitución o por equivalente, sin condena, etc.

48 STS núm. 314/2019, de 17 de junio (TOL7.336.644); también, STS núm. 877/2014, de 22 de diciembre (TOL4.609.985); SAN núm.6/2020, de 1 de septiembre (TOL8.080.822).

indirectamente perteneciente al condenado, otorgando la oportunidad de demostrar el origen legal de los bienes especialmente cuando sus titulares fueran terceras personas. A diferencia de las penas que tienen un carácter personalísimo y sólo pueden imponerse al culpable de un hecho delictivo, la aplicación del comiso en el proceso penal *no está vinculada a la pertenencia del bien al responsable criminal* (artículos 127 y 374 CP), sino únicamente a la demostración del origen ilícito del producto o las ganancias, o de su utilización para fines criminales". Igualmente en la referida sentencia se analiza la función que cumpliría el decomiso en nuestro derecho y le asigna tanto una función de prevención general como especial, así declara: "... Su función es prevenir la comisión de delitos a través de medidas expropiatorias de bienes dirigidas a neutralizar el peligro que de ellas emana ... se trata de una función preventiva especial en cuanto incide sobre personas concretas para evitar la ejecución por su parte de infracciones penales y se impone sobre bienes igualmente concretos para evitar su empleo, directo o indirecto, en la comisión de futuros delitos, ello no obstante, cumple también, aún de forma secundaria una función preventiva general, especialmente en el comiso de ganancias ... "».

4. PRESUPUESTOS DEL CONCEPTO DE DECOMISO Y SU DISTINCIÓN CON OTRAS FIGURAS

A la vista de todo lo anterior, queda constatada la falta de consenso por los operadores jurídicos acerca de qué es el decomiso. Se trata de una tarea que presenta una enorme dificultad ante la ausencia de una definición expresa y clara de este término en nuestro ordenamiento[49]. Desde el punto de vista doctrinal, se plantea realmente como una tarea imposible, puesto que, el decomiso ha adquirido una dimensión que impide dar una definición concreta y exacta, ni tampoco en términos más generales. Se trata de una labor que corresponderá en todo caso al legislador,

49 GARRIDO CARRILLO, F.J., *El decomiso. Innovaciones, deficiencias...*, *Op.cit.*, p. 39.

sin embargo, en un intento de aproximarnos a la configuración de un concepto moderno de decomiso, se pueden señalar ciertos presupuestos o características que concurren en la figura y, que, a su vez, nos permitirá compararlo y, en ocasiones, diferenciarlo de otras figuras afines[50] desde un punto de vista teórico. En la práctica, la aplicación de las diferentes modalidades de decomiso o el objeto sobre el que recae llevan a moverse entre unos límites muy difusos entre todas estas figuras afines.

Se trata de una cuestión que, como la mayoría de los aspectos de esta figura, no está resuelta, al igual que ocurre con su naturaleza jurídica, y sobre la cual existe un amplio debate doctrinal, al que no vamos a hacer referencia en este momento. Estos problemas a los que se enfrentan los juristas al abordar el estudio del decomiso no es una novedad, sino que, proviene de sus orígenes más remotos, cuando el decomiso se encontraba incluido en el sistema de penas, y que ha llegado hasta la actualidad tras su calificación como una consecuencia accesoria en el Código penal.

Por otro lado, a la hora de tratar de delimitar este concepto, conviene aclarar que nos vamos a referir en términos generales a la modalidad del "decomiso directo[51] o por "sentencia condenatoria". Con las últimas reformas han surgido nuevas clases de decomiso con caracteres totalmente distintos, que impiden reducir todas estas realidades o planos de la figura en un concepto único. Así lo señala CARRILLO DEL TESO: «Por tanto, si queremos dar una única definición de decomiso, va a tener que ser lo suficientemente abierta para englobar su –cada vez más extenso-ámbito de

---

50 Ante la dificultad de configurar un concepto unitario de decomiso, algunos autores realizan un análisis comparativo con otras figuras afines, para así, delimitar el concepto de la figura en sentido negativo, entre ellos, MANZANARES SAMANIEGO, J.L., *Las penas patrimoniales en...*, *Op.cit.*, pp. 254-255. CEREZO DOMÍNGUEZ, A.I., Análisis *jurídico-penal...*, *Op.cit.*, p. 5 y ss.

51 Apartado 1 y 2 del artículo 127 del Código penal.

aplicación»[52]. En efecto, parte de la doctrina[53] ha venido considerando que existen distintas categorías jurídicas de decomiso. Por lo que, la terminología adecuada sería referirse a ella como "decomisos" en sentido plural y no en singular. No obstante, habría que referirse en términos muy generales para ofrecer una definición concreta. Para llevar a cabo esta tarea debemos destacar las notas comunes a todos ellos, entre las que se encuentran, por un lado, la privación definitiva del bien, que, por otro lado, resulta expropiado a favor del Estado que le dará el destino que corresponda en cada caso y, ello se produce en el marco de un proceso penal.

Conforme a lo expuesto anteriormente, se puede empezar a delimitar la figura del decomiso como una privación definitiva de bienes[54] (entendiendo por tales, ya sean efectos, bienes, medios, instrumentos o ganancias) relacionados con una infracción

---

52 CARRILLO DEL TESO, A.E., *Decomiso y recuperación…*, *Op.cit.*, p. 98.

53 AGUADO CORREA, T., "Normas mínimas sobre decomiso de los instrumentos y del producto de la delincuencia organizada en la Unión Europea (Directiva 2014/42/UE) y su incorporación al derecho español" en ZUÑIGA RODRÍGUEZ, L. (Dir.), *Criminalidad organizada trasnacional: una amenaza a la seguridad de los Estados democráticos,* Tirant lo Blanch, Valencia, 2017, p. 566: «Como afirma PIVA, D., "La proteiforme natura della confisca antimafia dalla dimensione interna a quella sovranazionale", Diritto penale contemporaneo, 1/2013, p. 201, dado el carácter "polifuncional" que ha adquirido el decomiso en atención tanto a los presupuestos como a los destinatarios, más que de "decomiso" en singular se debería hablar de "decomisos" antimafia en plural, siendo el único elemento común que conservan el efecto ablativo consiguiente a la expropiación y a la adquisición del bien por parte del Estado». También, DOLZ LAGO, M.J., "Los decomisos: aproximación a sus aspectos sustantivos y procesales tras las reformas de 2015", Ley *Penal: Revista de derecho penal, procesal y penitenciario,* núm. 124, 2017, p. 14.

54 MANZANARES SAMANIEGO considera redundante la inclusión del término "definitivo" a la hora de definir el concepto de decomiso por algunos autores de la época, y que considera implícito, pues el comiso «constituye una especie del género confiscación». MANZANARES SAMANIEGO, J.L., *Las penas patrimoniales en…*, *Op.cit.* p. 251, CEREZO DOMÍNGUEZ, A.I., Análisis *jurídico-penal, Op.cit.*, p. 5.

penal[55] y que, simultáneamente, se traspasa su titularidad forzosamente al Estado[56] . El objetivo, por un lado, de privar al culpable de los medios para evitar su reincidencia[57] (atendiendo a la peligrosidad objetiva de la cosa para la colectividad)[58]; y, por otro lado, de evitar un enriquecimiento injusto o beneficio económico, sin conexión alguna con la peligrosidad de la cosa o del reo[59].

---

55 Imponiéndose de forma obligatoria cuando se trata de delitos dolosos, y facultativamente en los delitos imprudentes que lleven aparejada una pena de prisión superior al año.

56 MARTÍN PÉREZ, J.A., "El comiso de bienes propiedad de «tercero»: análisis del respeto de las reglas sobre titularidad por las sentencias penales (a propósito del Auto TC 125/2004, de 19 de abril)", *Derecho Privado y Constitución*, núm. 19, Enero-Diciembre 2005, p. 226.

57 Para VAELLO ESQUERDO el decomiso de efectos e instrumentos tiene como objeto privar al culpable de los medios que le permitan cometer una infracción penal y evitar un enriquecimiento injusto. Así pues, anulando todas las ventajas o beneficios obtenidos por la comisión del delito, se estrecha el margen para llevar a cabo posibles maniobras financieras o económicas que repercuta al delincuente mayores beneficios.

VAELLO ESQUERDO, E., *Las consecuencias jurídicas del delito*, Publicaciones de la Universidad de Alicante, 2010, p. 159. GARRIDO CARRILLO se refiere a este como "decomiso de seguridad", GARRIDO CARRILLO, F.J., *El decomiso. Innovaciones, deficiencias y…*, *Op.cit.*, p. 40.

58 CEREZO DOMÍNGUEZ entiende la "peligrosidad objetiva" como probabilidad de que sirvan para la comisión de más hechos delictivos. CEREZO DOMÍNGUEZ, A.I, *Análisis jurídico-penal…*, *Op.cit.*, p. 34. Por su parte, OCAÑA RODRIGUEZ se refiere a los objetos que no suponen un peligro *per se* (como vehículos, buques, aeronaves etc.), pero que generan un riesgo y propician la comisión de nuevos delitos, incluyéndolo en la categoría de "confiscación de la ganancia" ilícitamente obtenida, OCAÑA RODRIGUEZ, A., "Una propuesta de regulación del comiso", *Revista de Derecho y Proceso Penal*, núm. 14, 2005, p. 75.

59 Como destaca MANZANARES SAMANIEGO, J.L., "Aproximación al comiso del nuevo artículo 344 BIS E) del código penal (Ley orgánica 1/1988, de 24 de marzo, de reforma del código penal en materia de tráfico ilegal de drogas. BOE de 26 del mismo mes), *Boletín de Información del Ministerio de Justicia*, 1988, núm. 1500-1502, p. 3795.

Partiendo así de un concepto básico o más elemental de la figura, se puede destacar las principales notas características de la figura[60] que, además, nos permitirían distinguirla de otras figuras afines, conforme a los siguientes elementos:

4.1. Privación definitiva de la titularidad real sobre un bien o derecho frente a la adopción de medidas cautelares reales

Lógicamente, el primer presupuesto del decomiso debemos identificarlo con la acción que se lleva a cabo una vez que ha sido acordado y que consistiría en la "privación definitiva" de un bien[61] relacionado con el delito. En este punto debemos referirnos al objeto decomisable en un sentido amplio como aquel bien que se encuentra afectado, ya sea por pertenecer al responsable de un hecho delictivo o, bien, por estar relacionado con la infracción penal de algún otro modo, y aun siendo propiedad de terceros, se prevé su decomiso en determinados supuestos.

En este sentido GASCÓN[62] justifica esta privación con base en la existencia de una doble vinculación que debe concurrir sobre el objeto de decomiso. En primer lugar, debe producirse una vinculación entre el bien decomisado (por tratarse, en

---

60 MANZANARES SAMANIEGO descartaba como elementos esenciales del decomiso a la hora de ofrecer una definición del mismo, aspectos tales como: el momento en que se transmite la propiedad, los objetos afectados o su destino final. MANZANARES SAMANIEGO, J.L., *Las penas patrimoniales en…, Op.cit.*, p. 251.

61 Como se analizará en apartados posteriores, según el decomiso afecte a bienes, efectos, medios e instrumentos o las ganancias derivadas, se considera que tienen fundamentos distintos y ello afectaría a su naturaleza, GARRIDO CARRILLO, F.J., *El decomiso. Innovaciones, deficiencias y…, Op.cit.*, pp. 39-40.

62 GASCÓN INCHAUSTI, F., "Decomiso y cooperación internacional: aplicación del principio de reconocimiento mutuo en la Unión Europea", *Estudios jurídicos*, núm.2011, 2011, pp. 1-2.

términos generales, de un efecto del delito, un medio o instrumento en su perpetración o preparación o, una ganancia derivada del mismo) y el hecho antijurídico objeto de castigo, pues así lo dispone el artículo 127 del Código penal[63]. En segundo lugar, debe existir una vinculación entre el titular del bien y la actividad delictiva, quien normalmente será el responsable penal. No obstante, existen supuestos en los que podrá decomisarse un bien sin una sentencia de condena o hacerlo con afectación de terceros[64], siempre con el límite de no perjudicar a los terceros de buena fe, es decir, de aquellos que adquirieron el bien desconociendo que procedía de una actividad ilícita o que se realizaba la operación para dificultar el decomiso o, sin que pudieran sospecharlo.

---

63 Debemos estar ante la comisión de una infracción penal con imputación dolosa o, en el caso de ser una actuación imprudente que la pena que se prevea sea de privación de libertad superior a un año. Acerca de la inclusión a los delitos imprudentes, MAPELLI CAFFARENA critica su extensión como una tendencia que se alejaba de «su fundamento peligrosista». MAPELLI CAFFARENA, B., *Las consecuencias jurídicas del delito, Op.cit.*, p. 410.

64 RODRÍGUEZ-GARCÍA, N., "Reflexiones críticas sobre la prueba de la buena fe por los "terceros afectados" por el decomiso de bienes ilícitos", en ASENCIO MELLADO, J.M. (Dir.), ROSELL CORBELLE, A. (Coord.), *Derecho probatorio y otros estudios procesales: Vicente Gimeno Sendra. Liber amicorum,* Ediciones Jurídicas Castillo de Luna, 2020, p. 1723: «...sin que pueda alcanzar a los bienes que pertenezcan, realmente, a terceras personas que, sin tener relación con los hechos delictivos, hayan procedido conforme a Derecho y los hayan adquirido de buena fe y estén disfrutando de ellos».

Por otro lado, este carácter *definitivo*[65] de la figura permite distinguirla de algunas medidas cautelares reales[66] o civiles[67] afines o más próximas que se adoptan en el proceso penal para posibilitar la futura materialización de las resoluciones judiciales, garantizan-

---

65 MANZANARES SAMANIEGO entiende que acentuar el carácter de definitivo de la transmisión para referirse al decomiso era una redundancia. MANZANARES SAMANIEGO, J.L., *Las penas patrimoniales en…, Op.cit.*, pp. 254-255.

66 ARANGÜENA FANEGO define las medidas cautelares reales penales como aquellas adoptadas por el órgano jurisdiccional sobre el patrimonio del obligado a su prestación y orientadas al aseguramiento de las responsabilidades pecuniarias derivadas del delito que en su día se declarasen en sentencia. ARANGÜENA FANEGO, C., *Teoría general de las medidas cautelares reales en el proceso penal español*, J.M. Bosch Editor, Barcelona, 1991, p. 119. En el mismo sentido, CORTÉS LABADÍA califica a estas medidas cautelares como un complemento de eficacia de las consecuencias punitivas, que aseguran el cumplimiento por el penado de las responsabilidades económicas derivadas del delito (multa, costas procesales y responsabilidad civil *ex delicto*). CORTÉS LABADÍA, J.P., "Delito de contrabando", en CAMACHO VIZCAÍNO, A. (Dir.), *Tratado de Derecho penal económico. Parte general*, Tirant lo Blanch, Valencia, 2019, p. 2289. En el mismo sentido, OCAÑA RODRIGUEZ, A., *Medidas cautelares reales en el proceso penal y decomiso*, Sepin, Madrid, 2016, p. 23. GIMENO SENDRA, V., *Derecho Procesal Penal*, 2° ed., Thomson Reuters-Civitas, Cizur Menor (Navarra), 2015, p. 707.

67 De acuerdo con la función específica de las medidas cautelares en la fase de instrucción, las cuales se dirigen a asegurar las responsabilidades pecuniarias que puedan declararse procedentes, GIMENO SENDRA las clasifica en dos grupos. El primero de ellos lo forman las medidas cautelares reales propias del proceso penal cuyo objeto es asegurar los pronunciamientos de contenido patrimonial que se recojan en la sentencia (multa, costas y decomiso). El segundo grupo son las propias de un proceso civil acumulado, y su objeto es garantizar los pronunciamientos de naturaleza civil con contenido patrimonial (la restitución del bien, la reparación del daño y la indemnización de daños y perjuicios). GIMENO SENDRA, V., *Derecho Procesal Penal*, 2° ed., Thomson Reuters-Civitas, Cizur Menor (Navarra), 2015, pp. 707-708.

do el derecho a la tutela judicial efectiva[68]. Especialmente, podemos diferenciarlo del secuestro judicial o depósito[69] y del embargo preventivo. Estas medidas cautelares se identifican por su carácter instrumental y provisional[70], y pueden ser adoptadas desde las primeras diligencias con la finalidad de asegurar el decomiso posterior[71], como así dispone el artículo 127.1 *octies* del Código penal, el cual se refiere en los siguientes términos: «A fin de garantizar la efectividad del decomiso, los bienes, medios, instrumentos y ganancias podrán ser aprehendidos o embargados y puestos en depósito por la autoridad judicial desde el momento de las primeras diligencias».

La distinción del decomiso con las medidas cautelares puede parecer una cuestión sencilla de resolver *ab initio*, al menos en algunos casos en los que solo existen ciertas características comunes o similares. En otras ocasiones la situación es más compleja por la dinámica que puedan entablar al coincidir sobre el mismo objeto[72]. A ello se suma un debate aún más controvertido con el que está estrechamente ligado como es la

---

68 ORTELLS RAMOS, M. y CALDERÓN CUADRADO, M.P., *La tutela judicial cautelar en el Derecho español*, Comares, 1996, Granada, p. 3.

69 En el artículo 374 del Código penal se prevé el decomiso de drogas tóxicas, estupefacientes, sustancias psicotrópicas; así como los equipos, materiales, bienes, medios e instrumentos para los delitos de blanqueo y tráfico de drogas (con remisión a los arts.127-128).

70 MANZANARES SAMANIEGO, J.L., *Las penas patrimoniales en…*, *Op.cit.*, p. 255, citando a Gómez Orbaneja y Herce Quemada; AGUADO CORREA, T., *El Comiso*, *Op.cit.*, p. 39. GIMENO SENDRA, V., "Crisis de las medidas cautelares penales y auge de las resoluciones provisionales", *Diario La Ley*, núm. 7249, La Ley, 2009, p. 3.

71 Como apunta BARONA VILAR, S., no siempre que recaiga la medida sobre un bien es cautelar y su finalidad está dirigida a garantizar la efectividad de la condena civil; sino que puede consistir en un aseguramiento de la prueba o cuerpo del delito, como ocurre en el caso de adoptarse para asegurar la efectividad del decomiso. BARONA VILAR, S., "Las medidas cautelares", en MONTERO AROCA, J., et al., Derecho *Jurisdiccional III. Proceso Penal*, Tirant lo Blanch, Valencia, 2018, p. 311.

72 CARRILLO DEL TESO, A.E., *Decomiso y recuperación…*, *Op.cit.*, p. 102.

tan discutible naturaleza jurídica del decomiso, aunque esta cuestión se abordará con mayor profundidad en el apartado concerniente a su naturaleza, debemos traerlo a colación en este momento a efectos de ofrecer una visión íntegra del problema. Este debate se ha visto avivado por las constantes imprecisiones y el uso indiscriminado del legislador de múltiples términos para referirse a las distintas medidas cautelares reales en el proceso penal y las diligencias judiciales sobre el cuerpo del delito –depósito judicial, embargo, incautación, aprehensión, etc.-[73]. Puesto que su adopción o desempeño a lo largo del proceso penal puede repercutir en beneficio o garantía del posterior decomiso – que será acordado en la sentencia-, y que conduce al error de identificar instituciones jurídicas distintas como equivalentes.

En este sentido, una de las posturas doctrinales minoritarias fue la que defendía la naturaleza procesal de la figura de decomiso, y que surgió de la interpretación errónea de varios artículos de la Ley de Enjuiciamiento Criminal.

Por un lado, se identificó el decomiso con la actividad facilitadora del artículo 334 de dicho texto, al recaer sobre los mismos objetos[74] que a su vez pueden ser decomisados. En este precepto

---

[73] GASCÓN INCHAUSTI, F., "Las nuevas herramientas procesales para articular la política criminal de decomiso total: la intervención en el proceso penal de terceros afectados por el decomiso y el proceso para el decomiso autónomo de los bienes y productos del delito", *Revista General de Derecho Procesal,* núm. 38, Enero -2016, p. 52.

[74] Artículo 334 LECRIM: «El Juez instructor ordenará recoger en los primeros momentos las armas, instrumentos o efectos de cualquiera clase que puedan tener relación con el delito y se hallen en el lugar en que éste se cometió, o en sus inmediaciones, o en poder del reo, o en otra parte conocida. El Letrado de la Administración de Justicia extenderá diligencia expresiva del lugar, tiempo y ocasión en que se encontraren, describiéndolos minuciosamente para que se pueda formar idea cabal de los mismos y de las circunstancias de su hallazgo.. La diligencia será firmada por la persona en cuyo poder fueren hallados, notificándose a la misma el auto en que se mande recogerlos. La persona afectada por

se prevén una serie de diligencias que puede realizar el juez instructor en los primeros momentos tras la comisión del delito. Dichas actuaciones judiciales permiten no solo asegurar el cuerpo del delito y favorecer la investigación[75], sino que, además pueden garantizar la ejecución del futuro decomiso acordado en sentencia sobre esos objetos (armas, instrumentos o efectos relacionados con el delito)[76], pero son dos supuestos totalmente distintos, ya que en este último caso, estaríamos hablando de una medida definitiva (consecuencia accesoria) que se cumpliría de acuerdo con el pronunciamiento relativo a su decomiso en el fallo judicial, pero no significa que todos los objetos recogidos por vía del

---

la incautación podrá recurrir en cualquier momento la medida ante el Juez de Instrucción. Este recurso no requerirá de la intervención de abogado cuando sea presentado por terceras personas diferentes del imputado. El recurso se entenderá interpuesto cuando la persona afectada por la medida o un familiar suyo mayor de edad hubieran expresado su disconformidad en el momento de la misma. Los efectos que pertenecieran a la víctima del delito serán restituidos inmediatamente a la misma, salvo que excepcionalmente debieran ser conservados como medio de prueba o para la práctica de otras diligencias, y sin perjuicio de su restitución tan pronto resulte posible. Los efectos serán también restituidos inmediatamente cuando deban ser conservados como medio de prueba o para la práctica de otras diligencias, pero su conservación pueda garantizarse imponiendo al propietario el deber de mantenerlos a disposición del Juez o Tribunal. La víctima podrá, en todo caso, recurrir esta decisión conforme a lo dispuesto en el párrafo anterior».

75 RODRÍGUEZ-GARCÍA, N., diferencia el decomiso de las diligencias que puede realizar. RODRÍGUEZ-GARCÍA, N., "El decomiso como instrumento esencial para la recuperación de activos en la política criminal española del siglo XXI", en JIMENO BULNES, M., PEREZ GIL, J. (Coord.), *Nuevos horizontes del Derecho procesal: libro-homenaje al Prof. Ernesto Pedraz Penalva*, J.M., Bosch, 2016, p. 10.

76 GIMENO SENDRA alude a esa doble naturaleza de estas diligencias de recogida y conservación, pues con ellas se puede asegurar la prueba en el juicio oral (art. 629, 654, 688, 712 y 716), y por otro lado, se constituyen como verdaderas medidas cautelares reales que pueden asegurar el decomiso que se acuerde en sentencia. GIMENO SENDRA, V., *Derecho Procesal Penal*, 2° ed., *Op.cit.*, p. 711.

artículo 334 Ley de Enjuiciamiento Criminal vayan a ser decomisados obligatoriamente en un momento posterior.

Por otro lado, debido al uso por parte del legislador de otras expresiones ambiguas en la Ley de Enjuiciamiento Criminal como son "resolución cautelar del decomiso" o "efectos decomisados cautelarmente", utilizadas en los artículos 367 quater y 367 sexies para referirse a la realización anticipada y el uso provisional de los efectos judiciales[77], ha llevado a la doctrina a plantearse si efectivamente, existe en nuestro ordenamiento la figura de un "decomiso preventivo" o "decomiso cautelar" de naturaleza procesal y, consecuentemente, carente de esta nota característica de "privación definitiva". Erróneamente, esta teoría para sostener esta afirmación identifica este supuesto decomiso cautelar con el destino provisional que se puede acordar sobre los bienes puestos a disposición judicial, embargados, incautados o aprehendidos en el curso de un procedimiento penal, sin esperar a la firmeza del fallo y en los supuestos previstos en estos preceptos[78].

Resulta interesante el planteamiento que ASENCIO MELLADO realizaba acerca de la propuesta de regulación del decomiso cautelar, y que se incluía en un trabajo sobre la reforma de la Ley de Enjuiciamiento Criminal elaborado por la Sección Especial de la Comisión General de Codificación creada en 2004. De acuerdo con esta propuesta, se establecía en el artículo 37 la posibilidad de acordar el decomiso sobre bienes o derechos (propiedad del imputado o de un tercero) cuya libre disposición pudiera beneficiar para agravar, prolongar las consecuencias del delito o continuar la actividad delictiva. No obstante, esta clase de decomiso tendría en esta sede una naturaleza cautelar o procesal y, por ello, debía cumplir con los presupuestos que se contemplaban para las medidas cautelares penales. En estos casos la finalidad del decomiso cautelar se dirigía a evitar los riesgos

---

77 DIAZ CABIALE, J.A., *Op.cit.,* p.7.

78 Recogido en los artículos 367 bis al septies del Capítulo II BIS, Título V, Libro II de la Ley de Enjuiciamiento Criminal.

específicos de estas medidas, esto era, el riesgo de fuga, la ocultación, alteración o destrucción de fuentes de prueba, riesgo para la víctima, la continuación delictiva o reiteración, y, por último, garantizar los derechos constitucionales del imputado[79]. Por tanto, esta finalidad que cumpliría el decomiso cautelar permitía distinguirlo del decomiso de naturaleza sustantiva dirigida a regular el reintegro de bienes derivados de la actividad delictiva y darles el destino que corresponda.

DIAZ CABIALE, quien reconoce la existencia de este tipo de decomiso, lo define como «aquel que se acuerda en una resolución, auto, interlocutoria y que pretende asegurar el decomiso definitivo»[80]. Sin embargo, manifiesta que el decomiso preventivo que pretende asegurar la privación definitiva del bien, se materializará según el objeto sobre el que vaya a recaer ese decomiso definitivo. Así, pues, de recaer sobre un objeto concreto, procederá su depósito, mientras que de ser cantidades de dinero se deberá acordar su embargo preventivo[81]. Las diferentes particularidades que se derivan de la aplicación de dichas medidas, cuando la finalidad es garantizar el decomiso, le otorgan a este decomiso preventivo una autonomía propia[82]. Y concluye que « decomiso preventivo es una medida cautelar autónoma de carácter real, que pretende asegurar una responsabilidad penal pecuniaria específica, el decomiso definitivo, diferente al depósito de las piezas de convicción y al aseguramiento de las restantes responsabilidades pecuniarias que puedan resultar del proceso penal».

---

79 ASENCIO MELLADO, J. M., "La reforma del sistema de medidas cautelares", en ASENCIO MELLADO, J. M. y FUENTES SORIANO, O. (Dir.), en *La reforma del proceso penal*, La Ley, Madrid, 2011, pp. 327-328.

80 DIAZ CABIALE, J.A., *Op.cit.*, p. 16.

81 *Ibíd.*, p.21.

82 Destaca la prohibición de disponer del bien depositado, la imposibilidad del encausado de ser depositario, incidente específico para los terceros afectados por el decomiso, uso provisional del bien por el Estado, o la intervención de la ORGA.

En la jurisprudencia encontramos algunas sentencias, tanto anteriores a la Directiva 2014/42/UE, en las que el Tribunal Supremo se refería al decomiso cautelar sobre las piezas de convicción con expresiones como: «Realizado el correspondiente decomiso cautelar y remitidas las piezas de convicción al laboratorio de Drogas...», «Realizado el correspondiente decomiso cautelar y remitidas las 8 botellas al laboratorio de Toxicología, se emitió análisis pericial...», o «Efectuando el decomiso cautelar de la dosis transmitida, una vez verificado que su contenido era sustancia estupefaciente»[83]. Y que, realmente, se identificaba con la acción de incautación o aprehensión del cuerpo del delito.

Más recientemente, la Sala de lo Penal de la Audiencia Nacional ha venido usando las expresiones de "decomiso cautelar o provisional", así, por ejemplo, nos encontramos con la SAN núm. 358/2022, de 21 de julio, en la que se recurre la devolución de un reloj intervenido en el curso de una investigación criminal y al que se refiere como "decomiso cautelar de bienes". En este caso, se deniega la petición al entender –nótese el término que a continuación utiliza en lugar de la expresión de "decomiso cautelar" inicial- que «el embargo del reloj tiene por objeto asegurar, al menos parcialmente, las hipotéticas responsabilidades pecuniarias que pudieran resultar contra este acusado». Y, finalmente, argumenta esta decisión con base en el artículo 374 del Código penal, donde el decomiso carece de naturaleza procesal, pues no se trata de una medida cautelar, y concluye: «En particular el art. 374 establece que salvo que pertenezcan a un tercero de buena fe, serán objeto de decomiso cuantos bienes y efectos, de la naturaleza que fuere, que hayan servido de instrumento para la comisión de los delitos previstos en los arts. anteriores así como las ganancias de ellos obtenidas, con independencia de las transformaciones que hayan podido experimentar, y, para la efectividad del comiso, dichos efectos pueden ser aprehendidos y puestos en depósito por la autoridad judicial. Por tanto, procede rechazar tal solicitud».

---

83 STS núm. 744/2013, de 14 de octubre (TOL3.989.453).

Por otro lado, en un Auto de 25 de febrero de 2022[84], que resuelve un recurso de apelación frente a un auto que acuerda el "decomiso cautelar" de un vehículo del investigado y autoriza su uso provisional a la ORGA, se desestima parcialmente el recurso, por un lado, admitiéndose que el vehículo quedara decomisado provisionalmente al existir indicios que permitían relacionar el vehículo- en esta fase de investigación- con una actividad delictiva Por otro lado, denegaba el uso provisional, acordando su depósito bajo la custodia de la ORGA, fundamentando su decisión en el artículo 367 del Código Penal.

En el mismo sentido se resuelve en el Auto de 21 de febrero de 2022, que al igual que en el caso anterior, se recurre en apelación un auto del Juzgado Central de Instrucción que acuerda el decomiso provisional de unos vehículos y las medidas de conservación. Que en su razonamiento jurídico, alude al primer motivo de impugnación de la defensa, quien se refiere a esta medida como "incautación": «1°.- En primer lugar, y con carácter formal, el recurrente se opone a tal decisión habida cuenta de que nadie le ha notificado a su mandante el auto del artículo 334 LECrim, esto es el qué y el por qué sus bienes se hayan incautados; ni el título de la incautación, ni nada que se parezca, no se ha dictado el auto del 334 LECrim frente a mi mandante, y la resolución impugnada no puede suplir 6 meses después la gravísima omisión. Entiende que los agentes de la Guardia Civil, como la Policía Judicial han acudido a vías de hechos que son compatibles con el concepto de hurto; y en cualquier caso con algún que otro más. Tal "incautación" es, en cualquier caso, absolutamente nula de pleno derecho por vulnerar el artículo 334 LECrim, no una sino dos veces, y se INTERESA LA NULIDAD DE LA MISMA POR ESTA VÍA». Motivo que se desestima y, en esta ocasión, el término utilizado es el de "intervención" y cataloga al vehículo de efecto judicial: «Así pues, la intervención de los vehículos y su puesta a disposición de la autoridad judicial se ha realizado de conformidad con lo

---

84 Auto de la sección segunda de la AN, de 25 de febrero de 2022, (TOL8.872.508).

dispuesto en la Ley de Enjuiciamiento Criminal en su calidad de efectos judiciales, por la relación que los mismos guardan con la actividad delictiva objeto de investigación en las presentes diligencias». Y añade: «Consecuentemente, concurren en el supuesto de autos, los presupuestos para la viabilidad de la decisión acordada por el Juzgado de Instrucción "a quo" en base a la normativa que disciplina la intervención del vehículo y la utilización provisional de bienes y efectos decomisados y concurren las circunstancias legales para permitir a la Administración su uso y aprovechamiento. En este sentido, lo previsto en el artículo 127 bis.1 y art. 127 bis.2 del Código Penal, en cuanto establece el comiso de efectos a los autores de comisión de determinados delitos y el artículo 367 sexies y 367 septies de la LECrim en cuanto a la utilización provisional con las debidas garantías de conservación, de los efectos intervenidos. Las alegaciones del recurrente respecto a la falta de conexión del vehículo con los hechos objeto de investigación resultan indiciariamente desvirtuados por los datos recogidos durante la investigación, que apuntan a la conexión del vehículo en cuestión con la operativa desarrollada por la organización que se investiga»[85].

En las Audiencias Provinciales encontramos algunas sentencias que hacen referencia al decomiso cautelar [86].Y, al igual que ocurre en otras instancias superiores, el uso de esta expresión queda empañado por el que se hace de otras expresiones a las que recurre como si de sinónimos se tratase. Especialmente, debemos destacar el Auto de la Audiencia Provincial de Barcelona núm. 734/2021 de 20 de diciembre de 2021[87], por la argumentación que recoge, en primer lugar, sobre la naturaleza del objeto- en este

---

85 Auto de la sección segunda de la AN, de 21 de febrero de 2022 (TOL8.872.501).

86 Auto de la Audiencia Provincial de Murcia núm. 34/2022, de 18 de enero (TOL8.825.593); Auto de la Audiencia Provincial de Las Palmas de Gran Canaria núm. 888 /2021, de 21 de diciembre (TOL9.006.391).

87 Auto de la Audiencia Provincial de Barcelona núm. 734/2021 de 20 de diciembre de 2021 (TOL8.957.238).

caso, un vehículo-; en segundo lugar, por el análisis que hace sobre la tramitación del decomiso cautelar. En este auto se resuelve un recurso de apelación subsidiario a la reforma interpuesto por el investigado propietario de un vehículo "intervenido"- término utilizado- y puesto a disposición de la autoridad judicial, quien autoriza su uso provisional por la policía. Como puede observarse en el siguiente extracto de la resolución, el tribunal considera que la nota común de esta categoría genérica de "efectos judiciales" reside en haber sido puestos a disposición general.

> «Segundo. Dicho ello, cabe analizar, en primer lugar, la naturaleza precisa del vehículo. A efectos procesales tiene la categoría genérica de efecto judicial. Esta es la categoría general descrita en el artículo 367 bis LECrim que engloba, atendiendo a la característica común de haber sido puestos a disposición de la autoridad judicial, y a su destrucción o realización anticipada, bienes, ya sean embargados, aprehendidos o incautados en el curso de un procedimiento penal, reuniendo en un mismo precepto categorías cuyo tratamiento y naturaleza procesal no son idénticos. Este régimen se completa o adiciona con numerosas referencias normativas distribuidas entre la LECrim y el Código Penal. La nota común que engloba a esta categoría de "efectos judiciales" no es su naturaleza (cuerpo de delito, pieza de convicción, instrumento, ganancia o bienes patrimoniales) ni su situación (libres, embargados, aprehendidos, incautados), sino la nota funcional de haber sido puestos a disposición de la autoridad judicial. Los preceptos que regulan las diversas categorías de bienes ofrecen en ocasiones un tratamiento común a los mismos y, en ocasiones, diferenciado. Los artículos 127 y 374 del Código penal en su redacción anterior a la modificada, y actualmente vigente, por la Ley Orgánica 1/2015, de 30 de marzo. Estos preceptos, en su redacción vigente, deben en todo ser completados con el artículo 127 octies CP (incorporado en la referida reforma) que es el precepto que actualmente habilita para el decomiso cautelar.
>
> Es importante determinar claramente la naturaleza del bien puesto a disposición judicial (en este caso bien incautado) pues los requisitos que se exigen para la adopción del decomiso cautelar no son los mismos, por ejemplo, que los que se exigen para el embargo preventivo de bienes patrimoniales para asegurar las responsabilidades pecuniarias derivadas del delito. Y es que no es lo mismo acodar medidas para garantizar la responsabilidad patrimonial que puede derivar de la responsabilidad penal y que por lo tanto no requiere que el objeto sobre el que recae sea objeto o instrumento del

> delito o proceda del mismo, que adoptar medidas para garantizar la efectividad del comiso que eventualmente pudiere imponerse en sentencia».

Con este razonamiento, la finalidad del decomiso cautelar sería la de garantizar o asegurar un posterior pronunciamiento de decomiso definitivo. Y a continuación, identifica el decomiso cautelar con la incautación, pero lo califica de medida cautelar cuyo presupuesto necesario es la existencia de indicios relevantes y suficientes que lo relacionen con el delito y guarden proporcionalidad con el fin de asegurar el decomiso definitivo:

> «La incautación y, en su caso, posterior decomiso del bien incautado deben guardar, según exigen los arts. 127, 374 del Código penal y los arts. 334 y ss. LECrim, la debida relación con el delito que se investiga, bien por tratarse de bienes, medios o instrumentos con que se haya preparado o ejecutado el delito (instrumentos del delito), bien por proceder del delito o de sus ganancias, cualesquiera que sean sus transformaciones; teniendo en cuenta que la propia ley (art. 367 LECrim) ya imposibilita la presentación de cualquier reclamación durante la fase de instrucción que tenga por objeto la devolución de los efectos que constituyan el cuerpo del delito (en la definición del artículo 334 LECrim), cualquiera que sea su clase y la persona que los reclama.
>
> Y con la particularidad de que esta medida cautelar, atendida su especial naturaleza de aseguramiento de un eventual pronunciamiento de decomiso definitivo que acompaña a un eventual resultado punitivo, requiere no solo la existencia de indicios racionales de criminalidad de la comisión de un delito concreto–que en este caso en relación con los delitos imputados al recurrente y su participación son sólidos y relevantes,–sino también la existencia de indicios relevantes y suficientes de la relación entre los bienes objeto de decomiso cautelar y el delito, de tal forma que cobre sentido la finalidad de aseguramiento de un eventual pronunciamiento de decomiso definitivo. Y como en toda medida cautelar su adopción debe estar presidida por el principio de proporcionalidad en relación con el fin que se persigue y debe adoptarse motivadamente de acuerdo con un proceso racional y lógico debidamente explicitado que, precisamente por la necesidad de establecer su relación con el delito, debe ser necesariamente individualizado para cada uno de los bienes decomisados cautelarmente».

Y concluye: «En el caso que nos ocupa y atendida la naturaleza del delito contra la salud pública que se imputa principalmente al investigado el vehículo previamente incautado cautelarmente es un efecto judicial que no tiene la naturaleza de pieza de convicción ni de cuerpo u objeto del delito (en cuyo caso la devolución no sería posible por mor de lo dispuesto en el artículo 367 LECrim) sino que podría tener la naturaleza de instrumento del delito».

En cuanto al modo de proceder determina la necesidad de que se emita un auto de decomiso cautelar sobre los bienes intervenidos o incautados cautelarmente que motive la existencia de indicios que relacionen el objeto con el delito, para poder dictar otra resolución que acuerde su uso provisional: «Por todo ello, parece que finalmente se va asentando como ineludible presupuesto para autorizar la utilización provisional de bienes o efectos que éstos hayan sido " cautelarmente decomisados"».

Con todas estas argumentaciones expuestas, parece que se incurre en el error de identificar como una figura con autonomía procesal propia – decomiso cautelar o preventivo-, la posibilidad de adoptar medidas cautelares y actuaciones dirigidas a la gestión y conservación de los objetos sobre los que recae, o a la posibilidad de acordar un uso o destino provisional con la propia finalidad a la que se dirigen y que justificaría su aplicación, es decir, a garantizar la privación definitiva o decomiso que se acuerde en la resolución que ponga fin al procedimiento. A pesar, de las particularidades que puedan resultar en su aplicación, cuando la finalidad es garantizar el decomiso.

Esta conducta del legislador puede venir provocada, principalmente, por dos motivos. El primero de ellos, y como se ha mencionado más arriba, por el uso de numerosos términos como equivalentes por legislador español en sus labores de trasposición de la normativa europea a consecuencia de las traducciones erróneas de determinados conceptos o no ajustadas a los términos de nuestro Derecho interno. Cuestión que habría quedado resuelta, como opina GASCÓN INCHAUSTI, de haber optado el legislador por unificar términos aprovechando la reforma introducida por la trasposición de la Directiva[88]. Y, el segundo motivo, por la ausencia de una regulación sobre medidas cautelares específicas en garantía del posterior decomiso en nuestra legislación penal[89]. A pesar de que la Directiva 2014/42/UE dirigía un mandato expreso a los Estados miembros, a quienes obligaba a configurar un sistema de tutela cautelar que garantizase el posterior decomiso[90]–principalmente, basado en el embargo preventivo-. Sin embargo, la doctrina ha considerado que el legislador español no ha cumplido satisfactoriamente con este objetivo fijado y obliga a acudir a otros preceptos para colmar esta laguna que resultan insuficientes, como el artículo 127 octies del Código penal, y los artículos 367 quater y sexies de la Ley de Enjuiciamiento Criminal[91].

De las trasposiciones llevadas a cabo por el legislador mediante la Ley 41/2015 y la Ley 1/2015, se ha criticado la referencia tan genérica que se ha incluido en el artículo 803.ter.L apartado uno letra h) de la Ley de Enjuiciamiento Criminal, sobre la posibilidad de solicitar medidas cautelares en la demanda de decomiso autónomo, pero sin indicar cuáles son, ni hace remisión alguna a otra

---

88 Este autor se inclina por el uso de "incautación" como opción terminológica para referirse a la medida cautelar que garantiza el posterior decomiso. GASCÓN INCHAUSTI, F., "Las nuevas herramientas procesales para articular ..." *Op.cit.*, p. 52.

89 Esta ausencia de regulación sobre medidas cautelares en el ámbito del decomiso es una de las tantas carencias que tiene nuestro sistema cautelar penal en sentido general. ASENCIO MELLADO pone en evidencia su carácter disperso, la falta de unificación de las medidas que se pueden acordar y la ausencia de una regulación sujeta al principio de excepcionalidad en su aplicación. ASENCIO MELLADO, J. M., "La reforma del sistema de medidas cautelares *Op.cit.*, p. 297.

90 GASCÓN INCHAUSTI, F., "., "Las nuevas herramientas procesales para articular ..." *Op.cit.*, p. 51.

91 FARTO PIAY, T., "La privación de activos sin condena penal como estrategia de lucha frente a la delincuencia organizada: aspectos procesales", en GARRIDO CARRILLO, F.J. (Dir.), FAGGIANI, V. (Coord.), *Dimensiones operativas y normativas en la lucha contra el crimen organizado. Perspectivas de reforma*, Bosch, Barcelona, 2021, p. 118.

norma para ello[92]. La previsión del artículo 127 octies del Código penal ha resultado igualmente insatisfactoria, aunque aparentemente se configura como el marco general de la tutela cautelar del decomiso, realmente no es así. Podemos observar, como en su apartado primero, se alude a la posibilidad de aprehender, embargar o depositar los bienes (bienes, medios, instrumentos y ganancias) desde un primer momento para garantizar su posterior decomiso – lo que nos recuerda a la regulación de esas diligencias judiciales sobre el cuerpo del delito prevista en el artículo 334 y siguientes de la Ley de Enjuiciamiento Criminal-. Mientras que, el apartado segundo del artículo 127 octies establece la potestad judicial para resolver sobre el destino provisional (uso y realización anticipada) remitiéndose a la Ley de Enjuiciamiento Criminal, es decir, a lo previsto en los artículos 367 bis y siguicntcs.

Por ello, este precepto ha sido objeto de crítica por algunos autores. Primero, por su ubicación, a la que consideran totalmente desacertada, puesto que dificulta aún más la distinción entre una consecuencia accesoria del delito y una medida procesal dirigida a garantizar su posterior cumplimiento[93]. Con lo cual, habría sido mucho más aconsejable incluir estas referencias en la norma de carácter procesal, como es la Ley de Enjuiciamiento Criminal[94]. De hecho, esta cuestión podría haberse resuelto por el legislador con ocasión de esta trasposición, de haber atendido a las alegaciones que algunos autores, entre ellos, AGUADO CORREA, vertieron sobre el Proyecto de reforma del Código penal de 2013, y que evidenciaron el error de incluir en un mismo artículo (en concreto, el artículo 127 seis) cosas tan dispares como el embargo preventivo, la

---

92 La remisión a la Ley de Enjuiciamiento Civil que se efectúa en el apartado tercero del artículo 803. L) se limita a los casos de la oposición, modificación o alzamiento de las mismas y la prestación de caución sustitutoria.

93 DE LA MATA BARRANCO, N.J., "Las distintas modalidades de decomiso después de la Ley Orgánica 1/2015, de 30 de marzo", *La Ley Penal: Revista de Derecho Penal, Procesal y Penitenciario,* núm.124, 2017, pp. 2-3.

94 A favor de ello se postulan GASCÓN INCHAUSTI, F., "Las nuevas herramientas procesales para articular ..." *Op.cit.*, p. 51.

realización anticipada y uso provisional–normas de carácter procesal-, y el destino definitivo del objeto decomisado, lo que generaba gran confusión[95].

En segundo lugar, desde el punto de vista de su contenido, este tampoco ha agradado demasiado. Tildan a su redacción de incompleta e imprecisa, al no recoger los presupuestos para su aplicación ni el régimen jurídico de tales medidas. En definitiva, el legislador podría haber abordado este problema y resolverlo o, al menos, aprovechar la trasposición de la Directiva para ser más preciso en su regulación.

Desde el ámbito procesal, debemos mencionar las modificaciones que se plantearon en los últimos intentos de reforma de la Ley de Enjuiciamiento Criminal, y que resultaron infructuosos. Así, pues, en primer lugar, el Anteproyecto de Ley de Enjuiciamiento Criminal de 2011, sobre las novedades en materia de medidas cautelares, se aludía al "comiso cautelar" que recaía sobre los instrumentos o efectos del delito o como ganancias obtenidas con la actividad criminal, y que se distinguía de las medidas tendentes a asegurar el pago de las responsabilidades pecuniarias (responsabilidad civil, multas y costas). Entre las medidas –se omitía la expresión de medidas cautelares, a pesar de incluirse este capítulo llamado "decomiso" en el Título III de medidas cautelares reales– que se podían aplicar a este decomiso cautelar, el legislador mencionaba las siguientes: la custodia de bienes muebles, el embargo preventivo, la administración judicial, la realización anticipada, la anotación preventiva o la gestión a través de la ORGA (artículo 223). Por otro lado, se preveía en casos de urgencia la posibilidad de acordar provisionalmente por el Fiscal la intervención de bie-

95 AGUADO CORREA, T., "Embargo preventivo y comiso en los delitos de tráfico de drogas... *Op.cit.*, p. 283. MANZANARES SAMANIEGO, J.L, "Comentarios a la reforma de la parte general del Código Penal conforme al nuevo anteproyecto de Ley Orgánica (y IV): de la responsabilidad civil, las costas, las consecuencias accesorias y la extinción de la responsabilidad criminal (artículos 109 a 137)", *Diario La Ley*, núm. 8003, Sección Doctrina, 17 de enero de 2013, pp. 8-9.

nes y efectos para garantizar la efectividad del decomiso (artículo 228).

En segundo lugar, la *Propuesta de Código Procesal Penal de 2013*, que desarrollaba de forma más profunda la cuestión, recogía en los artículos 215 al 232 un amplio catálogo de medidas para asegurar las responsabilidades penales. En este catálogo se contemplaba en el artículo 216.1 la figura del "decomiso provisional" –suprimía la referencia de "comiso cautelar" del texto anterior-, como una medida con autonomía propia que permitía solicitar el decomiso de los bienes por el plazo de un año, cuando por rebeldía o incapacidad plena del encausado no era posible iniciar o proseguir un procedimiento penal, a la espera de la apertura de un procedimiento de decomiso autónomo.

Parece ser que las continuas reclamaciones de los operadores jurídicos dirigidas a lograr una regulación más específica de las medidas cautelares dirigidas a garantizar el decomiso en el proceso penal[96] han calado en la voluntad del legislador por darle cumplimiento. Finalmente, parece que la cuestión quedaría resuelta de ver la luz el texto del *Anteproyecto de Ley de enjuiciamiento criminal de 2020*, que incluye los aspectos más esenciales del Anteproyecto de 2011 y de la Propuesta de Código procesal de 2013, con el fin de adecuarla al contexto normativo actual. En él se plantean una serie de cambios trascendentales que afectarían al decomiso, siendo uno de ellos el que atañe a las medidas cautelares. Se contempla un capítulo específico en materia de decomiso – Capítulo III, dentro del Título III sobre medidas cautelares reales, Libro II- bajo la rúbrica de "Medidas para garantizar la efectividad del

---

96 Por el contrario, hay quien opina que no es necesario regular en la LECRIM los presupuestos, clases o contenido de las medidas cautelares en el proceso penal como OCAÑA RODRÍGUEZ, quien considera suficiente su remisión a la LEC, limitándose a recoger en la norma procesal penal algunos aspectos como la necesidad de fianza, el procedimiento de su adopción, o la oposición en caso de adoptarse *in audita parte*, OCAÑA RODRIGUEZ, A., *Medidas cautelares reales en el proceso penal y decomiso*, Sepin, Madrid, 2016, p. 40.

decomiso", e incurriendo de nuevo en una deficiente técnica legislativa, se dispone a lo largo de sus tres artículos cuestiones de diferente naturaleza que, una vez más, pueden inducir a la tradicional confusión de medidas cautelares, diligencias judiciales, etc.

Así, por un lado, el artículo 291 cuyo enunciado se refiere a "las medidas de garantía", dispone en el apartado primero, la posibilidad de acordar el depósito judicial sobre los instrumentos, ganancias, bienes y derechos, para garantizar el posible decomiso que se acuerde sobre ellos en sentencia, lo que efectivamente constituye una medida cautelar real. Por el contrario, en el apartado segundo, el legislador impone a su vez la obligación al juez o tribunal que acuerde esta medida de garantía, de acordar alguna –es decir, no exige todas las enumeradas, sino que el mandato se cumpliría al acordar al menos una de ellas- de las siguientes previsiones: nombramiento del depositario, su entrega a la ORGA, su realización anticipada, su intervención judicial, su anotación preventiva. Como puede observarse, el legislador vuelve a mezclar medidas de garantía con los deberes de gestión, administración y conservación de los mismos.

Resulta mucho más controvertida la redacción del artículo 292 -que desgranaremos con mayor énfasis al analizar el procedimiento de decomiso autónomo y las novedades que plantea este Anteproyecto-, que recoge el llamado "decomiso provisional", y que se refiere a la posibilidad que se confiere al Ministerio Fiscal de solicitar la adopción del decomiso por la autoridad judicial, previamente a la presentación de una demanda de decomiso autónomo y por un plazo de seis meses, que coincidiría con la nueva "pieza separada de decomiso autónomo" o de investigación preliminar que podría abrir el fiscal para preparar la demanda de decomiso autónomo. No obstante, de la lectura de este artículo puesto en contraposición con las nuevas líneas que se plantean sobre decomiso autónomo, consideramos que esta figura que plantea el legislador como nueva es una ilusión óptica, y aunque se refiera a ella como "decomiso provisional" o "pieza separada de decomiso autónomo", no es una clase de decomiso de naturaleza procesal o con carácter temporal – frente a la privación definitiva característica del decomiso-, sino que constituye una pieza separada del futuro procedimiento de decomiso autónomo, en la que se adoptarían medidas de garantía, y de gestión, conservación y administración. Realmente, supone trasladar la posibilidad de adoptar medidas cautelares previas al proceso, ya previstas en el ámbito del proceso civil[97], pero con un plazo distinto en este caso sujeto al plazo de 6 meses. Por tanto, hubiera sido más sencillo incluir este extremo en la remisión a las normas título VI del libro III de la Ley de Enjuiciamiento Civil (medidas cautelares) que se dispone en el artículo 861.3 del Anteproyecto.

Por último, el artículo 293 enumera las funciones que pueden ser encomendadas a la ORGA.

En conclusión, habrá que esperar a ver si finalmente este será el texto definitivo que consiga ver la luz, pero de aprobarse en los términos en los que se contempla son múltiples las sombras que rodean la regulación de estas medidas cautelares específicas.

4.1.1. El secuestro judicial o depósito e incautación

Entre las medidas cautelares reales más próximas al decomiso nos encontramos con el *secuestro judicial*. Se trata de una medida cautelar de carácter real cuya finalidad es esencialmente procesal[98]. Consiste en una custodia temporal de las publicaciones, estampas o moldes relacionados con procedimiento por delitos cometidos por medio de imprenta, grabado u otro medio mecánico de publicación[99]. Puede adoptarse en cualquier momento del

---

97 Artículo 730.2 de la LEC: «Podrán también solicitarse medidas cautelares antes de la demanda si quien en ese momento las pide alega y acredita razones de urgencia o necesidad».

98 CEREZO DOMÍNGUEZ, A.I., *Análisis jurídico-penal...*, *Op.cit.*, p. 12.

99 Artículo 817 LECRIM y ss, respecto del procedimiento por delitos cometidos por medio de imprenta, grabado u otro medio mecánico de publicación.

procedimiento, eso sí, deberá cumplir con los requisitos exigibles a las medidas cautelares[100].

Por otro lado, y como ya hemos remarcado, en el artículo 334[101] de la Ley de Enjuiciamiento Criminal se describe la aprehensión (incautación, ocupación, intervención, etc.) del "cuerpo del delito" refiriéndose a que se recogerán todas las armas, instrumentos o efectos de cualquier clase «que puedan tener relación con el delito y se hallen en el lugar en que éste se cometió, o en sus inmediaciones, o en poder del reo, o en otra parte conocida», y a continuación menciona la posibilidad de recurrir por la persona afectada por la "incautación". Tras ser recogidos, como establece el artículo 338, el Juez acordará su retención, conservación o envío al organismo adecuado para su depósito. Estas diligencias judiciales constituyen la ocupación judicial de un objeto calificado como "cuerpo del delito" por su presunta relación con los hechos delictivos[102].

Acerca del depósito judicial, DIAZ CABIALE alude a la falta de autonomía propia de esta figura en la LECRIM, que aparecía tanto en los actos de investigación (artículos 334 y 338), como entre las medidas cautelares (artículos 503.3.b y 509.1.b), y cuya finalidad era mantener en su integridad o conservar el estado físico del objeto. Mientras que la situación jurídica del bien sería ajena a esta medida cuyo aseguramiento se realizaría a través del embargo preventivo o del decomiso cautelar[103].

En la jurisprudencia, encontramos algunas referencias a esta cuestión, así por ejemplo, la STS de 12 de noviembre de 2020 indica al respecto: «En otros precedentes habíamos llamado la atención sobre la confusión entre instituciones jurídicas diferentes, alentada de modo especial por la redacción del art. 374 del CP. Aludíamos entonces a la necesidad de diferenciar entre el comiso,

---

[100] AGUADO CORREA, T., *El comiso, Op.cit.*, p. 39.

[101] También en el artículo 574 del mismo texto.

[102] *Ibid*, p. 40.

[103] DIAZ CABIALE, J.A., *Op.cit.*, p. 20.

entendido como una verdadera expropiación judicial o *pérdida de la titularidad definitiva* de los instrumentos y efectos del delito, de naturaleza penal y por tanto sometida al principio acusatorio; frente a la intervención u *ocupación judicial* de esos mismos efectos o instrumentos, de significación netamente procesal, regulada en los arts. 334 y siguientes de la LECrim, de carácter transitorio, a resultas de la causa y que no implica inicialmente una privación de la titularidad de aquellos bienes, pudiendo ser decomisados o devueltos a su titular en el momento del archivo definitivo de la causa[104]».

De hecho, este uso indistinto de los términos secuestro, depósito, etc., se produce igualmente en el ámbito del proceso civil. Así, pues, el legislador utiliza como sinónimos el término de "secuestro y depósito judicial" – frente al depósito extrajudicial- cuya regulación se contiene en los artículos 1785 al 1789 del Código civil y artículo 626 y siguientes de la Ley de Enjuiciamiento Civil, y el cual tiene lugar cuando se decreta el embargo o el aseguramiento de bienes litigiosos, pudiendo recaer sobre bienes muebles e inmuebles. Por otro lado, entre las medidas cautelares específicas del artículo 727 la Ley Enjuiciamiento Civil se recogen: el depósito de cosa mueble, cuando la demanda pretenda la condena a entregarla y se encuentre en posesión del demandado; la intervención y depósito de ingresos obtenidos mediante una actividad que se considere ilícita y cuya prohibición o cesación se pretenda en la demanda, así como la consignación o depósito de las cantidades que se reclamen en concepto de remuneración de la propiedad intelectual; o el depósito temporal de ejemplares de las obras u objetos que se reputen producidos con infracción de las normas sobre propiedad intelectual e industrial, así como el depósito del material empleado para su producción.

---

104 STS núm. 599/2020, de 12 de noviembre (TOL8.213.888), y SAP de Madrid núm. 320/2022, de 19 de mayo (TOL9.158.250).

En conclusión, se deduce que estas medidas con diferentes denominaciones (secuestro, depósito judicial o incautación) [105] implican en general una ocupación judicial de un bien[106], cuya finalidad puede ser asegurar los efectos de la prueba[107] (cuando la medida recae sobre ese conjunto de cosas enumeradas como cuerpo del delito) o bien, asegurar los resultados del juicio y garantizar las responsabilidades que pudieran derivarse. Y en todo caso, al ser medidas temporales los bienes pueden ser devueltos a sus titulares tras el archivo de la causa[108].

4.1.2. El embargo preventivo

Tampoco el decomiso puede confundirse con la figura del *embargo preventivo*[109]. Ambas figuras guardan una estrecha relación, pues es habitual que la traba de embargo preceda al decomiso a fin de asegurar dicho pronunciamiento en fase de ejecución de

---

105 Ante las numerosas denominaciones que reciben las medidas cautelares relacionadas con el decomiso en el art. 367 LECRIM (decomiso cautelar, depósito judicial, embargo, incautación y aprehensión) GASCÓN INCHAUSTI propone unificar el término para evitar confusiones. Este autor consideraba más apropiado el término de "incautación" «para designar la medida cautelar dirigida a asegurar la efectividad de un eventual pronunciamiento de decomiso, con independencia del tipo de bien sobre el que se proyecte». GASCÓN INCHAUSTI, F., "Las nuevas herramientas procesales para articular ..." *Op.cit.*, p. 52.

106 AGUADO CORREA, T., *El Comiso, Op.cit.*, p. 40.

107 CEREZO DOMÍNGUEZ, A.I, *Análisis jurídico-penal...*, *Op.cit.*, p. 12.

108 En este sentido, MANZANARES SAMANIEGO, quien define el secuestro como ocupación del cuerpo del delito dirigido al aseguramiento de pruebas, y al que considera más parecido al decomiso por coincidir con frecuencia en el mismo objeto. Asemeja su relación con el papel de aseguramiento que cumple el arresto preventivo con las penas privativas de libertad. Por otro lado, destaca que, en el secuestro de bienes de terceros, estos bienes son devueltos después del juicio. MANZANARES SAMANIEGO, J.L., *Las penas patrimoniales en...*, *Op.cit.*, p. 255.

109 Artículo 589 y ss LECRIM.

sentencia[110]. De hecho, la adopción del embargo preventivo es la medida más idónea, además de la medida cautelar de prohibición de disponer que produce el cierre registral para los actos que la contravengan, para garantizar el decomiso por equivalencia o sustitución[111], es decir, aquel decomiso de otros bienes del responsable o de un tercero de mala fe por la cantidad que se corresponda con el valor de los bienes que debían ser decomisados o cuyo valor se ha depreciado en el momento de su adquisición (artículo 127.3 Código penal).

En nuestro ordenamiento el embargo preventivo es otra de las medidas cautelares reales que puede adoptarse en el proceso penal con el fin de asegurar la ejecución de pronunciamientos patrimoniales, en especial, a asegurar las responsabilidades pecuniarias. En concreto, esta medida consiste en la traba de los bienes suficientes del responsable penal (o civil directo o subsidiario)[112], cuando no se presta fianza[113], a los efectos de garantizar la efectividad del derecho que se desea asegurar[114] y que impide disponer de ellos.

---

110 ROMERO PRADAS, M.I., "Resolución de embargo preventivo de bienes y de aseguramiento de pruebas en la Unión Europea", en GONZÁLEZ CANO, I. (Dir.), *Cooperación judicial penal en la Unión europea. Reflexiones sobre algunos aspectos de la investigación y el enjuiciamiento en el espacio europeo de justicia penal*, Tirant lo Blanch, Valencia, 2015, pp. 446-447.

111 OCAÑA RODRIGUEZ, A., *Medidas cautelares reales en el proceso penal y decomiso*, Sepin, Madrid, 2016, p. 46.

112 Por ello, MANZANARES SAMANIEGO hace referencia a esta cuestión como una diferencia con el secuestro, el cual podía recaer sobre bienes de terceros. Entendiendo que el embargo es un acto subsidiario de la fianza de responsabilidad civil y, por el contrario, se mueve en el ámbito periférico y solo puede recaer sobre bienes del responsable penal (o civil subsidiario), MANZANARES SAMANIEGO, J.L., *Las penas patrimoniales en…*, *Op.cit.*, p. 255.

113 Ídem. Por tanto, es una medida subsidiaria a la exigencia de fianza. También, GIMENO SENDRA, V., *Derecho Procesal Penal*, 2° ed., *Op.cit.*, p. 716.

114 ASENCIO MELLADO, J M., *Derecho Procesal Penal*, 1° ed., Tirant lo Blanch, Valencia, 1998, p. 202.

Este concepto clásico del embargo en nuestro derecho interno es más limitado[115] que el recogido en las normas supranacionales[116], pero esta cuestión terminológica no es la única diferencia entre ambas figuras, sino que sus finalidades también son distintas. Y es que, a nivel europeo, el embargo preventivo se dirige a evitar la destrucción o enajenación fraudulenta de los bienes decomisables o medios de prueba, constituyendo una medida de garantía concreta del decomiso.

En nuestro proceso penal, en cambio, es un mecanismo de aplicación subsidiaria, cuando no se prestara la fianza (artículo 589 LECrim), y su finalidad, como se ha indicado anteriormente, se dirige a asegurar los futuros pronunciamientos patrimoniales, pero no es una medida cautelar específica del decomiso. Esta

---

115 CARRILLO DEL TESO se refiere a este significado acotado de nuestro ordenamiento como la retención de bienes, efectos o valores para cubrir las posibles responsabilidades pecuniarias. CARRILLO DEL TESO, A.E., *Decomiso y recuperación…*, *Op.cit.*, p. 106. Por su parte ROMERO PRADAS, quien alerta de esa asimilación del concepto de embargo al de diligencias dirigidas a la incautación o intervención de efectos causada por las definiciones empleadas a nivel europeo y por países de nuestro entorno, y atribuyéndoles unas finalidades de aseguramiento, pero para evitar la desaparición de los bienes vinculados con el delito o que sean objeto de prueba en el juicio. ROMERO PRADAS, M.I., "Resolución de embargo…, *Op.cit.*, p. 444.

116 Así, por ejemplo, el artículo 2 de la Directiva 2014/42/UE define el embargo preventivo como: «La prohibición temporal de transferir, destruir, convertir, disponer o poner en circulación bienes, o la custodia o el control temporales de bienes». Esta definición es similar a la ofrecida en otros instrumentos internacionales como en la Convención de las Naciones Unidas contra la corrupción, hecha en Nueva York el 31 de octubre de 2003 (por «embargo preventivo» o «incautación» se entenderá la prohibición temporal de transferir, convertir, enajenar o trasladar bienes, o de asumir la custodia o el control temporales de bienes sobre la base de una orden de un tribunal u otra autoridad competente (art.2 F).), en el Convenio de Palermo (Por «embargo preventivo» o «incautación» se entenderá la prohibición temporal de transferir, convertir, enajenar o mover bienes, o la custodia o el control temporales de bienes por mandamiento expedido por un tribunal u otra autoridad competente (art. 2 F).

discordancia generaba problemas prácticos a la hora de anotar mandamientos de embargo[117]: por un lado, porque la finalidad de la anotación preventiva de embargo es asegurar el pago de las responsabilidades pecuniarias del proceso penal (responsabilidad civil derivada del delito, multas y costas), lo que excluiría su anotación cuando su finalidad es asegurar el decomiso. Por otro lado, la falta de tracto sucesivo que se ocasionaba cuando recaía sobre bienes inmuebles cuyo titular no era el responsable penal, aunque en este caso se modificó el apartado séptimo del artículo 20 de la Ley Hipotecaria, el cual autoriza la anotación siempre que el órgano jurisdiccional incluya en el mandamiento la existencia de indicios racionales de su titularidad por el encausado[118].

Como ya se ha ido poniendo de relieve, nuestra LECRIM no recoge un catálogo de medidas cautelares dirigidas específicamente a garantizar el decomiso, ni siquiera reconoce abiertamente la existencia del decomiso cautelar. Situación que, probablemente se vería modificada si finalmente se aprobase el *Anteproyecto de Ley de enjuiciamiento criminal de 2020,* o alguna versión posterior mantuviera las previsiones sobre "medidas de garantías del decomiso", aunque ya se adelantó las deficiencias aparentes de la redacción del Anteproyecto en este punto, y que en este sentido requeriría mayores precisiones.

---

117 OCAÑA RODRIGUEZ, A., *Medidas cautelares reales en el proceso penal y decomiso,* Sepin, Madrid, 2016, pp. 60 -63.

118 Artículo 20. 7º LH: «No podrá tomarse anotación de demanda, embargo o prohibición de disponer, ni cualquier otra prevista en la ley, si el titular registral es persona distinta de aquella contra la cual se ha dirigido el procedimiento. En los procedimientos criminales y en los de decomiso podrá tomarse anotación de embargo preventivo o de prohibición de disponer de los bienes, como medida cautelar, cuando a juicio del juez o tribunal existan indicios racionales de que el verdadero titular de los mismos es el encausado, haciéndolo constar así en el mandamiento».

Por ello, DIAZ CABIALE se muestra crítico con la falta de reconocimiento en nuestro ordenamiento del decomiso preventivo como una figura con autonomía propia. Y califica como deficiente la técnica legislativa del legislador europeo, quien incurre en el error de identificar al decomiso cautelar con el embargo preventivo, como una medida de aseguramiento del posterior decomiso. A pesar de que el objeto sobre el que puede recaer cada una de estas medidas sea distinto, pues el embargo puede decretarse sobre cualquier bien del patrimonio del investigado, y si fuera insuficiente, se puede embargar las piezas de convicción. Mientras que, el decomiso cautelar está limitado a ciertos bienes[119] vinculados con el delito.

Esta confusión se refleja, asimismo, en la labor del legislador español de transposición de las normas europeas, quien en ocasiones incurre en cierta ambigüedad como, por ejemplo, al referirse al embargo preventivo como medida de garantía específica del decomiso en materia de reconocimiento mutuo de resoluciones judiciales o en el artículo 127 octies del Código penal. Como ya se indicó en páginas anteriores, en realidad, estas medidas de garantía específicas se han denominado por la doctrina como decomiso preventivo y que se materializa en diferentes actuaciones según el tipo de objeto (embargo, depósito, etc.), aunque el legislador usa el término de "embargo preventivo"[120].

---

119 DIAZ CABIALE, J.A., *Op.cit.*, pp. 19-23.

120 En el apartado tercero de la Exposición de motivos de la Ley 18/2006, de 5 de junio, para la eficacia en la Unión Europea de las resoluciones de embargo y de aseguramiento de pruebas en procedimientos penales, se refiere en los siguientes términos: «Es preciso aclarar que el empleo del término embargo en esta ley se separa del concepto que hoy recoge la vigente Ley de Enjuiciamiento Criminal, como medida que afecta a aquellos bienes del procesado que sean suficientes para cubrir su responsabilidad civil. Frente a ello, esta Ley se enmarca en el ámbito de la cooperación judicial internacional, lo que ha llevado a asimilar el término embargo con el significado que esta expresión tiene en el ordenamiento de los países de nuestro entorno, por lo que con ello se comprenderán una amplia gama de diligencias aseguratorias del cuer-

En este sentido, la LRM 2014 contempla las resoluciones de embargo preventivo o de aseguramiento de pruebas como: «aquellas resoluciones que se dirigen a impedir provisionalmente la destrucción, transformación, desplazamiento, transferencia o enajenación de bienes que pudieran ser sometidos a decomiso o utilizarse como medios de prueba (artículo 143.1)». De acuerdo con su tenor literal, se configuran ambos instrumentos como medidas preventivas dirigidas exclusivamente al aseguramiento del posterior decomiso[121], y/o de que el bien sobre el que recae se encuentre íntegro para su práctica como prueba en un posterior juicio oral[122]. A sensu contrario, implica que las resoluciones de embargo cuya finalidad sea el aseguramiento de responsabilidades pecuniarias y no la de garantizar el posterior decomiso – o de aseguramiento de prueba-, quedarían excluidas de este instrumento normativo de reconocimiento mutuo[123].

Por ello, el verdadero conflicto surge en determinar las diferencias entre el decomiso cautelar (como figura autónoma dirigida a asegurar el futuro decomiso como consecuencia accesoria) -en caso de reconocer este mecanismo-, y el embargo preventivo (dirigida en nuestro ordenamiento a asegurar la responsabilidad pecuniaria penal, civil o procesal). No obstante, en términos generales, y para lo que aquí interesa, podemos afirmar que el presupuesto o característica que nos permitiría configurar ese concepto de "decomiso", es la consecuencia de pérdida definitiva de titularidad sobre el objeto decomiso. Puesto que, la provisionalidad e instrumentalidad estarían vinculadas a las medidas cautelares por su función preventiva o de aseguramiento, siendo estos elementos los que, en su caso, vendrían a diferenciar el decomiso cautelar, embargo preventivo, etc., como medidas cautelares – por ende, de naturaleza procesal- y el decomiso definitivo, como medida sustantiva de naturaleza penal.

---

po del delito, tales como su recogida, bloqueo, conservación, intervención, incautación o puesta en depósito judicial».

121 AGUADO CORREA, T., "Embargo preventivo y comiso en los delitos de tráfico de drogas..., *Op.cit.*, pp. 265-320.

122 ROMERO PRADAS, M.I., "Resolución de embargo..., *Op.cit.*, p. 443.

123 *Ibid*, p. 444.

4.2. Desplazamiento de la titularidad del bien o derecho a favor del Estado frente a la expropiación forzosa

El hecho que supone el traspaso de la titularidad sobre el objeto que recae el decomiso a favor del Estado, nos lleva irremediablemente a analizar si se trata de un supuesto de expropiación forzosa a favor del Estado o no. En el artículo 33 de la CE se reconoce el derecho a la propiedad privada, y a continuación establece que: «nadie podrá ser privado de sus bienes y derechos sino por causa justificada de utilidad pública o interés social, mediante la correspondiente indemnización y de conformidad con lo dispuesto por las leyes».

Sin embargo, decomiso y expropiación forzosa son figuras totalmente distintas que tienen como único elemento común la pérdida de la titularidad a favor del Estado. En el decomiso nos encontramos ante una figura aplicable en el marco del proceso penal, cuya justificación es la comisión de un hecho delictivo y se orienta a finalidades como la prevención penal y a la evitación del enriquecimiento y obtención de beneficios derivados del hecho delictivo. La expropiación, por el contrario, es un procedimiento administrativo que se produce por una causa justificada de utilidad pública o interés social, percibiendo el afectado una indemnización por el sacrificio realizado, lo que no ocurre en el decomiso[124].

4.3. Consecuencia jurídica del delito de carácter patrimonial

En la delincuencia económica y, especialmente en la delincuencia organizada, la aplicación de las penas privativas de libertad es la principal consecuencia jurídica para combatirla junto a la pena de multa. Aunque en los últimos tiempos, otras consecuencias jurídicas de carácter económico o patrimonial han adquirido una mayor

---

124 MANZANARES SAMANIEGO, J.L., *Las penas patrimoniales en…*, *Op.cit.*, p. 254.

relevancia como mecanismos disuasorios[125]. No obstante, las consecuencias económicas en muchas ocasiones se prevén por los propios delincuentes como un coste o gasto de su "inversión delictiva" que compensan con las ganancias ilícitas obtenidas, sin olvidar que suelen estar respaldados por un capital sólido con el que hacer frente a este tipo de sanciones[126]. Con lo cual, desaparece el efecto disuasorio pretendido y resultan insuficientes a la hora de castigar el delito[127] .

Es por ello por lo que el decomiso ha ocupado un lugar destacado en este catálogo, especialmente en delitos de mayor gravedad[128]. Con el objetivo de debilitar la estructura financiera de estas redes y evitar la obtención de ventajas patrimoniales derivadas de la actividad delictiva, se prevé un sistema sancionador que afecta a la esfera patrimonial del responsable penal principalmente.

4.3.1. La pena de multa

En este sentido, es importante distinguir la figura del decomiso de la pena pecuniaria[129] más relevante y extendida, como viene

---

125 MARTÍNEZ-BUJAN PÉREZ, C., "Consecuencias Jurídicas Económicas en el Sector de la Delincuencia Económica", *Revista Derecho Penal y Criminología,* Vol. 18, núm.57-58, 1995, p. 14.

126 MARTÍNEZ-BUJAN PÉREZ se mostraba contrario con la tendencia a sustituir las penas cortas de privación de libertad por penas de multa, puesto que podría conducir al debilitamiento del efecto preventivo de la sanción penal, ya que en la práctica se había podido comprobar como los delincuentes económicos contaban con reservas económicas suficientes procedentes de las propias empresas con las que actuaban, *Ibid,* p. 15.

127 MAPELLI CAFFARENA, B., *Las consecuencias jurídicas del delito, Op.cit.,* p. 400.

128 AGUADO CORREA, T., *El comiso, Op.cit.,* p. 13.

129 VAELLO ESQUERDO considera que: «Las penas pecuniarias tienen exclusivamente carácter económico y afectan al patrimonio del que es sancionado con ellas. Este tipo de sanciones se encuentra en un proceso de clara expansión y, en buena medida, su progresivo protagonismo en los textos punitivos, a costa de restárselo a la pena de prisión, demuestra una positiva evolución de la política penal actual, que tiende a considerar las

siendo la pena de multa[130], pues en ocasiones el legislador las ha previsto de forma conjunta por la aproximación de ambas, dado su contenido económico, lo que ha generado cierta confusión en su identificación. En el Código penal vigente, la multa y el decomiso se encuentran reguladas de forma separada. De tal forma que, la multa constituye una pena pecuniaria y, como tal, aparece regulada en el catálogo de penas[131], ello implica que, la misma quede sujeta al principio de culpabilidad y tenga un carácter personalísimo, imponiéndose exclusivamente al culpable del hecho delictivo[132]. Por su parte, el decomiso constituye una consecuencia accesoria y, no una pena, pudiendo recaer sobre quien no es responsable penalmente o sobre terceros[133].

La pena de multa, como la concibe MANZANARES SAMANIEGO[134], se impone y satisface en dinero, y opera como una obligación de Derecho público, cuya finalidad es orientar la conducta del responsable penal a través de este quebranto patrimonial. Sin embargo, el comiso constituye una sanción patrimonial que afecta inmediatamente a la propiedad, y se mueve en la esfera de los derechos reales.

---

penas pecuniarias como alternativa a las que implican privación de libertad». VAELLO ESQUERDO, E., *Op.cit.*, p. 93 Anteriormente, dentro de las penas pecuniarias nos encontrábamos con la multa, el comiso –ahora consecuencia accesoria- y la caución –la cual ya ha desaparecido.

130 Sobre los antecedentes históricos de la multa como pena se pronuncia MAPELLI CAFFARENA, B., *Las consecuencias jurídicas del delito, Op.cit.*, p. 216.

131 Prevista en los artículos 32, 33.3 j)-k); 33.4 g); 33.7 a). Nos referimos a la pena de multa impuesta por el órgano jurisdiccional al condenado en un proceso penal por la comisión de una infracción penal y, que no debe confundirse con la multa administrativa o sanción disciplinaria.

132 STS núm. 314/2019, de 17 de junio (TOL7.336.644).

133 ROCA DE AGAPITO, L., "Pena de multa", en ROCA DE AGAPITO, L. (Dir.) *Las consecuencias jurídicas del delito,* Tirant lo Blanch, Valencia, 2017, p. 70.

134 MANZANARES SAMANIEGO, J.L., *Las penas patrimoniales en…, Op.cit.*, pp. 3-4.

En el ordenamiento jurídico español, según contempla el artículo 50.1 del Código penal, la multa se define como «la pena de multa consistirá en "la imposición al condenado de una sanción pecuniaria"». De esta forma, se concibe la pena de multa como una restricción al condenado en la disposición de sus haberes[135], afectando a su patrimonio legítimo. A diferencia de la multa, en el decomiso su objeto va más allá de las cantidades dinerarias, afectando a aquellos bienes de cualquier naturaleza –muebles, inmuebles, fungibles, no fungibles, etc., que tengan esa vinculación con el hecho antijurídico por constituir un efecto del delito–haya sido un medio o instrumento- y las ganancias, provengan directa o indirectamente del mismo y, cualquiera que hubiera sido la transformación que hubiesen podido experimentar[136].

En el caso de la multa, el legislador opta por establecer un sistema de días- multa para determinar el monto total. Aunque, en otras ocasiones, se combina con un sistema de carácter proporcional[137] indicando unos márgenes de mínimos y máximos[138] que permiten a la hora de su imposición valorar las circunstancias concretas de la condena, tales como la gravedad del hecho o la capacidad económica del condenado. Y en el caso de las personas jurídicas su imposición se realizará en proporción al beneficio obtenido, perjuicio causado, valor del objeto o cantidad defraudada, entre otros parámetros.

---

135 AGUDO FERNÁNDEZ, E., JAÉN VALLEJO, M., y PERRINO PÉREZ, A.L., *Penas, medidas y otras consecuencias jurídicas del delito*, Dykinson, Madrid, 2017, p. 128.

136 STS núm. 314/2019, de 17 de junio (TOL7.336.644).

137 CHOCLÁN MONTALVO, J.A., considera la multa proporcional como un instrumento eficaz de lucha contra la criminalidad organizada, que complementa la confiscación, CHOCLÁN MONTALVO, J.A., *El patrimonio criminal…, Op.cit.*, p. 87.

138 AGUDO FERNÁNDEZ, E., JAÉN VALLEJO, M. y PERRINO PÉREZ, A.L., *Op.cit.*, p. 220.

Como consecuencia de la catalogación de la multa como un tipo de pena, le serán de aplicación los principios informadores y garantías que rigen el sistema de penas[139], y en particular, los principios de legalidad, personalidad, culpabilidad y proporcionalidad. En este sentido, respecto de la imposición de la multa proporcional, el legislador se ha servido de ella para sancionar al sujeto responsable como medida disuasoria e intimidante, y junto al decomiso de las ganancias obtenidas, privarle de los beneficios obtenidos ilícitamente como consecuencia del hecho antijurídico. Ambas consecuencias son diferentes y tienen fundamentos distintos, por lo que su imposición simultánea es compatible, y no se considera que vulnere el principio de *ne bis in ídem*[140].

En la postura contraria[141] algunos autores han criticado, sin embargo, la doble valoración[142] y la falta de proporcionalidad[143] en la

---

139 MANZANARES SAMANIEGO, J.L., *Las penas patrimoniales en…, Op.cit.*, p. 4.

140 CARRILLO DEL TESO, A.E., Decomiso *y recuperación…, Op.cit.*, p. 112.

141 En contra, MUÑOZ CONDE, F., *Derecho penal. Parte especial*, (13a ed., con Apéndice de puesta al día), Tirant lo Blanch, Valencia, 2001, p. 642. En relación con el artículo 377 CP: «En este caso la pena de multa funciona más bien como una confiscación o privación de las ventajas económicas conseguidas ilícitamente, El procedimiento ha sido utilizado ya en otros delitos como el cohecho (arts. 419 ss.). Pero, al permitir el art. 374 también el comiso de las ganancias obtenidas del delito (véase infra), se plantea el problema de si ambas sanciones pueden aplicarse conjuntamente cuando recaen sobre el mismo objeto. Aunque teóricamente ello es posible, por tratarse de sanciones distintas, me parece que podría infringirse el *ne bis in ídem* y producirse una situación muy parecida a la de la confiscación general de bienes».

142 MANZANARES SAMANIEGO, J.L., "Aproximación al comiso del nuevo artículo 344 BIS E)…, *Op.cit.*, p. 3811.

143 AGUADO CORREA se muestra contraria al mantenimiento de la multa proporcional conjunta al decomiso de ganancias, al no distinguir la gravedad de las conductas suficientemente, vulnerándose el principio de culpabilidad, proporcionalidad y el derecho de la propiedad, AGUADO CORREA, T., *El comiso, Op.cit.*, pp. 170-172. CHOCLÁN MONTALVO considera que cuando simultáneamente coincide la imposición de la multa proporcional, cuya cantidad se determina en función del pre-

determinación de la pena de multa proporcional, pues el *quatum* de la multa se establecía atendiendo a la ganancia o recompensa obtenida (artículo 52 CP), cuando además se decomisaban esas ganancias, produciéndose una confiscación general de los bienes.

En el conjunto de las llamadas "responsabilidades pecuniarias[144]", en el que se incluyen, la multa, las costas procesales y la responsabilidad civil *ex delicto,* a pesar de que se tratan de figuras diferentes con identidad propia, por su gran transcendencia patrimonial en el ámbito penal[145] puede generar en ocasiones cierta confusión con algunas características próximas a la figura del decomiso. No obstante, algunos autores apuntan a que el decomiso realmente no pretende ser una consecuencia punitiva del delito en sentido estricto, sino que, el mismo se dirige frente al patrimonio ilícito del delincuente, que abarcaría los efectos, instrumentos y ganancias del delito con el objetivo de privarle de cualquier ventaja derivada de la actividad delictiva[146].

---

sunto beneficio obtenido, con la confiscación real de la ganancia, ya que puede dar lugar a la imposición de una pena que no guarde relación con la gravedad del hecho, y en cualquier caso pueden imponerse ambas medidas. CHOCLÁN MONTALVO, J.A., *Op.cit.,* pp. 878-88. Para CARRILLO DEL TESO se produce cierta colisión, al darse una doble valoración de las ganancias derivadas del delito, afectando al principio de proporcionalidad y culpabilidad, CARRILLO DEL TESO, A.E., Decomiso *y recuperación…, Op.cit.,* p. 113. DIEZ RIPOLLES entiende que la imposición conjunta de ambas medidas se justifica en los supuestos de mayor entidad, DIEZ RIPOLLES, J.F. "La política sobre drogas en España, a la luz de las tendencias internacionales: Evolución reciente", *Anuario de derecho penal y ciencias penales,* Tomo 40, Fasc/Mes 2, 1987, p. 397.

144 Circular de la Fiscalía General del Estado núm.4/2010, de 30 de diciembre, sobre las funciones del Fiscal en la investigación patrimonial en el ámbito del proceso penal, p. 2.

145 CORTÉS LABADÍA, J.P., "Delito de contrabando", en CAMACHO VIZCAÍNO, A. (Dir.), *Tratado de Derecho penal económico. Parte general,* Tirant lo Blanch, Valencia, 2019, p. 2287.

146 ASENCIO MELLADO, J.M., *La acción civil en el proceso penal,* Ara editores, Perú, 2010, p. 42. CORTÉS LABADÍA, J.P., "Delito de contraban-

4.3.2. La responsabilidad civil ex delicto

En nuestro ordenamiento, como dispone el artículo 109 del Código penal y siguientes, la comisión de un hecho delictivo obliga a reparar los daños y perjuicios por él causados, esto es, surge la llamada responsabilidad extracontractual o civil[147]. En cambio, el decomiso es una consecuencia jurídica patrimonial que deriva de una responsabilidad penal, y que será aplicable conforme a los distintos supuestos que contempla nuestro ordenamiento, pero en ningún caso deriva de la producción de un daño[148].

La responsabilidad civil *ex delicto* se constituye como otra de las consecuencias jurídicas patrimoniales derivadas del delito, o, mejor dicho, derivada del daño producido por la comisión de un delito[149], pues su verdadero fundamento es el daño producido, y no

---

do", en CAMACHO VIZCAÍNO, A. (Dir.), *Tratado de Derecho penal económico. Parte general*, Tirant lo Blanch, Valencia, 2019, p. 2290.

147 SERRANO PIEDECASAS se refería a la responsabilidad extracontractual como una fuente de obligaciones que se diferencia de la responsabilidad contractual o civil "pura", por la ausencia de una relación contractual previa entre las partes. Y que puede derivar de un ilícito penal o de un ilícito civil.
SERRANO PIEDECASAS, J.R., "Naturaleza jurídica. Procedimiento y atribución del daño. Tres aspectos conflictivos de la responsabilidad civil", *Revista de Derecho Penal y Criminología*, Vol. 18, núm. 57-58, 1995, p. 44.

148 FERREIRO BAAMONDE, X.X., "El decomiso y la salvaguarda de los intereses de las víctimas de delitos", en BERDUGO GÓMEZ DE LA TORRE, I.; RODRÍGUEZ GARCÍA, N. (Coord.), *Decomiso y Recuperación de activos. Crime Doesn´t pay*, Tirant lo Blanch, Valencia, 2020, p. 196.

149 Esta denominación de la responsabilidad civil como derivada del delito ha sido criticada por la doctrina, así lo declaraba DÍAZ Y GARCÍA CONLLEDO, puesto que esta responsabilidad civil no surge de la existencia de un delito, sino del daño que su comisión ha producido, pues lógicamente puede haberse cometido un hecho delictivo y no haber causado un perjuicio a persona alguna. DÍAZ Y GARCÍA CONLLEDO, M., "Consecuencias jurídicas económicas del delito. Naturaleza jurídica de la responsabilidad civil derivada del delito o falta. La reparación del daño como alternativa a determinadas penas", *Revista de Derecho Penal y*

el delito[150], con lo cual, las normas que se le aplican son de naturaleza civil[151]. El Tribunal Supremo se ha pronunciado en diferentes ocasiones afirmando que:

> «no puede entenderse en el sentido de que todo delito o falta genera responsabilidad civil, ya que, lo que las referidas infracciones criminales producen es un daño criminal y la única sanción establecida por la producción de tal daño es la pena, de suerte, que las únicas infracciones penales susceptibles de engendrar responsabilidad civil son aquellas, en las que el hecho, además del daño criminal a ellos inherente producen
> un daño civil, es decir, cuando el hecho, además de ser constitutivo de delito por venir tipificado como tal en el Código Penal, constituye, a la vez, un ilícito civil, generador de un daño de esta naturaleza, a cuyo resarcimiento se encamina la acción civil correspondiente...». De acuerdo con esta afirmación, se derivan otras como el hecho de que en los delitos formales o de peligro no se generan responsabilidad civil de forma automática, pues son delitos que se consuman por la mera actividad, con absoluta independencia de que se produzca o no la lesión de la que deriva la responsabilidad civil[152].

En este sentido, ASENCIO MELLADO hace referencia al error generalizado de confundir que el origen de la responsabilidad civil exigida en el proceso penal deriva del delito o la falta cometida, como consecuencia de un entendimiento inapropiado del funcionamiento de principios como la accesoriedad[153].

Criminología, Vol. 18, núm. 57-58, 1995, pp. 28- 29. En el mismo sentido, FERREIRO BAAMONDE, que se refiere al perjuicio patrimonial «derivado de la comisión de un hecho que reviste los caracteres de delito», FERREIRO BAAMONDE, X.X., *Op.cit.*, p. 196.

150 SERRANO PIEDECASAS, J.R., *Op.cit.*, p. 47.

151 GÓMEZ DE URBANEJA, E., *Comentarios a la Ley de Enjuiciamiento Criminal*, Tomo II, Barcelona, 1951, p. 321.

152 STS núm. 4682/1981, de 4 de noviembre (TOL5.023.915); o más reciente, la STS núm. 151/2023, de 3 de marzo (TOL9.446.886).

153 ASENCIO MELLADO, J.M., *La acción civil en el proceso penal, Op.cit.*, p. 42.

De acuerdo con esta premisa, se puede afirmar que la responsabilidad civil no cumple con una función punitiva[154], pues no busca castigar al autor, como sí cumplen las penas. Sino que, la responsabilidad civil extracontractual tiene como fin reparar el daño causado. Por otro lado, la comisión de un delito implica o tiene como consecuencia una determinada pena, y no siempre conlleva atribuida una responsabilidad civil, ni tampoco que corresponda a la misma persona, pudiendo incluso ser una responsabilidad subsidiaria en otras circunstancias. Esta afirmación deriva de la naturaleza civil que tiene esta responsabilidad[155].

La responsabilidad civil se caracteriza por ser transmisible a los herederos del responsable civil. Su cuantía se determina de acuerdo con la valoración del daño, no por la gravedad del hecho delictivo o de la culpabilidad del responsable penal[156]. Y, en cuanto a sus formas de cumplimiento, estas comprenderían la restitución del bien, la reparación del daño y la indemnización de perjuicios materiales y morales.

Desde la perspectiva procesal existen también algunas diferencias entre ambas figuras. En el caso de la responsabilidad civil, el perjudicado puede exigir esta responsabilidad acumulada a la acción penal en el proceso penal, lo que supone la apertura de la pieza de responsabilidad civil; reservar su ejercicio separado ante el orden civil; o incluso, renunciar a ella, pues se rige por el principio dispositivo[157]. En cambio, el decomiso es una consecuencia derivada de la responsabilidad penal, por lo que su aplicación

---

154 Efectivamente, su naturaleza es de carácter eminentemente civil, y así lo afirma, DÍAZ Y GARCÍA CONLLEDO, M., *Op.cit.*, p. 29.

155 JUAN SÁNCHEZ, R., *La responsabilidad civil en el proceso penal,* La Ley, Madrid, 2004, p.21.

156 DÍAZ Y GARCÍA CONLLEDO, M., *Op.cit.*, p. 30.

157 ASENCIO MELLADO, J. M., "La responsabilidad civil derivada del delito en el Código penal", en DÍAZ-MAROTO Y VILLAREJO, J. y GONZÁLEZ-CUELLAR GARCÍA, A. (Dir.), *Derecho y justicia penal en el siglo XXI: «liber amicorum» en homenaje al profesor Antonio González-Cuéllar García,* Colex Madrid, 2006, p. 57.

no depende de la voluntad de las partes, sino que su aplicación será obligatoria cuando se den los presupuestos necesarios, con la salvedad de la aplicación del principio de proporcionalidad del artículo 128[158].

Atendiendo a estas notas características propias de la responsabilidad civil y, conforme a la regulación actual en el Código penal, no es una figura que genere gran confusión con el decomiso, ya que ni tienen la misma naturaleza jurídica[159], ni tampoco los mismos fines, objetivos y ratio legal[160], aunque en otros momentos los límites entre ambas eran más difusos. MAPELLI CAFFARENA se refería al decomiso – al analizar la propuesta de reforma del Código penal de 1983- como un instituto a medio camino entre las penas y la responsabilidad civil, refiriéndose a la posibilidad que se contemplaba de cubrir las responsabilidades civiles con lo obtenido por la venta de los bienes de lícito comercio decomisados[161].

Sin embargo, aunque decomiso y responsabilidad civil *ex delicto* son instituciones diferenciadas, presentan ciertos rasgos o elementos comunes[162]como, por ejemplo, la reparación del daño a la víctima del delito o la restitución del bien. Debido a ello, no son pocas las ocasiones en las cuales coincidan las diligencias a prac-

---

158 FERREIRO BAAMONDE, X.X., *Op.cit.*, p. 197.

159 Algún autor, como CEREZO DOMÍNGUEZ, resaltaban al analizar la naturaleza del decomiso la ubicación que tenían en el Código penal las consecuencias accesorias junto a la responsabilidad civil, y que interpretaba como una intención del legislador de desvincularlas de las sanciones penales. Este autor se posicionaba a favor de reconocer una naturaleza civil o administrativa al decomiso. CEREZO DOMÍNGUEZ, A.I, *Análisis jurídico-penal…*, *Op.cit.*, pp. 32-33.

160 FERREIRO BAAMONDE, X.X., *Op.cit.*, p. 196.

161 MAPELLI CAFFARENA, B., *Las consecuencias jurídicas del delito, Op.cit.*, p. 404.

162 CEREZO DOMÍNGUEZ, A.I., *Análisis jurídico-penal…*, *Op.cit.*, pp. 31-32.

ticar sobre unos mismos bienes[163], consideramos oportuno realizar algunas matizaciones en este apartado.

Por otro lado, la *Convención de las Naciones Unidas contra la corrupción de 2003*, contempló por primera vez un marco normativo específico sobre recuperación de activos que erigía la restitución de activos como un "principio fundamental" del acuerdo. Junto al decomiso, el artículo 53 letra b) recogía la acción de responsabilidad civil como un instrumento relevante tanto para la recuperación de activos en los delitos tipificados en la Convención como para resarcir a las víctimas[164]. De manera que, algún autor ha interpretado que en estos casos la acción civil, acumulada al ejercicio de la acción penal, puede ser utilizada con fines preventivos, al evitar futuros delitos de corrupción[165] o, al menos, ser un factor disuasorio que reduzca las posibilidades de delinquir. Puesto que, el sujeto tendría que afrontar no solo las responsabilidades penales por la comisión del hecho delictivo, sino que, además, su patrimonio podría verse afectado para la satisfacción de estas responsabilidades civiles.

De estas tres actuaciones, ya se trajo a colación en el análisis de la normativa europea, la evolución que en este sentido había tenido el papel de la víctima y la prioridad que debían otorgar los Estados a la hora de reparar el daño[166], y se destacaba el destino preferente que debía darse a los bienes decomisados al pago de las indemnizaciones de las víctimas del delito. Situación que así

---

163 FERREIRO BAAMONDE, X.X., "El decomiso y la salvaguarda de..., *Op.cit.*, p. 196.

164 ROJAS PICHLER, P.A., "La función de la responsabilidad civil ex delicto como herramienta de recuperación de activos ilícitos y de prevención con respecto a los delitos de corrupción pública", en BERDUGO GÓMEZ DE LA TORRE, I., FABIÁN CAPARRÓS, E.A., y RODRÍGUEZ GARCÍA, N. (Dir.), *Recuperación de activos y decomiso. Reflexiones desde los sistemas penales iberoamericanos*, Tirant lo Blanch, Valencia, 2017, p. 243.

165 *Ibid*, p. 246.

166 *Ibid*, p. 245. Como menciona ROJAS PICHLER, esta evolución ha sido posible gracias al impulso de la victimología.

ha reflejado el legislador español en el artículo 127 *octies* apartado tercero del Código penal, que adjudica los bienes, instrumentos y ganancias al Estado, salvo que proceda el pago de indemnizaciones a la víctima. Con lo cual, ese condicionamiento sobre el destino de los objetos decomisados a compensar la responsabilidad civil parece atribuir al decomiso una función reparatoria más que preventiva o retributiva[167].

No parece que se planteen mayores problemas en aquellos supuestos en los que proceda el pago de cantidades dinerarias para satisfacer la responsabilidad extracontractual, en cuyo caso se podrán adoptar medidas cautelares como la fianza y el embargo para asegurar su abono. No obstante, resulta más controvertida la restitución del bien a la víctima, en este caso, cuando se trate de un bien que ha sido decomisado o pueda ser decomisado. Bien, si atendemos al artículo 334 LECRIM que hace referencia a la incautación del cuerpo del delito, se dispone la restitución inmediata a la víctima cuando los efectos fueran de su propiedad, salvo que tuvieran que conservarse como medio de prueba o para la práctica de otras diligencias. Sin embargo, la restitución constituye la regla general y debe ejecutarse tan pronto sea posible. Por ello, en las excepciones contempladas, el bien será igualmente restituido si fuera posible garantizar su conservación por otros medios, por ejemplo, prohibiéndose su disposición o adoptando otro tipo de medida cautelar. Con lo cual, en aquellos supuestos en los que existe una víctima concreta e individualizada, estos objetos considerados piezas de convicción no podrían ser decomisados ni consecuentemente acordar su uso provisional o realización anticipada, pues no forman parte de la sanción de decomiso, sino que procedería su restitución a la víctima, ya que formaría parte del derecho subjetivo que tiene la víctima a verse resarcida[168] (salvo que fueran de ilícito comercio).

---

167 CEREZO DOMÍNGUEZ, A.I, *Análisis jurídico-penal…*, *Op.cit.*, p. 32.

168 Para DIAZ CABIALE el derecho subjetivo probado de la víctima tiene preferencia a la aplicación del decomiso, puesto que se deriva de la conducta delictiva previa y no se genera al final del proceso. Por ello,

Esta situación ha llevado a algunos autores a limitar el ámbito de aplicación del decomiso a delitos sin víctima individualizada –pues de existir un derecho subjetivo privado dañado se generaría una responsabilidad civil extracontractual[169]-, o a delitos que protegen bienes jurídicos colectivos[170].

4.3.3. El partícipe a título lucrativo

Debemos traer a colación en este momento, aunque sea de forma muy breve, la problemática que surge con el decomiso de bienes de terceros, y el posible solapamiento de la conducta de este tercero con otras figuras como el delito de blanqueo de capitales[171], la receptación penal y, especialmente, con el partícipe a título lucrativo[172]. Antes de las reformas introducidas por la transposición de la Directiva 2014/42/UE, ya existía alguna controversia a la hora de establecer los límites entre estas conductas delictivas,

---

procede la restitución a la víctima y para el aseguramiento del mismo se podrán adoptar medidas cautelares reales, que en ningún caso será el decomiso preventivo – medida que bajo su punto de vista goza de autonomía-. DIAZ CABIALE, J.A., *Op.cit.*, pp. 15-16.

169 *Ibid,* pp. 1-70.

170 ROJAS PICHLER, P.A., "La función de la responsabilidad civil ex delicto…, *Op.cit.*, p. 243 y ss. CARRILLO DEL TESO, A.E., *Decomiso y recuperación…*, *Op.cit.*, p. 118.

171 VIDALES RODRÍGUEZ, C., "Las consecuencias accesorias: decomiso (art.127-127 octies)", en GONZÁLEZ CUSSAC J.L. (Dir.); MATALLÍN EVANGELIO Á.; GÓRRIZ ROYO, E. (Coord.), *Comentarios a la Reforma del Código penal de 2015,* 2ºed. [con la corrección de errores (BOE 11 de junio de 2015)], Tirant lo Blanch, Valencia, 2015, p. 406.

172 Hacía referencia VELASCO NÚÑEZ a las medidas penales existentes para la punición de las conductas delictivas en el ámbito de las organizaciones y agrupaciones criminales, destacando aquellas actitudes de sujetos que no siendo cómplices del delito, conocen su existencia y no lo impiden o bien se lucran de ellas, citando a las figuras de "encubridor lucrativo" y del "receptador del receptador". VELASCO NÚÑEZ, E., "Crimen organizado: organización y grupo criminal tras la reforma del Código Penal en la LO 5/2010", *La Ley,* núm. 16986, 2011, p. 11.

pero con la nueva regulación del decomiso se ha agudizado aún más, y la línea divisoria entre todas ellas se ha vuelto más estrecha.

Principalmente, el problema surge con la nueva configuración del decomiso de terceros del artículo 127 *quater* del Código penal, ya que algunas de las conductas realizadas por el tercer adquirente –ahora titular o poseedor- podrían constituir a su vez un hecho delictivo distinto[173] e incurrir en responsabilidad penal[174]. Entre las mismas, se podría calificar su conducta como responsable penal de un delito de blanqueo o de receptación penal –que son delitos contra el patrimonio[175]-; calificarla como simple tercero afectado por la medida de decomiso por concurrir los requisitos del artículo 127 quater; o, finalmente, y la más controvertida, de calificarlo como "receptador civil[176]", más conocido como partícipe a título lucrativo, en cuyo caso sería un responsable civil.

La importancia de delimitar la figura aplicable al supuesto concreto reside en la necesidad de calificar exactamente en el proceso penal el tipo de responsabilidad que recae en esa tercera persona. Debiendo discernir si su conducta ha generado una responsabilidad penal derivada de su participación en el delito precedente, o bien es autor de un nuevo delito. Por el contrario, su conducta no alcanza los presupuestos suficientes del tipo penal

---

173 PILLADO GONZÁLEZ, E., FARTO PIAY, T., "Decomiso de bienes de terceros: supuestos y presunciones" ..., *Op.cit.*, pp. 1638-1639.

174 DE URBANO CASTRILLO alertaba de la necesidad de dilucidar acerca de la responsabilidad penal de un sujeto en relación con un delito, no tratándose de una cuestión de responsabilidad civil. DE URBANO CASTRILLO, E., "La responsabilidad a título lucrativo", *Revista Aranzadi Doctrinal*, núm. 3, 2017, pp. 103-104.

175 Como alude QUINTERO OLIVARES, en estos supuestos lo delitos de blanqueo y receptación suponen una intervención post-delictiva de este tercero, quien no ha intervenido en el delito de origen, pero que su conducta constituye un nuevo delito. Para ello, el delito precedente debe haber generado unos beneficios a sus autores. QUINTERO OLIVARES, G., "Sobre la ampliación del comiso..., *Op.cit.*, p. r2:8.

176 DE URBANO CASTRILLO, E., "La responsabilidad a título lucrativo..., *Op.cit.*, p. 106.

para considerarlo cómplice o cooperador, pero sí constituye un ilícito civil y genera responsabilidad extracontractual.

Quizás, con independencia de esta calificación, lo más seguro es que el destino del bien afectado resulte el mismo y se atribuya directamente al Estado, al no concurrir una víctima directa del delito. De hecho, en los delitos económicos, como el blanqueo de capitales o la corrupción, no suele existir una víctima concreta individualizada, o, incluso, a veces el bien jurídico protegido es un bien colectivo como el orden socioeconómico o la Administración de Justicia. Esto supone que no exista una víctima concreta a quien se deba restituir el bien o indemnizar el daño, y que el bien afectado termine transfiriéndose automáticamente al Estado como único perjudicado[177].

No obstante, la relevancia de esta cuestión recae en que, dependiendo de la calificación que se atribuya a la conducta de este tercero, implicará una labor de mayor a menor justificación para el juez y para las partes acusadoras a la hora de acreditar las conductas tipificadas. A su vez, correlativamente, supondrá la reducción en la misma proporción de las garantías procesales y de los derechos del tercero afectado por el decomiso, tanto en materia probatoria como en los límites cuantitativos de su responsabilidad. Como afirma AGUADO CORREA[178] a medida que se incrementa la eficacia[179] del decomiso, se sacrifican derechos fundamentales y principios constitucionales[180].

---

177 CARRILLO DEL TESO, A.E., *Decomiso y recuperación, Op.cit.,* p. 116.

178 AGUADO CORREA, T., "Comiso crónica de una reforma anunciada…, *Op.cit.,* p. 47.

179 Como refiere GASCÓN INCHAUSTI, F., la estrategia de política criminal está encaminada a lograr el máximo decomiso con el menor esfuerzo procesal posible, por lo que incluir a estos como terceros evita los problemas de encausar al sujeto o aplicar el artículo 122 del Código penal, GASCÓN INCHAUSTI, F., "Las nuevas herramientas procesales para articular …" *Op.cit.,* p. 14.

180 En relación con el Derecho comparado de la época ponía de manifiesto MANZANARES SAMANIEGO: «Hay ejemplos extranjeros en esta

De estas posibles calificaciones de la conducta de los terceros adquirentes debemos detenernos especialmente en la figura del partícipe a título lucrativo. La misma se encuentra prevista en el artículo 122 del Código penal como «El que por título lucrativo hubiere participado de los efectos de un delito, está obligado a la restitución de la cosa o al resarcimiento del daño hasta la cuantía de su participación». La aplicación de esta institución ha permitido dirigir la acción confiscatoria del Estado frente a ese patrimonio ilícito en aquellos supuestos en los que no se podía exigir al tercer adquirente responsabilidad penal, ya fuera por no ser perseguible penalmente, o porque no se pudiera probar el dolo o la imprudencia en su conducta, salvando la dificultad probatoria de otros delitos afines como el blanqueo o la receptación y evitando un enriquecimiento injusto del sujeto[181]. De ahí que sea necesario establecer ciertas notas diferenciadoras con la nueva regulación del decomiso de terceros.

Por un lado, la figura del partícipe a título lucrativo hace referencia a aquel tercero que, sin participar como autor o cómplice en los hechos delictivos, se ha beneficiado del mismo gratuitamente (sin contraprestación), y deberá responder civilmente hasta el límite del importe beneficiado[182]. Por lo que, no genera una responsabilidad penal, pues no concurre dolo ni negligencia de ningún tipo

---

línea, pero con mayor respeto para la seguridad jurídica y para los derechos del tercero». MANZANARES SAMANIEGO, J.L., "Comentarios a la reforma de la parte general del Código penal..., *Op.cit.*, p. 6.

181 QUINTERO OLIVARES, G., "Sobre la ampliación del comiso..., *Op.cit.*, p. r2:16.

182 STS núm. 362/2003, de 14 de marzo: «no se trata de un caso de responsabilidad civil «ex delicto», sino de una aplicación al proceso penal de la nulidad de los contratos que, cuando tienen causa ilícita, produce unos determinados efectos respecto de las partes que intervinieron en el negocio, y para su concreción tiene en cuenta la posibilidad de que haya existido algún adquirente de buena fe y a título oneroso cuya posición tras el contrato nulo mereciera ser respetada. En el mismo sentido, STS núm. 212/2014 de 13 de marzo (EDJ 2014/42841)».

en la adquisición o posesión del bien de origen ilícito[183]. Tampoco se trata de una obligación nacida del delito[184], pues la responsabilidad *ex delicto* solo se atribuye a los responsables penales y a los establecidos como responsables civiles subsidiarios por la ley. Sin embargo, la conducta del partícipe es considerada reprochable desde el punto de vista civil por atentar contra un principio básico[185] como es la premisa de que nadie puede enriquecerse de unos hechos delictivos que han reportado un perjuicio a otro (*Nemo cum alterius dammo locupletior fieri debet*)[186].

Ante la escueta previsión que ofrece el artículo 122, y el poco interés que ha tenido entre la doctrina[187], ha sido la jurisprudencia la que ha determinado cuáles son los requisitos que deben concurrir para su aplicación[188]. En primer lugar, debe producirse

---

183 DÍAZ LÓPEZ, J.A., "El partícipe a título lucrativo tras las reformas del decomiso", *Diario La Ley*, núm. 8667, Sección Doctrina, 17 de diciembre de 2015, p. 2. GASCÓN INCHAUSTI, F., "Las nuevas herramientas procesales para articular ..." *Op.cit.*, p. 12.

184 QUINTERO OLIVARES, G., "Sobre la ampliación del comiso ..., *Op.cit.*, p. r2:17.

185 FERNÁNDEZ APARICIO, J.M., "La responsabilidad civil del partícipe a título lucrativo", *Revista de responsabilidad civil, circulación y seguro*, núm. 4, 2019, p. 7.

186 MANZANARES SAMANIEGO, J.L., "La receptación civil", *Diario La Ley*, núm. 8238, Sección Tribuna, 2014, p. 1.

187 QUINTERO OLIVARES, G., "Sobre la ampliación del comiso ..., *Op.cit.*, p. r2:16; DE URBANO CASTRILLO remarca como esta figura ha pasado a tener mayor importancia y está dejando de ser una "cuestión extraña". DE URBANO CASTRILLO, E., "La responsabilidad a título lucrativo..., *Op.cit.*, p. 103. DÍAZ LÓPEZ criticaba que el concento estuviera tan olvidado a pesar de su relevancia en el Derecho penal económico. DÍAZ LÓPEZ, J.A., "El partícipe a título lucrativo tras las reformas del decomiso", *Diario La Ley*, núm. 8667, Sección Doctrina, 17 de diciembre de 2015, Ref. D-476, p. 1.

188 STS núm. 227/2015, de 6 de abril; STS núm. 433/2015, de 2 julio; SAN (Sala de lo Penal, Sección tercera) núm.12/2020 de 16 de julio; y, STS núm. 918/2022, de 24 de noviembre.

un aprovechamiento por título lucrativo[189], o en sentido negativo, que no sea una adquisición a título oneroso o con una contraprestación con el autor del delito, es decir, quien ha recibido el bien no debe haber realizado ninguna contraprestación. En segundo lugar, el tercero debe desconocer la procedencia ilícita de los efectos, a fin de evitar la aplicación del "crimen *receptationis*" en concepto de autor o cómplice. En tercer lugar, el tercero no debe haber participado en el delito, pues si se diera algún tipo de intervención su responsabilidad sería penal. Y, por último, tiene su fundamento en el principio de que nadie puede enriquecerse de un contrato con causa ilícita–artículo 1.305 del Código civil.

Atendiendo a estos requisitos, podemos identificar al partícipe a título lucrativo como un tercero que se ha beneficiado del delito obteniendo cualquier tipo de ventaja propia[190], pero no ha intervenido en su comisión. Su conducta se caracteriza, principalmente, por la ausencia de dolo. Este aspecto lo diferencia de la conducta del receptador penal[191], dónde no se contempla la comisión por imprudencia, y debe acreditarse que el sujeto tenía conocimiento del origen ilícito del bien. Y, además, este partícipe se ha beneficiado a título lucrativo, donde se incluyen las adquisiciones sin

189 Como puntualizaba MANZANARES SAMANIEGO, la exigencia de una participación a título lucrativo del receptador civil es un aspecto objetivo que conecta con la causa del negocio jurídico, y que no debe confundirse con el ánimo de lucro, aspecto subjetivo del injusto en determinados delitos. MANZANARES SAMANIEGO, J.L., "La receptación civil", *Diario la Ley*, núm. 8238, Sección Tribuna, 2014, p. 5.

190 FERNÁNDEZ APARICIO, J.M., *Op.cit.*, p. 19.

191 Artículo 298: «1. El que, con ánimo de lucro y con conocimiento de la comisión de un delito contra el patrimonio o el orden socioeconómico, en el que no haya intervenido ni como autor ni como cómplice, ayude a los responsables a aprovecharse de los efectos del mismo, o reciba, adquiera u oculte tales efectos (…)».

una contraprestación a cambio[192], pero también cuando se ha pagado un "precio vil"[193] o un precio inferior o inadecuado a su valor[194].

Calificada así la conducta del adquirente, el perjudicado podrá verse resarcido frente al partícipe lucrativo, ya que este responderá de forma directa y solidaria con el resto de los responsables –aunque está situado erróneamente tras los responsables civiles subsidiarios-, eso sí, hasta el límite de su participación[195]. El ejercicio de esta acción en el proceso penal incrementa la posibilidad de cobro del perjudicado ante la insolvencia del responsable penal, además de evitar dilaciones indebidas si se le obligase a acudir a la vía civil[196]. Ya que, de no hacerlo en este proceso dada su dudosa naturaleza[197], pero mayoritariamente considerada civil[198], el perjudicado debería dirigir su reclamación en dicha jurisdicción[199].

Recientemente, uno de los procesos más mediáticos ha sido el conocido como "caso Nòos", en el que la Infanta Dña. Cristina de Borbón ha sido una de las investigadas, y finalmente, condenada como partícipe a título lucrativo. Entre los hechos probados, la Sentencia del Tribunal Supremo núm. 277/2018, de 8 de junio, se indica que las dos esposas de los principales acusados en la trama, efectivamente, desconocían la existencia de los delitos fiscales y la malversación cometidos por sus cónyuges, como tampoco habían

---

192 CARRILLO DEL TESO, A.E *Decomiso y recuperación…*, *Op.cit.*, p. 115.

193 DE URBANO CASTRILLO, E., "La responsabilidad a título lucrativo", *Op.cit.*, p. 6.

194 QUINTERO OLIVARES, G., "Sobre la ampliación del …, *Op.cit.*, p. r2:19.

195 STS núm. 212/2014, de 13 de marzo (TOL4.176.841).

196 DE URBANO CASTRILLO, E., "La responsabilidad a título lucrativo", *Op.cit.*, p. 10.

197 QUINTERO OLIVARES hacía referencia a la jurisprudencia vacilante sobre la naturaleza del partícipe, encontrándose pronunciamientos a favor de su naturaleza civil, pero también penal como, por ejemplo, la STS362/2003, de 14 de marzo. QUINTERO OLIVARES, G., "Sobre la ampliación del comiso …, *Op.cit.*, p. r2:16.

198 STS núm. 600/2007, de 11 de septiembre.

199 DIAZ CABIALE, J.A., *Op.cit.*, p. 49. (TOL1.213.905).

participado en su ejecución. No obstante, esas ganancias ilícitas fueron incorporadas al patrimonio familiar, y disfrutadas por las mismas. Como consecuencia de ello, se las condena a cada una de ellas como responsable civil a título lucrativo, respondiendo de forma solidaria y conjunta con sus cónyuges – condenados como responsables penales- al pago de las cantidades dinerarias que disfrutaron.

Efectivamente, esta última posibilidad de catalogar la conducta del tercero como partícipe a título lucrativo es la que presenta límites más difusos con el decomiso de terceros. Antes de la reforma del Código penal de 2015, la regulación del decomiso de terceros del artículo 127.1 del Código penal[200] excluía expresamente de su aplicación al tercero de buena fe. Sin embargo, se podía obligar a este tercero de buena fe a restituir el bien adquirido a través de la vía del partícipe a título lucrativo previsto en el artículo 122, siempre que hubiera participado de los efectos de un delito o falta a título lucrativo y hasta la cuantía de su participación. Mientras que, aquellos terceros de buena fe que adquiriesen a título oneroso se veían beneficiados al quedar fuera del ámbito de aplicación de ambas figuras. Posteriormente, con la nueva regulación del decomiso, se reformó el decomiso de terceros que pasó a incluirse en el artículo 127 *quater* del Código penal. Este precepto ha sido objeto de bastantes críticas[201], ya que la norma recoge una

---

200 Artículo 127.1: «Toda pena que se imponga por un delito o falta dolosos llevará consigo la pérdida de los efectos que de ellos provengan y de los bienes, medios o instrumentos con que se haya preparado o ejecutado, así como las ganancias provenientes del delito o falta, cualesquiera que sean las transformaciones que hubieren podido experimentar. Los unos y las otras serán decomisados, a no ser que pertenezcan a un tercero de buena fe no responsable del delito que los haya adquirido legalmente».

201 PILLADO GONZÁLEZ, E., FARTO PIAY, T., "Decomiso de bienes de terceros: supuestos y presunciones", en ASENCIO MELLADO, J.M. (Dir.), ROSELL CORBELLE, A. (Coord.), *Derecho probatorio y otros estudios procesales: Vicente Gimeno Sendra. Liber amicorum*, Ediciones Jurídicas Castillo de Luna, 2020, p. 1635.

descripción más amplía acerca del "tercero" cuyos bienes pueden ser decomisables[202], y ha pasado a ocupar prácticamente la misma esfera de actuación que la referida al partícipe a título lucrativo.

En este sentido, el tenor literal del artículo 127 *quater* del Código penal dispone que:

> «1. Los jueces y tribunales podrán acordar también el decomiso de los bienes, efectos y ganancias a que se refieren los artículos anteriores que hayan sido transferidos a terceras personas, o de un valor equivalente a los mismos, en los siguientes casos: a) En el caso de los efectos y ganancias, cuando los hubieran adquirido con conocimiento de que proceden de una actividad ilícita o cuando una persona diligente habría tenido motivos para sospechar, en las circunstancias del caso, de su origen ilícito. b) En el caso de otros bienes, cuando los hubieran adquirido con conocimiento de que de este modo se dificultaba su decomiso o cuando una persona diligente habría tenido motivos para sospechar, en las circunstancias del caso, que de ese modo se dificultaba su decomiso. 2. Se presumirá, salvo prueba en contrario, que el tercero ha conocido o ha tenido motivos para sospechar que se trataba de bienes procedentes de una actividad ilícita o que eran transferidos para evitar su decomiso, cuando los bienes o efectos le hubieran sido transferidos a título gratuito o por un precio inferior al real de mercado».

De acuerdo con lo así dispuesto, se puede observar en primer lugar que, a diferencia de la redacción anterior en la que se excluía del alcance del decomiso al tercero de buena fe no responsable del delito, el legislador no utiliza en este precepto los conceptos de "mala fe" o "buena fe"[203] para diferenciar al tercero poseedor del bien que puede ser decomisado o no. En esta ocasión omite este calificativo al que sustituye por una serie de conductas o pre-

---

202 GASCÓN INCHAUSTI, F.,"Las nuevas herramientas procesales para articular ..." *Op.cit.*, p. 11.

203 MANZANARES SAMANIEGO se refiere en tal sentido: «la tradicional referencia a la buena fe del tercero se sustituye- a la inversa- por una trabajosa redacción a cuyo tenor lo que interesa para acordar este comiso es (...)». MANZANARES SAMANIEGO, J.L., "Comentarios a la reforma de la parte general del Código penal..., *Op.cit.*, p. 6.

supuestos y, que de concurrir alguno de ellos, calificaría la conducta de este tercero de "mala fe", pudiendo así alcanzar el decomiso a ese bien de su propiedad.

En segundo lugar, describe la conducta dolosa o imprudente del tercero con una terminología bastante vaga y sobre la que se requerirá al juzgador un ejercicio reflexivo mayor a la hora de calificarla. En efecto, se refiere aquellos terceros que "conocían la procedencia ilícita del bien transmitido o que hubieran tenido motivos para sospecharlo" en el caso de que el objeto sea un efecto o ganancia, o "hubieran conocido que con la transmisión se estaba obstaculizando el decomiso o hubieran tenido motivos para sospecharlo" de ser otros bienes, es decir, que concurriendo dolo o imprudencia en su adquisición, se puede extender la acción confiscatoria del Estado al patrimonio del tercero. A continuación, en el apartado segundo del precepto, se introduce una presunción *iuris tantum*, es decir, que salvo que se pruebe lo contrario, si la transmisión se ha realizado a título gratuito o por un precio inferior al de mercado, se presume que este tercero tenía conocimiento o podía haber sospechado del origen ilícito o de la intención de evitar el decomiso con la transmisión del bien.

Con esta redacción, el decomiso abarcaría, entonces, tanto a las adquisiciones gratuitas o sin contraprestación, pero también, a las adquisiciones onerosas en las que el bien se transmite por un precio inferior al real[204], pues en este caso se equiparan a las adquisiciones lucrativas[205] o a una donación encubierta[206]. En ambos casos, se entiende salvo prueba en contrario que este tercero obra de mala fe, y por tanto sus bienes podrían ser decomisables. Lo que choca con la descripción de la conducta del partícipe a título lucrativo del artículo 122, quien entonces deberá desvirtuar la

204 AGUADO CORREA, T., "Comiso crónica de una reforma anunciada… *Op.cit.*, p. 49.

205 PILLADO GONZÁLEZ, E., FARTO PIAY, T., "Decomiso de bienes de terceros…, *Op.cit.*, pp. 1640-1641.

206 FERNÁNDEZ APARICIO, J.M., *Op.cit.*, p. 11.

presunción que en su contra se establece en el artículo 127 quater para aplicar el decomiso[207].

En definitiva, la similitud que se produce entre el decomiso y el partícipe a título lucrativo es obvia. No obstante, la restitución del bien prevista en el artículo 122 no puede considerarse un decomiso en sentido estricto, aunque suponga la pérdida de la ventaja obtenida. Y a pesar de las similitudes entre ambas figuras, lo cierto es que tienen una naturaleza y unos presupuestos diferentes[208]. Así, el artículo 122 tiene su fundamento en la premisa de que nadie debe enriquecerse ilícitamente en perjuicio de una víctima[209], aplicándose de esta manera la causa de nulidad de los contratos con causa ilícita. Se trata de una obligación civil que no tiene su origen en la participación en el delito, por lo que su naturaleza es estrictamente civil[210]. Se trata de una responsabilidad civil directa y solidaria con la del responsable penal, pero puede ser no coincidente, puesto que la responsabilidad del partícipe es limitada a la cuantía de su participación[211].

Al ser una cuestión de naturaleza civil, no rige la aplicación del principio de presunción de inocencia, que solo es aplicable a los aspectos penales[212]. No obstante, aunque se trate de una acción civil, y esta responsabilidad deba ser exigida por la acusación en el proceso penal por el principio de justicia rogada, el partícipe debe concurrir como parte pasiva en el proceso. Por tanto, deberá tener oportunidad de ejercer su derecho de defensa, aunque limi-

---

207 DE URBANO CASTRILLO, E., "La responsabilidad a título lucrativo", *Op.cit.*, p. 105.

208 PILLADO GONZÁLEZ, E., FARTO PIAY, T., "Decomiso de bienes de terceros…, *Op.cit.*, p. 1639.

209 STS núm. 532/2000, de 30 de marzo (TOL4.922.745).

210 STS núm. 362/2003, de 14 de marzo (TOL4.929.044). DÍAZ LÓPEZ, J.A., "El partícipe a título lucrativo tras las reformas del decomiso", *Diario La Ley*, núm. 8667, Sección Doctrina, 17 de diciembre de 2015, p. 2.

211 STS núm. 163/2019, de 26 de marzo (TOL7.141.207).

212 STEDH de 24 de septiembre de 2013, caso Sardón Alvira contra España (TOL9.060.354); STS núm. 277/2018, de 8 de junio (TOL6.634.012).

tada a la cuestión civil. Esto impide que el sujeto sea absuelto de responsabilidad penal, pero condenado como partícipe a título lucrativo, si la acusación no se ha formulado en estos términos, aunque sea solicitándolo de forma subsidiaria[213].

Por el contrario, cuando el tercero es considerado de mala fe sus bienes serán decomisables, pues se entiende que ha contribuido a obstaculizar el decomiso. Y consecuentemente, se aplicará el régimen general del decomiso a la aprehensión del bien del que es titular, es decir, cabría la realización anticipada y su uso provisional[214], aspectos que no pueden producirse si se tratase de un partícipe a título lucrativo. En este caso, el decomiso sigue teniendo carácter sancionatorio frente a la responsabilidad civil y objetiva que subyace al artículo 122 del Código penal[215]. Y todo ello, siempre y cuando, como se ha mencionado la conducta del tercero no constituya un delito, pues en este caso, el tercero se convertiría en responsable penal del delito cometido, aplicándose un decomiso directo.

---

213 STS núm. 494/2022, de 23 de mayo (TOL9.005.982).

214 DE URBANO CASTRILLO, E., "La responsabilidad a título lucrativo", *Op.cit.*, p. 103.

215 CHOCLÁN MONTALVO, J.A., *El patrimonio criminal…*, *Op.cit.*, pp. 56-57.

Capítulo 2

Naturaleza jurídica del decomiso

1. INTRODUCCIÓN

La configuración de un concepto unitario del decomiso no ha sido el único obstáculo con el que se ha enfrentado la doctrina a la hora de abordar el estudio de dicha figura. Junto a él, la determinación de cuál era su verdadera naturaleza jurídica ha sido desde su origen otra de las cuestiones que han suscitado mayor controversia y, que a día de hoy, sigue siendo un asunto pendiente. Esta cuestión ha sido muy discutida por la relevancia que representa y, es que, la determinación de la naturaleza jurídica de este instrumento no es baladí, pues de ello, dependerá la forma a la que se dará respuesta a aspectos como sus presupuestos, requisitos y efectos, así como los estándares probatorios y principios del proceso judicial[1] que deben exigirse conforme a su naturaleza.

En cierta manera, una de las razones por las que, la naturaleza del decomiso ha suscitado tanta controversia entre los operadores

1 CARRILLO DEL TESO, A.E., *Decomiso y recuperación…, Op.cit.*, p. 120. ZUGALDÍA ESPINAR, J.M., "Las penas previstas en el artículo 129 CP para las personas jurídicas (consideraciones teóricas y consecuencias prácticas), *Revista del Poder Judicial*, núm. 46, 1997, p. 329. GRANADOS MUÑOZ, C., *Op.cit.*, p. 97. RAMON RIBAS hacía mención de la incidencia que tendría una naturaleza penal o civil del decomiso en cuestiones como la delimitación de los poderes de representación de una persona jurídica para determinar si hubo mala fe o no a la hora decomisar bienes de terceros, y la aplicación de unos principios más o menos garantistas, RAMON RIBAS, E., "La transformación jurídica del comiso: de pena a consecuencia accesoria", *Estudios penales y Criminológicos*, núm. 24, 2002-2003, p. 538.

jurídicos hasta la actualidad, se debe a la ausencia de pronunciamiento alguno por parte del legislador. Excepcionalmente, se ha dado una única ocasión en la que sí se ha referido a la naturaleza de ciertas clases de decomiso, pero al no serle una función atribuible, no es una conducta reprochable, aunque tampoco ha facilitado esta tarea a la comunidad científica[2]. Al silencio del legislador hay que añadir otro factor, la evolución de la figura y su transformación[3], lo que ha complicado aún más esta labor dogmática, al haber surgido nuevas clases o modalidades de decomiso como el "decomiso sin condena"–también llamado decomiso civil-, o el "decomiso ampliado" y, haberse extendido su ámbito objetivo y subjetivo de aplicación. Sin olvidar la incidencia que a lo largo de estos años han tenido las iniciativas legislativas supranacionales y, en mayor medida la transposición de la normativa europea en el ámbito de la cooperación penal y del reconocimiento mutuo de resoluciones judiciales en nuestra legislación interna, ya no sólo por el uso de términos jurídicos que no tienen el mismo significado en nuestras normas, sino por los intentos en lograr mayores aproximaciones de figuras como es el decomiso con particularidades propias de cada ordenamiento y, que los Estados han tenido que adaptar a su tradición jurídica[4].

---

2 MAPELLI CAFFARENA, B., "Las consecuencias accesorias en el nuevo código penal", *Revista Penal,* núm. 1, 1998, p. 48. AGUADO CORREA, T., *El comiso, Op.cit.,* p. 31.

3 STS núm. 599/2020, de 12 de noviembre (TOL8.213.888): «Las sucesivas reformas llevadas a cabo en relación con el comiso de los bienes y ganancias derivados del delito han favorecido una jurisprudencia -no siempre dotada de la deseable uniformidad- que oscila a la hora de explicar la naturaleza de ese mecanismo expropiatorio de bienes ilícitos. El panorama jurídico no ha mejorado, desde luego, a raíz de las últimas modificaciones operadas por la LO 1/2015, de 30 de marzo, que ha dado nueva redacción a los arts. 127 y ss del Código Penal y por la LO 13/2015, de 5 de octubre, que ha introducido el Título III ter en el Libro IV de la LECrim».

4 RODRÍGUEZ-GARCÍA, N., "El decomiso como instrumento esencial para la recuperación de activos en la política criminal española del siglo XXI", en JIMENO BULNES, M., PEREZ GIL, J. (Coord.), *Nuevos*

En este sentido, el legislador español generando más confusión si cabe, se ha referido únicamente y de forma expresa a la naturaleza de ciertas modalidades de decomiso–el decomiso ampliado y sin condena- en el apartado VIII del Preámbulo de la Ley Orgánica 1/2015. Esta norma es la única ocasión en la que el legislador se ha referido a estas modalidades de decomiso para negar el carácter de sanción penal. Fundamentalmente, lo hacía apelando a la *Decisión 696/2005, del Tribunal Europeo de Derechos Humanos,* y equipara por un lado, al decomiso sin condena con la restitución del enriquecimiento injusto, desvinculado del principio de culpabilidad y, por otro, al decomiso ampliado como una institución que permite el decomiso de otros bienes de los que se presume su procedencia ilícita, es decir, que, provienen de una actividad delictiva distinta del hecho delictivo por el que se condena y que no ha sido objeto de prueba plena[5]. El legislador niega el carácter de sanción penal también a esta modalidad cuya finalidad es «poner fin a la situación patrimonial ilícita a que ha dado lugar la actividad delictiva. Su fundamento tiene, por ello, una naturaleza más bien civil y patrimonial, próxima a la de figuras como el enriquecimiento injusto». En cualquier caso, algunos autores se

---

horizontes del Derecho procesal: libro-homenaje al Prof. Ernesto Pedraz Penalva, J.M., Bosch, Barcelona, 2016, p. 9.

5 No obstante, como afirma MARTINEZ-ARRIETA no puede entenderse reemplazada la naturaleza sancionadora del decomiso por la referencia que realiza el legislador en este sentido sobre el decomiso ampliado: «La referencia civil de la Exposición de Motivos se justifica en la particularidad del decomiso ampliado que va referido a bienes cuya procedencia delictiva no ha sido declarada. Por eso tiene que huir de la naturaleza de consecuencia del delito, toda vez que afecta a bienes no relacionados causalmente con el delito, aunque si relacionados por referencia. Pese a esta referencia de la Exposición de Motivos a la naturaleza civil del decomiso ampliado, el decomiso mantiene en la nueva regulación la naturaleza de consecuencia accesoria del delito por lo que hay que entender que la Exposición de Motivos se refiere a que, a través de esta figura, podrá evitarse el enriquecimiento injusto o la formación ilícita de patrimonios derivados de la comisión de delitos». MARTINEZ-ARRIETA MARQUEZ DE PRADO, C., *El decomiso y la recuperación de activos procedentes de actividades delictivas,* Tirant lo Blanch, Valencia, 2018, p. 17.

han sorprendido de la justificación realizada por el legislador en esta norma a pesar de que ambas modalidades ya existían en nuestro ordenamiento, respectivamente desde 2003 y 2010[6].

Ahora bien, el planteamiento de todas estas circunstancias que afectan al estudio de los aspectos más profundos de la figura del decomiso no ha sido una cuestión que haya transcendido en la actualidad, sino que, antes de la promulgación del Código penal de 1995, la doctrina ya discutía acerca de la desacertada naturaleza de "pena" que tenía el decomiso por aquel entonces. Por ello, y sin ánimo de exhaustividad, expondremos las principales corrientes doctrinales que han surgido acerca de la naturaleza del decomiso. En primer lugar, plantearemos brevemente algunas de las críticas vertidas frente a la naturaleza como pena pecuniaria del decomiso en los primeros Códigos penales; y, en segundo lugar, con mayor detalle, las posturas surgidas a partir de su inclusión en las consecuencias accesorias en el Código penal de 1995.

A su vez, este debate sobre la naturaleza jurídica del decomiso ha llevado a la doctrina a estudiar en profundidad otras cuestiones importantes como son sus fundamentos y fines, así como sus presupuestos. Aspectos, todos ellos, de cuya interrelación se han servido para justificar cada una de las posturas defendidas y, que serán objeto de análisis en los epígrafes siguientes[7]. En este sentido, algunos autores han destacado la importancia de analizar previamente el fundamento y la finalidad de la institución para establecer su naturaleza,[8] ya que, como afirma VIZUETA depen-

---

6 CARRILLO DEL TESO, A.E., "Neutralización de la economía del crimen organizado: dónde estamos y hacia dónde vamos", en GARRIDO CARRILLO, F.J. (Dir.), FAGGIANI, V., JIMÉNEZ ARROYO, S., LÓPEZ PICÓ, R., (Coord.,) *Retos en la lucha contra la delincuencia organizada. Un estudio multidisciplinar: garantías, instrumentos y control de los beneficios económicos,* Thomson Reuters Aranzadi, Pamplona, 2021, p. 129.

7 Vid. Parte III, capítulo I.

8 GRACIA MARTÍN, L., "Recensión al Curso de Derecho penal. Parte General I, de Diego Manuel Luzón Peña, Madrid, 1996", *Revista de Derecho penal y Criminología,* 2.ª época, núm. 5, 2000, p. 367.

diendo de la postura que uno mantuviese de acuerdo al fundamento y finalidad -refiriéndose al decomiso de efectos e instrumentos- sería «la piedra de toque de su naturaleza jurídica»[9].

No obstante, a pesar de ser muchas las posturas -en ocasiones contrapuestas, en otras incluso compatibles entre ellas- que han surgido acerca de la naturaleza jurídica del decomiso, lo que sí parece hoy en día es una primera puesta en común es la imposibilidad de dar una respuesta general sobre la propia figura del decomiso. Por ello, la mayoría de los autores suelen examinar la naturaleza jurídica de la institución distinguiendo bien entre las diferentes modalidades de decomiso o bien, atendiendo al objeto sobre el que recae. En este sentido, CARRILLO DEL TESO, quien apuesta por una regulación independiente del decomiso como una categoría propia –la cual abarcaría una serie de figuras que tendrían en común la privación definitiva del bien y el correlativo traspaso de titularidad al Estado[10]-, y como planteaba acerca del análisis de su naturaleza jurídica, ésta puede realizarse desde tres estadios: la rama del ordenamiento a la que pertenece (penal, procesal, civil, administrativo); objeto material (decomiso de bienes, efectos e instrumentos y el decomiso de ganancias) y, su categorización dentro del ámbito penal (como pena, medida de seguridad o *tertium genus)*[11]. A lo que, a nuestro parecer debemos añadir otra categoría más, como es la modalidad de decomiso (decomiso directo, por valor equivalente, ampliado, sin condena, decomiso de terceros…).

En definitiva, la posibilidad de estudiar la naturaleza jurídica del decomiso desde tan diferentes ángulos nos lleva a negar el tratamiento unitario de la figura[12]. Por el contrario, es necesario descomponerla y analizar los fundamentos y presupuestos propios

---

9 VIZUETA FERNÁNDEZ, J., "El comiso de los efectos e instrumentos del delito y el de otros bienes por un valor equivalente a éstos", *Revista General de Derecho Penal*, núm. 6, 2006, p. 23.

10 CARRILLO DEL TESO, A.E., "Neutralización de la economía…, *Op.cit.*, p. 133.

11 CARRILLO DEL TESO, A.E., *Decomiso y recuperación…*, *Op.cit.*, p. 121.

12 *Ídem*, y en "Neutralización de la economía…, *Op.cit.*, p. 130.

de cada tipo de decomiso, aunque lógicamente existan puntos comunes entre todos ellos[13], también existen diferencias.

De hecho, una de las principales críticas dirigidas hacia el legislador ha sido el hecho de no contemplar de forma separada las clases de decomiso desde la perspectiva del objeto, es decir, el decomiso de efectos e instrumentos –llamado decomiso de seguridad- y el decomiso de las ganancias, al entender que no tienen el mismo fundamento ni cumplen las mismas finalidades[14]. En este punto, cobra sentido lo manifestado por De la Mata BARRANCO, al referirse a que el decomiso «es un poco de todo según interese» y, califica las diferentes posturas de «corsés doctrinales» que en definitiva vienen a limitar la eficacia de la recuperación de activos[15].

En definitiva, la determinación de la naturaleza jurídica del decomiso constituye una cuestión muy controvertida, ya que presenta uno límites muy difusos con otras figuras afines y, además, su configuración actual ha sufrido tales modificaciones sobre su objeto y modalidades que han aumentado, aún más, las dificultades para elaborar una teoría jurídica uniforme, siendo más apropiado hablar de "decomisos" [16].

Con lo cual, se ha creado un debate científico interminable acerca de la naturaleza jurídica del decomiso. En el cual, la mayoría de los autores se han mostrado conformes con el hecho de no poder

---

13 Como menciona RODRÍGUEZ-GARCÍA, N., se debería hablar en plural y referirse a la figura como "decomisos" RODRÍGUEZ-GARCÍA, N., "El decomiso como instrumento esencial para la recuperación de activos en la política criminal española del siglo XXI", en JIMENO BULNES, M., PEREZ GIL, J. (Coord.), *Nuevos horizontes del Derecho procesal: libro-homenaje al Prof. Ernesto Pedraz Penalva*, J.M., Bosch, Barcelona, 2016, p. 9.

14 AGUADO CORREA, T., *El comiso, Op.cit.*, p. 49. CEREZO DOMÍNGUEZ, A.I., *Análisis jurídico-penal…, Op.cit.*, p. 34.

15 DE LA MATA BARRANCO, N.J., "Las distintas modalidades de decomiso después de la Ley Orgánica 1/2015, de 30 de marzo", *La Ley Penal: Revista de derecho penal, procesal y penitenciario*, núm.124, 2017, p. 2.

16 JIMENEZ- VILLAREJO FERNÁNDEZ, F., "La nueva regulación del decomiso y…, Op.cit., p. 110.

dar una respuesta unitaria a esta cuestión. Por ello, han sido múltiples y variadas las posiciones que se han confrontado en este arduo debate, siendo uno de los elementos utilizados –además, de las diferentes modalidades de decomiso- el objeto sobre el que recae el decomiso para pronunciarse acerca de la naturaleza y determinar sus fines y fundamentos.

A continuación, se recogen algunas de las posturas doctrinales más relevantes y los debates más controvertidos planteados en torno a cada una de ellas.

2. EL DECOMISO COMO PENA PECUNIARIA

En primer lugar, debemos recordar, cómo en la evolución jurídica del decomiso esta figura fue incluida entre las "penas pecuniarias" del Código penal de 1822 y, que así se mantuvo hasta el Código de 1848, en el que pasó a ser una "pena accesoria". Esta última catalogación continuó con el Código de 1870 y, brevemente en el Código penal de 1928 tuvo la consideración de medida de seguridad. Posteriormente, con el Código penal de 1932 volvió a adquirir la naturaleza de "pena accesoria", la cual se mantuvo hasta el Código penal de 1995, en el que se desencadenó la reforma más significativa, y, con la cual se trasladó su ubicación a una nueva categoría en nuestra legislación penal, las llamadas "consecuencias accesorias[17]".

La regulación anterior al Código penal de 1995, cuando el decomiso era considerado una "pena accesoria[18]"- artículo 48 del Código penal-, implicaba que el hecho delictivo no se viera sancionado

17 Traducción literal de la denominación alemana «Nebensfolgen». CEREZO DOMÍNGUEZ, A.I., *Análisis jurídico-penal…*, *Op.cit.*, p. 3; DE LA MATA BARRANCO, N.J., "Las distintas modalidades de decomiso después de la Ley Orgánica 1/2015, de 30 de marzo", *La Ley Penal: Revista de derecho penal, procesal y penitenciario,* núm.124, 2017, p. 2.

18 MAPELLI CAFFARENA define la pena accesoria como aquella que siempre y por mandato legal acompañaba a una principal. No obstante, se trata de una auténtica pena, y no una mera consecuencia automática.

exclusivamente con el decomiso, pues no era la única pena ni la principal[19], aunque sí era la pena accesoria por excelencia[20]. Autores como MANZANARES SAMANIEGO, se muestran críticos con la inclusión del decomiso en el catálogo de penas[21]. Este autor denunciaba la falta

---

MAPELLI CAFFARENA, B. y TERRADILLOS BASOCO, J., *las consecuencias jurídicas del delito, Op.cit.*, pp. 41-42.

19 GASCÓN INCHAUSTI, F., "Cooperación Judicial y Decomiso de bienes en la Unión Europea", *Op.cit.*, p. 212; GONZÁLEZ CANO, I., *El decomiso como instrumento de la cooperación judicial en la Unión europea y su incorporación al proceso penal español,* Tirant lo Blanch, Valencia, 2016, p. 22.

20 FERNÁNDEZ PANTOJA, P., "Comentario al artículo 127 del Código penal", en COBO DEL ROSAL, M. (Dir.), *Comentarios al Código penal,* Edersa, Tomo IV, Madrid, 1999, p. 988; RAMON RIBAS, E., *Op.cit.*, p. 525.

21 La STS núm. 8374/1992, de 12 de noviembre, se hace eco de esta crítica doctrinal y reafirma el carácter de pena que tenía el decomiso en varios fragmentos del fundamento único de la misma: «Desde la doctrina penal se ha reprobado la consideración de pena que se atribuye al comiso, porque se acomoda mal a los principios de proporcionalidad y divisibilidad que dificulta una correcta individualización, y se ha extendido la censura al comiso parcial en tanto que puede conducir a un condominio inviable; sin embargo, el Derecho positivo español inscribe el comiso en el catálogo general de penas con una inercia legislativa que se inicia en el Código de 1822 con la única ruptura del Código de 1928 que le incluyó como medida de seguridad, solución esta última que cuenta con cierto apoyo doctrinal y con aceptación en el Derecho comparado. El Proyecto de Ley Orgánica del Código penal, en trámite legislativo, da acogida al comiso en un título que lleva por rúbrica "De las consecuencias accesorias", que, sin dudar de su carácter represivo–dice la Exposición de Motivos-, no tendrían fácil acomodo ni entre las penas ni entre las medidas de seguridad…», « La sucinta exposición que precede permite sentar las siguientes conclusiones: 1ª. Que de acuerdo con el texto del artículo 27 del Código penal y jurisprudencia que lo interpreta (sentencias de 26 de junio de 1970 y 17 de septiembre de 1991) el comiso es una pena. 2ª. Que es una pena de carácter accesorio y no imperativa para el Juzgador, pese a los términos del artículo 72 del Código y con excepción de los casos referidos, por cuanto cabe no decretarla cuando pertenezcan los efectos o instrumentos a un tercero o cuando, siendo de lícito comercio, no guarde proporción su valor con la naturaleza y gravedad de la infracción penal, o, puede serlo parcialmente…».

de atención que el decomiso había recibido por el legislador a la hora de desarrollar la normativa en los anteriores Códigos penales, quien erróneamente incluía al decomiso entre las sanciones, cuando era obvio que no cumplía con las exigencias mínimas de las penas. Esto se debía a grandes rasgos al entender en primer lugar que, en la aplicación del decomiso no se cumplía con el requisito de individualización de las penas[22] conforme al principio de proporcionalidad[23], y, por ser incompatible con el principio de culpabilidad[24]. Y, en segundo lugar, a que la figura no cumplía ningún fin retributivo ni preventivo general[25], es decir, no tenia una finalidad punitiva[26].

Asimismo, destacaba la calificación que hacían otros autores de la época – entre los que destacaba a Saldaña o Puig Peña- sobre la naturaleza del decomiso como una medida de seguridad[27] o

---

22 Acerca de la individualización de las penas, FARALDO CABANA, P., afirma que: «el carácter personalísimo de la pena obligaba a limitar la aplicación del decomiso al sujeto responsable de la infracción penal y, por tanto, solo tenía lugar con respecto de instrumentos y efectos de su pertenencia, pero en ningún caso cuando dichos instrumentos o efectos eran propiedad de un tercero no responsable del delito». FARALDO CABANA, P., "El comiso en relación con los delitos de tráfico de drogas", *Anuario de Facultade de Dereito da* Universidade *da Coruña*, núm. 2, 1998, pp. 254-255.

23 La imposición de la pena debe guardar proporción con la gravedad del hecho delictivo cometido. MAPELLI CAFFARENA, B. y TERRADILLOS BASOCO, J., *Las consecuencias jurídicas del delito, Op.cit.*, p. 39.

24 MANZANARES SAMANIEGO, J.L., "La pena de comiso en el proyecto de Código penal", *Anuario de derecho penal y ciencias penales,* Tomo 34, Mes 2-3, 1981, p. 614. La consideración del decomiso como una pena accesoria suponía la inaplicación al sujeto exento de responsabilidad criminal al tratarse de una causa de inculpabilidad, *Ibid,* p.617; FARALDO CABANA, P., "El comiso en relación con los delitos de tráfico de drogas", *Anuario de Facultade de Dereito da* Universidade *da Coruña,* núm. 2, 1998, p. 254.

25 MANZANARES SAMANIEGO, J.L., "La pena de comiso en ..., *Op.cit.*, p.613; CEREZO DOMÍNGUEZ, A.I., *Análisis jurídico-penal..., Op.cit.*, p. 24.

26 MIR PUIG, S., "Una tercera vía en materia de responsabilidad penal de las personas jurídicas", *Revista Electrónica de Ciencia Penal y Criminología,* núm. 6, p. 3.

27 Los argumentos a favor de esta naturaleza, además de las incompatibilidades con los principios de aplicación de las penas, se basan en que el

pseudopena[28]. Y, aunque consideraba esta interpretación un avance, había aspectos que le hacían discrepar con esta posición. En sentido estricto, defendía que el decomiso del instrumento del delito o del "*producta sceleris*", aunque su fundamento se encontrase en la peligrosidad que representaba el objeto, esta clase de decomiso no cumplía con el fin de la medida de seguridad, porque no atendía a corregir al delincuente o a evitar futuros delitos, esto es, no cumplía con las finalidades de las medidas de seguridad.

En definitiva, este autor haciendo una clara distinción sobre el objeto del decomiso, se posicionaba a favor de considerar la naturaleza del decomiso de instrumentos y productos del delito como una «medida *sui generis*» cuya imposición debía estar relacionada con la peligrosidad del objeto, pues así, el decomiso podría ser acordado con independencia de la culpabilidad del autor de la acción antijurídica. Y, respecto del decomiso de las ganancias, cuyo objeto no presentaba una peligrosidad intrínseca y, tampoco encajaba en las finalidades de las medidas de seguridad, defendía su naturaleza de "medida de no tolerancia de una ilícita situación patrimonial" o de "impedir un lucro ilícito". No obstante, durante esta época el decomiso tenía la consideración formal de pena, con lo cual, le eran de aplicación las consecuencias que dimanaban de dicha condición [29], entre ellas, quedaba sometido al principio de personalidad y, por consiguiente, el decomiso solo podía recaer sobre los bienes del

---

decomiso atiende a la peligrosidad del sujeto y no en el principio de culpabilidad y, se orienta a la prevención especial más que a la general. MANZANARES SAMANIEGO, J.L., *Las penas patrimoniales en el…*, *Op.cit.*, p. 256.

28 MAPELLI CAFFARENA alude a QUINTANO, quien lo consideraba una pseudopena de consecuencias, más cercana al Derecho privado que al penal, porque incluso cuando concurren causas absolutorias por inimputabilidad del sujeto o por inexigibilidad de otra conducta, los bienes son decomisados. MAPELLI CAFFARENA, B. y TERRADILLOS BASOCO, J., *Las consecuencias jurídicas del delito, Op.cit.*, p. 107.

29 MANZANARES SAMANIEGO, J.L., "La pena de comiso en…, *Op.cit.*, pp. 615-616; y en MANZANARES SAMANIEGO, J.L., *Las penas patrimoniales en…*, *Op.cit.*, p. 256; GASCÓN INCHAUSTI, F., "Cooperación Judicial y Decomiso de bienes en la Unión Europea", *Op.cit.*, p. 212.

sujeto declarado responsable penal, no pudiendo dirigirse contra terceros[30]. También, debemos recordar que hasta la reforma operada por la Ley orgánica 5/2010 que introdujo la responsabilidad penal de las personas jurídicas, éstas al igual que otros entes supraindividuales no podían ser sujetos pasivos del decomiso[31], por tanto, la responsabilidad penal quedaba limitada a las personas físicas, únicos sujetos que podían cometer algunos de delitos y faltas tipificados en el Código penal de la época.

3. EL DECOMISO COMO CONSECUENCIA ACCESORIA EN EL CÓDIGO PENAL DE 1995

El origen de las consecuencias accesorias se remonta al proyecto de Código penal de 1980, en el que se incluían una serie de sanciones dirigidas a asociaciones y empresas dentro de las medidas de seguridad (artículo 135 del Código penal) junto al decomiso que, por aquel entonces, era una pena accesoria. Posteriormente, con el proyecto de 1983 se acordaba la creación de una nueva categoría de consecuencia jurídica del delito, esto es de las llamadas "consecuencias accesorias". En este grupo se incluía el decomiso junto a una serie de medidas de muy distinta naturaleza dirigidas a asociaciones y empresas (artículos 136-138 del Código penal) y que, anteriormente, se encontraban dispersas a lo largo de la parte especial del texto penal.

Las consecuencias accesorias eran definidas como aquellas que se imponían al sujeto como consecuencia de la realización de un hecho punible, pero con una función autónoma y fines propios. Su naturaleza jurídica, se podían diferenciar de las penas, de las medidas de seguridad y de la responsabilidad civil, aunque lógicamente

---

30 RAMON RIBAS, E., *Op.cit.*, p. 526. VIZUETA FERNÁNDEZ, J., "El comiso: ¿consecuencia accesoria de una pena?", *Diario la Ley*, núm. 6643, 2007, p. 1.

31 RAMON RIBAS, E., *Op.cit.*, p. 27.

guardaban cierta analogía con todas ellas[32]. Todas estas medidas tenían en común su difícil acomodo entre las penas y las medidas de seguridad, como así lo manifestaba el legislador en la Exposición de Motivos del Proyecto de 1992[33].

Como resultado de la creación de esta nueva categoría en la que se ubicaba el decomiso, este título quedaba integrado por tres artículos: el decomiso de efectos e instrumentos y el decomiso de ganancias (artículo 127); la cláusula de proporcionalidad aplicable al decomiso de efectos e instrumentos (artículo 128); y junto a éste, una serie de consecuencias o medidas que incidían en el ámbito societario y eran aplicables a las personas jurídicas (artículo 129)[34].

---

32 CHOCLÁN MONTALVO, J.A., *El patrimonio criminal: comiso y pérdida de la ganancia*, Dykinson, Madrid, 2001, p. 28.

33 En este sentido, con motivo del análisis del artículo 129 del Código penal, ZUGALDÍA ESPINAR, J.M., critica el hecho de que muchos autores llevasen a cabo estudios profundos sobre las medidas del artículo 129 sin entrar en absoluto a determinar la naturaleza jurídica o de aquellos otros que mostrando su rechazo a dotarles de naturaleza de pena o medida de seguridad, no ofrecieran una respuesta certera sobre lo que sí eran. Palabras que podían extrapolarse al resto de consecuencias accesorias. ZUGALDÍA ESPINAR, J.M., "Las penas previstas en el artículo 129 CP para las personas jurídicas (consideraciones teóricas y consecuencias prácticas), *Revista del Poder Judicial*, núm. 46, 1997, p. 328.

34 Efectivamente, la naturaleza del conjunto de medidas contempladas en el artículo 129 fue igualmente otra de las cuestiones más discutidas por la doctrina y, especialmente a partir de la reforma operada en el año 2010, tras el reconocimiento de la responsabilidad penal de las personas jurídicas en el artículo 31 bis del Código penal. Con esta reforma, GRACIA MARTÍN, entiende que desaparece el razonamiento que consideraba a las medidas del artículo 129 como penas al recogerse ahora en el art. 33.7 las penas aplicables a las personas jurídicas, interpretando que la voluntad del legislador fue distinguir entre aquellas penas y las consecuencias accesorias, que no tendrían naturaleza penal, de lo contrario las hubiera unificado con independencia de si el ente tenía o no personalidad jurídica. GRACIA MARTÍN, L., "Consecuencias jurídicas no penales derivadas de la comisión del delito: las consecuencias accesorias generales y las específicas para personas jurídicas y entidades sin personalidad jurídica", en BOLDOVA PASAMAR, M.A., ALASTUEY DOBÓN,

Conforme a ello, la configuración inicial que presentaba este Código penal de 1995 en relación al «sistema de consecuencias jurídicas del delito» estaba formada por: las penas – basadas en la culpabilidad de sujeto-; las medidas de seguridad – basadas en la peligrosidad criminal del sujeto y, que había quedado exteriorizada tras la comisión de un hecho tipificado como delito[35]-; y, otras consecuencias derivadas del delito, entre ellas, la responsabilidad civil *ex delicto*, las costas procesales y las consecuencias accesorias[36].

Con este cambio se mejoraba la sistemática del texto legal[37], y, en cierta medida quedaban superados algunos problemas aplicativos. En el caso del decomiso, éste adquiría mayor flexibilidad ampliando el objeto sobre los que podía recaer y a los sujetos a los que se podía aplicar[38]. Dejaba de ser una pena accesoria para transformarse en una de las denominadas "consecuencias accesorias del delito", las

---

C., GRACIA MARTÍN, L. (Dir.), *Lecciones de consecuencias jurídicas del delito*, 5°ed., Tirant lo Blanch, Valencia, 2016, p. 216. Otros autores como CARRILLO DEL TESO no consideran extrapenales a las medidas recogidas en el artículo 129, pues la diferencia entre éstas y las penas aplicables a las personas jurídicas radica solo en la personalidad del sujeto al que se dirige y no en la naturaleza de la propia medida, CARRILLO DEL TESO, A.E., *Decomiso y recuperación, Op.cit.*, p. 124. Sin embargo, autores como RODRÍGUEZ RAMOS, antes de este reconocimiento, hacen referencia al carácter aflictivo que tenían estas consecuencias sobre las personas jurídicas, lo que determinaba la necesidad de someterlas a los principios del Derecho sancionador. RODRÍGUEZ RAMOS, ¡"Societas delinquere potest! Nuevos aspectos dogmáticos y procesales de la cuestión ", *La Ley*, año XVII, núm. 4136, 3 de octubre de 1996, p. 2. En el mismo sentido, ZUGALDÍA ESPINAR, J.M., quien se postula firmemente por la consideración de penas, sin necesidad de «inventarse un tercer género de sanciones penales», ZUGALDÍA ESPINAR, J.M., "Las penas previstas en el artículo 129 CP para las personas jurídicas (consideraciones teóricas y consecuencias prácticas)", *Revista del Poder Judicial*, núm. 46, 1997, p. 332.

35 Artículo 95 del Código penal.

36 AGUDO FERNÁNDEZ, E., JAÉN VALLEJO, M. y PERRINO PÉREZ, A.L., *Op.cit.*, p. 14.

37 MAPELLI CAFFARENA, B., "Las consecuencias accesorias…, *Op.cit.*, p. 46.

38 RAMON RIBAS, aludía a la importancia de extender el decomiso de las ganancias a otros sujetos distintos del responsable penal, habida cuenta

cuáles podían ser aplicadas al sujeto que hubiera realizado el hecho típico y antijurídico, aunque quedase exento de responsabilidad criminal[39], así como la posibilidad de aplicar el decomiso a terceros no responsables del delito[40], pues su aplicación ya no era personalísima ni quedaban sujetas al principio de individualización de las penas[41] o de culpabilidad[42]. Por ello, algún autor consideró que este debate acerca de la naturaleza del decomiso había llegado a su fin[43], pero lamentablemente no fue así[44].

---

de la vigencia, que en ese momento tenía, el principio de *societas delinquere non potest*, RAMON RIBAS, E., *Op.cit.*, pp. 528-529.

39 FARALDO CABANA, P., "El comiso en relación con los delitos de tráfico de drogas", *Anuario de Facultade de Dereito da Universidade da Coruña*, núm. 2, 1998, p. 254; AGUADO CORREA, T., *El comiso, Op.cit.*, p. 49; GONZÁLEZ CANO, I., *El decomiso como instrumento de la cooperación judicial en la Unión europea y su incorporación al proceso penal español*, Tirant lo Blanch, Valencia, 2016, p. 22; VIZUETA FERNÁNDEZ, J., "El comiso: ¿consecuencia accesoria de una pena?", *Diario la Ley*, núm. 6643, 2007, p. 1.

40 VIZUETA FERNÁNDEZ, J., "El comiso: ¿consecuencia accesoria de una pena?", *Op.cit.*, p. 1.

41 MAPELLI CAFFARENA considera que: «Es irrelevante que quien sufre el comiso sea autor de la infracción o partícipe o, incluso, que carezca de responsabilidad penal, ya que las consecuencias accesorias no están sometidas al principio de personalidad. Así pues, el comiso es una consecuencia postdelictual de aplicación automática y de carácter irreversible, tan solo en relación con los delitos imprudentes se plantea el comiso de forma potestativa». MAPELLI CAFFARENA, B., *Las consecuencias jurídicas del delito*, 5° ed. Thomson Reuters Aranzadi, Cizur Menor (Navarra), 2012, p. 410.

42 RAMON RIBAS, E., *Op.cit.*, p. 531.

43 Entre ellos, FARALDO CABANA, P., "El comiso en relación con los delitos de tráfico de drogas", *Anuario de Facultade de Dereito da Universidade da Coruña*, núm. 2, 1998, p. 254.

44 Acerca del cambio de naturaleza jurídica, tras la mutación del decomiso como pena accesoria a consecuencia accesoria en el Código penal de 1995, se refería ANANÍAS ZAROR: «Esta decisión legislativa no es baladí, ya que determinó que la naturaleza jurídica de este no quede fijada con su sola inserción en el respectivo título, dejándola entregada, por tanto, a la tarea científica de la dogmática.», ANANÍAS ZAROR, I., "El comiso de ganancias", *Revista de Estudios de la Justicia*, núm. 21, 2014, p. 156. FERNÁNDEZ PANTOJA se planteaba la siguiente cuestión: « ¿por qué el co-

En realidad, con la aparición de esta nueva categoría, el problema acerca de su verdadera naturaleza jurídica no afectaba exclusivamente al decomiso, el cual se veía empañado por un debate mucho más amplio y, que alcanzaba ahora a todo el conjunto de medidas que quedaban incorporadas en el mismo título como una clase de "consecuencia accesoria"[45]. Principalmente, el dilema surgía por la circunstancia de que todas ellas eran medidas heterogéneas, lo que había llevado a parte de la doctrina a calificarlas de figuras híbridas y peculiares[46] sobre las que surgían multitud de cuestiones y, a las que no se podían dar una respuesta unitaria[47], ni mucho menos elaborar una teoría general[48]. Evidentemente, una de estas cuestiones sería

---

miso deja de ser una pena accesoria para pasar a ser una "consecuencia" agravando todavía más la polémica que lo rodea?», haciendo alusión al debate tradicional y perenne sobre la naturaleza jurídica de tales "sanciones"- refiriéndose al decomiso y las medidas del artículo 129- que pasan a incluirse bajo una categoría unitaria que precisa de una delimitación común de su naturaleza jurídica como "consecuencia accesoria", FERNÁNDEZ PANTOJA, P., "Comentario al artículo 127…,*Op.cit.*, p. 943.

45 En este sentido, ZUGALDÍA ESPINAR alude al dilema producido sobre la naturaleza del artículo 129 del Código penal, ZUGALDÍA ESPINAR, J.M., "Societas delinquere potest: análisis de la reforma operada en el Código Penal español por la LO 5/2010, de 22 de junio", *La ley penal: Revista de Derecho Penal, Procesal y Penitenciario,* núm. 76, 2010, p. 2. CEREZO DOMÍNGUEZ, A.I., *Análisis jurídico-penal, Op.cit.*, p. 23.

46 MAPELLI CAFFARENA, B., "Las consecuencias accesorias…, *Op.cit.*, p. 46; FERNÁNDEZ PANTOJA, P., "Comentario a las consecuencias accesorias", en COBO DEL ROSAL, M.(Dir.), *Comentarios al Código penal,* Edersa, Tomo IV, Madrid, 1999, p. 945; CEREZO DOMÍNGUEZ, A.I., *Análisis jurídico-penal, Op.cit.*, pp. 24 y 31.

47 Como justifica AGUADO CORREA, no puede darse una respuesta unitaria, pues esto solo puede darse cuando es posible identificar unos elementos comunes que permitan crear una nueva categoría, lo contradictorio, no pasa de ser un cajón de sastre, AGUADO CORREA, T., *El comiso, Op.cit.*, p. 30; MAPELLI CAFFARENA, B., *Las consecuencias jurídicas del delito, Op.cit.*, p. 408.

48 CARRILLO DEL TESO, A.E., *Decomiso y recuperación…, Op.cit.*, p.123.

la determinación de la naturaleza jurídica de esta nueva categoría[49], pero cuya respuesta no podría aflorar ignorando el contenido propio de cada una de ellas[50].

Como ya pusimos en evidencia desde un primer momento, en el seno de nuestra doctrina han resultado todos los posicionamientos posibles acerca de esta cuestión[51]. Aunque la opinión mayoritaria se decanta a favor de una naturaleza penal de todas las consecuencias accesorias, lo cierto es que dentro de esta corriente no existe, más allá de este reconocimiento unánime, una postura pacífica sobre la naturaleza concreta de cada una de ellas. En el caso concreto del decomiso, hubo quienes lo consideraban una verdadera pena, mientras que otros lo identificaban con las medidas de seguridad; sin embargo, la opción más defendida, fue aquella que lo caracterizaba por tener una naturaleza penal *sui generis*, calificando al decomiso como una tercera categoría de sanción[52] distinta de las penas y

---

49 FERNÁNDEZ PANTOJA, P., "Comentario a las consecuencias accesorias", *Op.cit.*, p. 944: «La doctrina más reciente acentúa precisamente como uno de los principales rasgos de esta nueva categoría la discutibilidad de su naturaleza dada la imposibilidad de ser consideradas penas, ni medidas de seguridad, ni medidas reparadoras de daños y perjuicios, ni medidas de carácter administrativo».

50 *Ibid,* p. 946. FERNÁNDEZ PANTOJA se pronuncia acerca de una posible naturaleza única y común del conjunto de consecuencias accesorias, alejada de las penas y de las medidas de seguridad, refiriéndose a ellas como simples "consecuencias" jurídico-penales derivadas de la comisión de un delito o falta que de forma accesoria acompañaban a otras penas por un fin preventivo. Esta autora consideraba que el problema se planteaba en descubrir la verdadera naturaleza concreta de cada una de las consecuencias agrupadas bajo esta categoría.

51 MAPELLI CAFFARENA, B., "Las consecuencias accesorias..., *Op.cit.*, p. 48; AGUADO CORREA, T., *El comiso, Op.cit.,* p. 32.

52 GRACIA MARTÍN opina frente a la posición mayoritaria que: «y mientras una opinión correcta pero minoritaria negó el carácter penal de las mismas, la opinión mayoritaria sostuvo sin el mínimo fundamento, y con argumentos tan disparatados que verdaderamente no había por dónde cogerlos, que de un modo u otro tenían carácter penal, y según autores, se les atribuyó la naturaleza de auténticas penas, de medidas

medidas de seguridad[53]. Sin olvidar aquellas otras posturas minoritarias que entendían el decomiso como una figura más próxima a la responsabilidad civil *ex delicto*, y que afirmaban una naturaleza civil de la institución o incluso administrativa.

Este debate doctrinal sobre la naturaleza jurídica de todo aquello que se regulaba en el Código penal bajo la denominación de "consecuencias accesorias", inicialmente fue tratado de modo unitario por algunos autores, pero en la actualidad deviene obsoleto, siendo indiscutible que el decomiso y las medidas del artículo 129 son instituciones independientes y que se han regulado conjuntamente a modo de "cajón de sastre"[54]. Ni tan si quiera es posible dar una respuesta unitaria que abarque la totalidad de la figura del decomiso, sino que es necesario realizar un trabajo más minucioso reducido a las modalidades o clases de decomiso, así como al objeto sobre el que recae. Por todo ello, consideramos más oportuno a efectos didácticos plantear con mayor rigor la cuestión de su naturaleza en cada uno de los apartados en los que se abordará el objeto y clases del decomiso, aunque puntualmente se vayan dando

---

de seguridad o de consecuencias sui generis, pero de naturaleza penal». GRACIA MARTÍN, L., "Consecuencias jurídicas no penales derivadas de la comisión del delito: las consecuencias accesorias generales y las específicas para personas jurídicas y entidades sin personalidad jurídica", en BOLDOVA PASAMAR, M.A., ALASTUEY DOBÓN, C., GRACIA MARTÍN, L. (Dir.), *Lecciones de consecuencias jurídicas del delito*, 5°ed., Tirant lo Blanch, Valencia, 2016, p. 215.

53 Entre otros, GANZENMÜLLER ROIG, C., ESCUDERO MORATALLA, J.F., FRIGOLA VALLINA, J., "El comiso. Examen del artículo 374 del Código Penal", *Revista General de Derecho*, núm.640-641, 1998, p. 84. RAMON RIBAS, E., *Op.cit.*, pp. 518-564. AGUADO CORREA, T., *El comiso, Op.cit.*, pp. 32-33. CEREZO DOMÍNGUEZ, A.I., *Análisis jurídico-penal…, Op.cit.*, p. 25. MAPELLI CAFFARENA, B., "Las consecuencias accesorias…, *Op.cit.*, pp. 51-52. MUÑOZ CONDE, F, GARCÍA ARÁN, M., *Derecho penal. Parte general*, 9°ed. revisada y puesta al día conforme a las Leyes Orgánicas 1/2015 y 2/2015, de 30 de marzo, Tirant lo Blanch, Valencia, 2015, p. 636. LANDROVE DÍAZ, G., *Las consecuencias jurídicas del delito*, 6° ed., Tecnos, Madrid, 2005, pp. 123-124.

54 CARRILLO DEL TESO, A.E., *Decomiso y recuperación…, Op.cit.*,p. 123.

pinceladas en ciertos epígrafes, pues como se ha indicado, el tema de la naturaleza jurídica está intrínsecamente vinculado a los fundamentos y fines de la figura.

3.1. Naturaleza penal

En representación de la tesis mayoritaria a favor de una naturaleza penal de las consecuencias accesorias y, especialmente, consideradas como unas medidas *sui generis*, se alzan autores como CHOCLÁN MONTALVO, quien se refiere a las consecuencias accesorias como aquellas que se imponían al sujeto como consecuencia jurídica de la realización de un hecho punible[55]. Sin embargo, entiende que éstas no cumplían adecuadamente con los fines propios de la pena, ni de la medida de seguridad y, que tampoco se destinaban de modo directo a reparar el daño. Considerando que, aunque presentaban ciertas analogías con otras consecuencias penales, las consecuencias accesorias tenían una función totalmente autónoma. Los argumentos esgrimidos por este autor y muchos otros[56], con base en los cuales se negaban a las consecuencias accesorias –y, especialmente, en referencia al decomiso- la naturaleza jurídica tanto de pena, como de medida de seguridad o de figura próxima a la responsabilidad civil, se fundamentaban básicamente en los siguientes motivos:

---

55 Destacaba CHOCLÁN MONTALVO como, en este caso, el decomiso quedaría bajo la protección del Convenio Europeo de los Derechos humanos y sus principios mínimos, CHOCLÁN MONTALVO, J.A., *El patrimonio criminal... Op.cit.*, p. 25.

56 Por todos destacamos por su mayor claridad, y, sin ánimo de exhaustividad, además de los ya citados: DE LA MATA BARRANCO, N.J., "Las distintas modalidades de decomiso después de la Ley Orgánica 1/2015, de 30 de marzo", *La Ley Penal: Revista de derecho penal, procesal y penitenciario,* núm.124, 2017, pp. 1-11; MUÑOZ CONDE, F, GARCÍA ARÁN, M., *Derecho penal. Parte general,* 9ºed. revisada y puesta al día conforme a las Leyes Orgánicas 1/2015 y 2/2015, de 30 de marzo, Tirant lo Blanch, Valencia, 2015, p. 636; RAMON RIBAS, E., *Op.cit.,* pp. 518-564.

En primer lugar, el simple hecho de modificar la denominación de estas medidas, en concreto, la del decomiso que dejaba de llamarse "pena pecuniaria" para pasar a ser una "consecuencia accesoria", no era un argumento suficiente para razonar un cambio de su naturaleza. Así lo afirmaba RAMON RIVAS, que aludía a una verdadera transformación del decomiso, y no a un simple cambio formal de "etiquetas", sino que, el mismo dejaba de ser una pena en sentido estricto por las razones que a continuación se van a exponer[57].

Partiendo de una delimitación general del concepto de "pena", Luzón Peña se refería a ellas como la forma principal y más grave de reacción jurídica frente al delito, por la que se priva o limitan derechos y bienes jurídicos del delincuente, al que se impone de forma obligatoria y, que presupone "inexcusablemente" la culpabilidad del delito cometido – y, no la peligrosidad criminal-[58]. Estas penas sólo pueden ser impuestas en un proceso penal por una autoridad judicial. De acuerdo a esta definición, son varias las razones por las que se ha venido negando la naturaleza de "pena" a estas consecuencias accesorias:

---

57 RAMON RIBAS concluye que: «Aun cuando se estime que la caracterización del comiso como una consecuencia accesoria no es argumento suficiente, por sí solo, para dejar de considerarlo una pena, por lo que su nueva denominación supondría únicamente un simple cambio de etiquetas, el hecho de que el artículo 127 autorice su imposición con respecto de bienes pertenecientes a terceros sin responsabilidad criminal resulta decisivo para entender que el mentado cambio de etiquetas responde a una verdadera trasformación de la naturaleza jurídica del comiso, que no solo formal, sino también materialmente, dejó, efectivamente, de ser una pena», RAMON RIBAS, E *Op.cit.,* p. 537. En el mismo sentido, FERNÁNDEZ TERUELO, J.G., "El comiso con particular referencia a su incidencia en el delito del blanqueo de capitales (a raíz de la reforma del Código penal operada por L.O. 5/2010)", en ABEL SOUTO, M., SÁNCHEZ STEWART, N. (COORD.), *II Congreso sobre prevención y represión del blanqueo de dinero,* Tirant lo Blanch, Valencia, 2011, p. 121.

58 LUZÓN PEÑA, D.M., *Lecciones de Derecho. Penal Parte General,* 3°ed., Tirant lo Blanch, Valencia, 2016, p. 27.

Por un lado, porque en su aplicación no se atendía al principio de culpabilidad[59], pues no constituían un instrumento de reacción frente a la culpabilidad del autor por la comisión del hecho típico y antijurídico[60]. Por el contrario, mientras que la culpabilidad es una condición indispensable para la imposición de las penas, no ocurría así en la aplicación de las consecuencias accesorias a las que sólo se exige la antijuricidad del hecho. En consecuencia, con ello, el decomiso podía ser aplicado, aunque se declarase la falta de culpabilidad. Tampoco, las consecuencias accesorias estaban condicionadas a la aplicación del principio de proporcionalidad[61] –salvo la excepción del artículo 128[62]-, ni del principio de personalidad como en el caso de las penas[63], con lo cual era posible que se acordase el decomiso de bienes propiedad de terceros[64].

---

59 CHOCLÁN MONTALVO, J.A., *El patrimonio criminal... Op.cit.*, p. 28; CEREZO DOMÍNGUEZ, A.I., *Análisis jurídico-penal, Op.cit.*, p. 25.

60 Como destaca RAMON RIBAS, la imposición de la pena por la comisión de un delito doloso (y faltas cuando estaban incluidas), era un presupuesto genérico para aplicar el decomiso, el cual recaía sobre los objetos – efectos, instrumentos, ganancias, etc.- hubiera participado su titular o no en el delito, siendo suficiente la declaración de responsabilidad penal de una persona para aplicar el decomiso sin quedar sujeto al principio de personalidad de las penas, puesto que el decomiso se dirige contra bien ; RAMON RIBAS, E. *Op.cit.*, p. 534.

61 CARRILLO DEL TESO, A.E., *Decomiso y recuperación..., Op.cit.*, p. 125.

62 Como indica RAMON RIBAS, la previsión de esa cláusula de proporcionalidad, a la que se identifica con el principio de proporcionalidad en sentido estricto y que, constituye uno de los tres subprincipios en los que se descompone el principio de proporcionalidad y, cuyo reconocimiento expreso se ha limitado al decomiso de efectos e instrumentos, ya que supone una importante intromisión en la esfera patrimonial del sujeto, RAMON RIBAS, E. *Op.cit.*, p. 532.

63 MAPELLI CAFFARENA, B., *Las consecuencias jurídicas del delito, Op.cit.*, p. 406.

64 Así pues, la jurisprudencia se refería al decomiso antes de su inclusión en las consecuencias accesorias en los siguientes términos, STS núm. 3562/1992, de 5 de mayo de 1992: «...desde el Código Penal de 1.822 (anterior al concepto de medidas de seguridad), que le

De otro modo, si el decomiso fuera realmente una pena, el carácter personalismo de éstas le impediría recaer sobre aquellos bienes propiedad de un tercero que no hubiera sido declarado responsable penal en concepto de autor, cómplice o encubridor[65]. Este aspecto se ha considerado decisivo para rechazar la naturaleza de "pena" del decomiso. Además, como ya se puso en evidencia, antes de la reforma de 2010, las personas jurídicas no podían ser responsables criminalmente, con lo cual una de las críticas que se dirigía para negar la naturaleza de pena, era la inaplicación del decomiso en estos casos frente a las personas jurídicas, pues esa incapacidad de la que gozaban las llevaba a ser consideradas como terceros[66]. En definitiva, al no ser el decomiso una medida de carácter personal es posible su transmisión a terceras personas, es decir, el objeto o ganancia decomisable puede ser propiedad de un tercero[67]. En consecuencia de la falta de aplicación de estos principios aplicables a las penas, la doctrina se ha venido refiriendo al decomiso como una «sanción penal *ad rem*» que recae sobre el objeto

---

incluyó en su arsenal de penas, llega a nuestros días como tal y accesoria de la principal (cual se deriva del tenor literal del artículo 48 del Código Penal vigente, posición sistemática del precepto -Título III de la Parte General, "De las Penas"- y del hecho de no poder imponerse a terceros)».

65 AGUADO CORREA, T., *El comiso Op.cit.*, p. 33.

66 MAPELLI CAFFARENA, B., *Las consecuencias jurídicas del delito, Op.cit.*, p. 408: «Con razón se ha dicho que la desvinculación de este principio permite la interrupción del negocio delictivo al poderse sancionar a quien no ha sido declarado penalmente responsable».

67 CEREZO DOMÍNGUEZ, A.I., *Análisis jurídico-penal…, Op.cit.*, p. 26. La STS núm. 600/2012, de 12 de julio se refería en los siguientes términos: «A diferencia de las penas que tienen un carácter personalísimo y sólo pueden imponerse al culpable de un hecho delictivo, la aplicación del comiso en el proceso penal no está vinculada a la pertenencia del bien al responsable criminal (arts. 127 y 374 CP.), sino únicamente a la demostración del origen ilícito del producto o las ganancias, o de su utilización para fines criminales».

– *instrumenta scaeleris, producto scaeleris* y las ganancias-. Con lo cual, lo diferencia de la pena y de la medida de seguridad en cuyo caso recaen *ad personam*[68].

Por otro lado, desde un punto de vista formal, el legislador no incluía a este conjunto de consecuencias en el catálogo de penas del artículo 33 del Código penal, lo que se ha interpretado como una clara intención del legislador de distinguirlas y, como se ha mencionado, en su aplicación no se encontraban sometidas a las reglas generales de determinación de las penas[69]–artículos 61 y siguientes del Código penal. Tampoco podían asimilarse a las penas accesorias, cuyo único rasgo en común era la accesoriedad[70], porque su aplicación dependía de la concurrencia de unas circunstan-

---

68 PORTAL MANRUBIA, J., *Op.cit.*, pp. 8 -9.

69 AGUADO CORREA, T., *El comiso, Op.cit.*, p. 32; CEREZO DOMÍNGUEZ, A.I., *Análisis jurídico-penal…, Op.cit.*, pp. 24-25.

70 Acerca de la "accesoriedad" GRACIA MARTÍN manifiesta que: «En estos casos la realización antijurídica del hecho punible es, sin duda, el acontecimiento principal (preferencia de la jurisdicción penal), y los demás supuestos de hecho no penales conexos y relacionados con él de determinada manera pueden ser sin duda contemplados y calificados como accesorios del hecho punible, y por ende, también las consecuencias jurídicas no penales que corresponden a tales supuestos de hecho tienen que ser vistas y calificadas como accesorias. Solo por estas conexiones fácticas, puede verse a esas otras consecuencias jurídicas no penales ni por su fundamento ni por su finalidad, pero concurrentes con las específicamente penales, también como consecuencias jurídicas del delito (del hecho penalmente típico y antijurídico), pero en un sentido muy laxo e impropio, pues en rigor tales consecuencias jurídicas lo son propiamente de sus correspondientes supuestos de hecho específicos que, por sí mismos, no tienen ninguna relevancia ni significado jurídico penales», GRACIA MARTÍN, L., "Consecuencias jurídicas no penales derivadas de la comisión del delito (I): las consecuencias accesorias generales y las específicas para personas jurídicas y entidades sin personalidad jurídica", en GRACIA MARTÍN, L. (Dir.); BOLDOVA PASAMAR, M.A.; ALASTUEY DOBÓN, C., *Lecciones de consecuencias jurídicas del delito*, 5°ed., Tirant lo Blanch, Valencia, 2016, p. 213.

cias objetivas[71] y exige su solicitud de parte, mientras que las penas accesorias se aplican preceptivamente en virtud del artículo 79 del Código penal[72]. Finalmente, como denuncia MANZANARES, en el caso del decomiso, esta medida no cumple con los fines retributivos de la pena[73], ni la prevención general ni especial[74].

En segundo lugar, quienes se mostraban a favor de identificarlas con las medidas de seguridad[75], se apoyaban en que tanto las medidas de seguridad como las consecuencias accesorias eran ajenas al principio de culpabilidad y, en cambio, se fundamentaban en el criterio de la "peligrosidad" para su aplicación. Además, la doctrina que defendía esta postura consideraba que las consecuencias accesorias estaban orientadas más hacia la "prevención especial", es decir, en generar un efecto intimidatorio o resocializador en el autor del delito que le impidiera volver a delinquir, que a una prevención general[76].

---

71 En este caso, se refiere MAPELLI CAFFARENA a la vinculación de la empresa o el negocio con la activad delictiva, MAPELLI CAFFARENA, B., *Las consecuencias jurídicas del delito, Op.cit.*, p. 407.

72 PORTAL MANRUBIA, J., *Op.cit.*, p. 9.

73 Aunque el decomiso no se prevea como una pena, para CEREZO DOMÍNGUEZ, el hecho de que el comiso afecte a bienes del inculpado presenta cierto carácter punitivo. No obstante, descarta en el decomiso los fines de la pena; CEREZO DOMÍNGUEZ, A.I., *Análisis jurídico-penal, Op.cit.*, p. 25.

74 *Ibid*, p. 24.

75 MAPELLI CAFFARENA, quien define las medidas de seguridad como: «Siguiendo la definición de BERISTAIN son medidas de seguridad los medios asistenciales y de control, que se aplican por los órganos judiciales como consecuencia de la comisión de un hecho tipificado en el código penal a tenor de la ley a las personas criminalmente peligrosas para lograr la prevención especial», manifiesta a su vez cómo las diferencias que históricamente habían distinguido a las penas de las medidas de seguridad, estaban cada vez más compartidas, MAPELLI CAFFARENA, B., *Las consecuencias jurídicas del delito, Op.cit.*, p. 358.

76 MAPELLI CAFFARENA afirma que la justificación de las medidas de seguridad se encuentra en razones de prevención especial, a diferencias de las penas que cumplen funciones preventivas especiales y generales, *Ibidem*.

Por el contrario, quienes se oponían a esta teoría advertían para descartar el carácter próximo a las medidas de seguridad, en el sentido de Código penal y más concretamente en el caso del decomiso, los siguientes motivos:

En primer lugar, que al igual que ocurría con su comparación con las penas, formalmente ni el decomiso ni el resto de consecuencias accesorias se encontraban expresamente incluidas en el catálogo de medidas de seguridad previstas en el artículo 96 del Código penal.

En segundo lugar, las medidas de seguridad tienen un carácter personalísimo y solo se pueden imponer al sujeto sobre el que se haya apreciado la peligrosidad criminal[77]. Con lo cual, si se reconocía al decomiso el carácter de medida de seguridad, esto supondría la imposibilidad de aplicar el decomiso sobre bienes de terceros que al no haber sido autores de un hecho antijurídico no pueden ser declarados peligrosos[78].

En tercer lugar, la "peligrosidad subjetiva" constituye uno de los elementos que debe concurrir para aplicar de forma

---

77 RODRÍGUEZ-GARCÍA, N., "El decomiso como instrumento esencial para la recuperación de activos en la política criminal española del siglo XXI", en JIMENO BULNES, M., PEREZ GIL, J. (Coord.), *Nuevos horizontes del Derecho procesal: libro-homenaje al Prof. Ernesto Pedraz Penalva*, J.M., Bosch, Barcelona, 2016, p. 10.

78 CEREZO DOMÍNGUEZ, A.I., *Análisis jurídico-penal…*, *Op.cit.*, p. 28. RAMON RIBAS considera que: «En la medida en que el comiso puede alcanzar a terceros criminalmente irresponsables, incluidos sujetos penalmente incapaces, como las personas jurídicas, debe rechazarse también que constituya una medida de seguridad tradicional, dirigida a neutralizar la peligrosidad criminal post-delictiva del sujeto al que se impone. Dicho de otro modo, también las medidas de seguridad tienen, pese a imponerse a sujetos *no responsables de la infracción* (por supuesto, con la salvedad de las que se impusieran a sujetos *semiimputables*), un carácter personalísimo que impide, como sucedía con las penas, su imposición a *terceros ajenos al delito*». RAMON RIBAS, E. *Op.cit.*, p. 537.

proporcional la medida de seguridad correspondiente –a diferencia de las penas que se aplican en proporción de la gravedad de los hechos- , es decir, las medidas de seguridad, tal y como se contemplan en el Código penal, constituyen una reacción proporcional a la peligrosidad subjetiva o del autor de delito–no a la peligrosidad del objeto-, puesta de manifiesto en la comisión de un hecho delictivo[79] y, deduciéndose de las circunstancias personales y del hecho la probabilidad de cometer nuevos delitos en un futuro[80].

---

79 Las medidas de seguridad de naturaleza penal son las post-delictuales, en contraposición de las medidas de seguridad de carácter asistencial o sanitarias pre-delictuales. SAN núm.14/2020, de 30 de junio de 2020: « Su establecimiento no viene determinada por una mayor culpabilidad sino bajo criterios de proporcionalidad por la mayor peligrosidad del sujeto». Como distinguía LUZÓN: «Las medidas de seguridad, tanto las postdelictivas como con mayor razón las predelictivas (que ni siquiera exigen un delito previo), a diferencia de las penas no requieren culpabilidad: ni es preciso que en el delito cometido —en el caso de las postdelictivas— concurra culpabilidad, ni tampoco hace falta que el peligro de futuros delitos sea de acciones culpables, sino que en ambos casos basta con que se trate de acciones típica, penalmente antijurídicas», LUZÓN PEÑA, D.M., *Lecciones de Derecho. Penal Parte General,* 3°ed., Tirant lo Blanch, Valencia, 2016, p.26. Ahora bien, ello no significa que las medidas de seguridad solo sean aplicables a sujetos inimputables, sino que pueden imponerse a sujetos culpables (semimputables e imputables) que cumplan los requisitos de la peligrosidad previstos en las medidas de seguridad concurriendo con la aplicación de la correspondiente pena. MAPELLI CAFFARENA, B., *Las consecuencias jurídicas del delito, Op.cit.*, p. 358.

80 Para MIR PUIG las consecuencias del art. 129 CP tienen en común una naturaleza no punitiva, es decir, puramente preventiva. En concreto, señalaba acerca de la peligrosidad que: «Tanto unas como otras se fundan en la idea de peligrosidad. La diferencia es que las medidas de seguridad se aplican a personas que han delinquido y que encierran el peligro de volver a delinquir, mientras que las consecuencias accesorias se aplican a cosas (armas, efectos del delito, beneficios obtenidos) o a organizaciones incapaces de delinquir pero que son peligrosas porque favorecen la comisión de delitos a personas físicas que los utilizan. La

Ahora bien, aquellos partidarios de esta tesis – es decir, de su aproximación a las medidas de seguridad- afirmaban que en el caso del decomiso, su aplicación se hacía depender de la "peligrosidad objetiva" de los bienes sobre los cuales recaía el decomiso y no sobre la peligrosidad subjetiva o del autor. Con base en esta, la peligrosidad objetiva de la cosa[81] como, por ejemplo, podía ser un arma de fuego cuya peligrosidad se había puesto de manifiesto con la comisión de un hecho delictivo, unido a la probabilidad de un nuevo uso o a que su continuidad pudiera favorecer la comisión otros delitos en el futuro,

---

peligrosidad es el presupuesto común de las medidas de seguridad y las consecuencias accesorias, pero en éstas no es la peligrosidad de una persona que puede delinquir, sino la peligrosidad de un instrumento». MIR PUIG, S., "Una tercera vía en materia de responsabilidad penal de las personas jurídicas", *Revista electrónica de ciencia penal y criminología*, núm.6, p. 4. GRACIA MARTÍN, L., "Consecuencias jurídicas no penales derivadas de…, *Op.cit.*, p. 213.

81 Sobre la naturaleza de las medidas del artículo 129, cuyo elemento común era su aplicación a las personas jurídicas, se identificaba con ellas la peligrosidad objetiva. En este sentido se refiere la SAN núm.14/2020, de 30 de junio: « Las consecuencias accesorias del art 129 CP están orientadas a prevenir la peligrosidad de entidades jurídicas cuando en el proceso penal se constate su peligrosidad objetiva, bien de carácter instrumental como medio para la comisión de hechos delictivos o bien organizativa por sus defectos organizativos o estructurales. Es necesario, por tanto, un pronóstico de peligrosidad y que ésta se concrete en la posibilidad de utilización instrumental o peligrosidad objetiva, organizativa o estructural. Por esta razón, la peligrosidad debe ser medida en el momento de la imposición de la medida y no en el del hecho». Como sintetiza AGUADO CORREA, T., estas posturas se dividían entre aquellos que defendían que eran medidas de seguridad, otros las calificaban de medidas de seguridad de carácter administrativo, incluso algunos las consideraban verdaderas penas como ARROYO ZAPATERO, L.,–"Derecho penal económico y Constitución", *Revista penal*, núm. 1, 1998, p. 14; AGUADO CORREA, T., *El comiso*, Edersa, Madrid, 2000, p. 35. Para RAMON RIBAS las medidas del artículo 129 tenían la misma naturaleza que el decomiso, eso sí, con algunas diferencias importantes en el régimen jurídico, RAMON RIBAS, E., *Op.cit.*, p. 538.

daban como resultado un razonamiento que aproximaba el decomiso a la naturaleza propia de las medidas de seguridad. Su fundamento se encontraba en la peligrosidad objetiva de un determinado objeto puesto a disposición de determinadas personas y, que requiere de la adopción de medidas disuasorias para evitar la comisión de futuros delitos, entre ellas el decomiso, cuya finalidad de carácter preventivo, estaría dirigida a proteger a la colectividad de esos bienes[82], aún sin existir una peligrosidad subjetiva o del autor. Y es que, la concurrencia de estos elementos justificaría la aplicación del decomiso.

Claro está, este razonamiento acerca de la peligrosidad objetiva sólo justificaba el decomiso de ciertos objetos e instrumentos del delito como aquellos de ilícito comercio o prohibidos en el tráfico jurídico y que pudieran entrañar un riesgo objetivo para la seguridad colectiva[83]. Por el contrario, no parecía tener cabida en el decomiso de las ganancias, donde ese provecho económico no constituiría en principio un peligro objetivo, siendo su fundamento la no tolerancia del enriquecimiento ilícito producido[84], y por ende, lo que se pretende con su aplicación es

---

82 CEREZO DOMÍNGUEZ, entiende que debía partirse de un concepto relativo de peligro y, no absoluto, es decir, debía atenderse a las circunstancias concretas del supuesto; CEREZO DOMÍNGUEZ, A.I., *Análisis jurídico-penal…*, *Op.cit.*, p. 35.

83 DIAZ CABIALE se muestra muy crítico con la regulación del Código penal al imponer de forma indiscriminada la aplicación del decomiso cuando se tratase de delitos dolosos por resultar contraproducente decomisar aquellos objetos de uso cotidiano al alcance de cualquiera y sin ninguna transcendencia económica por el simple hecho de haberse utilizado en la comisión de un hecho delictivo: «por ejemplo, en un delito de robo, una linterna o una caja de herramientas…»; DIAZ CABIALE, J.A., *Op.cit.*, p. 13.

84 CHOCLÁN MONTALVO, J.A., *El patrimonio criminal…Op.cit.*, p. 29.

corregir situaciones patrimoniales ilícitas[85]. No obstante, quienes se oponían a esta tesis, descartaban incluso que el decomiso de instrumentos tuviera carácter de medida de seguridad, al no poder cumplir con el fin preventivo especial –característico de estas medidas-, puesto que no impediría al autor utilizar otros objetos distintos de los decomisados para cometer nuevos delitos, con lo cual el decomiso de estos bienes no eliminaría en ningún caso la peligrosidad del sujeto[86]. En definitiva, de constituir el decomiso una medida de seguridad sería un presupuesto necesario para su aplicación demostrar la peligrosidad objetiva del medio, efecto o instrumento, mientras que, para poder aplicar el decomiso de las ganancias sería suficiente con probar que el delito generó un provecho económico de carácter ilícito. Con lo cual, una interpretación restrictiva del artículo 127 conllevaría a la inaplicación en aquellos supuestos en los que el bien no sea peligroso o las ganancias tengan un origen lícito[87].

En último lugar, algunos autores han hecho hincapié en la posible naturaleza próxima a las medidas reparatorias o responsabilidad civil *ex delicto*, así por ejemplo, GASCÓN INCHAUSTI, en el caso del decomiso considera relevante el aspecto del destino de los bienes como elemento a tener en cuenta para determinar su naturaleza jurídica. Especialmente, en aquellos supuestos en los que se apli-

---

85 MAPELLI CAFFARENA, entiende que con este argumento se daba explicación con cierta dificultad al decomiso de ciertos instrumentos, pero no servía para explicar el decomiso de las ganancias, que respondía más a una idea civilista del enriquecimiento injusto, MAPELLI CAFFARENA, B., *Las consecuencias jurídicas del delito, Op.cit.*, p. 407.

86 CEREZO DOMÍNGUEZ, A.I, *Análisis jurídico-penal…, Op.cit.*, p. 28.

87 Para CARRILLO DEL TESO, el decomiso de instrumentos del delito tiene carácter penal aunque dicho objeto sea de lícito comercio y no presente ninguna característica intrínseca de peligrosidad, CARRILLO DEL TESO, A.E *Decomiso y recuperación…, Op.cit.*, p. 124.

> caba a cubrir responsabilidades civiles, reconociendo solo en estos casos una finalidad reparadora del decomiso y, con ello, una naturaleza jurídico privada e instrumental que los distanciaba del carácter sancionador de aquel decomiso cuyo destino fuera la destrucción o la adjudicación al Estado[88].

No obstante, la mayoría se oponían a reconocer a las consecuencias accesorias esta naturaleza por no estar realmente destinadas a restituir, reparar o indemnizar el daño. DIAZ CABIALE advierte de no caer en la confusión entre el objeto del decomiso y de la responsabilidad civil. Y hacía referencia a los supuestos de restitución del bien al perjudicado, pues en estos casos el bien no podría formar parte de la sanción del decomiso, ya que prima el derecho subjetivo privado del perjudicado por el delito. Y es que, no tendría sentido alguno que el Estado procediera a indemnizar al perjudicado con el producto obtenido de la ejecución de los bienes decomisados, en vez de su devolución directa a éste sin atribuirse previamente su titularidad[89] – efecto que produce el decomiso. Pensemos, por ejemplo, en un delito de robo o hurto, en el cual se sustrae un determinado objeto – un coche, unas joyas...-. Tras su recuperación este objeto constituiría una pieza de convicción y procedería la devolución directa a su titular, es decir, su restitución, pero no un decomiso. Asimismo, se podrían acordar medidas cautelares reales sobre él, por ejemplo, su depósito. Como argumenta este autor, esta restitución constituiría el núcleo de la obligación que surge por la

---

88 GASCÓN INCHAUSTI, F., ""Cooperación Judicial y Decomiso de bienes en la Unión Europea", *Op.cit.,*, p. 213, nota al pie 4: «Esta vinculación del decomiso con la responsabilidad civil es el fundamento, en parte, de los supuestos de comiso parcial y de renuncia al decomiso que contempla el art. 128:"Cuando los referidos efectos e instrumentos sean de lícito comercio y su valor no guarde proporción con la naturaleza o gravedad de la infracción penal, o se hayan satisfecho completamente las responsabilidades civiles, podrá el Juez o Tribunal no decretar el decomiso o decretarlo parcialmente». Principio que no se aplica al decomiso de las ganancias cualquiera que sea su cuantía.

89 DIAZ CABIALE, J.A., *Op.cit.*, p.16.

responsabilidad civil extracontractual por el daño ocasionado « el objeto de la sanción no puede destruir ni anteponerse al derecho subjetivo que alumbró antes, directamente de la conducta y no del proceso»[90]. Finalmente, descartaba la naturaleza de responsabilidad civil del decomiso ante la aplicación del principio de proporcionalidad del artículo 128, el cual permite no aplicar el decomiso en caso de haberse satisfecho las responsabilidades civiles, lo que interpreta este autor como una reafirmación del carácter de sanción que tiene la figura, pues «de ser una suerte de responsabilidad civil no podría anularse».

MAPELLI CAFFARENA reconoce la fuerte impregnación civilista del conjunto de consecuencias accesorias, y la presencia de ciertas afinidades como la elusión del principio de personalidad que limita a todos los institutos penales – cuya desvinculación permite sancionar a quien no ha sido declarado responsable penal- y, más especialmente, en lo referido al decomiso de ganancias que no responde a razones preventivas ni retributivas, sino que va dirigido a evitar el enriquecimiento injusto[91].

Igualmente, CHOCLÁN MONTALVO descarta el carácter civil en el caso del decomiso, al que no podía considerarse una mera medida reparatoria, aunque se destinase el producto de la venta de los bienes decomisados a cubrir responsabilidades civiles[92]. Este autor seguía destacando que el decomiso tiene carácter sancionador en nuestro ordenamiento y, por ello, le es de aplicación los principios jurídico- constitucionales que rigen a las sanciones penales[93].

---

90 *Idem.*

91 MAPELLI CAFFARENA, B., *Las consecuencias jurídicas del delito, Op.cit.*, pp. 406-407.

92 En el mismo sentido NIEVA FENOLL, J., "El procedimiento de decomiso autónomo en especial, sus problemas probatorios", *Diario La Ley*, núm.8601, 2015, p. 13.

93 CHOCLÁN MONTALVO, J.A., *El patrimonio criminal... Op.cit.*, p. 28.

Otros autores destacaban la actuación del Estado para distinguir la responsabilidad civil derivada del delito de la figura del decomiso. Considerando que, en el caso de la responsabilidad civil, ésta quedaba dentro de la esfera del Derecho privado. Aspecto que no se veía alterado por el simple hecho de que esta responsabilidad fuera reclamada en un proceso penal, al ser el delito uno de los presupuestos de los que nace este tipo de responsabilidad[94]. Como es sabido, nuestro ordenamiento permite al perjudicado poder dirigir su acción "civil" en el proceso penal frente al responsable, pero ello, no impide que pueda reservar su ejercicio a un proceso civil o disponer de su derecho[95]. El papel del Estado en este caso estaba limitado a proporcionar a la víctima un medio por el cual reclamar su derecho frente al responsable civil. En cambio, y a diferencia del resto de consecuencias jurídicas, el Estado actúa revestido del *ius puniendi* para privar del bien al titular del bien o derecho y, atribuirse su titularidad de forma definitiva[96], es decir, el Estado ejerce la potestad sancionadora que tiene atribuida, no está haciendo valer un derecho, con lo cual el decomiso constituye una sanción[97].

---

94 CEREZO DOMÍNGUEZ, A.I., *Análisis jurídico-penal, Op.cit.*, p. 28.

95 En la STS núm. 16/2009, de 27 de enero: «Así la STS. 20.1.97 señala que "el comiso de los instrumentos y de los efectos del delito (art. 48 C.P. de 1973) constituye una "pena accesoria", y, en el nuevo Código penal, es configurada como una "consecuencia accesoria" de la pena (v. art. 127 C.P. 1995). En ambos Códigos, por tanto, es cosa distinta de la responsabilidad civil "ex delicto", ésta constituye una cuestión de naturaleza esencialmente civil, con independencia de que sea examinada en el proceso penal, y nada impide que, por ello, su conocimiento sea deferido, en su caso, a la jurisdicción civil. El comiso, por el contrario, guarda una directa relación con las penas y con el Derecho sancionador, en todo caso, con la lógica exigencia de su carácter personalista y el obligado cauce procesal penal para su imposición…».En el mismo sentido encontramos la STS núm. 600/2012 de 12 de julio.

96 Como afirma DIAZ CABIALE, el decomiso, la pena y las medidas de seguridad constituyen las tres manifestaciones del *ius puniendi* en el proceso penal. DIAZ CABIALE, J.A., *Op.cit.*, p. 26.

97 *Ibid*, p. 48.

Compartimos estos argumentos y rechazamos la consideración del decomiso como una medida reparatoria, toda vez que, no siempre nos encontramos ante supuestos en los que surge un daño o perjuicio derivados del delito[98] y, como veremos más adelante acerca del destino de los bienes decomisados, el producto de su realización puede ser aplicado a otras finalidades, además de satisfacer responsabilidades civiles, pero no es la única finalidad ni se aplica en todos los casos.[99] De hecho, esta opción queda vetada por mandato expreso del artículo 374. 2° del Código penal, que prohíbe destinarlo a satisfacer la responsabilidad civil y costas procesales -evitando al delincuente beneficiarse- cuando se trate de un proceso penal por delitos de tráfico. Con lo cual, esta concreta diferenciación que realiza el legislador sobre el destino, en base únicamente a la clase de hecho delictivo cometido -objeto del proceso penal- y, al que se vinculan los bienes decomisados, así como otros posibles destinos nos lleva a excluir la naturaleza reparatoria del decomiso y a reforzar el carácter sancionador de la misma. Sin perjuicio de que uno de los destinos –sea primordial o no- sea la reparación a la víctima o al perjudicado cuando concurran en el supuesto concreto.

3.2. El decomiso como tercera categoría de sanciones penales o tertium genus

La doctrina mayoritaria se ha posicionado a favor de considerar las consecuencias accesorias como una *tercera categoría de sanciones penales*[100],

---

98 DE LA MATA BARRANCO, N.J., "Las distintas modalidades de decomiso después de la Ley Orgánica 1/2015, de 30 de marzo", *La Ley Penal: Revista de derecho penal, procesal y penitenciario,* núm.124, 2017, p. 2.

99 *Idem.*

100 PERIS RIERA, J.M.; PLÁ NAVARRO, C., "Artículo 127", en COBO DEL ROSAL, M.(Dir.), *Comentarios al Código penal,* Edersa, Tomo IV, Madrid, 1999, p. 949; ANANÍAS ZAROR, citando a la doctrina de la época posicionada a favor de esta naturaleza, se refiere a la misma en los siguientes términos:« En función de esto último, Guinarte, Luzón, Conde-Pumpido, Ramón Ribas y los fallos judiciales mayoritarios califican a esta figura como perteneciente a una tercera clase de sanciones penales», ANANÍAS ZAROR, I.,

siguiendo el ejemplo alemán[101], que las situarían junto a las tradicionales consecuencias del delito -penas y medidas de seguridad- y, que, además, son impuestas por un órgano penal[102], se recogen

---

Op.cit., p. 156. Otros autores que se han pronunciado a favor han sido MAPELLI CAFFARENA, B., *Las consecuencias jurídicas del delito, Op.cit.*, p. 408; AGUADO CORREA, quien admite el carácter penal incluso del decomiso sin condena, AGUADO CORREA, T., *El comiso*, Edersa, Madrid, 2000, p. 36 y en "Normas mínimas sobre decomiso de los instrumentos y del producto de la delincuencia organizada en la Unión Europea (Directiva 2014/42/UE) y su incorporación al derecho español", en ZUÑIGA RODRÍGUEZ, L. (Dir.), *Criminalidad organizada trasnacional: una amenaza a la seguridad de los Estados democráticos*, Tirant lo Blanch, Valencia, 2017, p. 567; MANZANARES SAMANIEGO, J.L., "La pena de comiso en el proyecto de Código penal", *Anuario de derecho penal y ciencias penales*, Tomo 34, Mes 2-3, 1998, p.616; LUZÓN PEÑA, D.M., *Lecciones de Derecho. Penal Parte General*, 3°ed., Tirant lo Blanch, Valencia, 2016, pp. 25-26. NIEVA FENOLL admite el carácter de sanción penal del decomiso, el cual tiende a evitar que el criminal obtenga provecho económico alguno, condenándole a perder lo indebidamente obtenido, no así en el decomiso de terceros, al que no considera sanción: «... sino una simple nulidad del negocio jurídico a través del que adquirió los bienes, por tener una causa inaceptable para el ordenamiento. De ahí que con respecto al tercero no sea aplicable la presunción de inocencia, aunque sí lo sea, como ha recordado la jurisprudencia del Tribunal Europeo de Derechos Humanos, con respecto a la declaración de existencia del delito, porque en ese caso ya se está afectando a un reo, y no a ese tercero. Así parece confirmarlo también el art. 127 ter 2. CP», NIEVA FENOLL, J., "El procedimiento de decomiso autónomo en especial, sus problemas probatorios", *Diario La Ley*, núm.8601, 2015, pp. 13-14; RAMON RIBAS, E., *Op.cit.*, pp. 538- 540; JIMENEZ- VILLAREJO FERNÁNDEZ, F., "La nueva regulación del decomiso y..., *Op.cit.*, pp. 109-110; PORTAL MANRUBIA, J., *Op.cit.*,p.9; MARTINEZ-ARRIETA MARQUEZ DE PRADO, C., El decomiso y la recuperación de activos procedentes de actividades delictivas, Tirant lo Blanch, Valencia, 2018, p. 17; CARRILLO DEL TESO, A.E., *Decomiso y recuperación..., Op.cit.*,, p. 127.

101 CEREZO DOMÍNGUEZ, A.I *Análisis jurídico-penal, Op.cit.*, p. 28.

102 RAMON RIBAS, E., *Op.cit.*, p. 539: «Por el contrario, los jueces y tribunales no penales no son competentes para imponer medidas de naturaleza penal».

en una norma penal y tienen una función preventiva especial[103] que afectan a los derechos fundamentales. De acuerdo con esta posición, la naturaleza del decomiso sería de carácter penal apoyándose en otros argumentos, además de lo razonado anteriormente, como en el sometimiento del decomiso de efectos e instrumentos al principio de proporcionalidad[104] – artículo 128-, y, por su ubicación, pues el título en el que se encuentra recogido tiene carácter de ley orgánica, a diferencia del carácter de ley ordinaria que se otorga al Título V del Libro I -referido a la responsabilidad civil y costas-, así como ciertos preceptos dispersos y disposiciones[105], lo que se debe a su carácter sancionador[106]. Otros autores consideran que efectivamente el decomiso tiene carácter sancionador y, dicha privación definitiva es una reacción frente al hecho delictivo

---

103 FERNÁNDEZ PANTOJA, P., "Comentario a las consecuencias accesorias", *Op.cit.,* p. 945; AGUADO CORREA, T., *El comiso, Op.cit.,* p. 41: «Claro que esta función preventivo especial no se corresponde con la clásica finalidad preventivo especial que establece la Constitución española en su artículo 25.2 para las penas privativas de libertad y para las medidas de seguridad bajo los términos de reeducación y reinserción social». La función preventivo especial se cumple, como afirma MAPELLI CAFFARENA, haciendo una reformulación de la inocuización, donde la medida va dirigida a prevenir la comisión de estos delitos reduciendo el posible atractivo que pudiera generar al autor mediante técnicas como el decomiso de los bienes o las ganancias, MAPELLI CAFFARENA, B., "Las consecuencias accesorias..., *Op.cit.,* p. 51; RAMON RIBAS, E., *Op.cit.,* p. 539.

104 Como afirma PORTAL MANRUBIA, J., se trata de un principio aplicable a la potestad sancionadora del Estado y, en consecuencia, siendo el decomiso una medida sancionadora que limita los derechos fundamentales del ciudadano, se impone su aplicación. PORTAL MANRUBIA, J., *Op.cit.,*, p. 10.

105 Enumerados en la Disposición final sexta del Código penal. El artículo 128 es el único precepto del mencionado título que tiene carácter ordinario por mandato de la Disposición Final 7° de la Ley Orgánica 1/2015, de 30 de marzo.

106 CEREZO DOMÍNGUEZ, A.I., *Análisis jurídico-penal..., Op.cit.,* p. 30.

o antijurídico con el que se vincula y cumple unas finalidades preventivas generales y especiales, así como retributivas[107].

Por su parte, la jurisprudencia no ha tenido una opinión uniforme[108], pero mayormente fue proclive a esta última postura y consideraba, tras la promulgación del Código penal de 1995, el carácter sancionador del decomiso y su relación directa con el Derecho sancionador[109], excluyendo su naturaleza civil o que constituyera algún tipo de responsabilidad civil *ex delicto*[110]. Entendiendo mayoritariamente que se trataba de una medida *sui generis* postdelictual y, la cual pertenecía a una tercera clase de sanciones penales o *tertium genus*[111]. En cualquier caso, en la aplicación del decomiso se vinculaban los bienes decomisados con el delito cometido, sin atender a la culpabilidad o peligrosidad del sujeto, propias de las penas y medidas de seguridad. Con lo cual, su relación es directa

---

107 CARRILLO DEL TESO, A.E., *Decomiso y recuperación…*, *Op.cit.*, p.127; GASCÓN INCHAUSTI, F., "Cooperación Judicial y Decomiso de bienes en la Unión Europea", *Op.Cit.*, p. 213. Para RAMON RIBAS, el decomiso cumple una función preventiva tanto general como especial, aunque esta segunda con mayor incidencia, RAMON RIBAS, E., *Op.cit.*, p. 539.

108 Así pues, la STS núm. 328/2001, de 6 de marzo, se refiere al decomiso como una pena accesoria unida a una pena principal, pero de carácter no imperativo, lo que exigía su petición por la parte acusadora.

109 STS núm. 793/2015, de 1 de diciembre. En este sentido, GISBERT POMATA realiza un breve recorrido sobre las posturas de la jurisprudencia tras la promulgación del Código penal de 1995, GISBERT POMATA, M., "El decomiso ampliado", *La Ley Penal*, núm. 124, enero-febrero 2017, pp. 4-5.

110 STS núm. 56/1997, de 20 de enero (TOL407.423); y, STS núm. 16/2009, de 27 de enero (TOL1.438.893). Más recientemente, STS núm. 228/2013, de 22 de marzo (TOL3.671.312); STS núm. 157/2014, de 5 de marzo (TOL4.152.371); STS núm.532/2016, de 16 de junio (TOL5.757.163); STS núm.422/2019, de 19 de septiembre (TOL7.523.160); SAN núm. 6/2020, de 1 de septiembre (TOL8.080.822).

111 STS núm. 228/2013, de 22 de marzo (TOL3.671.312); STS núm. 338/2015, de 2 de junio (TOL5.175.381); o, STS núm. 314/2019, de 17 de junio (TOL7.336.644).

con el Derecho sancionador y la jurisdicción penal su cauce procesal[112].

3.3. Naturaleza civil y otras posturas minoritarias

En contraposición a todas las anteriores existen otras posturas minoritarias, entre ellas, se encuentran aquellos autores que no consideran a las consecuencias accesorias –y, por ende, al decomiso- como una categoría perteneciente al ámbito penal, aunque se traten de consecuencias jurídicas del delito, no serían las únicas y tampoco tendrían un carácter punitivo, ya que sus presupuestos no se asimilan al del resto de sanciones penales como por ejemplo, el principio de culpabilidad o la peligrosidad criminal. Por el contrario, consideran a estas consecuencias como una serie de medidas de carácter civil o administrativo[113].

---

112 CARRILLO DEL TESO, A.E *Decomiso y recuperación, Op.cit.*, p. 128.

113 CEREZO DOMÍNGUEZ defiende la naturaleza civil o administrativa de las medidas que constituyen las consecuencias accesorias, aunque le parece adecuada su regulación en una ley penal y la aplicación de todas las garantías jurídico-penales compatibles con su finalidad. En el caso del decomiso afirma, por un lado, la existencia de elementos comunes con la responsabilidad penal, siendo el elemento común la accesoriedad respecto de la comisión del hecho tipificado como delito; y, por otro lado, también con la responsabilidad civil, siendo el elemento común la reparación o compensación del daño causado a la víctima o perjudicado, que puede ser transmitida a terceros y ser exigible ante la ausencia de culpabilidad cuando se ha producido por un hecho antijurídico, ya que el destino de los bienes decomisados vendría condicionado a cubrir las responsabilidades civiles del penado, con lo cual el decomiso parece estar dirigido a una función más restitutorio o compensatoria que preventiva o retributiva propia de las penas y medidas de seguridad, CEREZO DOMÍNGUEZ, A.I., *Análisis jurídico-penal...*, *Op.cit.*, pp. 30-33. GRACIA MARTÍN, L., "Consecuencias jurídicas no penales derivadas de ..., *Op.cit.*, p. 208 y ss. Siguiendo la tesis de este último, VIZUETA FERNÁNDEZ, J., "El comiso de las ganancias provenientes del delito y el de otros bienes por un valor equivalente a éstas", *Revista penal,* núm. 19, 2007, p. 167 y ss.

Entre ellos, destaca GRACIA MARTIN, quien se ha postulado claramente en contra de la opinión mayoritaria. Este autor considera que las consecuencias accesorias del delito – no de las penas-son una consecuencia jurídica más de la comisión de un hecho delictivo, situada junto a las penas, las medidas de seguridad y la responsabilidad civil-, y, que estaría formada por un conjunto de medidas heterogéneas –cada una con su propia naturaleza y finalidad- que carecen de naturaleza penal y ni siquiera sancionadora. De acuerdo con su razonamiento, define las consecuencias accesorias del delito como:

> «Todas aquellas consecuencias jurídicas de naturaleza no penal que son aplicables a los supuestos de hecho jurídicos no penales que eventualmente se realicen junto al hecho punible y que, por esto, concurren con éste de un modo accesorio».[114]

Para este autor, las únicas consecuencias jurídicas del delito que tendrían una naturaleza penal serían exclusivamente las penas y las medidas de seguridad, y ello se debe a que son las únicas que responden al principio de culpabilidad[115] o a la peligrosidad del autor, presupuestos de aplicación que deben estar presentes para que una determinada consecuencia tenga naturaleza penal, y, no solo eso, sino que además, deben tener un carácter personal, es decir, tales consecuencias solo se aplican al sujeto responsable del hecho antijurídico[116]. Por otro lado, en un sentido final material, estas consecuencias de carácter penal deberán tener una funcionalidad instrumental práctica – consistente en

---

114 GRACIA MARTÍN, L., "Consecuencias jurídicas no penales derivadas de ..., *Op.cit.*, p. 212.

115 No solo niega la naturaleza de pena, sino que, rechaza que tengan carácter sancionador, ya que entiende que la culpabilidad es su fundamento, por lo que, las consecuencias accesorias no serían ni penas ni sanción. Al no concurrir la culpabilidad, las consecuencias accesorias serian al delito no a la pena. GRACIA MARTÍN, L., "Consecuencias jurídicas no penales derivadas ..., *Op.cit.*, p. 212.

116 En el mismo sentido, CEREZO DOMÍNGUEZ, A.I., *Análisis jurídico-penal...*, *Op.cit.*, p. 33.

la intervención directa sobre la conducta del autor con el fin de resocializar al sujeto, en el caso de las penas, o de reducir su peligrosidad, en el caso de las medidas, y evitar la comisión de futuros delitos-, todas estas características solo se cumplirían en el caso de las penas y medidas de seguridad.

Tampoco admite como argumento, para defender la naturaleza penal de las consecuencias accesorias, el simple hecho de que su tratamiento y conocimiento se lleve a cabo en el orden penal, muy al contrario, este autor entiende adecuado que sea el orden penal y no otro, quien tenga conocimiento de estas consecuencias accesorias, que carecen de relevancia penal, pero que al basarse en unos hechos conexos al delito, le corresponde a este orden su conocimiento y justifica su regulación, aunque sean relevantes para otros órdenes como el civil o el administrativo. En este sentido, el autor afirma que junto al hecho delictivo pueden concurrir otras circunstancias o hechos diferentes que no tienen naturaleza penal–como puede ser el daño, el enriquecimiento injusto, una situación de peligro ocasionada por algún objeto- , pero que, tiene una conexión con el hecho punible que puede llevar a que sean calificados como "accesorios" al mismo y, por ello, aunque son indiferentes para el Derecho penal, sí son relevantes para otros sectores del ordenamiento jurídico como el civil o el administrativo.

De manera que, su vinculación como consecuencia jurídica del delito proviene de una conexión fáctica con el hecho delictivo, pero que podrían producirse al margen. Lo que ocurre, es que al existir dicha conexión con el delito, la concurrencia de estos hechos o circunstancias accesorias tienen como resultado la aplicación de una consecuencia jurídica -en este caso- del delito también accesoria, pero no es por su fundamento ni su finalidad, lo que tampoco afecta ni modifica su naturaleza no penal – ni del hecho ni de la consecuencia, ambos accesorios del delito-. Esta afirmación supondría que, tanto su configuración y valoración se haga conforme a la rama del Derecho correspondiente – civil o administrativo-. La transcendencia de esta vinculación con el delito implica la *vis atractiva* hacia el orden penal para su conocimiento, pudiendo así dar una respuesta completa al suceso antijurídico[117].

En este sentido, destacamos como aquellos autores que han defendido la naturaleza civil del decomiso o de algunas de sus clases, se han mostrado conforme con su atribución al orden penal. De acuerdo a esto último, algunos autores se han mostrado especialmente críticos con la defensa de una naturaleza civil del decomiso o de alguna de sus modalidades, advirtiendo de una especie de interés espurio o intención encubierta de calificar en estos términos la figura con el fin de evitar la aplicación de las garantías constitucionales propias de un proceso penal[118].

En términos similares se han alzado otros autores como CEREZO DOMÍNGUEZ, quien considera que el argumento principal basado en la aplicación del principio de proporcionalidad para defender el carácter sancionador de estas medidas no era válido, pues se trata de un principio constitucional que afecta a todo el

---

117 GRACIA MARTÍN, L., "Consecuencias jurídicas no penales derivadas de ..., *Op.cit.*, pp. 208- 225.

118 En estos términos se han referido MARCHENA GÓMEZ M., GONZÁLEZ-CUELLAR SERRANO, N., *La reforma de la ley de enjuiciamiento criminal en 2015*, Ediciones Jurídicas Castillo de Luna, Madrid, 2015, p. 471; NIEVA FENOLL al hablar de la naturaleza del decomiso autónomo, al que considera claramente penal, a pesar de los esfuerzos de defender su carácter no sancionador del decomiso con el único fin de «para hurtar la aplicación de las exigencias de la presunción de inocencia, consiguiendo así mayor eficacia en este procedimiento», NIEVA FENOLL, J., "El procedimiento de decomiso autónomo en especial, sus problemas probatorios", *Diario La Ley*, núm.8601, 2015, p. 12. En el mismo sentido, DIAZ CABIALE al referirse al decomiso ampliado: «la atribución de naturaleza civil al decomiso ampliado ha resultado tener naturaleza vírica o infecciosa y alcanza a todas las manifestaciones del decomiso, porque es la opción más fácil para intentar escapar a las exigencias de los derechos fundamentales procesales que existen en el proceso penal», DIAZ CABIALE, J.A., *Op.cit.*, p. 25.

Ordenamiento Jurídico y, no solo a las sanciones penales[119]. A su vez, descartaba una repercusión directa en su naturaleza jurídica por el hecho de atribuirse el ejercicio procesal del decomiso a un proceso de carácter penal, no dependiendo de ello el carácter de la norma en la que se regule, sino en la esfera jurídica en la que produce sus efectos y, en el caso del decomiso, estos efectos se producen en la esfera civil o administrativa. Descarta también el formalismo acerca de la ubicación sistemática de estas consecuencias en el Código penal, entendiendo que, de haber querido el legislador reconocerles el carácter de tercera clase de sanciones penales, las hubiera ubicado en el mismo título junto a las penas y las medidas de seguridad y no en un título distinto, justo tras la responsabilidad civil. Esta decisión parece presuponer la intención del legislador de desvincular a las consecuencias accesorias de las sanciones penales[120].

De forma más particular, acerca del decomiso, GRACIA MARTÍN distingue según el objeto sobre el que recayese, así pues, en el caso del decomiso de las ganancias su naturaleza era civil, puesto que su fundamento es evitar una situación patrimonial ilícita o de no tolerancia del enriquecimiento injusto, y a la cual clasifica como una medida civil de compensación. En este punto, algunos autores defensores de la naturaleza penal del decomiso han reconocido una fundamentación dual o naturaleza mixta en el decomiso de las ganancias, que aun siendo de naturaleza penal no se ve desvirtuada por el perfil civilista de esta clase de decomiso[121]. En cambio, el decomiso de instrumentos del delito tiene su fundamento en la seguridad colectiva frente al peligro objetivo de la comisión de delitos que provocan determinados objetos o hechos, es decir, de la probabilidad de que se cometan delitos en el futuro con inde-

---

119 AGUADO CORREA, T., *El comiso, Op.cit.*, p. 41, nota al pie 102, y pp. 51-52.

120 CEREZO DOMÍNGUEZ, A.I., *Análisis jurídico-penal…*, *Op.cit.*, p. 32.

121 RAMON RIBAS, E., *Op.cit.*, p. 539. Quien comparte la concepción dualista de los fines del decomiso defendida por AGUADO CORREA, T., *El comiso, Op.cit.*, pp. 80-81.

pendencia del sujeto que lo realice. Así, pues, el decomiso en estos casos constituye una medida preventiva de aseguramiento que carecería de carácter sancionador[122], y que pertenece al Derecho administrativo[123]. El hecho delictivo cometido previamente sigue siendo el hecho de conexión, constituye un presupuesto necesario en su aplicación, pero no forma parte del supuesto de hecho, sino que sería una circunstancia que pone en evidencia la existencia de un "peligro objetivo" de que se realicen en un futuro nuevas infracciones. Otros autores, sin embargo, se postulan a favor de reconocer una naturaleza civil solo a ciertas modalidades de decomiso, por ejemplo, el decomiso de bienes de terceros, a quienes no se les reprocha la comisión de un delito[124], con lo cual el decomiso no es una sanción penal a diferencia de los supuestos en los que la acción de decomiso se dirige frente al autor o partícipe del delito[125], al margen de que la adquisición por este tercero pueda a su vez ser constituti-

---

122 Junto al decomiso de instrumentos del delito, el autor incluye como medidas accesorias preventivas de carácter asegurativo, las cauciones, la disolución de sociedades, el cierre de local, etc. GRACIA MARTÍN, L., "Consecuencias jurídicas no penales derivadas de …, *Op.cit.*, p. 215.

123 En un sentido parecido aludía DIAZ CABIALE a la innecesaridad de una previsión específica sobre el decomiso de objetos ilícitos, ya que es un deber concreto de la Administración Pública garantizar la seguridad ciudadana a través de los Cuerpos y Fuerzas de Seguridad del Estado –artículo 104 CE-. La incautación de estos objetos en vía judicial tendría su amparo igualmente en la *Ley 4/2015 de 30 de marzo, de Protección de la Seguridad Ciudadana*, con lo cual estos objetos peligrosos o prohibidos podrían ser incautados en un proceso judicial bien como una sanción administrativa o medida accesoria ante la comisión de una infracción administrativa – exhibición de un objeto peligroso con ánimo intimidatorio- o bien, y aún sin constituir un ilícito administrativo, por ser preceptiva su exclusión de la circulación por entrañar un riesgo; DIAZ CABIALE, J.A., *Op.cit.*, pp. 13-14.

124 MARCHENA GÓMEZ M., GONZÁLEZ-CUELLAR SERRANO N., *La reforma de la ley de enjuiciamiento criminal en 2015*, Ediciones Jurídicas Castillo de Luna, Madrid, 2015, p. 468.

125 *Ibid*, p. 446.

va de un hecho punible. Al igual ocurre con el decomiso ampliado, por la finalidad de evitar un enriquecimiento injusto.

Al margen de este último razonamiento, GASCÓN INCHAUSTI[126] distingue la naturaleza administrativa del decomiso de aquella naturaleza jurisdiccional –penal en nuestro ordenamiento[127]–. Realmente, esta postura no genera controversia en la naturaleza de la figura, pues a lo que se refiere el autor es al carácter administrativo del decomiso cuando es decretado por órganos administrativos, principalmente por infracciones aduaneras o fiscales, el cual difiere del decomiso adoptado en un proceso judicial de índole penal. Aunque es cierto que, no en todos los ordenamientos jurídicos el decomiso tiene una vinculación tan estrecha con el proceso penal en todos los casos, por ejemplo, en Reino Unido e Irlanda como pone de manifiesto BLANCO CORDERO, los procedimientos de decomiso sin condena suelen estar enteramente separados de los procesos penales y suelen tener naturaleza civil[128].

Ocasionalmente, se llegó a calificar erróneamente de naturaleza procesal a la figura del decomiso como consecuencia de las confusiones terminológicas producidas por la regulación del decomiso en la Ley de Enjuiciamiento Criminal al recaer sobre los mismos objetos. Y es que, no fue hasta la última reforma del 2015 cuando se reguló con cierta autonomía[129], de tal forma que,

---

126 GASCÓN INCHAUSTI, F., "Cooperación Judicial y Decomiso de bienes en la Unión Europea", *Op.cit.,* p. 212.

127 Como afirma PORTAL MANRUBIA en este caso se trata de una opción legislativa de acuerdo con el bien jurídico protegido, PORTAL MANRUBIA, J., "Aspectos sustantivos y procesales del decomiso", *Op.cit.,* p. 9.

128 BLANCO CORDERO, I., "Estrategias modernas de lucha contra las ganancias de origen delictivo: especial referencia a las unexplained wealth orders del Reino Unido", en BERDUGO GÓMEZ DE LA TORRE, I.; RODRÍGUEZ GARCÍA, N. (Coord.), *Decomiso y Recuperación de activos. Crime Doesn´t pay,* Tirant lo Blanch, Valencia, 2020, pp. 566-567.

129 Nos referimos a las nuevas disposiciones del artículo 803 ter del Código penal sobre el proceso de decomiso autónomo y la intervención de

se identificaba al decomiso con la actividad facilitadora del artículo 334 de la Ley de Enjuiciamiento Criminal, el cual prevé una serie de diligencias del juez instructor en los primeros momentos tras la comisión del delito que permitían no solo asegurar el cuerpo del delito y favorecer la investigación[130], sino que, con dicha actuación judicial se lograba también asegurar la ejecución del futuro decomiso sobre el objeto, constituyendo esta última una medida definitiva adoptada en el fallo judicial. Igualmente, cierta confusión se producía con el artículo 367 del mismo texto, sobre la disposición de los efectos judiciales[131]. Y a colación con ello, tampoco constituiría una medida cautelar como, por ejemplo, sí lo son el embargo, el depósito judicial o la administración judicial[132], que se adoptan para asegurar la ejecución de la decisión final de decomiso sobre los bienes. A este respecto, debemos recordar que fue a través de la *Ley 23/2014 de reconocimiento mutuo de resoluciones penales en la Unión Europea* con la que se introdujo el concepto de "decomiso preventivo"[133] – identificado en algunos textos normativos internacionales como embargo

terceros.

130 RODRÍGUEZ-GARCÍA, N., diferencia el decomiso de las diligencias que puede realizar RODRÍGUEZ-GARCÍA, N., "El decomiso como instrumento esencial para la recuperación de activos en la política criminal española del siglo XXI", en JIMENO BULNES, M., PEREZ GIL, J. (Coord.), *Nuevos horizontes del Derecho procesal: libro-homenaje al Prof. Ernesto Pedraz Penalva,* J.M., Bosch, 2016, p.10.

131 DIAZ CABIALE, J.A., *Op.cit.,* p.7 nota al pie 13.

132 RODRÍGUEZ-GARCÍA, N., diferencia el decomiso de las diligencias que puede realizar RODRÍGUEZ-GARCÍA, N., "El decomiso como instrumento esencial para la recuperación de activos en la política criminal española del siglo XXI", en JIMENO BULNES, M., PEREZ GIL, J. (Coord.), *Nuevos horizontes del Derecho procesal: libro-homenaje al Prof. Ernesto Pedraz Penalva,* J.M., Bosch, 2016, p.10.

133 Sobre esta cuestión se muestra crítico DIAZ CABIALE, quien califica de deficiente esta técnica legislativa y la confusión del legislador europeo, DIAZ CABIALE, J.A., *Op.cit.,* pp. 18 y ss.

preventivo[134]-, término que no ha sido utilizado por el legislador español en otros textos principales, refiriéndose únicamente a la adopción de medidas cautelares en el artículo 127. 1 *Octies* del Código penal, pero sin referirse a este concepto específico de "decomiso preventivo"[135] de forma autónoma y diferencia del resto de medidas cautelares.

Este problema interpretativo se ha puesto en evidencia por la jurisprudencia en alguna ocasión, así, por ejemplo, en la sentencia del Tribunal Supremo núm. 599/2020 de 12 de noviembre:

> «En otros precedentes habíamos llamado la atención sobre la confusión entre instituciones jurídicas diferentes, alentada de modo especial por la redacción del art. 374 del CP. Aludíamos entonces a la necesidad de diferenciar entre el comiso, entendido como una verdadera expropiación judicial o pérdida de la titularidad definitiva de los instrumentos y efectos del delito, de naturaleza penal y por tanto sometida al principio acusatorio; frente a la intervención u ocupación judicial de esos mismos efectos o instrumentos, de significación netamente procesal, regulada en los arts. 334 y siguientes de la LECrim, de carácter transitorio, a resultas de la causa y que no implica inicialmente una privación de la titularidad de aquellos bienes, pudiendo ser decomisados o devueltos a su titular en el momento del archivo definitivo de la causa».

No obstante, esta última postura ha sido abandonada y se descarta la naturaleza procesal del decomiso. Eso sí, el debate pasa a desplazarse hacia los problemas interpretativos de las referencias en instrumentos internacionales al embargo y decomiso preventivos como medidas cautelares y su configuración autónoma

---

134 Por ejemplo, la Directiva 2014/42/UE. Acerca de la distinción nos entre ambos conceptos nos remitimos a lo expuesto por DIAZ CABIALE, J.A., *Op.cit.*, p. 19.

135 Artículo 127 *octies*: «1. A fin de garantizar la efectividad del decomiso, los bienes, medios, instrumentos y ganancias podrán ser aprehendidos o embargados y puestos en depósito por la autoridad judicial desde el momento de las primeras diligencias».

en nuestro ordenamiento, cuestión que será abordada más adelante.

3.4. Reflexión final

En este interminable debate científico, la mayoría de los autores se han mostrado conformes con el hecho de no poder dar una respuesta unitaria sobre la naturaleza de la figura del decomiso, más aún tras la extensión y complejidad de la figura en el régimen vigente, que conlleva en cualquier caso a reconocer su autonomía y defender su regulación como una figura independiente[136], afirmación que compartimos. Con lo cual, como ya hemos ido adelantado, la comunidad científica se ha referido a esta consecuencia accesoria distinguiendo principalmente de acuerdo con el objeto sobre el que recae el decomiso para determinar, ya no solo su naturaleza, sino también sus fines y fundamentos. No obstante, otro de los criterios utilizados para abordar esta tarea y, pronunciarse sobre todas estas cuestiones, ha sido atendiendo a sus modalidades. Especialmente, por las particularidades de su regulación, gran interés ha despertado en su estudio el decomiso ampliado o el decomiso de terceros.

Por ello, tras este breve resumen acerca de las diferentes posturas existentes, así como de los argumentos principales que han reforzado cada una de ellas y su contraargumentación, retomaremos algunas ideas con mayor profundidad al tratar específicamente la regulación propia de las clases de objeto de decomiso, las distintas modalidades y los aspectos o elementos más controvertidos que han causado tanto debate en la determinación de su naturaleza, así como la toma de postura acerca de cada una de ellas. Sin perjuicio de ello, podemos afirmar en este punto que a nuestro parecer el decomiso tendría una naturaleza penal, constituyendo una sanción de carácter patrimonial –distinta de

---

136 JIMENEZ- VILLAREJO FERNÁNDEZ, F., "La nueva regulación del decomiso y..., *Op.cit.*, p. 110.

las penas y las medidas de seguridad, impuesta por el Estado en el ejercicio de su potestad sancionadora como reproche por la comisión de un delito o por su presunto origen ilícito, cuya tramitación se externaliza por los cauces del proceso penal y, se encuentra sujeto a las garantías establecidas para el ejercicio del *ius puniendi*[137].

---

137 GARRIDO CARRILLO, F.J., "Deficiencias y contradicciones del decomiso de bienes de terceros en la lucha contra el crimen organizado", *Op.cit.*, p. 345.

PARTE SEGUNDA
EVOLUCIÓN JURÍDICA DEL DECOMISO EN EL DERECHO ESPAÑOL

Capítulo 1

Perspectiva histórica

1. DERECHO CLÁSICO

A diferencia de lo que pudiera parecer, por el auge que ha ido adquiriendo la figura del decomiso en los últimos años y su relevancia en la cooperación penal internacional, no se trata de un instituto jurídico penal que haya surgido en este siglo o en la época moderna, sino que tiene unos antecedentes históricos bastante más lejanos. De hecho, muchos autores consideran que es un descendiente directo de la confiscación general de bienes[1] aunque, en la actualidad, el decomiso ha quedado totalmente desvinculado de esta figura[2], la cual desapareció a lo largo del siglo XX en la mayoría de ordenamientos jurídicos modernos.

Debemos por ello remontarnos a la época arcaica del Derecho Romano, durante la cual, la "confiscación" hacía referencia a la sanción que imponía el poder público y que suponía para el afectado la pérdida de su patrimonio. Esta sanción fue conocida con distintas expresiones, pues raramente hubiera sido así denominada[3], y tal expresión fue evolucionando hasta lo que hoy conocemos como "confiscación general de bienes". La terminología utilizada hacía referencia a realidades punitivas diferentes con características propias, pero en definitiva suponía un enriquecimiento para las arcas públicas.

---

1 CEREZO DOMÍNGUEZ, A.I., *Análisis jurídico-penal, Op.cit.*, p. 8.

2 *Ibid*, p. 6.

3 PINO ABAD, M., *La pena de confiscación de bienes en el derecho histórico español*, Dykinson, Madrid, 2015, p. 29.

Así, las primeras referencias que se encuentran en el Derecho romano fueron durante la época arcaica, las cuales hablaban de la *Consecratio bonorum*, imponiéndose dicha sanción por leyes regias para condenar por aquellos comportamientos que atentaban contra los intereses sagrados de la comunidad, ofreciéndose a los dioses la vida del condenado y, en ocasiones, sus bienes, que devenían en un intento de purificación[4] *res divini iuris* (res sacra.). En esta época el ordenamiento jurídico se vinculaba a la religión[5].

En un momento posterior, en lo que se conoce como Derecho penal romano, aparece la figura de la *Publicatio bonorum*, cuyo origen histórico coincidía con el llamado interdicto *aqua et igni*[6]. En este tipo de procesos comiciales se reconocía al acusado la facultad de evitar la pena de muerte mediante su exilio voluntario, quien tras rogar indulgencia ante el magistrado, se daba a la fuga, de tal forma que el procedimiento continuaba en su ausencia, pronunciando el magistrado la *aqua et igni interdicto*, que prohibía al acusado exiliado volver a la comunidad, pudiendo ser ejecutado a la pena de muerte si contravenía dicha prohibición. Este interdicto venía acompañado de la mencionada *Publicatio bonorum*, la cual consistía en la apropiación por parte de la comunidad de todos los bienes pertenecientes al patrimonio del condenado a la pena de muerte o, subsidiariamente a la pena de exilio, con la diferencia de que dichos bienes ya no estaban destinados a un fin concreto como era el religioso. Se configuraba, pues, la confiscación como una consecuencia accesoria a la pena capital [7]-que po-

---

4 AGUADO CORREA, T., *El comiso*, *Op.cit.*, p. 13.

5 PINO ABAD, M., *Op.cit.*, p. 29.

6 *Ibid*, p. 32 :«figura de aparición incierta, bien por vía consuetudinaria, bien por vía legal desde las XII Tablas, pero dentro de los procesos comiciales o juicios desarrollados en las asambleas populares».

7 PINO ABAD niega el carácter de accesorio como expresión utilizada comúnmente para referirse a ella como consecuencia necesaria derivada de la declaración de la pena capital, *Ibid*, p.33. Por el contrario, otros como TORRES AGUILAR, M., la consideran una consecuencia accesoria que debe ser impuesta en la sentencia, TORRES AGUILAR,

día ser la muerte o el exilio, pues esta última se fue generalizando hasta incluirse dentro del concepto de pena capital-, y no como una pena en sí misma, con lo cual no era necesario hacerla constar en la propia sentencia[8], pues su aplicación se sobrentendía tácitamente. Esta consecuencia tan perjudicial para los herederos del condenado–que suponía la confiscación total del patrimonio-fue modulándose, permitiendo en aquellos casos en los que se impusiera una pena de exilio que parte de ese patrimonio del condenado quedara en propiedad de la familia para poder cubrir los gastos del destierro y su posterior subsistencia. Este permiso no constituía un derecho, sino que se trataba de una concesión de la autoridad,[9] por lo que podían verse desposeídos de todo el patrimonio si así se decidía[10].

A partir de la época del Emperador Augusto, se instaura una *Publicatio Bonorum* con una entidad y autonomía propia, por cuanto permitía la confiscación sin depender de la imposición de otra sanción penal y, por tanto, dejaba de ser accesoria de la pena capital, aunque para ello era necesario que lo previese una ley anterior[11]. El origen legal de esta *publicatio* de carácter autónomo e independiente se encuentra en el año 18 A.C., con la *Lex Iulia de adulteriis coercendi*, por la que se castigaba el adulterio de la mujer. La *Publicatio Bonorum* suponía la confiscación de la mitad de su dote y de un tercio de los bienes parafernales, mientras que a su cómplice se le confiscaba la mitad de su patrimonio[12]. Por otro lado, además de gozar de autonomía, esta clase de *Publicatio* se configuraba como una confiscación de carácter parcial al limitarse a una parte del patrimonio del condenado, cuya proporción variaba según los casos, e igualmente, seguía sin ser necesario que

---

M., "La pena de exilio: sus orígenes en el Derecho romano", *Anuario de historia del derecho español*, vol. 63, núm. 63-64, 1993, p. 761.

8 CEREZO DOMÍNGUEZ, A.I., *Análisis jurídico-penal…*, *Op.cit.*, p. 6.

9 PINO ABAD, M., *Op.cit.*, p. 34.

10 AGUADO CORREA, T., *El comiso*, *Op.cit.*, p. 14.

11 PINO ABAD, M., *Op.cit.*, p. 34.

12 AGUADO CORREA, T., El comiso, *Op.cit.*, p. 14.

su aplicación constase en la sentencia, ya que el tribunal solo se pronunciaba acerca de la comisión o no del delito por la ley, sin que se aludiera a las consecuencias jurídicas, cuya aplicación se derivaba de la ley.

Un año más tarde (17 a.C.) reapareció la *Publicatio legal* con la l*ex de vi publica et privata,* que distinguía entre los delitos cometidos por un acto de violencia pública, aplicándose en este caso el *aqua et igni interdictio,* siendo la confiscación una consecuencia necesaria de la pena capital; y, por otro lado, los cometidos por un acto de violencia privada, en el que se aplicaba la confiscación de un tercio de su patrimonio, quedando configurada en estos supuestos como una pena independiente y autónoma[13].

Junto a este tipo de confiscación ordinaria – *Publicatio*-, que, dependiendo de la calificación del delito como público o privado, tendría un carácter autónomo o bien sería una consecuencia necesaria de la pena capital, se encuentra la última variante de la confiscación de esta época, la llamada *Ademptio bonorum.*

Se trataba de una figura extraordinaria, cuya aplicación sí debía quedar reflejada en la sentencia, pues mientras que en los supuestos ordinarios de *Publicatio* la confiscación era consecuencia de la aplicación de la ley, en la *Ademptio bonorum,* a pesar de no existir una norma aplicable, se permitía que el magistrado la pudiera aplicar en el ejercicio de su facultad de castigar de forma discrecional, por lo que podía ser excluida. Esta clase de confiscación nació como consecuencia de las nuevas formas de exilio extraordinario (*relegatio y deportatio*[14]), constituyendo una pena accesoria a ellas, siendo necesario que se hiciera constar en la sentencia junto a la pena de exilio extraordinario. Además, su alcance era parcial, afectando solo a una parte del patrimonio[15].

---

13 PINO ABAD, M., *Op.cit.,* p. 35.

14 La deportación hacía referencia al establecimiento de un domicilio forzoso para el condenado al exilio.

15 *Ibid,* p. 41.

En definitiva, la confiscación se convirtió en una herramienta disuasoria bastante utilizada en el Derecho penal romano, pero este uso se llegó a incrementar aún más en el Derecho visigodo. En esta época, la confiscación se caracterizó por ser un arma política que utilizaban los monarcas para debilitar a los Reinos enemigos[16] y gratificar a los aliados[17], además de servir como castigo frente aquellos condenados de mejor posición económica, pues en tiempos de Alarico II se diferenciaba en la aplicación de las penas atendiendo a la condición social y económica.

Como consecuencia de este uso abusivo y desmedido de la confiscación por los monarcas frente a los estamentos nobiliarios, surgen en el año 663 algunos mecanismos de protección para evitar dichas arbitrariedades. Por un lado, se protegieron las donaciones regias mediante el canon VI del Concilio V, es decir, aquellas donaciones que en forma de agradecimiento tenían lugar por parte del rey hacia sus fieles por sus servicios–que en ocasiones eran revocables o temporales, vinculadas a su relación de fidelidad, pero en la mayoría de casos suponía una verdadera transmisión de la propiedad-quedaban protegidas en el trono del siguiente monarca[18] y, así, garantizar los servicios a la Corona[19]. Posteriormente, la nobleza estableció un mecanismo específico, denominado *Habeas Corpus*, que fue consagrado en el canon II del Concilio XIII de Toledo, cuyo significado nada tiene que ver con actual, y que obligaba a constituir en todos los procesos penales en los que estuviese involucrado un miembro de su estamento, es decir, un noble, un tribunal formado por el monarca y miembros de su estamento[20],

16 *Ibid*, p. 81.

17 AGUADO CORREA, T., *El comiso, Op.cit.*, p. 15.

18 La monarquía tenía la necesidad constante de confiscar bienes con los que poder recompensar a sus súbditos, bienes que normalmente pertenecían a sus adversarios políticos y que, tras su reinado, volvían a disputarse, perdiendo muchos nobles los bienes entregados por el anterior rey.

19 PINO ABAD, M., *Op.cit.*, p. 88.

20 AGUADO CORREA, T., *El comiso, Op.cit.*, p. 15.

de modo que, quedaba prohibido que el asunto fuera juzgado exclusivamente por el rey.

Durante la Edad Media, la confiscación siguió siendo una de las sanciones pecuniarias más importantes en el Derecho penal, además de continuar siendo uno de los instrumentos políticos al servicio de la monarquía[21] para ejercer el control y fortalecer su poder. En este periodo la confiscación recaía sobre todo el patrimonio, sin que se reservase parte de él al condenado o a su familia. Y seguía teniendo una naturaleza accesoria a la condena de muchos delitos junto a las penas corporales. Principalmente, se castigaba la traición y la rebelión, así como otros supuestos delictivos que suponían una "pérdida de la paz", y que, no siendo menos graves, no atentaban directamente contra el rey o la seguridad pública. Se daban en estos casos dos ámbitos territoriales en atención a la autoridad pública que impusiera la sanción: si se trataba de delitos que atentaban contra la monarquía o la persona del rey, era este quien ostentaba la competencia para imponerla, sin someterse a procedimiento alguno, mientras que en el resto de los supuestos eran las autoridades municipales quienes imponían dicha sanción[22]. El monarca se valía, pues, de la *Ira regis* para castigar con el exilio y la confiscación frente aquellos que indignaban al rey sin mediar un proceso judicial y de forma totalmente arbitraria.

Tras la Edad Media, se inicia una nueva etapa en la península ibérica con la expansión de los Reinos hispánicos, y la figura de la confiscación empieza a sufrir una transformación en el periodo comprendido entre los S. XIII a XVIII, alejándose del fundamento vengativo que caracterizaba el Derecho penal de la época medieval. Sin embargo, la monarquía seguía utilizando la ley penal para mantener su autoridad, siendo legislar y juzgar competencias

---

[21] CEREZO DOMÍNGUEZ, A.I., *Análisis jurídico-penal...*, *Op.cit.*, p. 7; PINO ABAD, M., *Op.cit.*, p. 135; CARRILLO DEL TESO, A.E *Decomiso y recuperación...*, *Op.cit.*,p. 82.

[22] PINO ABAD, M., *Op.cit.*, pp. 136-141.

del rey, competencias que podían ser delegadas, gozando los jueces de gran discrecionalidad, lo que les permitía aplicar medidas como la confiscación de forma arbitraria. Esta situación se mantuvo hasta finales del Siglo XVIII, no pudiendo ser erradicada del Derecho penal del Antiguo régimen, aunque el Derecho penal sufrió una transformación importante y la pena pasó a concebirse como la consecuencia del hecho delictivo que debía asumirse frente al Estado, y no ya como una reparación frente al particular afectado, es decir, la pena tenía un fin utilitario para los intereses de la colectividad. Aun así, la consideración de la confiscación como sanción estatal la convirtió en un objeto de gran abuso judicial, lo que propició una gran corruptela en el sistema judicial de la época, puesto que los jueces participaban del reparto de los bienes confiscados en sus sentencias – convirtiéndose desde el reinado de los Reyes Católicos el reparto tripartito entre juez, denunciador y monarquía en un principio general por vía legal-[23].

Hasta este momento, la confiscación seguía siendo una herramienta útil para la monarquía que, además, se convirtió en una fuente de financiación de las arcas públicas, pues ya no sólo se aplicaba en los delitos más graves, sino también en delitos de escasa lesividad social[24], así como ante infracciones administrativas. Por otro lado, durante estos siglos, la pena de confiscación cumplía otra función, puesto que se convirtió en un mecanismo preventivo para evitar la comisión de delitos. Para el cumplimiento de este fin, la confiscación podía afectar no solo al patrimonio presente y futuro del culpable, sino también al de su entorno familiar[25]. No obstante, a pesar de ello, la regulación de la confiscación se mantuvo durante los reinados de los reyes Carlos III y IV, quienes se mantuvieron pasivos ante los intentos de reforma legal.

---

23 *Ibid*, pp. 201- 205.

24 CEREZO DOMÍNGUEZ, A.I., *Análisis jurídico-penal...*, *Op.cit.*, p. 7.

25 PINO ABAD, M., *Op.cit.*, p. 207.

2. LA ABOLICIÓN DE LA CONFISCACIÓN DE BIENES EN LA CONSTITUCIÓN ESPAÑOLA DE 1812

A principios del S.XIX, la legislación penal española estaba contenida en la Novísima Recopilación y, supletoriamente, en las Partidas, manteniéndose vigentes muchas normas de la Edad Media junto con leyes más modernas. En contraposición, otros ordenamientos europeos empezaban a contemplar un Derecho penal de una forma mucho más humanizada que la que se venía realizando de la legislación criminal anterior. Comienza a considerarse que la imposición de una pena responde no solo a un interés social, sino también a la necesidad de reportar consecuencias positivas para el delincuente, comenzando por el respeto de su honor y dignidad. Surge de esta manera un movimiento de reforma iniciado por Beccaria con su obra "de los delitos y las penas" (1764), en la que se manifestó a favor del principio de legalidad y cuestionó intensamente la arbitrariedad del poder judicial[26].

Es en el periodo constituyente con las Cortes de Cádiz, cuando se consigue abolir definitivamente la confiscación general de bienes[27], aunque hacía tiempo que en la práctica se había dejado de aplicar. Así, pues, los códigos penales que fueron promulgados, posteriormente, no la incluían entre sus penas ni como consecuencia accesoria. De hecho, con el Código de 1822[28] se quiso po-

---

26 *Ibid,* pp. 385-386.

27 Se prevé escuetamente en la Constitución política española, promulgada en Cádiz el 19 de marzo de 1812, en el artículo 304: «Tampoco se impondrá la pena de confiscación de bienes». Mientras que en el artículo 305: «Ninguna pena que se imponga, por cualquier delito que sea, ha de ser trascendental por término ninguno a la familia del que la sufre, sino que tendrá todo su efecto precisamente sobre el que la mereció».

28 LÓPEZ REY, O., "El Código penal de 1822: publicación, vigencia y aplicación: en memoria del Prof. Dr. D. José Ramón Casabó Ruiz en el 50 aniversario de su doctorado", *Anuario de derecho penal y ciencias pena-*

ner fin a las arbitrariedades producidas con la legislación anterior y, para ello, se optó por establecer un contenido normativo nuevo en vez de realizar una recopilación de las leyes ya existentes. Pese a ello, aunque pareciera que con esta nueva técnica legislativa la nueva regulación se alejaba de las leyes penales de principios de siglo, lo cierto es que algunos de sus pasajes se vieron influenciados por ellas[29].

Así, pues, en este Código penal de 1822, en el que desaparecía la confiscación general de bienes, se introducía por primera vez el llamado "comiso" [30], que fue el término con el que se empezó a conocer. Aparecía regulado en el artículo 90 ubicado en el capítulo III (de las penas y sus efectos, y del modo de ejecutarlas) del Título Preliminar. Refiriéndose en los siguientes términos:

> «Artículo.90: Las armas, instrumentos ó utensilios con que se haya ejecutado el delito, y los efectos en que este consista, ó que formen el cuerpo de él, se recogerán por el juez para destruirlos ó inutilizarlos siempre que convenga; y cuando no, se aplicará como multa el importe que se pueda sacar de ellos; a no ser que pertenezcan á un tercero á quien se hubiere robado o sustraido sin culpa suya, en cuyo caso se le restituirán íntegra y puntualmente».

El comiso, tal y como se contemplaba en este código, tenía su objeto limitado exclusivamente a los efectos e instrumentos del delito, con lo cual las ganancias quedaban fuera del alcance de esta figura. Acerca del destino, este precepto imponía la destrucción o la inutilización de las armas, instrumentos del delito o efectos derivados del delito, que previamente eran confiscados por el juez. De forma subsidiaria, cuando estos bienes no pudieran ser

---

les, Tomo 71, Fasc/Mes 1, 2018, p. 349: «Este texto se aprobó durante el reinado de Fernando VII en el denominado trienio liberal (1820-1823), uno de los periodos en que estuvo vigente la Constitución de 1812».

29 ANTÓN ONECA, J., "Historia del Código penal de 1822", *Anuario de derecho penal y ciencias penales*, Tomo 18, Fasc/Mes 2, 1965, p. 270.

30 AGUADO CORREA, T., *El comiso, Op.cit.*,p. 23.

destruidos o inutilizados, se podía sustituir por una multa cuyo importe se correspondería con la cantidad que pudiera sacarse de ellos. Esta posibilidad fue considerada por algún autor, entre ellos, CEREZO DOMÍNGUEZ como una suerte de *comiso impropio*[31] que autorizaba el cobro de una cantidad, equivalente al valor del objeto, cuando estos bienes no estuvieran a disposición del sujeto. En contraposición a esta interpretación, hay quienes descartan la aproximación de esta posibilidad de aplicar al pago de la multa las cantidades obtenidas por la ejecución de los bienes -que no podían ser destruidos o inutilizados- a la modalidad específica de decomiso por valor equivalente, ya que, realmente, lo que estaría autorizando el legislador en estos casos sería, no cobrar una cantidad equivalente al valor del bien no decomisado, sino imponer una multa cuyo importe dependería de lo que pudiera obtenerse por dicho bien en cada caso y, únicamente, cuando se considerase un inconveniente su destrucción o inutilización[32]. Posición que considero más acertada, por ser quizás los términos utilizados en este artículo 90, lo que más tarde evolucionó a partir del Código penal de 1870 en una distinción en el destino del bien decomisado según se tratase de bienes de lícito comercio o no, pues en el caso de ser de lícito comercio su destino era la venta y, la cantidad obtenida se aplicaba al pago de responsabilidades, pero de ser bienes ilícitos su destino debía ser su destrucción e inutilización.

No obstante, la destrucción o inutilización estaban limitadas por los derechos de los terceros de buena fe, ya que el bien debía ser restituido íntegramente a su legítimo propietario si se le hubiera robado o sustraído éste, siempre y cuando su conducta no hubiera sido imprudente[33].

---

31 CEREZO DOMÍNGUEZ, A.I., *Análisis jurídico-penal, Op.cit.*, p. 17.

32 VARGAS GONZÁLEZ, P., *El comiso del patrimonio criminal*, Universidad de Salamanca, 2012, tesis doctoral inédita, p. 24; CARRILLO DEL TESO, A.E *Decomiso y recuperación…, Op.cit.*, p. 85.

33 Según lo dispuesto en el artículo 2 de Código penal (1822): Cometе culpa el que libremente, pero sin malicia, infringe la ley por alguna causa que puede y debe evitar.

El *Código penal de 1848*[34], que recogía por primera vez en nuestro Derecho una escala general de penas[35], incluyó el comiso en el artículo 59, bajo el título «Penas que llevan consigo otras accesorias» como:

> «Toda pena que se imponga por un delito lleva consigo la pérdida de los efectos que de él provengan y de los instrumentos con que se ejecute. Los unos y los otros serán decomisados, a no ser que pertenezcan a un tercero no responsable del delito».

En ese momento, el comiso se configuraba como una sanción de carácter imperativa, refiriéndose a un decomiso directo[36]. Las novedades en la regulación de la figura, a diferencia del texto anterior, se pueden sintetizar en las siguientes: la falta de pronunciamiento acerca del destino del bien decomisado; se hace referencia por primera vez a los bienes propiedad de un tercero (sin mencionar expresamente la buena o mala fe), lo que supone un límite a la hora de decretar el decomiso; desaparece la posibilidad de aplicar la multa como pena sustitutiva; se prevé también en caso de faltas y se reguló específicamente en relación con los delitos de juegos y rifas (artículo 267) y con el cohecho (artículo 317)) y , por último su aplicación a criterio del Tribunal sentenciador (artículo 503). En definitiva, el comiso era considerado una pena accesoria, pero no se vinculaba con una pena principal concreta, sino con «toda pena impuesta por delito»[37].

---

34 Acerca de la trayectoria en la elaboración del Código Penal de 1848, obsérvese, ANTÓN ONECA, J., "El Código penal de 1848 y D. Joaquín Francisco Pacheco", *Anuario de derecho penal y ciencias penales,* Tomo 18, Fasc/Mes 3, 1965, pp. 473- 496.

35 MANZANARES SAMANIEGO, J.L., *Las penas patrimoniales en el código penal español. Tras la Ley Orgánica 8/1983,* Bosch, Barcelona, 1983, p. 28.

36 CARRILLO DEL TESO, A.E., *Decomiso y recuperación..., Op.cit.,* p. 86.

37 MANZANARES SAMANIEGO, J.L. "Notas sobre el comiso y la propiedad de tercero", *Actualidad Penal,* núm. 24, 1997, p. 521.

En el *Código penal de 1870* se continuaba con la misma línea por lo que respecta al decomiso. Recogido en la parte general como una pena accesoria (artículo.63), además de preverse en delitos específicos en la parte especial (artículos 360, 404, etc.), así como la posibilidad de aplicarse en las faltas (artículo 623). Como novedad, el Código se pronunciaba en el artículo 63 acerca del destino del bien decomisado[38], distinguiendo entre bienes de lícito comercio que serían vendidos y el producto obtenido se aplicaba a cubrir la responsabilidad del penado, de aquellos otros que no lo eran, siendo en este caso inutilizados.

Durante la escasa vigencia del siguiente *Código penal, el del año 1928*[39], el comiso tuvo la consideración de medida de seguridad y no de pena, habiendo sido el único texto legal que le atribuyó esta naturaleza. No obstante, en su redacción se mantenía el mismo contenido que en los anteriores códigos, con una previsión en la parte general que lo incluía como una de las medidas de seguridad o "complemento de pena" (artículo 90.9[40]) aplicable a los delitos y faltas y, asimismo, se establecía expresamente su aplicación en determinados delitos, como en el de cohecho (artículo 475), en los de juegos y rifas prohibidos (artículo 749) y en los cometidos por medio de imprenta (artículo 135).

La aplicación del decomiso seguía siendo automática sin conexión alguna con la peligrosidad criminal[41]. En cuanto a su

---

38 AGUADO CORREA, T., *El comiso*, Edersa, Madrid, 2000, p. 24.

39 Este Código se caracterizó por su inspiración en la defensa social, tal y como destaca MANZANARES SAMANIEGO, J.L., *Las penas patrimoniales en el código penal español. Tras la Ley Orgánica 8/1983*, Bosch, Barcelona, 1983, p. 23.

40 Artículo 90.9: «El comiso de los instrumentos o efectos del delito o falta».

41 CEREZO DOMÍNGUEZ, A.I., *Análisis jurídico-penal, Op.cit.*, p. 19. MANZANARES SAMANIEGO, J.L., "Aproximación al comiso del nuevo artículo 344 BIS E) del código penal (Ley orgánica 1/1988, de 24 de marzo, de reforma del código penal en materia de tráfico ilegal de dro-

destino, en los artículos 134 al 136 de dicho texto siguió distinguiéndose entre bienes de lícito e ilícito comercio, previéndose la venta de los primeros con destino a cubrir las responsabilidades civiles y la inutilización para los bienes prohibidos o de ilícito comercio (salvo que los reclamase un museo oficial y no existiese inconveniente legal en entregárselos). En relación con los bienes prohibidos, se ordenaba el decomiso incluso aunque el bien no perteneciera al acusado o no se declarase la existencia del delito. Debe mencionarse también que en este texto se hacía una primera referencia a lo que más tarde se configuraría como el comiso de ganancias[42]. Así, en el artículo 134 se hacía referencia al comiso de la «dádiva o presentes entregados en los delitos de cohecho» que, a diferencia de lo establecido en el Código penal de 1822, en el que no estaba previsto esta clase de decomiso, sino que se establecía en su artículo 89 la imposición de una multa en los delitos cometidos por *soborno, cohecho o regalo*[43], como fórmula para contrarrestar el enriquecimiento producido por el delito. A partir de este momento, el decomiso de ganancias se mantuvo solo para ciertos delitos, como el cohecho o tráfico de drogas, hasta que se recogió con carácter general en el Código penal de 1995.

---

gas. BOE de 26 del mismo mes), *Boletín de Información del Ministerio de Justicia*, 1988, núm. 1500-1502, p. 3796.

42 AGUADO CORREA, T., *El comiso*, Edersa, Madrid, 2000, p. 25.

43 Artículo 89: «En todo delito cometido por soborno, cohecho ó regalo, y en cualquiera en que intervenga alguna de estas cosas, se impondrá al sobornador y al sobornado de mancomun una tnulta equivalente al tres tanta de lo dado 6 prometido, sin perjuicio de las demás que prescriba la ley. Lo dado en soborno o regalo no se restituirá nunca al sobornador, sino que se aplicará también su importe como multa. Si lo prometido en soborno no consistiere en cantidad ú otra dádiva determinada, sino en ofrecimiento de alguna colocación 6 en otras esperanzas de mejor fortuna, graduarán los jueces de hecho prudencialmente la utilidad ó rendimiento que en tres años produciría lo prometido si se hubiera realizado; y el importe de lo que gradúen como suma de estos tres años será el que deba triplicarse como multa».

Pocos años después, con el *Código penal de 1932*, se volvía a incluir el comiso en el catálogo de penas accesorias (artículo 48):

> «Toda pena que se impusiere por un delito, llevará consigo la pérdida de los efectos que de él proviniesen y de los instrumentos con que se hubiere ejecutado. Los unos y los otros serán decomisados, a no ser; que pertenecieren a un tercero no responsable del delito. Los que se decomisaren se venderán, si son de lícito comercio, aplicándose su producto a cubrir las responsabilidades del penado, o se inutilizarán si son ilícitos».

En esta ocasión, el decomiso se preveía como una pena accesoria a las faltas (artículo 597), y no exclusivamente a los delitos, pero a diferencia de los textos anteriores y del posterior de 1944, el texto republicano era más sensible , de modo que no lo regulaba como una consecuencia jurídica aplicable de forma imperativa[44], sino que se facultaba al tribunal a aplicar o no el decomiso de los efectos e instrumentos según su prudente arbitrio, atendiendo a cada caso particular y a sus circunstancias (artículo 598). Finalmente, en lo que respecta a su previsión en la parte especial, continuó contemplándose para los mismos tipos delictivos sin más novedad.

Con la llegada del *Código penal de 1944*, texto refundido que supuso una recopilación de las normas anteriores[45], se mantuvo invariable la normativa del Código de 1932[46], de modo que se mantiene la regulación del comiso en el catálogo de penas accesorias (artículo 48), y su previsión separada en las faltas (artículo 602). La única novedad fue la remisión a la normativa reglamentaria que se añadía en el artículo 48[47] en cuanto al destino de los bienes

---

[44] CEREZO DOMÍNGUEZ, A.I., *Análisis jurídico-penal, Op.cit.*, p. 19.

[45] CARRILLO DEL TESO, A.E., *Decomiso y recuperación, Op.cit.*, p. 89.

[46] MANZANARES SAMANIEGO, J.L., *Las penas patrimoniales en el código penal español. Tras la Ley Orgánica 8/1983*, Bosch, Barcelona, 1983, p. 29.

[47] Artículo 48 Código penal 1944: «...Los que se decomisaren se venderán, si son de lícito comercio, aplicándose su producto a cubrir las responsabilidades del penado, y si no lo fueren, se les dará el destino que

ilícitos. Este esquema se mantuvo con las siguientes reformas del Código penal, la de 1963 *(Decreto 691/1963 de 28 de marzo)* y la de 1973[48] *(Ley 44/1971 de 15 de noviembre y Decreto 3096/1973, de 14 de septiembre)*, si bien el comiso apareció regulado en la *Ley 16/1970, de 4 de agosto, sobre peligrosidad y rehabilitación social*, en la que se incluyó como una medida de seguridad «la incautación, en favor del Estado, del dinero, efectos e instrumentos que procedan» (artículo 5. 16°).

Tras la promulgación de la Constitución española, fue necesario abordar con urgencia ciertos problemas presentes en la realidad penal del momento y, con ello, se produjo una reforma al Código penal de 1973 mediante *la Ley orgánica 8/1983, de 25 de junio, de Reforma Urgente y Parcial del Código Penal.* No obstante, a pesar de las modificaciones introducidas con esta reforma, continuaba la regulación del comiso en la línea anterior, es decir, como una pena accesoria incluida en el elenco de penas del artículo 27[49], desarrollado en el artículo 48 para los delitos, al que como novedad se introducía en un segundo párrafo el principio de proporcionalidad[50], mientras que en el artículo 602 se preveía

---

dispongan los Reglamentos o, en su defecto, o se inutilizarán si son ilícitos».

48 Artículo 48 del Código penal 1973: «Toda pena que se impusiera por un delito llevará consigo la pérdida de los efectos que de él provinieren y de los instrumentos con que se hubiere ejecutado. Los unos y los otros serán decomisados, a no ser que pertenecieren a un tercero no responsable del delito. Los que se decomisaren se venderán, si son de lícito comercio, aplicándose su producto a cubrir las responsabilidades del penado, «y si no lo fueren, se les dará el destino que dispongan los Reglamentos, o, en su defecto, se inutilizarán».

49 CEREZO DOMÍNGUEZ, A.I., *Análisis jurídico-penal, Op.cit.*, p. 19.

50 La STS núm. 3562/1992, de 5 de mayo aplicó el principio de proporcionalidad. Se recurría en casación el fallo dictado por la Audiencia Provincial de Tarragona en el que se decretaba el "comiso" del vehículo del condenado por un delito de tráfico de drogas, y el Tribunal Supremo consideró que dicha medida resultaba excesiva y desproporcionada.

su aplicación a las faltas[51]. En particular, el artículo 48 disponía que:

> «Toda pena que se impusiera por un delito llevará consigo la pérdida de los efectos que de él provinieren y de los instrumentos con que se hubiere ejecutado. Los unos y los otros serán decomisados, a no ser que pertenecieren a un tercero no responsable del delito. Los que se decomisaren se venderán, si son de lícito comercio, aplicándose su producto a cubrir las responsabilidades del penado, y si no lo fueren, se les dará el destino que dispongan los Reglamentos, o, en su defecto, se inutilizarán. Cuando los referidos efectos e instrumentos no sean de ilícito comercio y su valor no guarde proporción con la naturaleza y gravedad de la infracción penal, podrá el Juez o Tribunal no decretar el comiso o decretarlo parcialmente».

Los términos con los que se introducía la cláusula del principio de proporcionalidad en esta reforma recuerdan a la previsión recogida en el artículo 598 del Código penal de 1932 referido a las faltas–y, que desapareció con el Código penal de 1944-, en el que, atendiendo a las circunstancias del caso (sin especificar cuáles) dejaba su aplicación al prudente arbitrio del juez. Por el contrario, en esta redacción, dicha facultad se contemplaba de forma mucho más delimitada en comparación con el texto de 1932, extendiendo su aplicación no solo a las faltas, sino también, a los delitos.

---

51 MAPELLI CAFFARENA, B. y TERRADILLOS BASOCO, se referían al decomiso aplicado a las faltas como un "comiso sui generis" que únicamente podía recaer sobre unos determinados bienes. Esto impedía que ante la comisión de una falta pudieran decomisarse otros bienes, aunque hubieran sido efectos o instrumentos de comisión de aquéllas. La distinción que hacía el legislador en estos preceptos se debía a la menor gravedad de la falta, por lo que, la aplicación del decomiso como regla general en estos casos sería desproporcional, por ello, solo se aplicaba el decomiso sobre los bienes indicados expresamente en el artículo 602, es decir, armas, bebidas o combustibles adulterados, monedas falsificadas, etc. MAPELLI CAFFARENA, B. y TERRADILLOS BASOCO, J., *Las consecuencias jurídicas del delito, Op.cit.*, p. 106.

Posteriormente, con la reforma introducida mediante la *Ley Orgánica 3/1989, de 21 de junio*, desaparece la referencia separada del decomiso en las faltas, suprimiéndose el artículo 602, que pasa a regularse de forma conjunta con el comiso en los delitos previsto en el artículo 48. Su redacción quedaba de la siguiente forma:

> «Toda pena que se impusiere por un delito o falta llevará consigo la pérdida de los efectos que de ellos provinieren y de los instrumentos con que se hubieren ejecutado. Los unos y los otros serán decomisados, a no ser que pertenecieran a un tercero no responsable del delito. Los que se decomisaren se venderán, si son de lícito comercio, aplicándose su producto a cubrir las responsabilidades del penado[52], y, si no lo fueren, se les dará el destino que dispongan los reglamentos, o, en su defecto, se inutilizarán. Cuando los referidos efectos e instrumentos no sean de ilícito comercio y su valor no guarde proporción con la naturaleza y gravedad de la infracción penal, podrá el Juez o Tribunal no decretar el comiso o decretarlo parcialmente».

Fueron varios los intentos que se dieron para aprobar un nuevo Código penal tras la promulgación de la Constitución española de 1978. Sin embargo, no fue hasta el año 1995 cuando vio la luz un nuevo texto. Hasta ese momento, la regulación del comiso no tuvo mayores modificaciones, contemplándose el decomiso de efectos e instrumentos como una pena accesoria tanto en los delitos como en las faltas, así como ciertas reglas más específicas en algunos delitos en la parte especial[53]. Fue a partir del Anteproyecto de 1983, cuando se comenzó a contemplar su ubicación en las

---

52 En este momento, como mencionaba MAPELLI CAFFARENA, al referirse al destino de lo obtenido por la venta de bienes de lícito comercio a cubrir la responsabilidad civil, el decomiso se encontraba a medio camino entre las penas y la responsabilidad civil, MAPELLI CAFFARENA, B., *Las consecuencias jurídicas del delito, Op.cit.*, p. 404.

53 CARRILLO DEL TESO, A.E., *Decomiso y recuperación, Op.cit.*, p. 90.

llamadas "consecuencias accesorias"[54], junto con la privación de beneficios obtenidos por las personas jurídicas[55].

3. EL DECOMISO DESDE EL CÓDIGO PENAL DE 1995

3.1. El Código penal de 1995

Con la entrada en vigor del Código penal de 1995[56], se incorporó en el Libro I Título VI las llamadas "Consecuencias Accesorias"[57], justo a continuación del catálogo de penas, de medidas de seguridad y de la responsabilidad civil *ex delicto.*

Bajo dicha denominación, se incluyó el decomiso de efectos y de ganancias derivados del delito, junto con otra clase de medidas aplicables en ese momento a las empresas, asociaciones y orga-

---

54 AGUADO CORREA, T., *El comiso,* Edersa, Madrid, 2000, p. 25; MANZANARES SAMANIEGO, J.L., "Aproximación al comiso del nuevo artículo 344 BIS E) del código penal (Ley orgánica 1/1988, de 24 de marzo, de reforma del código penal en materia de tráfico ilegal de drogas. BOE de 26 del mismo mes), *Boletín de Información del Ministerio de Justicia,* 1988, núm. 1500-1502, p. 3797.

55 Como indicaba MAPELLI CAFFARENA, el decomiso estaba limitado a los efectos e instrumentos del delito, MAPELLI CAFFARENA, B., *Las consecuencias jurídicas del delito, Op.cit.*, p. 404.

56 Ley Orgánica 10/1995, de 23 de noviembre, «BOE» núm. 281, de 24/11/1995. Entrada en vigor el 24 de mayo de 1996.

57 ANANÍAS ZAROR, I., *Op.cit.,* p. 156: «Con la entrada en vigencia del Código Penal de 1995 se alteró de manera sustancial la regulación del comiso, el que mutó desde la calidad de pena [accesoria] (artículo 27 del Código Penal 1973) a la de "consecuencia accesoria" (artículo 127 del Código Penal de 1995). Esta decisión legislativa no es baladí, ya que determinó que la naturaleza jurídica de este no quede fijada con su sola inserción en el respectivo título, dejándola entregada, por tanto, a la tarea científica de la dogmática».

nizaciones criminales[58], por ejemplo, la intervención, la clausura de locales, etc. A partir de este texto el decomiso dejó de ser una pena accesoria, lo que permitía mayor flexibilidad en su aplicación, especialmente, en cuanto al propietario del objeto decomisado[59]. No obstante, se mantuvo su dependencia con la pena principal, lo que significaba su inaplicación cuando existiese sentencia absolutoria (con independencia de la causa que diera lugar a la no responsabilidad penal, por ejemplo, la existencia de causa de justificación). Por lo que, a pesar de que la nueva redacción constituía un avance frente a la redacción del artículo 48 del texto anterior, no llegaba a la flexibilidad del Derecho comparado, como el Código penal alemán y portugués[60], y su resultado en la práctica no fue el esperado, pues contenía todavía graves deficiencias en su redacción, lo que causaba ciertos problemas aplicativos[61].

---

58 CEREZO DOMÍNGUEZ, A.I., *Análisis jurídico-penal...*, *Op.cit.*, 2004, p. 1.

59 MANZANARES SAMANIEGO, J.L., "Notas sobre el comiso y la propiedad de terceros", *Actualidad Penal,* 1997, p. 531.

60 *Idenm.* AGUADO CORREA, T., *El comiso, Op.cit.*, pp. 98-99. Es destacable cómo el Código penal alemán ya incluía, por aquel entonces, una regulación más amplia del decomiso. Por ejemplo, se preveía el decomiso del valor por sustitución, aplicable cuando el bien decomisable había desaparecido, de modo que, en su lugar, se decomisaba una cantidad económica equivalente a su valor (§73.a Código penal Alemán)-.Por otro lado, en el ámbito procesal, la Ordenanza Procesal (StPO) dedicaba ya doce preceptos a regular el comiso, y, como veremos en el apartado correspondiente, garantizaba la intervención de terceros, incluso tras la firmeza de la sentencia (§§ 430ª 441). Por su parte, el Código penal portugués de 1995 ponía el foco en el decomiso de instrumentos o productos del delito atendiendo a la peligrosidad, lo que permitía decomisar "los objetos que hubieren servido o estuviesen destinados a servir para la realización de un hecho ilícito típico, o que hubieren sido producidos por éste, cuando, según su naturaleza o conforme a las circunstancias del caso, pusieren en peligro la seguridad de las personas, la moral o el orden público, u ofrecieran riesgo cierto de ser utilizados para la comisión de nuevos hechos ilícitos típicos" (artículo109).

61 Como analiza MANZANARES SAMANIEGO, J.L., y aunque se abordará con mayor detalle en el epígrafe correspondiente al objeto del decomi-

En este momento, la regulación sustantiva del decomiso se dividía en un régimen general recogido en los artículos 127 y 128 del Código penal y, un conjunto de artículos dispersos a lo largo de la parte especial del mismo texto, aplicables a determinados tipos delictivos, entre los cuáles se encontraban: el artículo 301.5 (blanqueo de capitales); el artículo 374 (delitos de tráfico de drogas); el artículo 385 (comiso del vehículo a motor) y el artículo 431 (delitos de corrupción y tráfico de influencias)[62]. Configurándose los preceptos generales en los siguientes términos:

«Artículo 127: Toda pena que se imponga por un delito o falta dolosos llevará consigo la pérdida de los efectos que de ellos provengan y de los instrumentos con que se haya ejecutado, así como las ganancias provenientes del delito, cualesquiera que sean las

---

so, uno de los problemas más destacado fue el referido a la delimitación del comiso de "los instrumentos con los que se haya ejecutado el delito". En esta época, el instrumento con el que se ejecutaba el delito se identificaba claramente en la mayoría de delitos, por ejemplo, podía ser un arma de fuego en un delito de robo o el vehículo a motor para trasladar la mercancía de contrabando. Sin embargo, otros supuestos eran más controvertidos, y se producían ciertas dificultades de interpretación. Por ejemplo, el uso de un vehículo para transportar el botín tras la consumación del delito. Este conflicto se encontraba resuelto en otros ordenamientos como el alemán, el cual hacía referencia no sólo al instrumento con el que se había ejecutado el delito, sino también aquellos con los que se hubiera preparado el delito o destinados a la ejecución o preparación (§74 Código penal alemán). En definitiva, y como veremos, el ámbito de aplicación del comiso instrumental en el Código penal español de 1995 era más reducido, tal y como destaca MANZANARES SAMANIEGO, J.L "Notas sobre el comiso y la propiedad de terceros", *Actualidad Penal,* 1997, pp. 524-531. AGUADO CORREA, T., "La regulación del comiso en el proyecto de modificación del Código Penal", *Revista Electrónica de Ciencia Penal y criminología,* núm. 5, 2003, p. 04:4.

62 Una de las críticas que dirige MAPELLI CAFFARENA a la nueva redacción del Código penal de 1995, se refiere a la omisión del legislador, quien no se pronunciaba sobre si la regulación del comiso en la parte general era de aplicación o no a lo dispuesto en la parte especial. MAPELLI CAFFARENA, B., "Las consecuencias accesorias…, *Op.cit.*, p. 49.

transformaciones que hubieren podido experimentar. Los unos y las otras serán decomisados, a no ser que pertenezcan a un tercero de buena fe no responsable del delito que los haya adquirido legalmente. Los que se decomisan se venderán, si son de lícito comercio, aplicándose su producto a cubrir las responsabilidades civiles del penado y, si no lo son, se les dará el destino que se disponga reglamentariamente y, en su defecto, se inutilizarán».

> «Artículo 128: Cuando los referidos efectos e instrumentos sean de lícito comercio y su valor no guarde proporción con la naturaleza o gravedad de la infracción penal, o se hayan satisfecho completamente las responsabilidades civiles, podrá el Juez o Tribunal no decretar el decomiso, o decretarlo parcialmente».

Como puede observarse, la redacción del artículo 127 en este código traía consigo varias novedades, la primera de ellas fue la extensión del objeto del decomiso a las ganancias. Esta clase de decomiso pasó a regularse en la parte general junto con el decomiso de bienes, efectos e instrumentos -recogido en el apartado primero del artículo 127 [63]-, siendo aplicable a toda clase de delitos y faltas dolosas[64]. Hasta ese momento el decomiso de ganancias solo había

---

63 Para AGUADO CORREA, T., lo acertado hubiera sido considerar una tercera clase de decomiso: «El comiso de las ganancias de una organización criminal debería ser considerado como un tercer tipo de comiso, junto con el comiso de efectos e instrumentos y el comiso de ganancias tradicional». AGUADO CORREA, T., "La regulación del comiso en el proyecto de modificación del Código Penal", *Revista Electrónica de Ciencia penal y criminología (RECPC)*, núm. 5, 2003, p. 04:11.

64 MANZANARES SAMANIEGO, J.L considera que en este aspecto se produce una aproximación al Derecho germano: «Se conserva expresamente el comiso por falta (lo que en el texto anterior no había ocurrido hasta la mencionada Ley 8/1983), pero en el nuevo tipo se exige tanto para estas como para los delitos la comisión dolosa, lo que nos acerca al Derecho germano en cuanto a los *instrumenta vel producto sceleris* (§74 del Código Penal alemán) pero no respecto a las ganancias (§73 del Código Penal alemán prevé el comiso de las ganancias a partir de la antijuricidad del hecho)». MANZANARES SAMANIEGO, J.L "Notas sobre el comiso y la propiedad de terceros", *Actualidad Penal*, 1997, p. 523.

estado previsto en la parte especial del código, de manera que solo se aplicaba en algunos delitos concretos como el cohecho[65] o el tráfico de drogas[66], referencias que aun así se mantuvieron vigentes en estos preceptos, a pesar de incluirse en este momento el decomiso de las ganancias en el precepto general y que, de haberse suprimido, hubiera permitido simplificar la propia redacción de los preceptos especiales[67], sobre todo en lo referido al artículo 374 del Código penal.

En cuanto al decomiso de bienes propiedad de terceros[68], el artículo 127 se refería a ellos como «...Los unos y las otras serán decomisados, a no ser que pertenezcan un tercero de buena fe no responsable del delito que los haya adquirido legalmente», es

---

65 En el delito de cohecho, previsto en los artículos 419 al 427 del Código penal, se establecía la imposición de una multa calculada siempre sobre el valor de la dádiva.

66 Artículo 374 del Código penal. CARRILLO DEL TESO, A.E., "La Directiva 2014/42/UE sobre el embargo y el Decomiso de los instrumentos y del producto del delito en la UE: Decomiso ampliado y presunción de inocencia", *Revista de Estudios Europeos,* núm. extraordinario monográfico 1-2017, 2017, p. 23: «Este régimen de Parte General se completaba con algunas normas especiales para determinados delitos, entre los que destacaba el decomiso previsto para los delitos de tráfico de estupefacientes, que fue el primero en prever el decomiso de ganancias en el ordenamiento jurídico español». La redacción de este precepto de la parte especial fue criticado por MAPELLI CAFFARENA, quien la consideraba contradictoria con la recogida en la parte general sobre comiso, lo que estaba permitiendo a los tribunales la despatrimonialización de los autores sin aparente sometimiento al principio de proporcionalidad. MAPELLI CAFFARENA, B., "Las consecuencias accesorias..., *Op.cit.,* p. 49.

67 Se muestra crítico con la técnica legislativa seguida en la redacción de estos preceptos MANZANARES SAMANIEGO, J.L., quien llega a calificarla de "chapuza legislativa", MANZANARES SAMANIEGO, J.L "Notas sobre el comiso y la propiedad de terceros", *Actualidad Penal,* 1997, p. 523.

68 Tanto el Código penal alemán ((§74.a) como el portugués (artículos 109-110) recogían un mayor desarrollo del decomiso de bienes de terceros en comparación con la escueta referencia del precepto español.

decir, se introduce por primera vez la referencia de tercero de "buena fe", exigiendo también que la adquisición fuera legal[69].

Acerca del destino de los bienes decomisados el legislador se mantiene en la misma línea de los textos anteriores, distinguiendo entre aquellos que fueran de lícito comercio, los cuales serían vendidos para cubrir las responsabilidades civiles del penado, y los que no, a los que entonces se les daría el destino previsto reglamentariamente o se inutilizarían[70].

Por su parte, el artículo 128 recogía la cláusula de proporcionalidad, de manera que siempre que nos encontrásemos ante bienes de lícito comercio, y su valor no fuera proporcionado con la gravedad de los hechos o la infracción, o bien en el caso de estar cubiertas las responsabilidades civiles derivadas del hecho, el juez, potestativamente, podía no decretar el decomiso o limitarlo a ciertos bienes (decomiso parcial)[71].

---

69 Esta cuestión se encuentra estrechamente ligada a la condición del partícipe a título lucrativo del artículo 122 del Código penal, Vid. P.73 y ss.

70 MAPELLI CAFFARENA criticaba la imposibilidad de aplicar el principio de proporcionalidad del artículo 128 en los supuestos especiales del artículo 374, en los que se adjudicaban los bienes decomisados directamente al Estado. En cambio, el artículo 127 recogía entre sus fines la satisfacción de responsabilidades civiles. MAPELLI CAFFARENA, B., "Las consecuencias accesorias…, *Op.cit.*, p. 49.

71 Esta cláusula de proporcionalidad era solamente aplicable al decomiso de instrumentos y efectos, quedando excluido de su aplicación el decomiso de ganancias. MAPELLI CAFFARENA distinguía en este precepto la existencia de dos principios: «Por una parte el principio de proporcionalidad en sentido estricto, que obliga a los Tribunales a considerar la oportunidad del comiso cuando el valor o la naturaleza de la infracción (a lo que se ha de sumar el daño que ocasione la pena impuesta por la misma) sea menor que el perjuicio que se causa con el comiso. Por otra parte, un principio limitativo del comiso con base en las consideraciones victimológicas. Aun cuando el comiso resulte proporcional, sí han sido satisfechas las responsabilidades civiles se acordará su no imposición o su imposición parcial». MAPELLI CAFFARENA, B., "Las consecuencias accesorias…, *Op.cit.*, p. 52.

No obstante, la regulación del decomiso no se limitaba a lo previsto de forma dispersa en el Código penal[72], sino que, además, había referencias a él en otras leyes penales especiales de la época[73] como la *Ley 3/1996, de 10 de enero*[74], *sobre medidas de control de sustancias químicas catalogadas de desvío para la fabricación ilícita de drogas*. Esta norma, dirigida a regular el control sobre una serie de productos químicos precursores, y que eran necesarios para la posterior fabricación o transformación de sustancias psicotrópicas, recogía como una de las sanciones administrativas específicas el decomiso. Así, en su artículo 21 se refería a él de la siguiente forma:

> «Sin perjuicio de la multa que proceda imponer conforme a lo dispuesto en los artículos anteriores, las infracciones serán sancionadas con el comiso de las sustancias químicas catalogadas y del beneficio ilícito obtenido como consecuencia de la comisión de la infracción. La Resolución de la Administración determinará razonadamente, a estos efectos, la cuantía del beneficio ilícito obtenido».

Por tanto, ante la comisión de una infracción administrativa de las tipificadas en los artículos 19 y 20 de esta ley, se aplicaba la sanción del decomiso automáticamente, eso sí, limitado a "sustancias químicas catalogadas" y al "beneficio ilícito" obtenido de la infracción, es decir, a las ganancias. En ambos casos, el destino de lo decomisado se incluiría en un fondo específico creado para bienes decomisados por tráfico de drogas y otros delitos relacionados, y atendiendo a lo que se estableciera reglamentariamente (Disposición adicional única).

---

72 Téngase en cuenta, como se indicará más adelante, que el decomiso no ha sido una figura exclusiva del ámbito penal, sino que se encuentra presente en otros ámbitos del Derecho como el Derecho civil o el Derecho administrativo.

73 AGUADO CORREA, T., *El comiso*, Edersa, Madrid, 2000, p. 29.

74 «BOE» núm. 11, de 12 de enero de 1996.

Otra de las normas especiales que contemplaba el decomiso era la *Ley Orgánica 12/1995, de 12 de diciembre, de represión del contrabando*[75]. Esta norma penal de carácter especial trataba de adaptar la regulación en materia de contrabando al nuevo contexto económico, y ello como consecuencia de la libertad en la circulación de mercancías en el ámbito intracomunitario. Esta circunstancia exigía una adecuación de la legislación española conducente a reprimir la introducción ilícita de mercancías en el territorio aduanero. Se trata de una normativa bastante compleja por varios motivos. En primer lugar, por ser una materia regulada a nivel europeo y nacional; en segundo lugar, por constituir la Ley de Contrabando una norma penal en blanco o incompleta que exige acudir a otras leyes para complementar los vacíos legales de interpretación y aplicación[76].

En este sentido, la norma, tras tipificar el delito de contrabando (artículo 2) y establecer su penalidad (artículo 3), regulaba de forma separada el decomiso (artículo 5), al que se refería como una "pena accesoria" de aplicación obligatoria en los supuestos en los que se impusiera una condena por un delito de contrabando – igualmente de aplicación preceptiva cuando se calificase la conducta como infracción administrativa, según el artículo 14, siendo estas conductas menos graves-. En su origen, el precepto no era demasiado extenso, aunque sí es cierto que detallaba más algunos conceptos si lo comparamos con la redacción del decomiso en

---

75 Con anterioridad, las conductas calificadas de contrabando venían reguladas por la *Ley Orgánica 7/1982, de 13 de julio que modifica la legislación vigente en materia de contrabando y regula los delitos e infracciones administrativas en la materia,* la cual fue reformada por la LO de 1995 efectos de actualizarla a la nueva configuración del mercado único en la Unión Europea.

76 CORTÉS LABADÍA, J.P., la finalidad de esta reforma se encontraba en la necesidad de adaptarla al Reglamento núm. CE/952/2013, conocido como "Código Aduanero de la unión", CORTÉS LABADÍA, J.P., "Delito de contrabando", en CAMACHO VIZCAÍNO, A. (Dir.), *Tratado de Derecho penal económico. Parte general,* Tirant lo Blanch, Valencia, 2019, pp. 2262-2263.

el Código penal. El precepto en cuestión rezaba de la siguiente manera:

> «Artículo 5 Comiso: 1. Toda pena que se impusiere por un delito de contrabando llevará consigo el comiso de los siguientes bienes, efectos e instrumentos: a) Las mercancías que constituyan el objeto del delito. b) Los materiales, instrumentos o maquinaria empleados en la fabricación, elaboración, transformación o comercio de los géneros estancados o prohibidos. c) Los medios de transporte con los que se lleve a efecto la comisión del delito, salvo que pertenezcan a un tercero que no haya tenido participación en éste, y el Juez o el Tribunal competente estimen que dicha pena accesoria resulta desproporcionada en atención al valor del medio de transporte objeto del comiso y al importe de las mercancías objeto del contrabando. d) Las ganancias obtenidas del delito, cualesquiera que sean las transformaciones que hubieran podido experimentar. e) Cuantos bienes y efectos, de la naturaleza que fueren, hayan servido de instrumento para la comisión del delito.
>
> 2. No se procederá al comiso de los bienes, efectos e instrumentos del contrabando cuando éstos sean de lícito comercio y hayan sido adquiridos por un tercero de buena fe.
>
> 3. Los bienes efectos e instrumentos definitivamente decomisados por sentencia se adjudicarán al Estado».

En este sentido, puede observarse cómo la descripción que hace el legislador acerca del objeto del decomiso en supuestos de contrabando es mucho más pormenorizada, indicando qué objetos específicos se entienden incluidos, refiriéndose, por ejemplo, al decomiso de la propia maquinaria o material utilizado para fabricar o comercializar la mercancía y los medios de transporte utilizados en la comisión del delito, además de las propias ganancias. En definitiva, la figura de decomiso prevista en esta ley preveía tanto el decomiso de bienes, efectos e instrumentos como el decomiso de ganancias y, al igual que en el Código penal, se establecían como límite los derechos de terceros de buena fe, si bien la ley de contrabando no hacía ninguna alusión al principio de proporcionalidad. Finalmente, en cuanto al destino de los bienes, solo cabía su adjudicación al Estado, no pudiendo destinarse a satisfacer las cantidades que pudieran resultar de la cuantificación de la responsabilidad civil *ex delicto*[77]. No obstante, se contemplaba la posibilidad de adoptar como medida cautelar la intervención de los bienes durante el proceso, pudiendo en estos casos quedar el bien en depósito o destinar su uso provisionalmente a las fuerzas o servicios encargados de la persecución del contrabando (artículo 6).

Posteriormente, esta norma fue objeto de varias reformas con la finalidad, por un lado, de adaptarla al nuevo contexto social y, por otro lado, de adecuar su contenido al del Código penal, que fue objeto de sucesivas reformas parciales desde el año 1995.

En primer lugar, la reforma más transcendente se produjo con la *Ley Orgánica 6/2011, de 30 de junio*[78], *por la que se modifica la Ley Orgánica 12/1995, de 12 de diciembre, de represión del contrabando*, que, a propósito de las nuevas políticas aduaneras comunitarias, fijaba entre sus objetivos la actualización de la Ley de Contrabando, introduciendo, como se indicaba en su preámbulo:

> «Mejoras técnicas para la delimitación de su objeto, consistentes en la incorporación de nuevos conceptos, la adaptación de las penas a su regulación en el Código Penal, la homogeneización en la ejecución de sentencias con los delitos contra la Hacienda Pública en relación con la responsabilidad civil, la equiparación

---

77 CORTÉS LABADÍA, J.P., la finalidad de esta reforma se encontraba en la necesidad de adaptarla al Reglamento núm. CE/952/2013, conocido como "Código Aduanero de la unión", CORTÉS LABADÍA, J.P., "Delito de contrabando", en CAMACHO VIZCAÍNO, A. (Dir.), *Tratado de Derecho penal económico. Parte general*, Tirant lo Blanch, Valencia, 2019, p. 2291.

78 BOE» núm. 156, de 1 de julio de 2011. Como indica CORTÉS LABADÍA, J.P., la finalidad de esta reforma se encontraba en la necesidad de adaptarla al Reglamento núm. CE/952/2013, conocido como "Código Aduanero de la unión". CORTÉS LABADÍA, J.P., "Delito de contrabando", en CAMACHO VIZCAÍNO, A. (Dir.), *Tratado de Derecho penal económico. Parte general*, Tirant lo Blanch, Valencia, 2019, p. 2260.

de la pena accesoria con las previsiones para delitos dolosos en el artículo 127 del Código Penal, la definición explícita del principio de concurrencia de sanciones con idéntica regulación a la de los supuestos tributarios, y la delimitación de los criterios de graduación de las infracciones administrativas de contrabando, teniendo en cuenta el actual modelo de gestión informático del control aduanero».

De acuerdo con ello y, como no podía ser de otra manera, la figura del decomiso contenida en la Ley de Contrabando fue modificada en bastantes aspectos, asimilándola a la nueva regulación del Código penal. La primera novedad fue la previsión del decomiso por valor equivalente de otros bienes pertenecientes al delincuente, de aplicación subsidiaria en aquellos supuestos en que no era posible decomisar los bienes, efectos o instrumentos que constituyen el objeto de decomiso en estos ilícitos. En segundo lugar, se contemplaba el decomiso ampliado de carácter obligatorio cuando se tratase de actividades realizadas en el marco de una organización o grupo criminal. En este sentido, el tribunal debía extender el decomiso a todos los "bienes, efectos, instrumentos y ganancias procedentes de una actividad delictiva". Para ello, se establecía una presunción acerca del origen ilícito del bien, entendiendo, efectivamente, que su origen era ilegal cuando su valor fuera desproporcionado con respecto de los ingresos obtenidos legalmente por cada una de dichas personas. En tercer lugar, tanto el decomiso directo como por valor equivalente, así como el decomiso ampliado en los supuestos de grupos u organizaciones criminales, podían ser acordados por el juez competente aunque no existiese condena a alguna de las personas por concurrir causa de exención de responsabilidad penal o haberse extinguido esta, es decir, se introduce el llamado decomiso sin condena. No obstante, para el supuesto de extinción de responsabilidad penal, se exigía que hubiera quedado demostrado el origen ilícito del patrimonio. Finalmente, acerca del destino, se mantenía la adjudicación al Estado, aunque se establecían dos reglas: 1) la venta de bienes lícitos sería efectuada por la Agencia Estatal de Administración Tributaria; 2) cuando los bienes decomisados lo fueran por delito de contrabando de drogas tóxicas, estupefacientes y sustancias psicotrópicas, o de precursores de las mismas, tipificados en el artículo 2.3 a) de esta Ley Orgánica, el competente para su enajenación será la Mesa de Coordinación de Adjudicaciones, de acuerdo a la Ley 17/2003, de 29 de mayo, por la que se regula el Fondo de bienes decomisados por tráfico ilícito de drogas y otros delitos relacionados, y en su normativa reglamentaria de desarrollo.

En segundo lugar, más recientemente, pero mucho menos significativa que la reforma anterior, se ha modificado únicamente el artículo 11 de la Ley de contrabando mediante la *Ley 11/2021, de 9 de julio, de medidas de prevención y lucha contra el fraude fiscal, de transposición de la Directiva (UE) 2016/1164, del Consejo, de 12 de julio de 2016, por la que se establecen normas contra las prácticas de elusión fiscal que inciden directamente en el funcionamiento del mercado interior, de modificación de diversas normas tributarias y en materia de regulación del juego.*

Esta norma, que recoge numerosas modificaciones parciales a otras leyes, especialmente en materia tributaria, tenía como objetivo principal el de «asentar unos parámetros de justicia tributaria y facilitar las actuaciones tendentes a prevenir y luchar contra el fraude reforzando el control tributario». En este sentido, la reforma operada en la Ley de Contrabando ha pretendido que aquellas conductas dolosas o imprudentes, tipificadas de contrabando, fueran calificadas como infracciones administrativas, aun no siendo constitutivas de delito. Consecuentemente, esas conductas calificadas como infracciones desde el punto de vista administrativo llevan a aparejadas no solo la correspondiente sanción administrativa, sino que, según el artículo 14.1, le serán de aplicación las medidas del artículo 5, precepto relativo al decomiso, además de las contempladas en el artículo 6.1-2 y, los artículos 7 al 10, preceptos que recogen la intervención y depósito judicial, la venta anticipada, la adscripción de bienes a uso público, la gestión de mercancías de monopolios y las reglas de valoración de los bienes aprehendidos.

3.2. La Ley Orgánica 15/2003, de 25 de noviembre

La regulación contenida en el Código penal de 1995 se mantuvo constante hasta el año 2003, a partir del cual se sucedieron varias reformas relevantes antes de llegar a la regulación actual del decomiso. Así, pues, con la promulgación de la *Ley Orgánica 15/2003, de 25 de noviembre*[79], por la que se modificaba el Código penal de 1995, se producía la primera modificación transcendental[80] que añadía tres nuevos apartados al artículo 127. Como justificó la propia Exposición de Motivos «se modifica el ámbito y alcance del comiso con el fin de evitar que la comisión del delito pueda producir el más mínimo enriquecimiento para sus autores y partícipes, así como mejorar la represión de los delitos, en especial de narcotráfico y blanqueo de dinero», además y, aunque no se hacía referencia expresa a ello, las reformas introducidas por esta norma venían siendo necesarias para dar cumplimiento a ciertos instrumentos internacionales[81].

Esta reforma no hizo más que poner en evidencia la necesidad de actualizar la regulación del decomiso para adaptarla a la realidad criminológica del momento y adecuarla a la normativa europea, ya que dicha regulación se encontraba totalmente obsoleta y eran muchas las deficiencias de las que adolecía. En efecto, hasta entonces, el artículo 127 del Código penal respondía al patrón clásico del Derecho penal (asociado a una dimensión nacional e individual del delito, en el que una persona comete un delito concreto o en el que se asocia la delincuencia patrimonial a los delitos de robo y hurto) que resultaba inútil y obsoleto frente al nuevo paradigma social, que requería la existencia de un modelo más moderno (Derecho penal de la globalización)[82], en el que, por ejemplo, se adaptasen los criterios de imputación

---

79 «BOE» núm. 283, modificado por: corrección de errores (BOE nº 65, de 16/3/2004) y (BOE nº 80, de 2/4/2004).

80 ANANÍAS ZAROR, I., *Op.cit.*, p. 156.

81 CARRILLO DEL TESO, A.E., *Decomiso y recuperación…*, *Op.cit.*, p. 176.

82 CHOCLÁN MONTALVO, J.A., *El patrimonio criminal…Op.cit.*, pp. 15-16.

de autoría en estos casos, en los que se constituían como autores del delito – y otras formas de participación- organizaciones criminales complejas y, sobre todo, se exigía una aplicación más eficaz del comiso de ganancias[83], pues la nueva criminalidad pretendía obtener un lucro económico a gran escala impulsándose mediante redes complejas con gran capacidad de actuación a nivel internacional. De hecho, uno de los problemas más destacados que surgen con estas nuevas formas de delincuencia ha sido su carácter transnacional. En este sentido, MENDOZA CALDERÓN pone de relieve la aparición de nuevos intereses que deben ser protegidos frente a las nuevas modalidades de ataque que habían surgido como consecuencia de la llamada «criminalidad transnacional» desarrollada gracias a la globalización y el progreso tecnológico[84]. Efectivamente, debemos ser conscientes de que la evolución tecnológica de los últimos años ha tenido un doble filo, empleándose también para fines delictivos, además de generar nuevos riesgos como, por ejemplo, los activos virtuales, carentes de regulación[85].

---

83 AGUADO CORREA, T., "La regulación del comiso en el proyecto de modificación del Código Penal", *Revista Electrónica de Ciencia penal y criminología* (RECPC), núm. 5, 2003, p. 2. CHOCLÁN MONTALVO, J.A., *El patrimonio criminal... Op.cit.*, p. 15.

84 MENDOZA CALDERÓN, S., "Criminalidad organizada económica y aplicación del principio *ne bis ídem* en la Unión Europea", en GONZÁLEZ CANO, I. (Dir.), *Cooperación judicial penal en la Unión europea. Reflexiones sobre algunos aspectos de la investigación y el enjuiciamiento en el espacio europeo de justicia penal*, Tirant lo Blanch, Valencia, 2015, pp. 163-164.

85 Así se recoge de la evaluación de riesgos que afectan a la Unión Europea en la Comunicación de la Comisión al Parlamento Europeo y al Consejo: "Hacia una mejor aplicación del marco de la UE para la lucha contra el blanqueo de capitales y la financiación del terrorismo", Bruselas, 24.07.2019, COM (2019)360 final. Sobre los riesgos y obstáculos que se plantean en el decomiso de estos activos virtuales, nos remitimos al análisis realizado por ANZOLA, A., "La ejecución de las resoluciones de decomiso de activos virtuales en España", *Revista General de Derecho Procesal*, núm. 57, 2022, pp. 1-25.

La reforma en materia de decomiso introducida por esta norma trajo, en primer lugar, la ampliación del objeto, que permitía el decomiso de los instrumentos del delito, y no sólo con los que éste se ejecutó– como se contemplaba en los textos anteriores-, sino que se extendía también a los utilizados en los actos preparatorios. Esta modificación puso punto final al debate doctrinal[86] acerca de su inclusión o no en la terminología anterior. Sin embargo, la inclusión en este primer apartado de forma conjunta del comiso de efectos e instrumentos y del comiso de ganancias, no agradó a parte de la doctrina, considerando sus detractores que ambos tipos de comiso respondían a fines distintos y por ende, se regían por principios también diferentes, lo que merecía una regulación separada[87].

A su vez, y por primera vez en nuestro ordenamiento, se contempló con esta reforma en el párrafo segundo del artículo127[88] el *decomiso por sustitución o valor equivalente,* también denominado *comiso impropio.* Esta nueva clase de decomiso permitía decomisar otros bienes del responsable penal cuando no fuera posible llevar a cabo el decomiso de los bienes recogidos en el apartado primero, esto es, los efectos que proviniesen de un delito o falta dolosa y los bienes, instrumentos o medios con que se hubiera preparado

---

86 AGUADO CORREA, T., "La regulación del comiso en el proyecto... *Op.cit.,*p.3. Así, para MANZANARES SAMANIEGO, J.L., quedaban incluidos las formas imperfectas del delito consumado, MANZANARES SAMANIEGO, J.L., "Notas sobre el comiso y la propiedad de terceros", *Actualidad Penal,* 1997, p. 524.

87 AGUADO CORREA, T., "La regulación del comiso en el proyecto... *Op.cit.,* p. 3.

88 Artículo 127.2 del Código penal: «Si por cualquier circunstancia no fuera posible el comiso de los bienes señalados en el apartado anterior, se acordará el comiso por un valor equivalente de otros bienes que pertenezcan a los criminalmente responsables del hecho». Esta clase de decomiso permite acordar el decomiso sobre otros bienes por un valor económico equivalente al del bien que por cualquier circunstancia (se haya enajenado, destruido, ocultado...) no haya sido posible su decomiso directo. Vid. Parte III, capítulo I, apartado 3.

o ejecutado el delito, así como las ganancias. Esta nueva clase de decomiso fue objeto de crítica por parte de la doctrina. En efecto, algunos autores consideraron que lo dispuesto sobre el comiso impropio suponía un acto de confiscación[89], ya que el precepto no establecía una relación directa entre los bienes decomisados y la actividad ilícita[90], pudiendo extenderse el decomiso a bienes de origen lícito, es decir, a los adquiridos legalmente cuando no fuera posible localizar los bienes ilícitos. Como veremos más adelante[91], esta clase de decomiso se mantiene vigente en la regulación actual junto con el resto de las clases de decomiso, algunas de las cuales han ido surgiendo con las posteriores reformas, aunque no se configura en estos mismos términos y su contenido ha sido reformado (de hecho actualmente se recoge en un precepto totalmente independiente).

No obstante, no fue la única novedad de la reforma de 2003, pues en el apartado tercero del artículo 127, pasó a reconocerse, también por primera vez en nuestra regulación, el *decomiso sin condena,* que facultaba al juez a declarar el decomiso sobre los bienes aunque no existiera una condena previa cuando no se pudiera imponer una pena al sujeto por estar exento de responsabilidad criminal o por haberse extinguido y, en este último caso, siempre que quedara demostrada la situación patrimonial ilícita. Con esta nueva fórmula se paliaba el problema que existía con el texto anterior, en el que el decomiso se configuraba como una consecuencia accesoria vinculada a una sentencia de condena. De esta manera, se permitía decomisar bienes de origen ilícito aunque el

---

89 VALERO MONTENEGRO, L.H., "Los bienes equivalentes y el riesgo de confiscación en la Ley de extinción de dominio y en el comiso penal", *Revista Via Iuris,* núm.6, 2009, p. 72.

90 En contra de esta opinión se muestra ANANÍAS ZAROR al entender que no es necesaria esa vinculación directa entre el objeto decomisado y el hecho ilícito, ANANÍAS ZAROR, I., *Op.cit.,* p. 165.

91 Vid. Parte III, capítulo I, apartado 2.

sujeto estuviese amparado por una causa eximente o el hecho no fuera punible[92].

Respecto de las disposiciones especiales, mediante esta ley se introdujo expresamente el decomiso de las ganancias en los delitos de blanqueo de capitales (artículos 301.5 y 302.2 CP). Sin embargo, el legislador se limitaba a contemplar el decomiso de las ganancias obtenidas por el culpable, sin establecer reglas especiales, ya que se remitía a las reglas generales previstas en el artículo 127. No ocurría lo mismo en el precepto que tipificaba el delito de tráfico de drogas (artículo 374 CP). Este artículo, además de hacer una remisión a las reglas generales del artículo 127, establecía unas normas especiales mucho más extensas que las previstas en la redacción anterior[93]. En primer lugar, entre las referencias más novedosas de la nueva redacción, destaca la previsión expresa del decomiso por sustitución o valor equivalente (artículo 374.1.4ª CP) cuando no hubiera podido decomisar los bienes y efectos del párrafo anterior (por cualquier causa), pudiendo recaer el deco-

---

92 AGUADO CORREA, T., *El comiso, Op.cit.*, p. 94.

93 Redacción del artículo 374 del Código penal previa a la reforma operada por esta norma: « 1. A no ser que pertenezcan a un tercero de buena fe no responsable del delito serán objeto de decomiso las drogas tóxicas, estupefacientes o sustancias psicotrópicas, los equipos materiales y sustancias a que se refiere el artículo 371, los vehículos, buques, aeronaves y cuantos bienes y efectos de cualquier naturaleza que sean, hayan servido de instrumento para la comisión de cualquiera de los delitos previstos en los artículos anteriores, o provengan de los mismos, así como las ganancias de ellos objetivas, cualesquiera que sean las transformaciones que hayan podido experimentar. 2. A fin de garantizar la efectividad del comiso, los bienes efectos e instrumentos a que se refiere el párrafo anterior podrán ser aprehendidos y puestos en depósito por la autoridad judicial desde el momento de las primeras diligencias. Dicha autoridad podrá acordar asimismo que, con las debidas garantías para su conservación y mientras se sustancia el procedimiento, los bienes efectos o instrumentos de lícito comercio puedan ser utilizados provisionalmente por la policía judicial encargada de la represión del tráfico ilegal de drogas. 3. Los bienes, efectos e instrumentos definitivamente decomisados por sentencia se adjudicarán al Estado».

miso sobre otros por valor equivalente y, en el caso de que hubieran desaparecido del patrimonio de los presuntos responsables, podía recaer sobre otros bienes distintos incluso de origen lícito que pertenecieran a los responsables (artículo 374.1.5ª CP). En segundo lugar, parte del desarrollo de este precepto fue dirigido a regular la actuación del órgano jurisdiccional acerca de la conservación, destrucción, incautación y enajenación de los bienes decomisados. Finalmente, en lo que al decomiso se refiere, el último apartado (artículo 374.4 CP) se pronunciaba acerca del destino de los bienes decomisados, y excluía la posibilidad de dirigirlos a cubrir las responsabilidades civiles derivadas del delito y las costas procesales, puesto que se establecía su adjudicación íntegra al Estado.

3.3. La Ley Orgánica 5/2010, de 22 de junio

Con las nuevas políticas europeas en materia pena, se iniciaba una trayectoria normativa dirigida especialmente a la lucha contra la criminalidad organizada[94] y la delincuencia económica -las

---

[94] Según el Código penal español, se entenderá por "organización criminal" (artículo 570 bis):«la agrupación formada por más de dos personas con carácter estable o por tiempo indefinido, que de manera concertada y coordinada se repartan diversas tareas o funciones con el fin de cometer delitos»; y por "grupo criminal" (artículo 570 ter): «la unión de más de dos personas que, sin reunir alguna o algunas de las características de la organización criminal definida en el artículo anterior, tenga por finalidad o por objeto la perpetración concertada de delitos». Tras la reforma operada en el Código penal español por la Ley orgánica 5/2010, se introdujo en el Título XXII del Libro II un nuevo capítulo denominado "De las organizaciones y grupos criminales", artículos 570 bis a 570 quater, que posteriormente sufrió algunas modificaciones en su redacción mediante la Ley orgánica 1/2015. Estos nuevos tipos se añadían al tradicional delito de asociación ilícita (artículo 515), y al supuesto concreto de terrorismo (artículo 571). Acerca de esta última cuestión existen numerosos estudios que tratan la complejidad aplicativa de estos tipos penales a la casuística y dan una visión crítica de las reformas. Sobre ello véase para más información: VELASCO NÚÑEZ,

cuales habían adquirido una importante dimensión en los últimos diez años- y a instaurar un sistema más eficaz de cooperación penal en el ámbito intracomunitario. Y es que en el sistema penal contemporáneo resultaba paradójico, como así destacaba CASTILLO MONTERREY, el hecho de que fuese más fácil privar a una persona de libertad que privarle de sus bienes, estando estos más protegidos que la propia libertad personal. Circunstancia que trasladada al ámbito de la cooperación internacional suponía que las extradiciones fueran más sencillas que, por ejemplo, levantar un secreto bancario para averiguar datos patrimoniales[95]. Con lo cual, esta situación generó multitud de obligaciones para los Estados miembros, quienes tuvieron que ir adaptando su Derecho interno a los diferentes instrumentos normativos europeos que fueron aprobándose en esta materia[96].

Parte de este nuevo acervo normativo comunitario se centró en la regulación del decomiso como uno de los instrumentos penales clave para la cooperación penal transfronteriza, convirtiéndose en una herramienta primordial y realmente efectiva e imprescindible–junto al seguimiento, embargo e incautación- para poner

---

E., "Crimen organizado: organización y grupo criminal..., *Op.cit.*, pp. 1-15; GONZALEZ RUS, J.J, "La criminalidad organizada en el código penal español: propuestas de reforma", *Anales del derecho*, núm.30, 2012, pp. 15- 41. CUENCA GARCÍA, M.J., "La criminalidad organizada tras la reforma del código penal español: una visión desde el derecho italiano", *La Ley*, núm. 5666, 2012, pp. 1-35; BRETONES ALCARAZ, F.J., "La criminalidad organizada en nuestro Código Penal: tratamiento anterior y posterior a la LO 5/2010 y LO 1/ 2015", *La Ley*, núm. 5515; 2015, pp. 1-22.

95 CASTILLO MONTERREY, M.A., "El comiso como instrumento para la recuperación de activos producto de la corrupción: su desaprovechada reforma mediante Ley Orgánica 5/2010", en FERNÁNDEZ GARCÍA, J., GORJÓN BARRANCO, M.C.; y ZÚÑIGA RODRÍGUEZ, L. (Coord.), *La reforma penal de 2010*, Ratio Legis Librería Jurídica, Salamanca, 2011, p. 98.

96 Vid. P.177 y ss.

freno a este tipo de delincuencia, ya que su principal objetivo lo constituía precisamente el beneficio económico[97].

De entre estos instrumentos comunitarios, destacaría la *Decisión Marco 2005/212/JAI*[98], *relativa al decomiso de los productos, instrumentos y bienes relacionados con el delito,* que fue traspuesta a nuestro ordenamiento a través de la *Ley Orgánica 5/2010, de 22 de junio*[99],y con la que vuelven a producirse cambios importantes en la regulación de la figura del decomiso.

Esta decisión marco fue la primera norma de la Unión Europea dedicada íntegra y exclusivamente al decomiso de los productos, instrumentos y bienes relacionados con el delito, sin una vinculación exclusiva con el delito de blanqueo de capitales[100]. En ella se puso de relieve[101] la ineficacia de la cooperación transfronteriza en

---

97 Como ya ponía de manifiesto VELASCO NÚÑEZ, tras la reforma operada por la Ley Orgánica 5/2010, «debe desarrollarse especialmente el combate contra las ganancias ilícitas de las organizaciones y grupos criminales, a través de su comiso por ocupación cautelar en la fase instructora (arts. 367 bis/338 LECrim para la convicción y conservación, para la destrucción de activos (art. 367 bis-septies LECrim—debiendo desarrollarse la Oficina de recuperación de activos— y para la restitución (arts. 619 y 620 LECrim, y en la fase de enjuiciamiento como condena conforme a la nueva regulación del art. 127 CP que para agrupaciones criminales permite además del comiso de equivalente, el de todo aquello que desproporcionadamente exceda de los ingresos obtenidos legalmente por cada uno de los integrantes de la organización, conforme a la filosofía de las DM 2005/212/JAI y 2002/475/JAI de la Unión Europea». VELASCO NÚÑEZ, E., "Crimen organizado: organización y grupo criminal…, *Op.cit.*, p. 8.

98 Sobre la *Decisión Marco 2005/212/JAI, del Consejo, de 24 de febrero de 2005 relativa al decomiso de los productos, instrumentos y bienes relacionados con el delito,* publicada en «DOUE» núm. 68, de 15 de marzo de 2005, Vid. P. 191.

99 Ley Orgánica 5/2010, de 22 de junio, por la que se modifica la Ley Orgánica 10/1995, de 23 de noviembre, del Código Penal. «BOE» núm. 152, de 23 de junio de 2010.

100 CARRILLO DEL TESO, A.E., *Decomiso y recuperación, Op.cit.*, p. 64.

101 Considerando (9) de la Decisión Marco 2005/212/JAI.

materia de decomiso, por lo que su principal objetivo lo constituía el establecimiento de una legislación armonizada entre los distintos Estados miembros que permitiera una cooperación penal mucho más fluida en dicha materia y que, a su vez, permitiera «el decomiso de los productos del delito, en particular en relación con la carga de la prueba sobre el origen de los bienes que posea una persona condenada por una infracción relacionada con la delincuencia organizada».

Este panorama normativo, que suponía que cada Estado miembro decidiera individualmente de acuerdo con su Derecho interno cómo luchar frente a la criminalidad organizada, requería de cierta armonización de las legislaciones internas a través de instrumentos normativos de carácter supranacional[102]. Uno de ellos fue esta decisión marco, con la que, a través de la aplicación del principio de reconocimiento mutuo se pretendía lograr un acercamiento normativo que redujera los obstáculos que, hasta ese momento, se venían produciendo en la práctica con motivo de las divergencias entre las legislaciones nacionales, y que generaba grandes dificultades en la colaboración interestatal. La anterior circunstancia era utilizada por las organizaciones criminales en su beneficio para enriquecerse ilícitamente y quedar impunes.

En cuanto al propio contenido de esta decisión marco, el primer artículo recogía la definición de los principales conceptos. Entre ellos, se definían los términos de "productos", "bienes", "instrumentos", "decomiso" y "persona jurídica". En segundo lugar, para unificar criterios aplicativos, se obligaba a los Estados a regular el decomiso directo (total o parcial) de los productos e instrumentos de las infracciones penales que llevasen aparejadas penas privativas de duración superior al año, así como el decomiso por valor equivalente correspondiente al valor de tales productos (artículo.2). Y ello porque la propia norma, en el conside-

[102] MUSACCHIO, V., "La lucha contra la mafia: el decomiso de los bienes en el ámbito nacional y europeo. Una opinión sobre la cuestión", *Revista General de Derecho Penal*, núm. 30, 2018, p. 1.

rando (9), aludía como causa de esa ineficacia en la cooperación transfronteriza al hecho de que en algunos países no era posible decomisar los productos de todos los delitos que llevaban aparejadas penas privativas de libertad de duración superior a un año, a pesar de ser un límite mínimo establecido en otros instrumentos anteriores. Desde una perspectiva más procesal y, en el supuesto de infracciones fiscales, se abría la puerta a que los Estados pudieran establecer procedimientos distintos a los de carácter penal para privar al autor de la infracción de los bienes[103] (artículo. 2.2).

No obstante, la verdadera novedad introducida con esta norma fue la previsión de la "potestad de decomiso ampliada", establecida en el artículo tercero. En dicho precepto se estableció la obligación de ampliar el decomiso, total o parcial, a todos los bienes pertenecientes a una persona condenada por una infracción que cumpliera los siguientes requisitos:

En primer lugar, que se tratase de una infracción cometida en el marco de una organización delictiva. En este sentido, se remitía a la definición recogida en el artículo 1 de *la Acción Común 98/733/JAI, de 21 de diciembre de 1998, relativa a la tipificación penal de la participación en una organización delictiva en los Estados miembros de la Unión Europea,* y por la que se debía entender por "organización delictiva": «una asociación estructurada de más de dos personas, establecida durante un cierto período de tiempo, y que actúe de manera concertada con el fin de cometer delitos sancionables con una pena privativa de libertad o una medida de seguridad privativa de libertad de un máximo de al menos cuatro años como mínimo o con una pena aún más severa, con independencia de que esos delitos constituyan un fin en sí mismos o un medio de obtener beneficios patrimoniales y, en su caso, de influir de manera indebida en el funcionamiento de la autoridad pública». Y, además, que la infracción cometida constituyese

---

103 GASCÓN INCHAUSTI, F., "., "Las nuevas herramientas procesales para articular ..." *Op.cit.*, p. 5.

alguno de los siguientes delitos: falsificación de moneda[104], blanqueo de capitales[105], trata de seres humanos[106], inmigración irregular[107], explotación sexual de niños y pornografía infantil[108] y tráfico ilícito de drogas[109]; o bien, que estuviera prevista en la *Decisión Marco 2002/475/JAI del Consejo*, de 13 de junio de 2002, sobre la lucha contra el terrorismo. En segundo lugar, se exigía que la infracción pudiera generar un beneficio económico. Por último, se requería un determinado grado de sanción, así las infracciones enumeradas anteriormente distintas del blanqueo de capitales debían estar castigadas con penas de prisión entre cinco y diez años en su grado máximo; mientras que el blanqueo de capitales debía tener aparejada una sanción de prisión de al menos cuatro años en su grado máximo.

Por otra parte, en el apartado segundo de este artículo 3, se establecían las condiciones mínimas que los Estados miembros debían adoptar para aplicar el decomiso ampliado cuando el órgano jurisdiccional nacional, basándose en

---

104 Decisión Marco 2000/383/JAI del Consejo de 29 de mayo de 2000 sobre el fortalecimiento de la protección, por medio de sanciones penales y de otro tipo, contra la falsificación de moneda con miras a la introducción del euro.

105 Decisión Marco 2001/500/JAI del Consejo, de 26 de junio de 2001, relativa al blanqueo de capitales, la identificación, seguimiento, embargo, incautación y decomiso de los instrumentos y productos del delito.

106 Decisión Marco 2002/629/JAI del Consejo, de 19 de julio de 2002, relativa a la lucha contra la trata de seres humanos.

107 Decisión Marco 2002/946/JAI del Consejo, de 28 de noviembre de 2002, destinada a reforzar el marco penal para la represión de la ayuda a la entrada, a la circulación y a la estancia irregular.

108 Decisión Marco 2004/68/JAI del Consejo, de 22 de diciembre de 2003, relativa a la lucha contra la explotación sexual de los niños y la pornografía infantil.

109 Decisión Marco 2004/757/JAI del Consejo, de 25 de octubre de 2004, relativa al establecimiento de disposiciones mínimas de los elementos constitutivos de delitos y las penas aplicables en el ámbito del tráfico ilícito de drogas.

hechos concretos, estuviera plenamente convencido de que los bienes proviniesen: « a) de actividades delictivas desarrolladas por la persona condenada durante un período anterior a la condena por la infracción a que se refiere el apartado 1, que el órgano jurisdiccional considere razonable a la vista de las circunstancias del caso concreto; b) de actividades delictivas similares desarrolladas por la persona condenada durante un período anterior a la condena por la infracción a que se refiere el apartado 1 del presente artículo, que el órgano jurisdiccional considere razonable a la vista de las circunstancias del caso concreto; c) que se tenga constancia de que el valor de la propiedad es desproporcionado con respecto a los ingresos legales de la persona condenada y un órgano judicial nacional, basándose en hechos concretos, esté plenamente convencido de que los bienes en cuestión provienen de la actividad delictiva de la persona condenada».

Con la aplicación de esta presunción legal –que como analizaremos más adelante, ha sido considerada por una parte de la doctrina como una inversión de la carga de la prueba-, se concluía que todo ese patrimonio tenía un origen ilícito, al considerar que su valor era desproporcionado respecto de los ingresos legales que se obtenían. Con lo cual se atribuía su origen a una actividad ilícita. Bajo esta presunción, dichos bienes serían susceptibles de decomiso con independencia de la participación del sujeto en el hecho, pues los elementos relevantes para ampliar el decomiso a estos bienes lo constituían, en términos generales, la consideración de miembro un grupo criminal – por las infracciones anteriormente mencionadas y la producción de un beneficio económico- y la posesión de un patrimonio desproporcionado[110]. Con esta previsión se quiso suprimir el obstáculo

---

110 En este sentido, por ejemplo, ANANÍAS ZAROR hace referencia a la incorporación de una presunción legal -a la que tilda "inversión de la carga de la prueba"- que determina que el origen es ilícito cuando

que suponía la redacción anterior en el decomiso de ganancias cuando no se podía probar fehacientemente su procedencia ilícita. Por el contrario, surgían nuevos conflictos doctrinales[111] como consecuencia del acomodo de esta clase de decomiso a la doctrina clásica del decomiso, en la que se vinculaba la aplicación de esta "pena accesoria" a una responsabilidad penal declarada; sin olvidar el conflicto que se planteaba con el derecho fundamental a la presunción de inocencia[112], con el principio de *ne bis in ídem* o la regla de cosa juzgada, cuestiones que serán abordadas más adelante.

Por último, este precepto autorizaba a los Estados para proceder al decomiso en las mismas condiciones frente a los

---

existe una desproporción entre el valor del patrimonio y los ingresos legalmente obtenidos. Y añade textualmente: «por lo que "inexplicable" y "delictivo" se transforman en conceptos legalmente idénticos), deviniendo en indiferente, por tanto, las acciones concretas (participación) del sujeto pasivo de la consecuencia accesoria, siendo lo único relevante "la suma de las ideas de pertenencia a la organización y tenencia de bienes" en caso de que exceda su capacidad económica visible (fundamento y límite de la misma)». ANANÍAS ZAROR, I., *Op.cit.*, p. 162

111 GONZÁLEZ CUSSAC, J.L., "Decomiso y embargo de bienes. Decisión Marco 2005/212 relativa al decomiso de los productos, instrumentos y bienes relacionados con el delito (DO L68 de 15 de marzo de 2005)", *Boletín del Ministerio de Justicia,* Año 60, núm. Extra 2015, 2006 (Ejemplar dedicado a: la armonización del derecho penal español: una evaluación legislativa), p. 16.

112 GONZÁLEZ CUSSAC, J.L., por ejemplo, se mostraba crítico con la incorporación literal del decomiso ampliado por su contraposición con este principio, entendiendo que el decomiso únicamente podía aplicarse por delitos declarados probados, y no sobre convicciones íntimas del juez acerca del origen ilícito de los bienes sin ser demostrado judicialmente. GONZÁLEZ CUSSAC, J.L., "Decomiso y embargo de bienes. Decisión Marco 2005/212 relativa al decomiso de los productos, instrumentos y bienes relacionados con el delito (DO L68 de 15 de marzo de 2005)", *Boletín del Ministerio de Justicia,* Año 60, núm. Extra 2015, 2006 (Ejemplar dedicado a: la armonización del derecho penal español: una evaluación legislativa), p. 17.

bienes adquiridos por los allegados de la persona afectada y frente a los transferidos a una persona jurídica sobre la que la persona ejerciera un control efectivo o si recibiera una parte considerable de ingresos de esa persona jurídica. Por último y, en consonancia con lo dispuesto en el artículo 2.2, se permitía que los Estados miembros recurriesen para este decomiso ampliado a procedimientos distintos a los penales para privar de estos bienes.

Como ya se ha indicado, fue la *Ley Orgánica 5/2010, de 22 de junio,* la que traspuso el contenido de esta decisión marco a nuestro ordenamiento, y, por la que, nuevamente, se introducían modificaciones a la regulación del decomiso, que hasta este momento se contemplaba –conforme a la redacción otorgada por la anterior reforma de la Ley Orgánica 15/2003- en los artículos 127 y 128 del Código penal junto a unas cláusulas especificas contenidas en la parte especial vinculadas a determinados delitos (tráfico de drogas, blanqueo de capitales, conducción temeraria, cohecho y contrabando)[113].

Tras la incorporación de la decisión marco, la nueva redacción del artículo 127 se establecía en los siguientes términos:

> «1. Toda pena que se imponga por un delito o falta dolosos llevará consigo la pérdida de los efectos que de ellos provengan y de los bienes, medios o instrumentos con que se haya preparado o ejecutado, así como las ganancias provenientes del delito o falta, cualesquiera que sean las transformaciones que hubieren podido experimentar. Los unos y las otras serán decomisados, a no ser que pertenezcan a un tercero de buena fe no responsable del delito que los haya adquirido legalmente.
> El Juez o Tribunal deberá ampliar el decomiso a los efectos, bienes, instrumentos y ganancias procedentes de actividades delictivas cometidas en el marco de una organización o grupo criminal o terrorista, o de un delito de terrorismo. A estos efectos se entenderá que proviene de la actividad delictiva el patrimonio de todas y cada una de las personas condenadas por delitos cometidos en el seno

113 Artículos 301, 369, 374, 384, 385, 431 y artículo 5 de la Ley Orgánica 12/1995, 12 de diciembre de represión del contrabando.

> de la organización o grupo criminal o terrorista o por un delito de terrorismo cuyo valor sea desproporcionado con respecto a los ingresos obtenidos legalmente por cada una de dichas personas.
> 2. En los casos en que la ley prevea la imposición de una pena privativa de libertad superior a un año por la comisión de un delito imprudente, el Juez o Tribunal podrá acordar la pérdida de los efectos que provengan del mismo y de los bienes, medios o instrumentos con que se haya preparado o ejecutado, así como las ganancias provenientes del delito, cualesquiera que sean las transformaciones que hubieran podido experimentar.
> 3. Si por cualquier circunstancia no fuera posible el comiso de los bienes señalados en los apartados anteriores de este artículo, se acordará el comiso por un valor equivalente de otros bienes que pertenezcan a los criminalmente responsables del hecho.
> 4. El Juez o Tribunal podrá acordar el comiso previsto en los apartados anteriores de este artículo aun cuando no se imponga pena a alguna persona por estar exenta de responsabilidad criminal o por haberse esta extinguido, en este último caso, siempre que quede demostrada la situación patrimonial ilícita.
> 5. Los que se decomisan se venderán, si son de lícito comercio, aplicándose su producto a cubrir las responsabilidades civiles del penado si la ley no previera otra cosa, y, si no lo son, se les dará el destino que se disponga reglamentariamente y, en su defecto, se inutilizarán».

Esta regulación prácticamente se acomodaba a lo exigido por la Decisión Marco[114], pues nuestro ordenamiento había contemplado con la reforma anterior el decomiso por sustitución o valor equivalente, el decomiso sin condena y, había ampliado el objeto del decomiso a los bienes, efectos, medios e instrumentos con los que se había ejecutado y preparado el delito, así como a las ganancias. Sin embargo, lo establecido sobre la "potestad de decomiso ampliado" constituía un verdadero problema a la hora de llevar a cabo su trasposición a nuestro Derecho interno.

---

[114] GONZÁLEZ CUSSAC, J.L., "Decomiso y embargo de bienes. Decisión Marco 2005/212 relativa al decomiso de los productos, instrumentos y bienes relacionados con el delito (DO L68 de 15 de marzo de 2005)", *Boletín del Ministerio de Justicia*, Año 60, núm. Extra 2015, 2006 (Ejemplar dedicado a: la armonización del derecho penal español: una evaluación legislativa), p. 15.

En este sentido, la doctrina fue crítica[115] con esta última previsión relativa al decomiso ampliado, al considerarla manifiestamente deficiente, atendiendo, en primer lugar, a la falta de previsión de supuestos en los que el sujeto que no fuese miembro de una organización criminal, a pesar de poseer bienes de origen ilícito y la dificultad de probar la buena fe para el tercero titular del bien decomisado. El ámbito de aplicación de este tipo de decomiso quedaba entonces circunscrito a los delitos cuya comisión hubiera tenido lugar en el seno de una organización o grupo criminal o terrorista, o delitos de terrorismo[116]. En segundo lugar, otros autores consideraban que mediante este decomiso ampliado podía producirse una confiscación de bienes del sujeto que, aun sin tener relación directa con los hechos, no pudiera justificar el origen legal si no dispusiera de una fuente de ingreso lícita[117], lo que bien podría derivar en una investigación de todo su patrimonio, lo que podría vulnerar el derecho de propiedad.

Finalmente, y desde un punto de vista administrativo, mediante la disposición final primera de la *Ley Orgánica 5/2010, de 22 de junio,* se añadió el *artículo 367 septies* en la Ley de Enjuiciamiento

---

115 ANANÍAS ZAROR, I., *Op.cit.,* pp. 162-163.

116 LORENZO SALGADO, J.M, "Directiva 2014/42/UE sobre el embargo y el decomiso de los instrumentos y del producto del delito y la extensión al blanqueo en 2015 del comiso ampliado, previsto inicialmente para la criminalidad organizada transnacional", en ABEL SOUTO, M.; SÁNCHEZ STEWART, N. (Dir.), *VI Congreso Internacional sobre prevención y represión del blanqueo de dinero: Ponencias y conclusiones del congreso internacional sobre el blanqueo: Unión Europea, incidencia en la economía y sociedad digital, aplicación de las reformas recientes e internacionalización del Derecho penal, celebrado en la Facultad de Derecho de la Universidad de Santiago de Compostela, en julio de 2018,*Tirant lo Blanch, Valencia, 2019, p. 586.

117 ANANÍAS ZAROR, I., *Op.cit.,* pp.162-163; GONZÁLEZ CUSSAC, J.L., "Decomiso y embargo de bienes. Decisión Marco 2005/212 relativa al decomiso de los productos, instrumentos y bienes relacionados con el delito (DO L68 de 15 de marzo de 2005)", *Boletín del Ministerio de Justicia,* Año 60, núm. Extra 2015, 2006 (Ejemplar dedicado a: la armonización del derecho penal español: una evaluación legislativa), p. 16.

Criminal, con el cual se creaba la Oficina de Recuperación y Gestión de Activos (en adelante, la ORGA). A este organismo auxiliar, con carácter de Policía Judicial, se le encomendaban las funciones de localizar, conservar, administrar y realizar los bienes que eran decomisados. El estatuto jurídico de este organismo debía desarrollarse reglamentariamente. Sin embargo, desgraciadamente este desarrollo normativo quedó paralizado y, con ello, el funcionamiento de la ORGA, cuyas funciones fueron asumidas en parte por el CITCO. Esta circunstancia se alargó hasta la trasposición de la Directiva Europea 2014/42/UE a nuestro ordenamiento, momento a partir del cual se produjo el desarrollo reglamentario de la ORGA necesario que permitía su puesta en funcionamiento[118].

Tras este breve recorrido histórico de la figura del decomiso desde su origen más remoto hasta la reforma de la *Ley Orgánica 5/2010, de 22 de junio*, hemos podido observar cómo el decomiso ha ido evolucionando de forma paulatina, produciéndose cambios en prácticamente todos sus elementos–ampliándose su objeto, los tipos delictivos a los que podía aplicarse o apareciendo nuevas clases de decomiso- y, consecuentemente, surgiendo nuevos debates doctrinales acerca de sus aspectos más controvertidos. Sin embargo, a pesar de haber alcanzado un mayor desarrollo normativo, lo cierto es que el decomiso continuaba presentando algunas deficiencias en la práctica que requerían de una reforma mucho más profunda de la figura para lograr solventar algunos de los problemas que se planteaban en su puesta en práctica. No fue hasta el año 2015, con la transposición de la *Directiva europea 2014/42/UE del Parlamento Europeo y del Consejo de 3 de abril de 2014, sobre el embargo y el decomiso de los instrumentos y del producto del delito en la Unión Europea*, cuando tuvo lugar la mayor transformación

---

118 JIMÉNEZ FRANCO, E., "La oficina de Recuperación y Gestión de Activos (ORGA) de España: origen, presente y futuro", en BERDUGO GÓMEZ DE LA TORRE, I., FABIÁN CAPARRÓS, E. y RODRÍGUEZ GARCÍA, N. (Dir.), *Recuperación de activos y decomiso* Valencia, 2017, p. 71.

de la figura en nuestro ordenamiento. Y es que debemos ser conscientes de la relevancia que este instituto jurídico penal ha ido adquiriendo a nivel internacional, lo que puede traducirse en una influencia directa- y prácticamente constante- de las normas internacionales sobre nuestro legislador patrio, quien debía cumplir con los compromisos adquiridos, especialmente, en el marco del Derecho de la Unión Europea. Es por ello, no sólo conveniente, sino obligatorio, analizar el marco jurídico internacional y europeo del decomiso, última pieza del puzle que permitirá al lector tener una visión completa de la evolución de la figura.

Capítulo 2

Marco normativo internacional

1. INTRODUCCIÓN

El análisis de la evolución normativa del decomiso en nuestro ordenamiento pone de manifiesto las paulatinas y sutiles reformas acaecidas sobre esta figura que poco a poco incorporaban pequeñas novedades normativas, en su mayoría afectando a su régimen sustantivo, quedando al margen casi siempre su aspecto procesal. Seguramente, este periplo normativo ha venido guiado por el poco interés que ha generado la figura del decomiso ya desde su origen en nuestro ordenamiento[1]. No obstante, actualmente el régimen jurídico de esta figura ha logrado superar este abandono por el legislador de antaño al convertirse en uno de los instrumentos fundamentales de la cooperación judicial internacional. Consecuencia de ello, en estas últimas décadas el decomiso se ha convertido en una pieza clave de la cooperación penal por su alto grado de eficacia en la prevención y lucha contra las formas de delincuencia más graves y recuperación de activos[2], provocando con ello un gran desarrollo normativo de la figura en el plano internacional y europeo que irremediablemente ha repercutido de forma directa en el legislador español.

---

1 CEREIJO SOTO, A., "Nuevos instrumentos para el decomiso a partir de la Ley 4/2010...", Op.cit., p.17.

2 Como destaca ROMERO PRADAS acerca de las instituciones de embargo y decomiso, estas han adquirido mayor relevancia en estos últimos años en materia de persecución de las formas más graves de delincuencia transfronteriza y en la cooperación judicial penal, ROMERO PRADAS, M.I., "Estado actual del reconocimiento mutuo..., *Op.cit.*, p. 1421.

Así pues, para abordar el análisis minucioso del régimen jurídico actual del decomiso en nuestro ordenamiento y de los distintos debates doctrinales suscitados en torno a esta figura, es necesario hacer una breve reseña de su evolución en el contexto normativo supranacional. En efecto, como veremos, a él responden las sucesivas reformas sobre el decomiso en nuestro ordenamiento interno.

No obstante, siendo conscientes de la amplitud que supone el estudio pormenorizado de todo el régimen normativo internacional y europeo en el ámbito penal y, que excede a todas luces los límites de esta investigación, únicamente se mencionarán aquellos instrumentos normativos más trascendentales que han afectado directamente a la regulación del decomiso y, por supuesto, a las cuestiones específicas que hayan afectado de forma relevante a la legislación interna española.

En el siguiente epígrafe vamos a exponer brevemente algunos de los instrumentos normativos más relevantes adoptados en el seno de los principales organismos internacionales y europeos que han dirigido las iniciativas más notables en la cooperación penal internacional a la lucha contra la criminalidad organizada y recuperación de activos[3], especialmente han impulsado el desa-

---

3 Como ha señalado SANTOS, M., el concepto de recuperación de activos es más amplio que el de decomiso y de embargo, y requiere una mayor uniformidad por parte de la doctrina, pues existen ciertas divergencias desde la perspectiva internacional (por ejemplo, la Convención contra la Corrupción, adoptada por la Asamblea General de las Naciones Unidas, el 31 de octubre de 2003) y a nivel del derecho de la Unión Europea , siendo en este último mucho más amplio y, como tendremos ocasión de analizar acerca del objeto de decomiso, SANTOS, M., "Reglamento (UE) 2018/1805 del parlamento y del consejo de 14 de noviembre de 2018 sobre el reconocimiento mutuo de las resoluciones de embargo y decomiso. Algunas notas desde una perspectiva portuguesa", en LLORENTE SÁNCHEZ-ARJONA, M (Dir.), *Estudios procesales sobre el espacio europeo de justicia penal,* Aranzadi, Cizur Menor (Navarra), 2021, p. 297. Por otro lado, destaca JIMÉNEZ-VILLAREJO FERNÁNDEZ: «Como quiera que, ya sea en su sentido estricto o en el

rrollo normativo del decomiso en las últimas décadas. Para ello, la exposición se centrará en los aspectos procesales más relevantes en los supuestos de carácter trasfronterizo.

Como tendremos oportunidad de observar, algunas de estas normas, en realidad, no se centran especialmente en la figura del decomiso, sino que la vinculan a cierto tipo de delincuencia (blanqueo de capitales y tráfico de drogas, además del terrorismo)[4]

---

más amplio que se ha ido imponiendo a nivel de la UE, la recuperación de activos depende de la cooperación internacional, al ser el componente transnacional, consustancial a su propia dinámica; este art. se va a centrar en dicha dimensión transnacional. En efecto, la globalización y liberalización de los mercados financieros, la digitalización y los avances tecnológicos, facilitan enormemente, no solo la comisión de los delitos lucrativos ("criminalita da profitto"), también la colocación de las ganancias delictivas y ocultación de su titularidad. Ello obliga a la revisión constante de las legislaciones e instrumentos normativos internacionales, a fin de mejorar la eficacia de la recuperación de activos como elemento clave de la lucha contra la omnipresente y camaleónica criminalidad organizada», JIMÉNEZ-VILLAREJO FERNÁNDEZ, F .,"Recuperación de activos en la Unión europea", en BERDUGO GÓMEZ DE LA TORRE, I.; RODRÍGUEZ GARCÍA, N. (Coord.), *Decomiso y Recuperación de activos. Crime Doesn´t pay*, Tirant lo Blanch, Valencia, 2020, p. 295.

4 GASCÓN INCHAUSTI pone de relieve la conexión entre la delincuencia organizada y el blanqueo de capitales, pues la intención de este tipo de grupos criminales es precisamente introducir en el circuito legal del dinero el producto del delito. Por ello, el decomiso de los medios económicos con los que se financian permite lograr la erradicación de las actividades criminales. GASCÓN INCHAUSTI, F., "Decomiso y cooperación internacional: aplicación del principio..." *Op.cit.*, pp. 3-4. En el mismo sentido, AGUADO CORREA, T., "Normas mínimas sobre decomiso de los instrumentos y del producto de la delincuencia organizada en la Unión Europea (Directiva 2014/42/UE) y su incorporación al derecho español" en ZUÑIGA RODRÍGUEZ, L. (Dir.), *Criminalidad organizada trasnacional: una amenaza a la seguridad de los Estados democráticos*, Tirant lo Blanch, Valencia, 2017, p. 554. Sobre la financiación del terrorismo, en la Comunicación de la Comisión al Parlamento Europeo y al Consejo: "Plan de acción para intensificar la lucha contra la financiación del terrorismo", en Estrasburgo, 2.2.2016 COM(2016) 50 final,

que, por su repercusión y rápida expansión, ha incentivado la cooperación entre Estados[5]. Tales normas son las que se han venido desarrollando en un "triple ámbito[6]": las Naciones Unidas, el Consejo de Europa y la Unión Europea.

2. NACIONES UNIDAS

La Organización de las Naciones Unidas (en adelante, ONU) nació oficialmente en 1945 con 51 Estados miembros, aunque en la actualidad ascienden a 193, lo que muestra la transcendencia que a nivel mundial tienen los acuerdos adoptados en su seno.

En el ámbito del Derecho penal, la actividad de la ONU ha tenido siempre un carácter sectorial[7], preocupándose de los delitos más graves (terrorismo, tráfico de drogas, o blanqueo de capita-

---

se hacía constar la vinculación estrecha con la delincuencia organizada que nutre al terrorismo a través de canales como el suministro de armas, ingresos procedentes del tráfico de drogas y la infiltración de los mercados financieros. La preocupación por los daños que puede causar en el sistema financiero y los riesgos que suponen para la seguridad ciudadana, el blanqueo de capitales y la financiación del terrorismo ha continuado en la actualidad. Así, más recientemente, se ponía de manifiesto en la Comunicación de la Comisión al Parlamento Europeo y al Consejo: "Hacia una mejor aplicación del marco de la UE para la lucha contra el blanqueo de capitales y la financiación del terrorismo", en Bruselas, 24.07.2019, COM (2019)360 final.

5 CHOCLÁN MONTALVO afirma que la criminalidad organizada es la criminalidad de la globalización, con lo cual las políticas de lucha contra este tipo de criminalidad deben dirigirse a neutralizar su capacidad económica, principalmente mediante una cooperación internacional efectiva y eficaz, así como unificando las legislaciones nacionales, respetando eso sí, los principios jurídico-constitucionales propios de cada uno de ellos, CHOCLÁN MONTALVO, J.A., *El patrimonio criminal... Op.cit.*, p.16.

6 DIAZ CABIALE, J.A., *Op.cit.*, p. 4.

7 CARRILLO DEL TESO, A.E *Decomiso y recuperación...*, *Op.cit.*, p. 39.

les, entre otros), que por su peligrosidad y capacidad exponencial de generar beneficios económicos -sin olvidar del carácter trasnacional que suelen adquirir-, requerían de unas primeras líneas unitarias en su regulación para garantizar y reforzar una cooperación judicial más efectiva entre los Estados.

Entre los instrumentos más relevantes elaborados en materia penal en el seno de las Naciones Unidas destacan cuatros convenios. El primero de ellos es el *Convenio contra el tráfico ilícito de estupefacientes y sustancias psicotrópicas, hecho en Viena el 20 de diciembre de 1988*[8], en el que se plasmaba las consecuencias tan nefastas que tenía esta delincuencia–normalmente trasnacional y vinculada a otras actividades delictivas organizadas relacionadas con el tráfico ilícito- sobre la estabilidad económica, la seguridad y la soberanía de los Estados. Por otro lado, siendo conscientes de que esta delincuencia tenía la capacidad de reportar grandes beneficios a las organizaciones criminales, se advertía en este instrumento la necesidad de establecer una acción común dirigida a privarlas del producto del delito y, con ello, eliminar el principal incentivo de esta actividad[9].

En relación con esto último, el convenio optaba por establecer un concepto amplio de "producto" a la hora de autorizar el decomiso. Así, mientras que en el artículo 1- relativo a las definiciones generales aplicables a todas las medidas contenidas en dicho instrumento- se indicaba en términos más generales que, salvo indicación expresa en contrario o que el contexto hiciera necesaria otra interpretación, se entendería por "producto": «los bienes

---

8 Aprobado y ratificado por España el 30 de julio de 1990, instrumento de ratificación disponible en el «BOE» núm. 270, de 10 de noviembre de 1990.

9 SANTOS, M., destaca la importancia de la neutralización de los beneficios económicos mediante la asfixia económica para lograr una prevención y represión eficaz de este tipo de delincuencia, evitando que con ellos pueda autofinanciarse para seguir en su actividad criminal, perjudicando la estabilidad del Estado de Derecho, SANTOS, M., "Reglamento (UE) 2018/1805..., *Op.cit.*, p. 294.

obtenidos o derivados directa o indirectamente de la comisión de un delito en el artículo 3.1.». En cambio, a la hora de regular el decomiso[10]–entendido éste como la privación definitiva de un bien[11]-, se establecía acerca del producto decomisable lo siguiente:

En primer lugar, en concordancia con esa definición general, autorizaba un decomiso directo sobre el producto derivado de los delitos tipificados en el artículo 3.1 y, junto a este, se permitía el decomiso de otros bienes por valor equivalente del producto[12] (artículo 5.1.a).

En segundo lugar, se contemplaba el decomiso específico de los estupefacientes, sustancias psicotrópicas, materiales, equipos, instrumentos utilizados o destinados a ser utilizados para cometer los delitos del artículo 3.1 (artículo 5.1.b).

En tercer lugar, para poder proceder al eventual decomiso posterior del producto, bienes, instrumentos u otros elementos (refiriéndose al apartado primero del mismo artículo), los Estados deberían contemplar medidas que permitieran a las autoridades identificar, detectar, embargar o incautar estos elementos (artículo 5.2). Y, entre estas medidas, se obligaba a incluir las que autoricen a los tribunales y autoridades competentes para poder ordenar la presentación o incautación específica de documentos bancarios, financieros y comerciales, no pudiendo ampararse las partes en el secreto bancario para su inaplicación (artículo 5.3).

---

10 El artículo 5 recoge de forma conjunta todas las reglas relativas al decomiso.

11 Según la definición recogida en el artículo 1.f): «se entiende la privación con carácter definitivo de algún bien por decisión de un Tribunal o de otra autoridad competente».

12 Esta clase de decomiso era de aplicación subsidiaria al decomiso directo del producto en aquellos supuestos en los que no fuera posible llevarlo a cabo y, se permitía el decomiso de otros bienes distintos por el mismo valor.

En cuarto lugar, la aplicación de las medidas recogidas en este precepto no se limitaba exclusivamente a la enumeración recogida en los primero apartados, sino que se extendía también a: « a) otros bienes que hubieran resultado de la trasformación del producto; b) Cuando el producto se hubiera mezclado con otros adquiridos de fuentes lícitas, se podrían decomisar dichos bienes hasta el valor estimado del producto mezclado; c) asimismo, sobre los ingresos u otros beneficios derivados del producto, de los bienes en los cuales el producto se hubiera transformado o convertido y, finalmente, de los bienes con los cuales se hubiera mezclado el producto de la misma manera y en la misma medida que al producto» (artículo 5.6).

En cuanto a los límites que se establecían a las partes en la aplicación de todas las medidas recogidas en este artículo, se disponía, por un lado, la prohibición de vulnerar los derechos de terceros de buena fe (respecto de la que el artículo 5.8 no establecía previsiones más específicas) y, por otro lado, se indicaba que el desarrollo de estas medidas debía de hacerse de conformidad a lo dispuesto en el Derecho interno (artículo 5.9).

Por otro lado, a pesar de regular en los artículos 7 y siguientes las distintas fórmulas de asistencia y cooperación judicial en materia penal, para el decomiso se establecían en el apartado 4 del artículo 5 ciertas concreciones que debían aplicarse en la solicitud de ejecución de mandamientos de decomiso en los supuestos de asistencia mutua entre Estados[13], sin perjuicio de la adopción de acuerdos

13 La solicitud cuyo contenido debía contener la información necesaria sobre los hechos y una descripción de los bienes y de las medidas a adoptar, y debía presentarse en el Estado en cuyo territorio se encontrase el bien objeto de decomiso. Una vez recibida, la parte requerida debía adoptar las medidas necesarias para la identificación, localización, embargo preventivo e incautación de dicho bien a efectos de asegurar el posterior decomiso.

bilaterales o multilaterales que mejorasen la cooperación entre las partes implicadas, aspecto este que debían procurar concertar. Asimismo, se pronunciaba sobre las posibilidades de reparto de los bienes decomisados entre los Estados, cuya regla general remitía al Derecho interno del Estado de ejecución y a sus procedimientos administrativos[14] para determinar el destino de los bienes o productos decomisados; regla que podía ser excepcionada mediante la celebración entre los Estados implicados de acuerdos bilaterales o multilaterales sobre este reparto, permitiendo que fueran destinados a fines de carácter más social como su aportación a organismos intergubernamentales especializados en la lucha contra el tráfico ilícito de estupefacientes (artículo 5.5.b).

Por último, una de las novedades destacables introducida por este convenio fue acerca de la carga probatoria sobre el origen lícito del bien. En este sentido, en el apartado 7 del artículo 5 se facultaba a cada Estado a establecer una inversión en la carga de la prueba sobre esta cuestión en la medida de que fuera compatible con su ordenamiento jurídico interno. Esta primera previsión supuso el germen de lo que más tarde se ha conocido como decomiso ampliado[15].

Una década después aproximadamente, tuvieron lugar dos convenios más. El primero de ellos fue el *Convenio Internacional para la Represión de la Financiación del Terrorismo, hecho en Nueva York el 9 de diciembre de 1999*[16]. En este instrumento, cuyo objetivo primordial era intensificar la cooperación internacional entre los Estados para establecer medidas eficaces para prevenir la financiación del terrorismo, la figura del decomiso no adquirió gran

---

14 Artículo 5.5.a).

15 CARRILLO DEL TESO, A.E., *Decomiso y recuperación, Op.cit.*, p. 42.

16 Firmado por España el 8 de enero de 2001, aprobado y ratificado el 1 de abril de 2002, instrumento de ratificación disponible en el «BOE» núm. 123, de 23 de mayo de 2002.

relevancia, Pues solo se mencionó lacónicamente en el artículo 8 de los veintiocho que conformaban este convenio.

En términos generales, este precepto ordenaba a los Estados parte a establecer medidas para la identificación, la detección y el aseguramiento o la incautación de todos los fondos utilizados o asignados para cometer los delitos indicados en el artículo 2[17], así como el producto obtenido de esos delitos a los efectos de adoptar posteriormente el decomiso sobre ellos. En esta ocasión se opta por utilizar el concepto de "fondos" para referirse a los bienes decomisables de una forma mucho más genérica y, en este sentido, el artículo 1 se refería como: «Los bienes de cualquier tipo, tangibles o intangibles, muebles o inmuebles, con independencia de cómo se hubieran obtenido, y los documentos o instrumentos legales, sea cual fuere su forma, incluida la forma electrónica o digital, que acrediten la propiedad u otros derechos sobre dichos bienes, incluidos, sin que la enumeración sea exhaustiva, créditos bancarios, cheques de viajero, cheques bancarios, giros, acciones, títulos, obligaciones, letras de cambio y cartas de crédito».

Asimismo, y correlativamente, deberían contemplar medidas que permitieran el posterior decomiso tanto de estos fondos utilizados o asignados como del producto obtenido. Por otro lado, se pronunciaba acerca del destino de los bienes decomisados: en

---

17 Artículo 2.1: «Comete delito en el sentido del presente Convenio quien por el medio que fuere, directa o indirectamente, ilícita y deliberadamente, provea o recolecte fondos con la intención de que se utilicen, o a sabiendas de que serán utilizados, en todo o en parte, para cometer: a) Un acto que constituya un delito comprendido en el ámbito de uno de los tratados enumerados en el anexo y tal como esté definido en ese tratado; b) Cualquier otro acto destinado a causar la muerte o lesiones corporales graves a un civil o a cualquier otra persona que no participe directamente en las hostilidades en una situación de conflicto armado, cuando, el propósito de dicho acto, por su naturaleza o contexto, sea intimidar a una población u obligar a un gobierno o a una organización internacional a realizar un acto o a abstenerse de hacerlo».

primer lugar, se facultaba a los Estados a concertar acuerdos con otros para compartir los fondos decomisados. En segundo lugar, se contemplaba la posibilidad de que los Estados destinasen los fondos decomisados para indemnizar a las víctimas de los delitos y sus familiares. Esta última previsión no se recogía en el anterior convenio relativo al *tráfico ilícito de estupefacientes y sustancias psicotrópicas* de 1988, pero, al igual que ocurría en este último instrumento, la aplicación del decomiso quedaba siempre condicionada a que no se perjudicasen los derechos de los terceros de buena fe, sin desarrollar nada más a este respecto.

Por otro lado, la *Convención contra la Delincuencia Organizada Trasnacional, hecho en Nueva York el 15 de noviembre de 2000*[18] tenía como propósito promover la cooperación para prevenir y combatir más eficazmente la delincuencia organizada trasnacional[19]. Se retomaron las definiciones otorgadas por aquel entonces en la Convención de Viena de 1988[20] sobre "decomiso y bienes o producto del delito" y, se siguió en la misma línea de

18 Esta convención es conocida, también, como la *Convención de Palermo.* Posteriormente, fue complementada por tres protocolos: *Protocolo para prevenir, reprimir y sancionar la trata de personas, especialmente mujeres y niños; Protocolo contra el tráfico ilícito de migrantes por tierra, mar y aire; Protocolo contra la fabricación y el tráfico ilícitos de armas de fuego, sus piezas y componentes y municiones.* Fue firmada por España el 13 de diciembre de 2000 y aprobada y ratificada el 21 de febrero de 2002, instrumento de ratificación disponible en el «BOE» núm. 233, de 29 de septiembre de 2003.

19 CUENCA GARCÍA, M.J., "La criminalidad organizada tras la reforma del Código penal español: una visión desde el derecho italiano", *La Ley,* núm. 5666, 2012, p. 2.

20 Artículo 1 del *Convenio contra el tráfico ilícito de estupefacientes y sustancias psicotrópicas,* hecho en Viena el 20 de diciembre de 1988: «(...) f) Por «decomiso» se entiende la privación con carácter definitivo de algún bien por decisión de un Tribunal o de otra autoridad competente; p) Por «producto» se entiende los bienes obtenidos o derivados directa o indirectamente de la comisión de un delito tipificado de conformidad con el párrafo l del artículo 3; q) Por «bienes» se entiende los activos de cualquier tipo, corporales o incorporales, muebles o raíces, tangibles o

los acuerdos anteriores analizados hasta ahora, pero, a diferencia de aquellos, la regulación del decomiso se establecía en tres artículos diferentes.

En primer lugar, el régimen general del decomiso se desarrollaba en el artículo 12. Este precepto imponía a los Estados diversas obligaciones con la finalidad de garantizar la cooperación entre Estados. La primera de ellas, en relación con el objeto del decomiso, consistía en que los Estados debían adoptar las medidas necesarias para autorizar el decomiso sobre los productos del delito y «de los bienes, equipo u otros instrumentos utilizados o destinados a ser utilizados en la comisión de los delitos», en ambos casos referidos a los delitos comprendidos en el marco de la convención[21] (artículo 12.1). Sin embargo, el objeto del decomiso no se limitaba a estos bienes, sino que se permitía su extensión también a: 1. Aquellos otros derivados de la transformación total o parcial del producto del delito (artículo12.3); 2. En los supuestos en los que el producto del delito se hubiera mezclado con bienes de origen lícito[22], el decomiso podía recaer sobre esa masa patrimonial hasta el valor estimado del producto entremezclado, (artículo 12.4); 3. Los ingresos u otros beneficios derivados del producto del delito, de bienes en los que se haya transformado el producto del delito o de bienes con los que se haya entremezclado el producto

intangibles, y los documentos o instrumentos legales que acrediten la propiedad u otros derechos sobre dichos activos» (...).

21 Delitos de blanqueo (artículos 6 y 7), corrupción (artículo 8) y, los delitos graves (aquellos con una privación de libertad máxima de al menos cuatro años o con una pena más grave) con carácter trasnacional (definido en el artículo 3.2) y que entrañen la participación de un grupo delictivo organizado (definido en el artículo 1.a).

22 El texto, además, facultaba a los Estados para invertir la carga de la prueba y exigir al delincuente la demostración del origen lícito de los bienes decomisables en la medida en que fuera compatible con su Derecho interno (artículo 12.7).

del delito –de la misma forma y grado que el producto del delito- (artículo 12.5).

Por otro lado, se imponía a los Estados la obligación de contemplar tanto medidas encaminadas a la identificación, localización, embargo preventivo o incautación de los bienes decomisables (artículo 12.2), como permitir que tribunales u otras autoridades competentes pudieran ordenar la presentación o la incautación de documentos bancarios, financieros o comerciales (artículo 12.6), y ello, dada la relevancia que adquieren también las actuaciones previas, y de cuya eficacia dependerá en muchas ocasiones que pueda materializarse el posterior decomiso.

Por supuesto, los límites que se establecían en la aplicación de las medidas recogidas en el convenio se mantenían en la tónica habitual de los textos anteriores, esto es, que no podían perjudicarse derechos de terceros de buena fe y su aplicación debía ser siempre conforme al Derecho interno.

En segundo lugar, el artículo 13 estaba dedicado a la cooperación internacional para fines de decomiso. Este precepto incorporaba las normas que debían regir en la solicitud y ejecución del decomiso en otro Estado miembro y viceversa y, en general, instaba los Estados a la previsión en sus respectivos ordenamientos de normas que facilitasen la cooperación entre los Estados en estos supuestos.

Finalmente, en tercer lugar, se regulaba en el artículo 14 el destino de los bienes decomisados. Este precepto tampoco estableció ninguna novedad al respecto, y prácticamente reproducía la misma redacción de los textos anteriores. Así, pues, se limitaba a remitir a los Estados a su Derecho interno y sus procedimientos administrativos para determinar el destino de lo decomisado, eso sí, en el marco de la cooperación recogido en el artículo anterior se establecía la necesidad de dar prioridad a las peticiones de « devolución del producto del delito o de los bienes decomisados al Estado Parte requirente a fin de que éste pueda indemnizar a las víctimas del delito o devolver ese producto del delito o esos bienes a sus propietarios legítimos ». No obstante, no se impedía que los Estados parte pudieran formalizar otros acuerdos particulares acerca del destino de los bienes decomisados.

No obstante, la delincuencia organizada trasnacional y el terrorismo no eran los únicos tipos delictivos que preocupaban a la sociedad. Junto a ellos, los delitos de corrupción [23]- íntimamente relacionados con los anteriores, así como con el delito de blanqueo de capitales- habían ido alcanzado cada vez más una mayor dimensión internacional con el peligro que ello suponía para la seguridad del Estado, dejando pues de ser un problema local y requiriendo una cooperación internacional en la prevención y lucha contra esta clase de delincuencia[24].

---

23 CASTILLO MONTERREY se refiere a la corrupción como un tipo de delincuencia específica de la globalización, de la criminalidad transnacional y delincuencia económica organizada, CASTILLO MONTERREY, M.A., *Op.cit.*, p. 95.

24 Acerca de esta conexión delictiva, MENDOZA CALDERÓN, S., se refiere a la delincuencia organizada como: «un actor económico global, con un fuerte espíritu empresarial, especializado en proveer simultáneamente diferentes tipos de bienes y servicios ilegales, lo que incidiría en la economía europea y global, afectando considerablemente a los ingresos fiscales de los Estados miembros de la Unión Europea (...)». MENDOZA CALDERÓN, S., "Criminalidad organizada económica y aplicación del principio *ne bis ídem* en la Unión Europea", en GONZÁLEZ CANO, I. (Dir.), *Cooperación judicial penal en la Unión europea. Reflexiones sobre algunos aspectos de la investigación y el enjuiciamiento en el espacio europeo de justicia penal,* Tirant lo Blanch, Valencia, 2015, p. 158. De hecho, en el Informe de la Comisión al Consejo y al Parlamento Europeo, sobre la lucha contra la corrupción en la Unión europea, de 3 de febrero de 2014, se puso de manifiesto que «la corrupción perjudica a todos los Estados miembros de la UE y a la UE en su conjunto. Supone un perjuicio financiero, ya que disminuye los niveles de inversión, obstaculiza el funcionamiento justo del mercado interior y reduce las finanzas públicas. Causa un perjuicio social, ya que los grupos de

Es en este contexto, en el que tuvo lugar la aprobación de *la Convención contra la Corrupción, hecha en Nueva York el 31 de octubre de 2003*[25], conocida como la Convención de Mérida. La relevancia de este acuerdo radicaba en el hecho de que contempló por primera vez un marco normativo sobre re-

---

la delincuencia organizada utilizan la corrupción para cometer otros crímenes graves, como el tráfico de estupefacientes y de seres humanos. Es más, si no se lucha contra ella, la corrupción puede socavar la confianza en las instituciones democráticas y debilitar el sentido de responsabilidad de los líderes políticos», publicado en Bruselas, (6.6.2011 COM (2011) 308 final). Por otro lado, LÓPEZ YAGÜES, V.:« La obtención de riqueza se convierte en el principal objetivo de la acción desarrollada por la organización que, como se adelantaba, funciona como una auténtica empresa que no se contenta con intervenir en el mercado ilícito, que constituye su principal fuente de financiación, sino que pretende su control, y es la consecución de estos objetivos, lo que le lleva a intensificar y ampliar su programa delictivo a toda actividad que le reporte sustanciales ingresos y refuerce o asegure su posición de poder, de un lado, y de otro, le permita transferir el producto ilícito obtenido, alimentando de este modo la comisión de nuevos delitos –de carácter económico, principalmente– de cuyos resultados, en un suerte de círculo, se sirve para nuevamente financiar el grueso de la acción criminal». LÓPEZ YAGÜES, V., "Acerca de la eficacia en la lucha contra la criminalidad organizada, como reto y la circulación y entrega vigilada de drogas u otros bienes como instrumento", en PÉREZ-CRUZ MARTÍN, A.J. (Dir.), *Los retos del Poder Judicial ante la sociedad globalizada: Actas del IV Congreso Gallego de Derecho Procesal (I Internacional), A Coruña, 2 y 3 de junio de 2011*, Universidad da Coruña, 2012, p. 532.

25 Firmada por España el 16 de septiembre de 2005, aprobada y ratificada el 9 de junio de 2006, instrumento de ratificación disponible en el «BOE» núm. 171, de 19 de julio de 2006. JIMÉNEZ-VILLAREJO FERNÁNDEZ, F., "Recuperación de activos.., *Op.cit.*, p. 307: «Todos los Estados miembros de la UE han ratificado la UNAC, como también la ha ratificado la propia UE, haciendo uso de su capacidad legal prevista en el TFUE para convertirse en un miembro de una organización internacional, de modo separado a cada Estado miembro, si bien todavía la UE no se ha incorporado al *Implementation Review Group* previsto en esta Convención como mecanismo de evaluación».

cuperación de activos[26], al que dedicaba todo el capítulo V, considerándolo un principio fundamental de la convención y al que las partes deberán prestar la más amplia cooperación.

En el propio preámbulo del Acuerdo se refleja la magnitud del problema, calificando estos delitos de corrupción como una amenaza grave para la sociedad « al socavar las instituciones y los valores de la democracia, la ética y la justicia y al comprometer el desarrollo sostenible y el imperio de la ley», sin olvidar la vinculación directa con otro tipo de delincuencia como la delincuencia económica y la criminalidad organizada[27], lo que convierte a la cooperación internacional en una herramienta esencial para combatirla junto a la política de recuperación de activos. Identificado el problema, las finalidades que se establecieron con esta convención fueron principalmente encaminadas a promover y fortalecer las medidas de prevención y lucha contra la corrupción, así como la cooperación internacional vinculada a estas medidas y a

---

26 CARRILLO DEL TESO, A.E., *Decomiso y recuperación…, Op.cit.,* p. 45.

27 Recalca ZUÑIGA RODRÍGUEZ como el ánimo de lucro es el elemento común a todas estas organizaciones criminales, además de la "organización", y es lo que aproxima a la criminalidad organizada y la criminalidad económica empresarial. Mientras que la actividad delictiva es el medio o forma para obtener beneficios –ilícitos- en la criminalidad organizada, el beneficio es lícito en la criminalidad empresarial, sin embargo, el medio para obtenerlos es un abuso de la situación jurídica de la empresa. Y es que, en su opinión «el ánimo de lucro que se considera en nuestra sociedad capitalista un valor positivo, pues mueve al *homoeconomicus* a maximizar las ganancias, eligiendo el comportamiento racional más favorable a sus objetivos, se tergiversa a tal punto que las personas son capaces de saltar las barreras de la ley, si con ello se obtienen beneficios económicos», ZUÑIGA RODRÍGUEZ, L., "Tratamiento jurídico penal de las sociedades instrumentales: entre la criminalidad organizada y la criminalidad empresarial", en ZUÑIGA RODRÍGUEZ, L. (Dir.), *Criminalidad organizada trasnacional: una amenaza a la seguridad de los Estados democráticos,* Tirant lo Blanch, Valencia, 2017, pp. 211-212.

promover la transparencia en la gestión de asuntos y bienes públicos.

Tras las disposiciones generales, se recogían unas primeras medidas de carácter preventivo (artículo 5 al 14), mientras que, en el capítulo tercero, denominado "Penalización y aplicación de la Ley", se encomendaba a los Estados a tipificar como delito determinadas conductas reprobables – entre ellas, los sobornos, malversación, tráfico de influencias, etc.- que desarrollaba (artículos 15 al 25) junto a otras cuestiones de muy diversa índole, entre las que se encontraba el decomiso. En este sentido, era el artículo 31 el que contemplaba la figura del decomiso junto con el embargo preventivo y la incautación, y lo hacía de una manera idéntica a la prevista en la *Convención contra el tráfico ilícito de estupefacientes y sustancias psicotrópicas de 1988*[28], eso sí, adecuando los términos referidos al objeto decomisable y a los delitos con los que se vinculaba, en este caso a la corrupción, pero por lo demás no incorporaba ninguna novedad.

No obstante, y lo que verdaderamente constituía una novedad respecto a las convenciones y acuerdos anteriores, fue la inclusión de un capítulo dedicado a la "recuperación de activos". El capítulo V–artículos 51 al 59- estuvo dedicado exclusivamente a esta cuestión, calificando la restitución de activos como "principio fundamental" de la convención, por lo que la cooperación entre los Estados debía ser lo más amplia posible para cumplir con las finalidades perseguidas.

Del contenido de este capítulo V, lo más relevante en cuanto al decomiso se refiere lo encontramos, por un lado, en el artículo 54. En este precepto se recogían según su enunciado "los mecanismos de recuperación de bienes mediante la cooperación internacional para fines de decomiso", los cua-

---

28 Vid. el artículo 5 de la *Convención contra el tráfico ilícito de estupefacientes y sustancias psicotrópicas*, hecha en Viena el 20 de diciembre de 1988.

les estaban destinados a prestar asistencia judicial recíproca en el decomiso de bienes que habían sido adquiridos mediante alguno de los delitos tipificados en la Convención. Los Estados se comprometían a adoptar diferentes medidas que permitieran a sus autoridades dar efecto a las órdenes de decomiso dictadas por tribunales extranjeros y, viceversa, es decir, que pudieran ordenar el decomiso sobre bienes de origen extranjero. Esta cooperación no se limitaba a estas órdenes de decomiso, sino que eran extensibles a las órdenes de embargo preventivo e incautación por ser actuaciones previas y necesarias en muchas ocasiones para asegurar el posterior decomiso de los bienes. Sin embargo, respecto al decomiso sin condena, aquí el convenio dejaba a la voluntad de cada Estado la posibilidad de adoptar medidas para permitir el decomiso de los bienes cuando no pudiera mediar una condena previa, en casos en que el delincuente no pueda ser enjuiciado por motivo de fallecimiento, fuga o ausencia, o en otros casos apropiados. Por otro, el artículo 55 -"Cooperación internacional para fines de decomiso"- estaba enfocado a desarrollar ciertas reglas que debían contemplarse en el desarrollo de los trámites de remisión entre los Estados acerca de las solicitudes de decomiso, sus requisitos, la adopción de medidas cautelares, etc.

En último lugar, respecto de la cuestión relativa a la restitución y disposición de los bienes decomisados, el artículo 57.1 establecía: «Cada Estado Parte dispondrá de los bienes que haya decomisado conforme a lo dispuesto en los artículos 31 o 55 de la presente Convención, incluida la restitución a sus legítimos propietarios anteriores, con arreglo al párrafo 3 del presente artículo, de conformidad con las disposiciones de la presente Convención y con su derecho interno». Ese párrafo tercero distinguía según se tratase de un tipo delictivo u otro. Así, pues, en el supuesto de malversación de fondos públicos o su blanqueo, los bienes decomisados se debían restituir al Estado requirente sobre la base de una sentencia firme dictada en el Estado Parte requirente. Si, en cambio, el producto decomisado procedía de otro delito recogido en la convención, se exigía para la restitución de los bienes al Estado requirente la acreditación razonable de su propiedad anterior o que el Estado requerido reconociera los daños causados al requirente. Y, en cualquier caso, seguía aludiéndose a la consideración prioritaria que debía darse a la restitución al Estado Parte requirente de los bienes decomisados, a la restitución de esos bienes a sus propietarios legítimos anteriores o a la indemnización de las víctimas del delito. Sin perjuicio, de los acuerdos específicos acerca del destino definitivo del bien que pudiesen alcanzar los Estados parte en un caso concreto.

3. CONSEJO DE EUROPA

En el seno del Consejo de Europa, considerada la organización internacional regional más antigua de Europa[29] – fue creada en 1949-, cuyo objetivo era la defensa, protección y promoción de los derechos humanos, la democracia y el Estado de Derecho, tuvieron lugar dos convenios especialmente relevantes en materia de decomiso, al que se refieren de forma conectada con el blanqueo de capitales.

Se trata, en primer lugar, del *Convenio relativo al blanqueo, seguimiento, embargo y decomiso de los productos del delito, hecho en Estrasburgo el 8 de noviembre de 1990*[30]. Su objetivo consistía en establecer una política penal común dirigida a la protección de la sociedad que permitiera una lucha eficaz contra las formas de

---

29 ALARCÓN-JIMÉNEZ, O., "La aportación del Consejo de Europa en la lucha contra el crimen organizado", en GALÁN MUÑOZ, A.; MENDOZA CALDERÓN, S. (Coord.) *Globalización y lucha contra las nuevas formas de criminalidad transnacional*, Tirant lo Blanch, Valencia, 2019, p. 96.

30 Firmado por España el 8 de noviembre de 1990, aprobado y ratificado el 22 de julio de 1998 (instrumento de ratificación disponible en el «BOE» núm. 252, de 21 de octubre de 1998).

criminalidad más modernas y de ámbito internacional, siendo la privación del producto del delito uno de los métodos más efectivos para ello.

Este convenio se refería al decomiso con el término "confiscación", al que definía como «una sanción o medida ordenada por un tribunal en virtud de un procedimiento relativo a un delito o delitos, cuyo resultado sea la privación definitiva de un bien»[31]. Así, pues, en este contexto se hacía un requerimiento a los Estados para que contemplaran en su Derecho interno ciertas medidas cuya finalidad sería privar a los delincuentes del producto derivado del delito. Entre estas medidas, se hacía referencia a la inclusión de medidas sobre la confiscación de los instrumentos y productos del delito o de bienes cuyo valor se correspondiera a esos productos[32] y, de otras que iban dirigidas tanto a la identificación y localización de estos bienes como aquellas destinadas a impedir cualquier transacción, transmisión o enajenación de dichos bienes[33]. Sin embargo, el convenio se limitaba a fijar los objetivos que debían lograrse con la previsión de las medidas aludidas, sin delimitar más allá su contenido y dejando al criterio de cada Estado la regulación de estas medidas en su Derecho interno.

Por otro lado, el convenio incluía en el capítulo III un marco de referencia acerca de la cooperación internacional entre los Estados firmantes para la asistencia mutua entre Estados en diversas cuestiones[34], como por ejemplo, en: 1. Las indagaciones y procedimientos cuyo objeto sea la confiscación de instrumentos y productos[35]; 2. La identificación y localización de instrumentos,

---

31 Artículo 1.d).

32 Artículo 2.

33 Artículo 3.

34 Artículos 7 al 12.

35 El artículo 7 establecía el deber de cooperación de los Estados en estos procedimientos. Para lograr esta cooperación eficaz, los Estados debían contemplar medidas que pudieran dar respuesta a las solicitudes que otro Estado Parte realizara para la confiscación de productos o instru-

productos y otros bienes susceptibles de la confiscación; 3. Medidas dirigidas a proporcionar y obtener pruebas sobre la existencia, localización o movimiento, naturaleza, situación jurídica o valor de los bienes. A lo largo de este capítulo, la confiscación del producto e instrumentos del delito se presentaba como la finalidad principal y, por ende, todas las medidas que se previeran a la luz del convenio debían perseguir este objetivo. En este sentido, se obligaba a los firmantes a tomar medidas provisionales como el embargo de acuerdo con su Derecho nacional, cuando se le dirigiera una solicitud de otro Estado Parte en el que se hubiera iniciado un procedimiento penal o un procedimiento con fines de confiscación. Además, se establecían ciertas reglas y una serie de conductas en el cumplimiento de las solicitudes y órdenes de confiscación entre Estados Parte y su ejecución[36]. En cuanto al destino de los bienes, se limitaba a remitirse al Derecho interno de la parte requerida, es decir, del Estado ejecutante de las medidas de decomiso, salvo que las partes intervinientes hubieran acordado otra cosa[37]. En definitiva, el convenio fijaba una serie de compromisos legislativos entre los Estados firmantes que permitieran una actuación eficaz en la persecución y recuperación de activos derivados de una delincuencia cada vez más trasnacional.

El segundo instrumento era el *Convenio del Consejo de Europa relativo al blanqueo, seguimiento, embargo y comiso de los productos del delito y a la financiación del terrorismo, hecho en Varsovia el 16 de mayo de 2005*[38], que suponía una actualización del convenio

mentos del delito o, incluso, de una cantidad económica correspondiente al valor de estos productos; pero, también, debían recoger medidas que facilitaran la adopción de medidas provisionales o de auxilio en las investigaciones que tuvieran la finalidad de llevar a cabo una confiscación.

36 Artículos 13 y 14.

37 Artículo 15.

38 Firmado por España el 20 de febrero de 2009, aprobado y ratificado el 28 de diciembre de 2009 (instrumento de ratificación disponible en el «BOE» núm. 155, de 26 de junio de 2010).

anterior[39] tras quince años de vigencia y, al que ampliaba y perfeccionaba su contenido, adecuándolo al contexto actual de la época caracterizado por una delincuencia organizada mucho más evolucionada en todos los sentidos, tanto en su expansión territorial como en su despliegue de medios, favorecido por muchos factores, pero sobre todo por el auge de las nuevas tecnologías.

En cuanto a las finalidades perseguidas no distaban mucho de las que ya se reflejaban en el convenio de 1990, que seguían enfocadas en lograr una política penal común que permitiera luchar contra las formas de delincuencia más graves de índole internacional y, que requería emplear métodos mucho más efectivos, entre los que destacaba la privación de los instrumentos y productos del delito.

Una de las actualizaciones introducidas en la redacción de este texto fue la sustitución del término "confiscación", empleado en el convenio de 1990, por el de "comiso", pero ello no afectaba a su definición, la cual mantenía en los mismos términos que los recogidos en el convenio anterior para definir la "confiscación", refiriéndose ahora al "comiso" como «una sanción o medida ordenada por un tribunal en virtud de un procedimiento relativo a uno o varios delitos, cuyo resultado sea la privación definitiva de un bien[40]».

Entre las medidas contempladas que debían ser incorporadas a los ordenamientos nacionales destacaban las referidas al decomiso de los instrumentos, los bienes blanqueados y los productos o bienes cuyo valor se correspondiera a esos productos[41]; las referidas a las medidas indagatorias para identificar, seguir, congelar o embargar de forma rápida los bienes que podían

---

[39] Convenio relativo al blanqueo, seguimiento, embargo y decomiso de los productos del delito, hecho en Estrasburgo el 8 de noviembre de 1990.

[40] Artículo 1 d).

[41] Artículo 3.

ser objeto de comiso posteriormente[42]; las referidas a la gestión de los bienes embargados y decomisados[43], en estos dos últimos casos la dicción del precepto es muy simple, refiriéndose a la incorporación de "medidas" en términos generales, sin especificar ninguna de ellas, ya que serían los Estados quienes debían determinar las medidas específicas tendentes a conseguir estos objetivos exigidos por el convenio.

En general, estas medidas eran mucho más extensas si se comparaban con la referencia tan escueta que se hacía en el Convenio de 1990. De hecho, incluía unas definiciones mucho más amplias sobre los bienes decomisables en consonancia con las recogidas en los acuerdos de la ONU. En este sentido, el artículo 5 hacía referencia a que las medidas de decomiso se dirigirían también a:

> «a)Los bienes en los que se ha transformado o convertido el producto; b) los bienes adquiridos legítimamente, si el producto se ha mezclado en todo o en parte con dichos bienes, hasta el valor estimado del producto mezclado; c) las rentas u otros beneficios derivados del producto de los bienes en que se haya transformado o convertido el producto del delito o de los bienes con los que se haya mezclado el producto del delito, hasta el valor estimado del producto mezclado, de la misma manera y en la misma medida que el producto».

En cuanto a la aplicación de las medidas de decomiso, cabe destacar que se permitían ciertos límites en su incorporación al Derecho interno: por un lado, se facultaba a los Estados a manifestar al "el momento de la firma o al depositar su instrumento de ratificación, aceptación, aprobación o adhesión"–y, únicamente tratándose de los delitos de blanqueo de dinero y el resto de categorías especificadas en el anexo del convenio- que pudieran limitar este decomiso sólo a los delitos especificados en la convención y no a otros o bien establecer la aplicación del decomiso[44] a

---

42 Artículo 4.
43 Artículo 6.
44 Artículo 3.2.

los delitos previsto en el convenio en tanto se tratara de delitos castigados con una pena de privación de libertad o una medida de seguridad de una duración máxima superior a un año. No obstante, a continuación, se les facultaba para que, en relación con esta disposición, los Estados pudieran realizar una declaración expresa respecto del comiso del producto de los delitos fiscales, con el único objetivo de permitir decomisar dicho producto de acuerdo con la legislación nacional e internacional en materia de cobro de deudas fiscales. Además, los Estados podían establecer como obligatorio el decomiso en otros tipos delictivos y, en particular, el blanqueo, el tráfico de estupefacientes, la trata de seres humanos y otros delitos graves.

Por otro lado, en el capítulo IV (artículos 15 al 45) se recogía todo lo relativo a la cooperación internacional con una redacción bastante similar a la recogida en el convenio anterior de 1990 en términos generales, pero en especial sobre el decomiso; sin embargo, en esta nueva versión del convenio se incluían novedosas previsiones relativas la obtención de información bancaria y seguimiento de este tipo de transacciones.

En el marco de la cooperación internacional sobre el decomiso, los Estados debían cooperar entre sí todo lo posible en lo relativo a las indagaciones y procedimientos cuyo objeto fuera el posterior decomiso de instrumentos y productos del delito, estableciéndose ciertas premisas. En primer lugar, los Estados debían adoptar medidas que les permitieran dar respuesta tanto a las solicitudes de comiso de bienes específicos – ya fueran productos o instrumentos, incluyendo los comisos consistentes en el requerimiento de pago de una cantidad de dinero correspondiente al valor del producto- como a las solicitudes de medidas provisionales y a las de investigación, las cuales se desarrollarían en la forma permitida por el Derecho interno de la parte requerida. Sin embargo, a efectos de promover una colaboración eficaz entre Estados, se añadía que el Estado requerido podía realizar otras actuaciones no contempladas en su normativa – y solicitadas por la parte requirente- siempre que no contradijeran los principios fundamentales de su Derecho interno. Y en general, todas estas solicitudes relativas a la a identificación, localización, congelación o embargo de los productos e instrumentos debían tratarse con la misma prioridad que las peticiones nacionales. En segundo lugar, se imponía a los Estados la obligación de máxima asistencia posible en la identificación y localización de instrumentos, productos y otros bienes susceptibles de comiso, incluyendo cualquier medida dirigida a proporcionar y asegurar pruebas de la existencia, localización o movimiento, naturaleza, situación jurídica o valor de los bienes. En tercer lugar, se establecía que en el supuesto de haberse iniciado un proceso penal o de comiso por la parte requirente, ambas partes debían adoptar las medidas provisionales necesarias, como la congelación o el embargo, con el fin de impedir cualquier negocio, transmisión o enajenación de bienes que, más adelante, podrían ser objeto de una solicitud de comiso o que podrían servir para dar cumplimiento a dicha solicitud. Por supuesto, en estos casos se exigía también el intercambio de información entre ambas.

Finalmente, el resto de las disposiciones iban dirigidas a establecer las reglas de competencia internacional y aspectos administrativos que deben regir en las solicitudes, en las denegaciones de peticiones y, otras cuestiones que exceden ampliamente del análisis de este apartado y definitiva de los márgenes de este trabajo de investigación. Cabe destacar, sobre el destino de los bienes decomisados, que sería la parte ejecutante del decomiso quien dispondría de ellos, en la misma línea, de conformidad a su Derecho y procedimientos internos. Ahora bien, de ser requerida su devolución por el Estado requirente- y siempre que lo permita su Derecho interno- debía considerar prioritaria la devolución a efectos de compensar a las víctimas o restituir a los legítimos propietarios y, sin perjuicio de los acuerdos que puedan alcanzar los Estados parte sobre el reparto concreto de los bienes decomisados.

Capítulo 3

Marco normativo de la Unión Europea

1. PRINCIPALES INSTRUMENTOS NORMATIVOS PARA LA COOPERACIÓN JUDICIAL PENAL EN MATERIA DE DECOMISO

A nivel europeo[45], podemos destacar varios instrumentos que en el ámbito penal y procesal han sido relevantes en materia de decomiso en aras de lograr un espacio común europeo seguro -especialmente para la defensa del sistema financiero europeo[46] y la democracia económica- en el que las distintas legislaciones de

---

45 Debemos recordar que el Derecho europeo, como argumenta JIMENO BULNES, M., se caracteriza por su aplicabilidad inmediata y efecto directo y, consecuencia de ello, se deriva su primacía frente a los ordenamientos internos: «el Derecho Comunitario, en cuanto fruto de la adhesión española a la Comunidad Europea, se "integra" en el derecho nacional. De este modo, España, al igual que los restantes países socios, asume que se compromete a garantizar el respeto de todo el acervo comunitario, esto es, el Derecho Comunitario existente hasta el momento de llevar a cabo la firma del Tratado de Adhesión». JIMENO BULNES, M., "El derecho procesal comunitario en Europa (y su aplicación en España)", *Derecho y Sociedad*, núm. 49, 2017, p. 51.

46 Efectivamente, JIMENO BULNES recalca como la protección de los intereses financieros es un objetivo prioritario para la Unión Europea, que incluso acude a la vía penal para garantizar su protección y luchar frente al fraude fiscal, pero no se trata de una cuestión reciente sino que ya se plasmó en la Sentencia del TJUE del 21 de septiembre de 1988 en el conocido como caso del "maíz griego", «sentencia que, por cierto, se cita como origen de la propia protección de los intereses financieros de la Unión en el marco europeo y nacional», JIMENO BULNES, M., "La estrategia de la cooperación judicial europea en materia de intereses financieros", En BERDUGO GÓMEZ DE

los Estados miembros se encuentren armonizadas[47] y, sobre todo, que permitan una colaboración judicial y policial[48] más eficaz entre ellos, principalmente frente a los delitos más graves, ya que como consecuencia del desarrollo de las nuevas tecnologías[49] y la globali-

---

LA TORRE, I.; RODRÍGUEZ GARCÍA, N. (Coord.), *Decomiso y Recuperación de activos. Crime Doesn´t pay,* Tirant lo Blanch, Valencia, 2020, p. 268.

47 Ya en su momento CHOCLÁN MONTALVO destacaba la necesidad de dirigirse hacia una política común para evitar la dispersión normativa en este ámbito y lograr una mayor prevención, CHOCLÁN MONTALVO, J.A., *El patrimonio criminal... Op.cit.*, p. 18. Por su parte, GONZÁLEZ CANO, I., identificaba como una de las dificultades de la puesta en práctica de esta política criminal de la UE la existencia de diferentes regulaciones en la figura del decomiso en los distintos Estados, ya no solo en relación con los cauces procesales para llevarlo a cabo – cuya mínima homogeneización puede lograrse mediante el principio de reconocimiento mutuo-, sino también por las divergencias en otras cuestiones como son las garantías procesales a los sospechosos, investigados y acusados, surgiendo importantes problemas relacionados con el derecho de defensa y la presunción de inocencia. GONZÁLEZ CANO, I., "El decomiso ampliado como instrumento de la política criminal de la Unión Europea", en GALÁN MUÑOZ, A.; MENDOZA CALDERÓN, S. (Coord.) *Globalización y lucha contra las nuevas formas de criminalidad transnacional,* Tirant lo Blanch, Valencia, 2019, p. 315. Destaca CARRILLO DEL TESO, A.E. el carácter imprescindible de la homogeneización de las garantías procesales, la cual actúa como un elemento de unión que coadyuva a que los instrumentos de reconocimiento mutuo sean mucho más eficaces. CARRILLO DEL TESO, A.E., *Decomiso y recuperación..., Op.cit.,* p. 264.

48 ROMERO PRADAS, M.I., "Estado actual del reconocimiento mutuo..., *Op.cit.,* p. 1413. Acerca de la cooperación policial, hay que destacar el uso de la figura del agente encubierto. CARRIZO GONZÁLEZ-CASTELL, A., "La lucha contra la criminalidad organizada como reto de la justicia penal ante una sociedad globalizada: análisis comparado de la infiltración policial en las regulaciones española y portuguesa", en PÉREZ-CRUZ MARTÍN, A.J. (Dir.), *Los retos del Poder Judicial ante la sociedad globalizada: Actas del IV Congreso Gallego de Derecho Procesal (I Internacional), A Coruña, 2 y 3 de junio de 2011,* Universidad da Coruña, 2012, p. 337.

49 QUINTERO OLIVARES, G., "La globalización y el Derecho penal: un cajón desastre conceptual", en GALÁN MUÑOZ, A.; MENDOZA CALDERÓN, S. (Coord.) *Globalización y lucha contra las nuevas formas de criminalidad transnacional,* Tirant lo Blanch, Valencia, 2019, p. 20. RODRÍGUEZ-GAR-

zación económica[50], las organizaciones criminales han sido capaces de ampliar rápidamente su radio de actuación a nivel internacional, creando alianzas con otros grupos delictivos ubicados en otros países [51] y acumular grandes patrimonios[52]. Es por ello que la Unión

---

CÍA, N., "El decomiso como instrumento esencial para la recuperación de activos en la política criminal española del siglo XXI", en JIMENO BULNES, M., PEREZ GIL, J. (Coord.) *Nuevos horizontes del Derecho procesal: libro-homenaje al Prof. Ernesto Pedraz Penalva*, J.M, Bosch, 2016, p. 911.

50 ALARCÓN-JIMÉNEZ, O., *Op.cit.*, p. 96.

51 MENDOZA CALDERÓN, S., "Criminalidad organizada económica y aplicación del principio *ne bis ídem* en la Unión Europea", en GONZÁLEZ CANO, I. (Dir.), *Cooperación judicial penal en la Unión europea. Reflexiones sobre algunos aspectos de la investigación y el enjuiciamiento en el espacio europeo de justicia penal*, Tirant lo Blanch, Valencia, 2015, p. 156. LLORENTE SÁNCHEZ ARJONA, M., "La fiscalía europea y la investigación de la criminalidad organizada y económica", en GONZÁLEZ CANO, I. (Dir.), *Cooperación judicial penal en la Unión europea. Reflexiones sobre algunos aspectos de la investigación y el enjuiciamiento en el espacio europeo de justicia penal*, Tirant lo Blanch, Valencia, 2015, p. 321. Por su parte, BERMEJO MARCOS alude a varios factores que han favorecido la criminalidad trasnacional en la era de la globalización, entre ellos, el desarrollo de los medios de comunicación (internet); el crecimiento del comercio internacional y transacciones bancarias internacionales, las facilidades en el transporte internacional, el narcotráfico y la caída de regímenes comunistas en Europa oriental. BERMEJO MARCOS, F., "La globalización del crimen organizado", *Eguzkilore: Cuaderno del Instituto Vasco de Criminología*, núm. 23, 2009, p. 103.

52 Apuntan autores como RODRÍGUEZ-GARCÍA, CARRILLO DEL TESO o JIMÉNEZ-VILLAREJO FERNÁNDEZ, entre otros, las redes criminales aprovechan los escollos de los ordenamientos jurídicos para eludir la acción de la justicia. Factores como la liberación de los mercados y una ingeniería financiera que consigue unos mecanismos cada vez más sofisticados que les permite ocultar su patrimonio ilícito. RODRÍGUEZ-GARCÍA, N., "El decomiso como instrumento esencial para la recuperación de activos en la política criminal española del siglo XXI", en JIMENO BULNES, M.; PEREZ GIL, J. (Coord.), *Nuevos horizontes del Derecho procesal: libro-homenaje al Prof. Ernesto Pedraz Penalva*, J.M., Bosch, Barcelona, 2016, pp. 911- 912; CARRILLO DEL TESO, A.E., *Decomiso y recuperación…, Op.cit.*, p. 258; JIMÉNEZ-VILLAREJO FERNÁNDEZ, F., "Recuperación de activos…, *Op.cit.*, p. 295.

Europea siempre se ha mostrado bastante activa en la lucha contra el crimen organizado[53] y, en particular, frente al terrorismo y al blanqueo de capitales, siendo una tarea continua, incluso llegando a convertirse en una prioridad para Europa[54]. De hecho, el Derecho penal ha ocupado un papel predominante en el tercer pilar de la Unión Europea[55], relativo a la cooperación policial y judicial en materia penal. A pesar de que se ha avanzado mucho en los últimos años en la confección de un marco normativo más seguro, es cierto que requiere de constantes actualizaciones para seguir el ritmo de los cambios que se producen en la sociedad[56].

La consecuencia de todo ello ha desembocado que en sus últimas líneas de actuación las instituciones europeas focalicen su actuación en torno al decomiso[57] y a la recuperación de activos[58]. Así pues, en aras de crear un espacio de libertad, se-

---

53 BLANCO CORDERO, I., SÁNCHEZ GARCÍA DE PAZ, I., "Principales instrumentos internacionales…, *Op.cit.*, p. 6; JIMENO BULNES, M., "La orden de detención europea como instrumento procesal en la lucha contra el terrorismo", *Revista Unión Europea Aranzadi*, núm. 12, 2020, p. 111.

54 Para MUSACCHIO el reflejo de cómo se llega a reducir el poder de las mafias mediante la incautación de sus bienes y ganancias, debe servir para aplicar en el ámbito europeo el decomiso de bienes como instrumento de lucha contra la criminalidad organizada, MUSACCHIO, V., "La lucha contra la mafia: el decomiso de los bienes en el ámbito nacional y europeo. Una opinión sobre la cuestión", *Revista General de Derecho Penal*, núm. 30, 2018, p. 1.

55 BLANCO CORDERO, I., "El derecho penal y el primer pilar de la Unión Europea", *Revista electrónica de ciencia penal y criminología*, núm. 6, 2004, p. 5:5.

56 Comunicación de la Comisión al Parlamento Europeo y al Consejo: "Hacia una mejor aplicación del marco de la UE para la lucha contra el blanqueo de capitales y la financiación del terrorismo", Bruselas, 24.07.2019, COM (2019)360 final.

57 Al que SANTOS se refiere como «un "deslumbrante renacimiento" de la confiscación, siendo actualmente "una vertiente imprescindible de cualquier política criminal realista"», SANTOS M., "Reglamento (UE) 2018/1805…, *Op.cit.*, p. 294.

58 GARRIDO CARRILLO, F.J., *El decomiso. Innovaciones, deficiencias y …, Op.cit.*, p. 20; JIMÉNEZ-VILLAREJO FERNÁNDEZ, F., "Recuperación de activos…, *Op.cit.*, p. 295.

guridad y justicia en la Unión Europea[59] y reforzar esta cooperación, la misma se ha venido articulando sobre dos ejes básicos[60]:

---

59 Artículo 67 TFUE. Como menciona ARANGÜENA FANEGO: «El Tratado de Lisboa, en vigor desde el 1 de diciembre de 2009, ha consolidado el espacio europeo de libertad, seguridad y justicia (ELSJ) como uno de los objetivos centrales y propios de la Unión, al estipular en el artículo 3.2 del Tratado de la Unión Europea (en adelante TUE), que la Unión: "ofrecerá a sus ciudadanos un espacio de libertad, seguridad, y justicia sin fronteras interiores, en el que esté garantizada la libre circulación de personas, conjuntamente con medidas adecuadas en materia de control de las fronteras exteriores, asilo, inmigración y de prevención y lucha contra la delincuencia", normativizando así el compromiso de facilitar la libre circulación de personas, garantizando al mismo tiempo la seguridad y protección de sus pueblos, adquirido por los Estados miembros en el Preámbulo del TUE. Y al dotar por fin de una referencia expresa al principio de reconocimiento mutuo que se incorpora al Tratado de Funcionamiento de la Unión europea (TFUE) como principio-eje sobre el que ha de articularse la cooperación judicial en el ámbito penal (art. 67.3 TFUE)...». ARANGÜENA FANEGO, C. "Nuevos avances en la armonización de garantías procesales en la Unión europea" en GONZÁLEZ CANO, I. (Dir.), *Cooperación judicial penal en la Unión europea. Reflexiones sobre algunos aspectos de la investigación y el enjuiciamiento en el espacio europeo de justicia penal,* Tirant lo Blanch, Valencia, 2015, p. 268. En el mismo sentido, ROMERO PRADAS, M.I., "Estado actual del reconocimiento mutuo..., *Op.cit.,* p. 1412. Para CARRIZO GONZÁLEZ-CASTELL es necesario conectar la creación de un espacio de libertad, seguridad y justicia con el principio de reconocimiento mutuo de resoluciones judiciales, siendo este espacio un lugar que garantice seguridad al ciudadano de que sus derechos se encuentran igualmente protegidos con independencia del tribunal que conozca del asunto, sin generar márgenes de impunidad, CARRIZO GONZÁLEZ-CASTELL, A., "La ley 23/2014 de reconocimiento mutuo de resoluciones penales en la Unión Europea", *Revista General de Derecho Europeo,* núm. 36, 2015, p. 3. En el mismo sentido, CARRILLO DEL TESO, A.E., *Decomiso y recuperación, Op.cit.,* p. 262.

60 CASANOVA MARTÍ, R. Y CERRATO GURI, E., "La emisión de una orden europea de investigación para la obtención de prueba transfronteriza y su introducción en el proceso penal español" *Revista de Derecho comunitario europeo,* núm. 62, enero-abril, 2019, pp. 201-202.

El primero de ellos lo constituye la "armonización de legislaciones" a través de instrumentos normativos[61], cuya aplicación directa o mediante trasposición a los ordenamientos internos suponía una aproximación entre las legislaciones nacionales[62]. En el ámbito del Derecho penal, la aproximación de normas estatales se venía realizando a través de decisiones marco[63] y de convenios

---

61 Como veremos a continuación esta técnica ha sido la utilizada en la *Acción común 98/699/JAI, Decisión Marco 2001/500/JAI,* Decisión Marco 2003/577/JAI y Decisión Marco *2005/212/JAI.*

62 Como destaca RUIZ YAMUZA: «La aproximación de legislaciones se ha desarrollado respecto de ámbitos delictivos de especial gravedad, con repercusión transfronteriza y también, como subraya Arroyo Zapatero (2013:15), respecto de la parte general del derecho penal y determinados principios jurisdiccionales». Y es que la falta de armonización entre las legislaciones nacionales redunda en favor del delincuente, así afirmaba: «pues esas divergencias hacen que con frecuencia el sistema de justicia penal sea ineficiente, pero, además, la solución no puede ser una unificación normativa que ignore lo que de choque cultural hay a la vez que se produce la globalización». RUIZ YAMUZA, F.G., "La doble incriminación en el sistema de la euroorden o de la necesidad de una exégesis realista del principio de reconocimiento mutuo. Apuntes en relación con el asunto Puigdemont", *Revista de Derecho comunitario europeo,* núm. 61, septiembre- diciembre, 2018, p. 1063. QUINTERO OLIVARES, G., "La globalización y el Derecho penal…, *Op.cit.,* p. 20.

63 Como indica BLANCO CORDERO carecen de efecto directo, si bien obliga a los Estados a lograr unos resultados específicos, siendo cada autoridad nacional quien determine la forma y el medio, BLANCO CORDERO, I., "El derecho penal y el primer pilar…,*Op.cit.,* p.5:5. Asimismo, MATÍA SACRISTÁN: «Según el TUE las decisiones marco tienen por finalidad aproximar las disposiciones legales y reglamentarias de los Estados miembros. Para ello el Tratado las dota de carácter jurídico vinculante, pero limita su fuerza obligatoria al cumplimiento de su resultado, dejando a las autoridades nacionales la elección de la forma y de los medios para cumplir con el objetivo prefijado. Éstas quedarán por tanto obligadas, en el plazo establecido por la propia norma comunitaria, a adoptar una norma jurídica que desarrolle y precise el contenido de la decisión marco». MATÍA SACRISTÁN, Á., "Los instrumentos normativos de la cooperación judicial penal en la Unión Europea", *Boletín del Ministerio de Justicia,* Año 63, núm. 2086, 2009, p. 1637. Acerca de

para logar una armonización[64] de las principales definiciones

---

los problemas en las trasposiciones de directivas, PÉREZ MARÍN hace hincapié a los problemas que surgen en la trasposición de los criterios mínimos, puesto que, ante un mismo problema, la solución podría ser diferente dependiendo del Estado que conociera del proceso penal o ejecutando alguna decisión de un procedimiento tramitado en otro Estado, lo que aprovechan los delincuentes a modo de fórum shopping para lograr cierta impunidad, PÉREZ MARÍN, M.A., "Sobre el proce dimiento para el reconocimiento y la ejecución de las resoluciones de embargo: el Reglamento (UE) 2018/1805", *Revista Internacional Consinter de Direito*, Año V, núm. IX, 2º semestre, 2019, p. 772.

64 Distinguen CASANOVA MARTÍ, R. Y CERRATO GURI, E., como términos diferenciados la "aproximación" y "armonización" de las legislaciones: «(...) favoreciendo la aproximación- que no armonización- de las distintas legislaciones de la UE. En este punto debe indicarse que la aplicación del principio de reconocimiento mutuo en el ámbito penal —tanto material como procesal— ha sido mucho más costosa que en el civil. Por ello, para avanzar en la cooperación judicial penal, cobra sentido la afirmación de Jimeno Bulnes (*Un proceso europeo para el siglo XXI*, Cizur Menor, 2011, pp.34-35), relativa a «la ventaja de la aproximación respecto a la armonización» legislativa, pues, del mismo modo que la armonización a aproximación «exige la convergencia en un objetivo común desde ordenamientos jurídicos nacionales diversos» pero, en cambio, "permite conservar a cada uno de ellos su singularidad"». CASANOVA MARTÍ, R. Y CERRATO GURI, E., "La emisión de una orden europea de investigación para la obtención de prueba transfronteriza y su introducción en el proceso penal español", *Revista de Derecho comunitario europeo*, núm. 62, enero-abril, 2019, p. 203. Más recientemente, JIMENO BULNES, defendía el reconocimiento en sede nacional de las resoluciones judiciales (e incluso extrajudiciales en el ámbito civil) como una solución frente a la imposibilidad de lograr la armonización legislativa, mediante el cual la autoridad judicial de un Estado miembro transmite a otra autoridad de otro Estado una decisión judicial para que la reconozca y ejecute como si fuera una resolución nacional. JIMENO BULNES, M., "La orden de detención europea como instrumento procesal en la lucha contra el terrorismo", *Revista Unión Europea Aranzadi*, núm. 12, 2020, p. 115. No obstante, como pone en evidencia GONZÁLEZ CANO: «Si bien es cierto que entre ambos enfoques hay una tensión permanente, también lo es que entre ellos hay una relación de casi dependencia absoluta. Efectivamente, la armonización o apro-

normativas, de la tipificación de conductas punibles y del establecimiento de umbrales penológicos comunes mínimos para ciertas infracciones[65].

---

ximación de legislaciones a fin de favorecer la coordinación normativa, y también administrativa e institucional, entre los Estados miembros, se ha convertido en un elemento imprescindible del reconocimiento mutuo». GONZÁLEZ CANO, I., "El decomiso ampliado como instrumento de la política criminal de la Unión Europea", en GALÁN MUÑOZ, A.; MENDOZA CALDERÓN, S. (Coord.) *Globalización y lucha contra las nuevas formas de criminalidad transnacional,* Tirant lo Blanch, Valencia, 2019, p. 316.

65 GASCÓN INCHAUSTI, F., "Las nuevas herramientas procesales para articular …" *Op.cit.*, pp. 2 y 3. La posibilidad de regular normas mínimas relativas a las definiciones de las infracciones penales y sanciones viene autorizada por el artículo 83 TFUE, el cual establece que: «El Parlamento Europeo y el Consejo podrán establecer, mediante directivas adoptadas con arreglo al procedimiento legislativo ordinario, normas mínimas relativas a la definición de las infracciones penales y de las sanciones en ámbitos delictivos que sean de especial gravedad y tengan una dimensión transfronteriza derivada del carácter o de las repercusiones de dichas infracciones o de una necesidad particular de combatirlas según criterios comunes». DE HOYOS SANCHO, M., destaca la existencia de "tendencias armonizadoras" o aproximaciones legislativas en la Unión Europea, pero no puede hablarse de una verdadera armonización consolidada en aspectos transcendentales como en definiciones unitarias de las infracciones penales a las que se suprime el requisito de la doble incriminación y que debería incluir unos máximos y mínimos punitivos, pues puede ocurrir y, la autora expone el siguiente ejemplo en relación con el delito de corrupción: « en el ordenamiento español existen acciones tipificadas penalmente que caerían bajo calificativo genérico de corrupción, pero que en nuestro país no están castigadas con pena privativa de libertad, sino con inhabilitaciones especiales, mientras que en otros Estados conllevan penas privativas de libertad, de tal manera que sus órganos jurisdiccionales podrían por ejemplo emitir una euroorden con fundamento en ese tipo delictivo, mientras que las autoridades judiciales españolas, no», DE HOYOS SANCHO, M., "Aproximación de los procesos penales en la Unión Europea y reconocimiento mutuo de sentencias y resoluciones judiciales tras el Tratado de Lisboa", *Cuadernos Digitales de Formación,* núm.4, 2011, p. 14.

Por otro lado, el segundo eje lo constituye la aplicación del "principio de reconocimiento mutuo[66]" de resoluciones judiciales[67], que tiene su base en la confianza recíproca entre los Estados miembros[68] y la presunción del respeto al Derecho de la

---

66 Como bien define DE HOYOS SANCHO, el principio de reconocimiento mutuo supone que un Estado acepta y reconoce la legislación de otro Estado miembro como equivalente a la propia de forma automática. DE HOYOS SANCHO, M., "El principio de reconocimiento mutuo de resoluciones penales en la Unión europea: ¿asimilación automática o corresponsabilidad?", *Revista de Derecho comunitario europeo,* núm.22, Año nº 9, 2005, p. 808; por ello, razona esta misma autora, este principio de reconocimiento mutuo «estaría directamente ligado con el "principio de Estado de procedencia", de manera que lo que es conforme a derecho en un Estado miembro de la Unión debe ser reconocido y tenido por válido y en otros», DE HOYOS SANCHO, M., "El principio de reconocimiento mutuo como principio rector de la cooperación judicial europea", en JIMENO BULNES, M. (Coord.), *La cooperación judicial civil y penal en el ámbito de la Unión Europea. instrumentos procesales,* J.M. Bosch, Barcelona, 2007, p. 71. Por su parte, BACHMAIER WINTER, L. lo define como: «El principio de reconocimiento mutuo, como es sabido, supone atribuir eficacia directa a las resoluciones de un órgano judicial en los demás Estados miembros de la Unión Europea, sin un previo proceso de homologación y sin control en el Estado de ejecución de los presupuestos que dan lugar a la resolución». BACHMAIER WINTER, L., "La cooperación judicial penal", en BENEYTO PÉREZ J.M. (Dir.), *Tratado de Derecho y Políticas de la Unión Europea,* Vol. 8: Ciudadanía europea y Espacio de Libertad, Seguridad y Justicia. 2016, Aranzadi, p. 334.

67 MATÍA SACRISTÁN, Á.: «De este modo, se ha logrado avanzar desde la asistencia judicial tradicional, asentada sobre el principio de petición de un Estado soberano a otro Estado soberano con poder autónomo de decisión, hasta una cooperación más dinámica, basada en el principio de confianza y en el reconocimiento mutuo de resoluciones judiciales». MATÍA SACRISTÁN, Á., "Los instrumentos normativos de la cooperación judicial penal en la Unión Europea", *Boletín del Ministerio de Justicia,* Año 63, núm. 2086, 2009, p. 1621.

68 GASCÓN INCHAUSTI entiende que la regulación de la cooperación judicial a través del reconocimiento mutuo, está basada en la confianza recíproca entre los Estados, y añade: «no se trata de que el Estado requirente solicite al Estado requerido que realice una actuación en

apoyo de un proceso penal que está tramitando uno de sus órganos judiciales; de forma diversa, la autoridad judicial que está sustanciando un proceso penal en el Estado de origen dicta una resolución que será, por sí misma, directamente eficaz en los demás Estados de la Unión, de modo que su remisión por el tribunal emisor al tribunal del Estado requerido hará nacer en éste, como regla, el deber de darle cumplimiento automático». GASCÓN INCHAUSTI, F., "Decomiso y cooperación internacional: aplicación del principio..." *Op.cit.,*p. 9. Para ARANGÜENA FANEGO el reconocimiento mutuo solo puede funcionar un clima de confianza, donde todos los participantes en el proceso penal consideren las decisiones de las autoridades judiciales de otros Estados miembros equivalentes a las de su propio Estado, lo que a su parecer equivale a una confianza en la adecuación de las normas de los otros Estados miembros y en su aplicación. ARANGÜENA FANEGO, C., "Nuevos avances en la armonización de ..., *Op.cit.*, p. 271. SANTOS M., pone énfasis en el hecho de que, el compromiso de los estados miembros con los principios de libertad, democracia, respeto de los derechos humanos y de las libertades fundamentales y el Estado de Derecho, son valores sobre los que se sostiene la confianza mutua. SANTOS, M., "Reglamento (UE) 2018/1805..., *Op.cit.,* p. 304. Sin embargo, como algunos autores han puesto de manifiesto, entre ellos, PEREZ MARÍN, la confianza mutua presentaba algunos escollos, ya que las diferencias entre los distintos ordenamientos nacionales en algunas ocasiones eran abismales en aspectos como los derechos del acusado, sistema de garantías para la víctima, etc., lo que dificultaba el reconocimiento ante la falta de confianza hacia Estados menos garantistas, PÉREZ MARÍN, M.A., "La regulación europea de los derechos de las víctimas", en GONZÁLEZ CANO, I. (Dir.), *Cooperación judicial penal en la Unión europea. Reflexiones sobre algunos aspectos de la investigación y el enjuiciamiento en el espacio europeo de justicia penal,* Tirant lo Blanch, Valencia, 2015, p. 368. Por ello, ponía de relieve BACHMAIER WINTER, L. destaca que «El principio de reconocimiento mutuo ha sido objeto de críticas por considerar que se fundamenta en una confianza mutua que realmente no existe. En otras palabras, muchos argumentan que se ha creado una ficción o presunción – existencia de confianza mutua entre los Estados- para superar la diversidad legislativa en el ámbito de la Unión Europea y los problemas que ello genera en la cooperación judicial internacional (y no sólo). Conscientes de la imposibilidad de armonizar legislaciones nacionales- al menos a corto plazo-, la opción razonable era apostar por la aplicación del principio de reconocimiento mutuo de tal modo que las diferencias legislativas no constituyeran un impedimento en la cooperación». BACHMAIER WINTER, L., "La cooperación judicial penal", en BENEYTO PÉREZ J.M. (Dir.), *Tratado de Derecho y Políticas de la Unión Europea,* Vol. 8: Ciudadanía europea y Espacio de Libertad, Seguridad y Justicia. 2016, Aranzadi, p. 335; en este mismo sentido, DE HOYOS SANCHO, quien se refiere con el término de "confianza fría". DE HOYOS SANCHO, M., "Aproximación de los procesos penales en la Unión Europea y reconocimiento mutuo de sentencias y resoluciones judiciales tras el Tratado de Lisboa", *Cuadernos Digitales de Formación,* núm.4, 2011, pp. 3-4. Otros se mostraban contrarios como ORMAZÁBAL SÁNCHEZ, G., "La formación del espacio judicial europeo en materia penal y el principio de mutuo reconocimiento. Especial referencia a la extradición y al mutuo reconocimiento de pruebas", en ARMENTA DEU, T.; GASCÓN INCHAUSTI, F y CEDEÑO HERÁN, M., (Coord.) *Derecho procesal penal en la Unión Europea: tendencias actuales y perspectivas de futuro,* Colex, Madrid, 2006, p. 72: «Tan poco convincente como dicha tolerancia sin límites resulta a mi juicio apoyar el principio de mutuo reconocimiento en la confianza entre los Estados o achacar una suerte de desconfianza en los ordenamientos jurídicos ajenos a quien encuentra objeciones para su asunción (...). Por lo demás, no parece que la regulación del derecho penal sustantivo o procesal – ni en la esfera internacional ni en la interna- haya de estar presidida por la confianza ni que ésta haya de jugar un papel central en dicho ámbito, lo que tampoco equivale, como es obvio, a situar la desconfianza entre los Estados como base de la regulación del proceso penal en Europa». Por su parte, JIMENEZ-VILLAREJO FERNÁNDEZ destaca la importancia de otros factores como la comunicación y la intervención de ciertos organismos como el Eurojust, a efectos de consolidar dicha confianza: «La clave del reconocimiento mutuo está en la confianza mutua entre autoridades judiciales y, ella requiere para su desarrollo y consolidación, entre otros aspectos, mejorar y reforzar la fluidez de la comunicación y la utilización —efectiva— de los múltiples procedimientos de consulta previstos, cuando exista cualquier duda, necesidad de aclaración y de intercambio de información o documentación entre las autoridades judiciales competentes. Pues bien, a fin de ayudarles en dichas circunstancias, organismos como Eurojust —también estructuras más informales como la RJE—, siguen teniendo un papel clave en esta función de medicación cualificada, ya que, además, es prestadora de asistencia desde su experiencia y especialización en la materia, con el fin de solucionar y superar problemas legales y prácticos. Por

Unión Europea y los derechos fundamentales[69]. Como veremos más adelante, este principio ha constituido, como denominó el Consejo Europeo, la "piedra angular" de la cooperación judicial tanto en materia civil como penal[70], en el seno de la Unión Europea[71], convirtiéndose, como afirmaba GASCÓN Inchausti,

---

ello, hasta que lleguemos a un espacio judicial europeo plenamente desarrollado, instituciones como Eurojust siguen siendo imprescindibles, y su reconocimiento en el Reglamento, hace justicia a la realidad existente». JIMÉNEZ-VILLAREJO FERNÁNDEZ, F., "Recuperación de activos..., *Op.cit.,* p. 351.

69 Como afirma JIMENO BULNES: «No ha de olvidarse que la defensa de derechos fundamentales constituye la otra «cara de la moneda» del principio de reconocimiento mutuo a fin de asegurar y hacer posible la cooperación judicial entre Estados miembros ahora objeto de examen». JIMENO BULNES, M., "La orden de detención europea", en JIMENO BULNES, M. (Coord.), *La cooperación judicial civil y penal en el ámbito de la Unión Europea. instrumentos procesales,* J.M. Bosch, Barcelona, 2007, p. 338. De HOYOS SANCHO, M., "Algunas dificultades y cuestiones pendientes en la cooperación judicial penal en el ámbito de la Unión Europea relativas a las garantías procesales" en GONZÁLEZ CANO, I. (Dir.), *Integración europea y justicia penal,* Tirant lo Blanch, Valencia, 2018, p. 90. Para FAGGIANI, V.: «La confianza mutua (que no es confianza ciega/«blind trust») y el principio de equivalencia están sometidos en todo momento al respeto por parte del Estado de emisión de los derechos fundamentales y de los principios jurídicos enunciados en el art. 6 del TUE y en la Carta de los derechos fundamentales de la UE(...)».FAGGIANI, V., "El principio de reconocimiento mutuo en el espacio europeo de justicia penal. Elementos para una construcción dogmática", *Revista General de Derecho Europeo,* núm. 38, 2016, p. 90.

70 Como apunta FAGGIANI, V., en este ámbito existen numerosas medidas de aplicación del principio de reconocimiento mutuo de distinta naturaleza – preventiva, cautelar, investigación, enjuiciamiento y ejecución-, FAGGIANI, V., "El principio de reconocimiento mutuo en el espacio europeo de justicia penal. Elementos para una construcción dogmática", *Revista General de Derecho Europeo,* núm. 38, 2016, p.73.

71 JIMENO BULNES, M.: «De este modo el principio de reconocimiento mutuo, proclamado como "piedra angular" en el Consejo Europeo de Tampere celebrado en esta ciudad a fecha de 15-16 de octubre de 1999, es hoy ya articulado de forma expresa junto al de aproximación

« en el criterio exclusivo que está inspirando la acción normativa de las instituciones europeas en materia procesal (civil y penal) y se ha presentado por ellas como la solución a las dificultades de los instrumentos anteriores y como el elemento que provocará una mejora exponencial en el sistema[72]. Por su parte, ARANGÜENA FANEGO[73] entiende que el principio de reconocimiento mutuo ha superado ya ese estadio de "piedra angular" inicial, reapareciendo como un "verdadero principio del derecho comunitario primario". FAGGIANI[74]considera la

---

legislativa en el Tratado de Lisboa; ambos constituyen la base jurídica necesaria para hacer posible la cooperación judicial en materia civil y penal en el territorio geográfico de la Unión Europea dando lugar a un verdadero "espacio judicial europeo" dentro del Espacio de Libertad, Seguridad y Justicia». JIMENO BULNES, M., "Carta de los Derechos Fundamentales de la Unión Europea: en especial reunificación familiar y lucha contra el terrorismo", *Revista Unión Europea Aranzadi*, núm. 12, 2020, p. 55. Por otro lado, el Consejo Europeo, además, se comprometía a establecer un paquete de medidas dirigidas a aplicar dicho principio en el ámbito judicial penal y civil. Estas medidas se definieron, posteriormente, por el Consejo en el "Proyecto de medidas para la aplicación del principio de reconocimiento mutuo de las resoluciones" de 15 de enero de 2001, publicado en el «DOCE» núm. C12/1 en materia civil y mercantil, fijando como primera prioridad (medidas 6 y 7) la adopción de un instrumento que aplique el principio de reconocimiento mutuo al embargo preventivo de bienes y al aseguramiento de pruebas, lo que se plasmaría en la Decisión Marco 2003/577/JAI. En el ámbito penal, como afirma ROMERO PRADAS, en relación con el Programa de medidas: «este principio de reconocimiento mutuo debía de aplicarse a todas las fases del proceso penal tanto antes, durante e incluso después de dictarse sentencia condenatoria». ROMERO PRADAS, M.I., "Resolución de embargo..., *Op.cit.*, p. 437. JIMÉNEZ-VILLAREJO FERNÁNDEZ, F., "Recuperación de activos..., *Op.cit.*, p. 298.

72 GASCÓN INCHAUSTI, F., "Mutuo reconocimiento de resoluciones judiciales en la UE y decomiso de bienes" en *Cuadernos Digitales de Formación*, núm. 6, 2010, p. 9.

73 ARANGÜENA FANEGO, C. "Nuevos avances en la armonización de..., *Op.cit.*, p. 268.

74 FAGGIANI, V., "El principio de reconocimiento mutuo en el espacio europeo de justicia penal. Elementos para una construcción dogmáti-

positivización de este principio como un elemento imprescindible que contribuye a la creación de un espacio de justicia común que permite reducir los conflictos de jurisdicción, así como la práctica del *fórum shopping* para lograr la impunidad en la actividad delictiva.

Entre los instrumentos más relevantes que han venido conformando el marco jurídico europeo del decomiso y, correlativamente, del embargo[75], podemos destacar por orden cronológico los siguientes:

En primer lugar, la *Acción común 98/699/JAI*, de 3 de diciembre de 1998 adoptada por el Consejo sobre la base del artículo K.3 del Tratado de la Unión Europea, relativa al blanqueo de capitales, identificación, seguimiento, embargo, incautación y decomiso de los instrumentos y productos del delito.

Esta Acción nació motivada por la necesidad de mejorar la coordinación entre autoridades policiales ante la mejora en la capacidad de obstrucción de las actividades delictivas de carácter organizado mediante la cooperación entre Estados miembros. Su objetivo era aumentar la eficacia en la actuación contra la delincuencia organizada. De hecho, posteriormente a esta acción, se adoptó la *Acción 98/733/ JAI de 21 de diciembre, elativa a la tipificación penal de la participación en una organización delictiva en los Estados miembros de la Unión Europea*[76], por la que los Estados se comprometían a incluir

ca", *Revista General de Derecho Europeo*, núm. 38, 2016, p. 86.

75 La adopción de medidas cautelares reales, especialmente, el embargo, resulta a todas luces imprescindible en el buen devenir del decomiso. Ello se debe, principalmente, al hecho de que el principal objetivo de la delincuencia transfronteriza organizada es el beneficio económico ROMERO PRADAS, M.I., "Estado actual del reconocimiento mutuo..., *Op.cit.*, p.1413.

76 «DOUE» núm. L 351/1, de 29 de diciembre de 1998. Acción adoptada por el Consejo sobre la base del artículo K.3 del Tratado de la Unión Europea. Posteriormente, esta acción fue derogada por la Decisión Marco 2008/841/JAI del Consejo, de 24 de octubre de 2008, relativa a

en su Derecho interno la tipificación de las conductas relativas a la participación en organizaciones o grupos criminales.

Además, los Estados se comprometían a respetar ciertas premisas recogidas en el *Convenio del Consejo de Europa relativo al blanqueo, seguimiento, embargo y decomiso de los productos del delito de 1990* y, sobre todo, a no formular reservas en la incorporación a su Derecho interno de las medidas legislativas que se exigían en este Convenio – en concreto, los artículos 2 y 6[77]- y, de esta forma no limitar la aplicación del decomiso. En definitiva, se sientan unas primeras bases para armonizar la legislación en estas materias.

Entre las medidas más relevantes de esta acción que se imponían a los Estados miembros destacaban las siguientes: En primer lugar, permitir en su legislación el decomiso de bienes cuyo valor corresponda a dicho producto, tanto en procedimientos estrictamente nacionales como en procedimientos incoados a petición de otro Estado miembro, incluidas las solicitudes para la ejecución de órdenes de decomiso procedentes del extranjero. En segundo lugar, posibilitar la identificación y seguimiento del presunto producto de delitos a petición de otro Estado miembro cuando existan motivos razonables que permitan presumir que se ha cometido una infracción penal, así como prestar asistencia en una fase de investigación temprana y, en este sentido, a las solicitudes de otros Estados relativas a la identificación, seguimiento, embargo, incautación o decomiso de ingresos debía darse la misma prioridad que a las peticiones nacionales. En tercer lugar, elaborar guías sencillas y actualizadas de consulta dentro de la red judicial europea sobre la identificación, el seguimiento, el embargo o la incautación y el

---

la lucha contra la delincuencia organizada, «DOUE» núm. 300, de 11 de noviembre de 2008.

77 Referidas a las medidas de confiscación y el delito de blanqueo.

decomiso de instrumentos y productos del delito. En cuarto lugar, favorecer el contacto directo entre los investigadores, los magistrados encargados de las investigaciones y los fiscales de los Estados miembros, haciendo un uso apropiado de los arreglos actuales de cooperación, para asegurarse de que las peticiones de asistencia a través de los canales oficiales no se hagan sin necesidad. En quinto lugar, adoptar las medidas necesarias para reducir al mínimo el riesgo de desaparición de los activos. Y finalmente, velar por la formación de la judicatura, fiscales, investigadores, etc., en esta materia.

En segundo lugar, la *Decisión Marco 2001/500/JAI*[78], del Consejo, de 26 de junio de 2001, relativa al blanqueo de capitales, la identificación, seguimiento, embargo, incautación y decomiso de los instrumentos y productos del delito.

A partir del año 1998, como se ha ido analizando hasta ahora, se suceden diferentes acuerdos en el seno de los organismos internacionales más importantes (ONU, Consejo de Europa y Unión Europea) con distintas finalidades (lucha contra terrorismo, corrupción, blanqueo, delincuencia organizada...), pero en todos ellos se ponía el acento en la necesidad de acudir a la cooperación judicial entre Estados para hacer frente a sus objetivos y, especialmente importante, en materia de confiscación y de recuperación de activos. Este tipo de política era una realidad conocida y, como se establece en el considerando tercero, el propio Consejo Europeo había constatado la relevancia que adquirían los aspectos fiscales y aduaneros en la delincuencia económica. Por ello, solicitó a los Estados miembros que se proveyeran de "una plena asistencia judicial mutua" entre Estados para la prevención y persecución de la delincuencia económica calificada como grave. No obstante, para lograr una cooperación eficaz, el Consejo Europeo entendía que debía lo-

---

78 «DOCE» núm. 182, de 5 de julio de 2001.

grarse una aproximación entre las legislaciones nacionales (aplicación del principio de armonización) – en materia de blanqueo de capitales, pues se considera el centro de la delincuencia organizada-, tanto a nivel penal como procesal[79], que estableciera normas más uniformes y amplias, de tal forma que, se minimizaran los obstáculos normativos que podrían perjudicar las tareas de cooperación y, por ende, favorecer la actividad criminal.

Por todo cllo, los Estados qucdaban vinculados a travćs dc esta decisión marco a una serie de límites y requisitos que debían respetar a la hora de regular en sus ordenamientos las medidas legislativas exigidas en el *Convenio del Consejo de Europa de 1990, relativo al blanqueo, seguimiento, embargo y decomiso de los productos del delito* con el objetivo de intensificar la lucha contra la delincuencia organizada. Principalmente, se obligaba a los Estados a no establecer reservas a determinados preceptos del convenio, algo que ya se hizo en los mismos términos en la acción anterior (AC98/699/ JAI). Por otro lado, se imponía la necesidad de que los Estados incluyeran en su sistema penal penas privativas de libertad con una duración máxima que no fuese inferior a cuatro años respecto de los delitos contemplados en los artículos 6.1. A) y b) del Convenio de 1990 referidos a determinadas conductas incluidas en los delitos de blanqueo[80]. Asimismo,

---

79 De acuerdo con lo reflejado en el considerando (4) de esta Decisión Marco.

80 «Artículo 6. Delitos de blanqueo. 1. Cada Parte adoptará las medidas legislativas y de otro tipo que sean necesarias para tipificar como delitos en virtud de su legislación nacional, si se cometieren intencionadamente: a) La conversión o transmisión de bienes sabiendo que se trata de un producto, con el fin de ocultar o disimular la procedencia ilícita de esos bienes o de ayudar a una persona involucrada en la comisión del delito principal a eludir las consecuencias jurídicas de sus actos; b) la ocultación o simulación de la verdadera naturaleza, origen, localización, disposición, movimiento, derechos relativos a los bienes o propiedad sobre los mismos, sabiendo que dichos bienes son productos; y, con

se recogía ya expresamente en el artículo 3 "el decomiso de valor"- que al igual que en los instrumentos anteriores, en los que se autorizada no solo el decomiso del producto e instrumentos del delito, sino también cantidades económicas correspondientes al "valor del bien" cuando no podía ser decomisado-, en esta Decisión Marco se produjo una extensión material de la figura, al obligar a los Estados a incorporar en sus ordenamientos el decomiso de "otros bienes", cuyo valor correspondiera al de los productos cuando éstos no pudieran ser aprehendidos[81]. Aunque, a su vez, se permitía que los Estados miembros pudieran excluir el decomiso de valor cuando el valor que correspondiera al producto del delito fuera inferior a 4000 euros.

En tercer lugar, la *Decisión Marco 2003/577/JAI*[82] del Consejo, de 22 de julio de 2003, relativa a la ejecución en la Unión Europea de las resoluciones de embargo preventivo de bienes y de aseguramiento de pruebas.

La finalidad de esta Decisión Marco consistía en establecer las normas en virtud de las cuales un Estado miembro debía reconocer y ejecutar en su territorio una resolución de embargo preventivo o de aseguramiento de pruebas dictada por una autoridad judicial de otro Estado miembro en el marco de un procedimiento penal, con base en el principio de reconocimiento mutuo[83], sobre bienes ubi-

---

sujeción a sus principios constitucionales y a los conceptos básicos de su ordenamiento jurídico».

81 GASCÓN INCHAUSTI, F., "Las nuevas herramientas procesales para articular ..." *Op.cit.*, p. 4.

82 «DOUE» núm. 196, de 2 de agosto de 2003.

83 La primera vez que en el ámbito del Derecho penal europeo se plasmó este "principio de reconocimiento mutuo" en un instrumento jurídico fue en la *Decisión Marco 2002/584/JAI, relativa a la orden europea y a los procedimientos de entrega entre Estados miembros,* cuya finalidad pretendía lograr un proceso de detención y entrega dotado de mayor rapidez y seguridad jurídica. En España, se incorporó a través de *la Ley 3/2003,*

cados en su territorio. La finalidad última de garantizar el reconocimiento mutuo de estas resoluciones residía en lograr en un momento posterior el decomiso de los bienes sobre los que recaía[84] o, asegurar pruebas[85] y garantizar su aportación en el juicio evitando su desaparición. En definitiva, se establecían las medidas tendentes a garantizar el reconocimiento mutuo de dichas resoluciones judiciales y su posterior ejecución, suprimiendo el criterio de doble incriminación para una serie de delitos (artículo 3.2)[86].

---

sobre la orden europea de detención y entrega y la Ley Orgánica 2/2003, de 14 de marzo, complementaria de la anterior. En este sentido, JIMENO BULNES, M.: menciona que «la ODE representa el primer ensayo de la puesta en práctica del principio de reconocimiento mutuo establecido a modo de "piedra angular" en el Consejo Europeo de Tampere celebrado en esta ciudad a fecha de 15-16 de octubre de 1999 y hoy explícitamente reconocido en el Tratado de Funcionamiento de la Unión Europea (RCL 2009, 2300)». JIMENO BULNES, M., "La orden de detención europea como instrumento procesal en la lucha contra el terrorismo", *Revista Unión Europea Aranzadi*, núm. 12, 2020, p. 114.

84 El artículo 2.d) definía el término "bien" como: «cualquier tipo de bien, sea material o inmaterial, mueble o inmueble, así como los documentos con fuerza jurídica u otros documentos acreditativos de un título o derecho sobre ese bien, de los que la autoridad judicial competente del Estado emisor considere: que constituyen el producto de una infracción de las contempladas en el artículo 3 o equivalen total o parcialmente al valor de dicho producto, o que constituyen los instrumentos o los objetos de dicha infracción».

85 El artículo 2.e) definía el término "elemento de prueba" como: «los objetos, documentos o datos que puedan tener carácter probatorio en un proceso penal en relación con una infracción de las previstas en el artículo 3».

86 MATÍA SACRISTÁN, Á., "Los instrumentos normativos de la cooperación judicial penal en la Unión Europea", *Boletín del Ministerio de Justicia*, Año 63, núm. 2086, 2009, p. 1641. Para FAGGIANI, V., la supresión del criterio de «doble incriminación», los Estados renuncian al control previo de conformidad a su ordenamiento jurídico interno en relación con tales infracciones, favoreciendo la armonización del Derecho penal, puesto que, supone un reconocimiento casi automático de la resolución extranjera. FAGGIANI, V., "El principio de reconocimiento

En este caso, la incorporación de esta Decisión Marco a nuestro ordenamiento se hizo a través de la *Ley 18/2006, de 5 de junio, para la eficacia en la Unión Europea de las resoluciones de embargo y aseguramiento de pruebas en procedimientos penales*[87] y la *Ley Orgánica 5/2006, de 5 de junio, complementaria de la anterior, por la que se modifica la Ley Orgánica 6/1985, de 1 de julio, del Poder Judicial.*

Ahora bien, en el propio preámbulo de la norma (III), el legislador aclaraba que el concepto de "embargo" de esta ley se separaba del concepto que se le otorgaba en la LECrim en ese momento[88], referida a "la medida que afecta a aquellos bienes del procesado que sean suficientes para cubrir su responsabilidad civil", pues al encontrarse enmarcada en el ámbito de la cooperación judicial internacional,

---

mutuo en el espacio europeo de justicia penal. Elementos para una construcción dogmática", *Revista General de Derecho Europeo*, núm. 38, 2016, p. 95.

87 «BOE» núm. 134, de 6 de junio de 2006. Con la Disposición Final primera de esta norma se modificó el artículo 338 de la LECRIM y se añadió el capítulo II bis en el título V del libro II "De la destrucción y realización anticipada de los efectos judiciales".

88 Como apunta DE JORGE MESAS la utilización del término "embargo preventivo" , entendiendo su significado en el sentido de la Decisión Marco 2003/577/JAI como medida de aseguramiento cautelar de los bienes que pudieran ser sometidos a decomiso, fue introducido en nuestro ordenamiento a través de la transposición realizada mediante la Ley 18/2006, de 5 de junio, que rompía con la distinción entre embargo e incautación del texto de la LECRIM, resultando la coexistencia de «dos conceptos diferentes de embargo: el concepto tradicional, como aseguramiento de sumas genéricas (multas y responsabilidades pecuniarias); y la extensión de este término en el campo de la cooperación judicial internacional, aplicando también la misma denominación a la medida cautelar de aseguramiento de bienes específicos que constituyan instrumentos o productos del delito nuevo concepto, a efectos de decomiso», DE JORGE MESAS, L.F., *Reconocimiento de las resoluciones penales en la Unión Europea*, Tirant lo Blanch, Valencia, 2016, pp. 209-211.

el concepto de "embargo" se extendía y venía a comprender «una amplia gama de diligencias aseguradoras del cuerpo del delito, tales como su recogida, bloqueo, conservación, intervención, incautación o puesta en depósito judicial». Quedando excluidas de su ámbito de aplicación, en primer lugar, las medidas cautelares personales. En segundo lugar, las medidas cautelares reales propias del proceso civil, incluso aunque se ejerciten –como de ordinario ocurre en el proceso español– acumuladas al proceso penal, cuyo objeto fuera la restitución de cosas determinadas, la reparación del daño y la indemnización de daños y perjuicios. En tercer lugar, las medidas cautelares reales del proceso penal cuya finalidad fuese asegurar la efectividad de la imposición de una pena de multa o el pago de las costas procesales. En definitiva, el ámbito quedaba reducido a aquellas medidas que tuvieran por objeto asegurar la efectividad de un futuro decomiso o el aseguramiento de los elementos de prueba que hayan de utilizarse posteriormente en el proceso.

Posteriormente, la aprobación de la *Directiva 2014/41/UE del Parlamento Europeo y del Consejo, de 3 de abril de 2014, relativa a la orden europea de investigación en materia penal*[89], derogó las disposiciones de esta decisión marco relativa al embargo para el aseguramiento de prueba, quedando vigentes sólo las que regulaban el embargo acordado como medida cautelar y cuya finalidad «era vincular al proceso los bienes y derechos del acusado que pudieran ser objeto de un decomiso[90]». Sin embargo, estas disposiciones se han visto recientemente sustituidas por la entrada en vigor del *Reglamento (UE) 2018/1805 del Parlamento y del Consejo de 14 de noviembre de 2018 sobre el reconocimiento mutuo de las reso-*

---

89 «DOUE» núm. L 130, de 1 de mayo de 2014.

90 PÉREZ MARÍN, M.A., "Sobre el procedimiento para el reconocimiento y la ejecución de las resoluciones de embargo: el Reglamento (UE) 2018/1805", *Revista Internacional Consinter de Direito*, Año V, núm. IX, 2º semestre, 2019, p. 752.

luciones de embargo y decomiso, únicamente entre los Estados miembros vinculados al reglamento[91].

En cuarto lugar, la *Decisión Marco 2005/212/JAI*[92], del Consejo de 24 de febrero de 2005, relativa al decomiso de los productos, instrumentos y bienes relacionados con el delito.

Tal y como se analizó anteriormente[93], fue la primera norma de la Unión Europea dedicada íntegra y exclusivamente al decomiso de los productos, instrumentos y bienes relacionados con el delito, sin una vinculación exclusiva con el delito de blanqueo de capitales. Y es que la relevancia que había adquirido la obtención de beneficios económicos por la delincuencia organizada convirtió al decomiso -junto al seguimiento, embargo e incautación- en una herramienta indispensable en la lucha contra el crimen organizado de carácter trasnacional. Este tipo de delincuencia se había visto beneficiada por la falta de armonización entre las distintas legislaciones que provocaba grandes dificultades a la hora de aplicar el principio de reconocimiento mutuo de las resoluciones judiciales, previsto en otros instrumentos comunitarios e internacionales, los cuales no habían resultado muy satisfactorios en la práctica, lo que justificó la adopción de esta decisión marco a expensas de lograr una cooperación transfronteriza eficaz y, con la que se dio un paso más incisivo en esta materia[94].

---

91 Las disposiciones relativas al embargo de bienes de esta decisión marco seguirán siendo aplicables entre los Estados no vinculados por el reglamento y, entre un Estado no vinculado y cualquier Estado miembro vinculado.

92 «DOUE» núm. L 68, de 15 de marzo de 2005.

93 Vid. P. 148 y ss.

94 GASCÓN INCHAUSTI, F., "Las nuevas herramientas procesales para articular ..." *Op.cit.*, p. 4.

Con esta Decisión Marco se pretendía, en primer lugar, unificar la definición del decomiso común[95] – referido a los productos e instrumentos y, a los bienes cuyo valor se corresponda con tales productos-, fijando su aplicación obligatoria por todos los Estados miembros[96] cuando se tratara de infracciones penales que llevasen aparejadas penas privativas de libertad de duración superior a un año, es decir, que se podía aplicar a cualquier tipo delictivo punible con al menos un año de prisión. Sin embargo, como ya vimos anteriormente, la verdadera novedad fue la inclusión de la "potestad de decomiso ampliado" que permitía extender el decomiso a otros bienes de origen "presuntamente ilícito"[97]-refiriéndose a la prueba indiciaria[98]- cuando se cumplieran una serie de requisitos. Entre ellos, cabe destacar la exigencia de que fuera una infracción correspondiente a las enumeradas en el precepto y, dependiendo del tipo de infracción, llevase aparejada una pena privativa de libertad de duración mínima[99], que dichas conductas hubieran

---

95 CEREIJO SOTO, A., ""Nuevos instrumentos para el decomiso a partir de la Ley 4/2010…", *Op.cit.*, pp. 23-24.

96 GONZÁLEZ CUSSAC, J.L., "Decomiso y embargo de bienes. Decisión Marco 2005/212 relativa al decomiso de los productos, instrumentos y bienes relacionados con el delito (DO L68 de 15 de marzo de 2005)", *Boletín del Ministerio de Justicia*, Año 60, núm. Extra 2015, 2006 (Ejemplar dedicado a: la armonización del derecho penal español: una evaluación legislativa), p. 15.

97 En este sentido, la presunción se refería a la desproporción del valor del patrimonio y los ingresos legales del sujeto. DE JORGE MESAS, L.F., *Reconocimiento de las resoluciones penales en la Unión Europea*, Tirant lo Blanch, Valencia, 2016, p. 143.

98 MARCHENA GÓMEZ M., GONZÁLEZ-CUELLAR SERRANO N., *La reforma de la ley de enjuiciamiento criminal en 2015*, Ediciones Jurídicas Castillo de Luna, Madrid, 2015, p. 492.

99 Artículo 3. Las infracciones penales a las que hace referencia son el delito de falsificación de moneda, el blanqueo de capitales, la trata de seres humanos, la pornografía infantil, el terrorismo, el tráfico de drogas y extranjería.

sido cometidas en el seno de una organización criminal, y, que dicha actividad delictiva produjera un beneficio económico.

Esta novedad vino acompañada de otra previsión destacable, el decomiso de terceros, por el que se facultaba a los Estados para extender las medidas de decomiso a bienes que habían sido adquiridos o transmitidos a allegados o entre la persona jurídica y la persona que ejercía un control efectivo sobre ella. Ambas novedades fueron gratamente recibidas, pues eran totalmente necesarias a efectos de aplicar la medida de decomiso en la lucha y represión de la delincuencia organizada[100].

No obstante, el sistema seguido hasta esta Decisión Marco en materia de decomiso seguía siendo el cauce tradicional de asistencia judicial internacional. No sería hasta la siguiente Decisión Marco 2006/783/JAI cuando se aplicaría el principio de reconocimiento mutuo en las decisiones de decomiso, por lo que hasta dicho momento, los trámites para ejecutar resoluciones de decomiso trasnacionales eran procedimientos muy costosos en términos de tiempo y esfuerzo[101].

2. EL RECONOCIMIENTO MUTUO DE RESOLUCIONES DE EMBARGO Y DE DECOMISO

Efectivamente, siguiendo el orden cronológico de los anteriores instrumentos, a continuación se aprobó la *Decisión Marco*

---

[100] CEREIJO SOTO, A., "Nuevos instrumentos para el decomiso a partir de la Ley 4/2010...", *Op.cit.*, p. 30.

[101] GASCÓN INCHAUSTI, F., "Decomiso y cooperación internacional: aplicación del principio..." *Op.cit.*, p. 9. CASTILLO MONTERREY, M.A., *Op.cit.*, p. 108.

2006/783/JAI[102], de 6 de octubre de 2006, relativa a la aplicación del principio de reconocimiento mutuo de resoluciones de decomiso.

En lo que se refiere a la evolución del marco normativo trasnacional en el ámbito penal -especialmente por la gravedad de las consecuencias derivadas de determinados tipos de criminalidad-, observamos cómo la tendencia ha sido crear numerosos mecanismos de colaboración entre los Estados en materia judicial. En este punto debemos hacer un paréntesis y detenernos a analizar brevemente el desarrollo normativo del principio de reconocimiento mutuo de resoluciones penales y, especialmente, en lo que afecta a las resoluciones de decomiso[103], desde la adopción de esta Decisión Marco y su trasposición al ordenamiento jurídico español, hasta la aplicación del *Reglamento (UE) 2018/1805, del Parlamento y del Consejo de 14 de noviembre de 2018 sobre el reconocimiento mutuo de las resoluciones de embargo y decomiso.*

Efectivamente, la aplicación del principio de reconocimiento mutuo de resoluciones[104]en la cooperación interestatal constituyó en su momento una verdadera novedad que permitía ejecutar una resolución judicial emitida por un Estado miembro en el territorio de otro Estado miembro sin necesidad de homologación, siempre que se cumpliera con los requisitos exigidos. De esta forma, el reconocimiento de resoluciones se constituía como la regla general frente a la denegación, que pasaba a ser la excepción, procediendo exclusivamente cuando concurrieran los motivos tasados en la norma. Además, la aplicación de este principio de reconocimiento mutuo abarcaba todas las fases del procedimiento penal desde su inicio, y no solo la fase de ejecución[105] y, sustituía el

---

102 «DOUE» núm. L 328, de 24 de noviembre de 2006. Disposición Derogada.

103 Como pone en evidencia JIMÉNEZ-VILLAREJO FERNÁNDEZ, F., "Recuperación de activos..., *Op.cit.*, p. 318.

104 Este principio se encuentra reconocido en el artículo 82 del TFUE acerca de la cooperación judicial en materia penal.

105 ROMERO PRADAS, M.I., "Resolución de embargo..., *Op.cit.*, p. 437.

anterior sistema de comunicaciones entre las autoridades centrales o gubernativas de cada Estado, lo que simplificaba los procedimientos, ya que la transmisión de las resoluciones judiciales objeto de reconocimiento se realizaba mediante el uso de formularios estándar o certificados[106].

En definitiva, llegados a este punto nos encontrábamos con dos bloques normativos: situaciones a las que les era de aplicación textos normativos regidos por el sistema tradicional de asistencia judicial internacional; y, por otro lado, aquellas otras amparadas por la aplicación de un texto normativo europeo que se rigiese por el principio de reconocimiento mutuo.[107]

---

[106] *Idem.* Destaca ROMERO PRADAS como el nuevo modelo de cooperación judicial suprime el principio de doble incriminación, en relación con un listado predeterminado de delitos, el rechazo al reconocimiento y ejecución de una resolución se establece de forma excepcional a partir de un listado tasado de motivos de denegación. DE HOYOS SANCHO, M., alude, además, a la supresión de las funciones que desempeñaban antes las "Autoridades centrales", gracias al uso de formularios estandarizados multilingües y con el establecimiento de plazos cortos para cumplimentar el requerimiento cursado, DE HOYOS SANCHO, M., "Algunas dificultades y cuestiones pendientes en la cooperación judicial penal en el ámbito de la Unión Europea relativas a las garantías procesales" en GONZÁLEZ CANO, I. (Dir.), *Integración europea y justicia penal,* Tirant lo Blanch, Valencia, 2018, p. 91. Sin embargo, para JIMÉNEZ-VILLAREJO FERNÁNDEZ las comisiones rogatorias presentaban ventajas porque «permitían solicitar la información financiera y el embargo en un mismo documento, con un formato que ya era familiar, sin exigencia del cumplimiento de plazos en su ejecución», JIMÉNEZ-VILLAREJO FERNÁNDEZ, F., "Recuperación de activos..., *Op.cit.,* p. 319.

[107] GASCÓN INCHAUSTI, F., "Decomiso y cooperación internacional: aplicación del principio..." *Op.cit.,* p. 14. Ambas situaciones se refieren a supuestos de asistencia judicial, siendo el sistema seguido en instrumentos como *el Convenio de las Naciones Unidas contra el tráfico ilícito de estupefacientes y sustancias psicotrópicas, hecho en Viena el 20 de diciembre de 1988* o la *Convención contra la Delincuencia Organizada Trasnacional, hecho en Nueva York el 15 de noviembre de 2000,* así como los instrumentos del Conejo de Europa analizados (*Convenio relativo al blanqueo, seguimiento,*

En este sentido, tras la *Decisión Marco 2003/577/JAI, relativa a la ejecución en la Unión Europea de las resoluciones de embargo preventivo de bienes y de aseguramiento de pruebas,* se acordó *la Decisión Marco 2005/214/JAI, de 24 de febrero de 2005, sobre la aplicación del principio de reconocimiento mutuo de sanciones pecuniarias.* En esta ocasión, la finalidad perseguida consistía en permitir al Estado (requirente) acudir a la autoridad judicial del Estado (requerido) en el que la persona -obligada al pago de una sanción pecuniaria derivada de la comisión de una infracción penal o administrativa- tuviera elementos patrimoniales, obtuviera ingresos o tuviera su residencia habitual, para poder ejecutar dicha sanción con base en el reconocimiento mutuo de resoluciones judiciales.

Un año después, partiendo de la misma base, se aprobó la *Decisión Marco 2006/783/JAI, de 6 de octubre de 2006 relativa a la aplicación del principio de reconocimiento mutuo de resoluciones de decomiso*[108]. Con ella, se establecía un procedimiento para reconocer y ejecutar una resolución de decomiso en el Estado en el que se encontraban los bienes y, que había sido emitida en otro Estado distinto. Esta Decisión Marco surgió como consecuencia de la importancia de garantizar la ejecución de la medida de decomiso, pues de nada valía establecer un sistema de reconocimiento mutuo para resoluciones provisionales y aseguramiento de prueba– tal y como fue, la *Decisión Marco 2003/577/JAI, relativa a la ejecución en la Unión Europea de las resoluciones de embargo preventivo de bienes y de aseguramiento de pruebas-* , si posteriormente no era posible

---

embargo y decomiso de los productos del delito, hecho en Estrasburgo el 8 de noviembre de 1990 o el relativo *al blanqueo, seguimiento, embargo y comiso de los productos del delito y a la financiación del terrorismo, hecho en Varsovia el 16 de mayo de 2005*).

108 Esta decisión marco ha sido sustituida recientemente entre los Estados miembros vinculados por el *Reglamento (UE) 2018/1805 del Parlamento y del Consejo, de 14 de noviembre de 2018 sobre el reconocimiento mutuo de las resoluciones de embargo y decomiso,* siendo aplicable a partir del 19 de diciembre de 2020 (art. 41). Acerca del contenido de esta decisión marco nos remitimos al análisis comparativo del reglamento en las páginas siguientes, así como a las normas españolas de trasposición.

ejecutar el decomiso sobre aquellos mismo bienes, con el consecuente beneficio económico que se derivaba a favor de la propia actividad criminal.

Por todo ello, el objetivo principal de esta Decisión Marco consistía en facilitar la cooperación entre Estados en este último estadio de la privación de los beneficios ilícitos obtenidos por la delincuencia organizada, es decir, en la confiscación ya definitiva de bienes[109]. De esta forma, se obligaba a los Estados miembros a reconocer y ejecutar en su territorio las resoluciones judiciales firmes de decomiso[110] dictadas por un tribunal competente en materia penal de otro Estado miembro, así como a establecer normas más efectivas acerca del decomiso de los productos del delito[111]. En este sentido, la resolución podía acordarse sobre determinados bienes por su condición de instrumentos o efectos del delito o asimilados[112], definidos éstos como:

> « materiales o inmateriales, muebles o inmuebles, así como los documentos con fuerza jurídica u otros documentos acreditativos de un título o derecho sobre esos bienes respecto de los cuales el órgano jurisdiccional del Estado de emisión haya decidido: i) que constituyen el producto de una infracción penal o equivalen total o parcialmente al valor de dicho producto, o ii) que constituyen los instrumentos de dicha infracción, o iii) que pueden ser decomisados con motivo de la aplicación en el Estado de emisión

109 GASCÓN INCHAUSTI, F., "Decomiso y cooperación internacional: aplicación del principio..." *Op.cit.*, p. 14.

110 Definida en el artículo 2.c) como: «la sanción o medida firme impuesta por un órgano jurisdiccional a raíz de un procedimiento relacionado con una o varias infracciones penales, que tenga como resultado la privación definitiva de bienes».

111 Acerca del ámbito de aplicación de la Decisión Marco 2006/783/JAI, JIMÉNEZ-VILLAREJO FERNÁNDEZ afirma que su aplicación es exclusiva al decomiso directo en sentencia condenatoria y al decomiso ampliado, pero no puede extenderse al decomiso sin condena ni al de terceros. JIMÉNEZ-VILLAREJO FERNÁNDEZ, F., "Recuperación de activos..., *Op.cit.*, p. 321.

112 DE JORGE MESAS, L.F., *Reconocimiento de las resoluciones penales en la Unión Europea*, Tirant lo Blanch, Valencia, 2016, p. 141.

> de cualquiera de los supuestos de potestad de decomiso ampliada que se especifican en el artículo 3, apartados 1 y 2, de la Decisión marco 2005/212/JAI, o iv) que pueden ser decomisados a tenor de cualesquiera otras disposiciones relacionadas con una potestad de decomiso ampliada de conformidad con el Derecho del Estado de emisión[113]».

Esta delimitación del objeto de decomiso[114] suponía la posibilidad de que la resolución judicial recayese frente a los beneficios económicos del delito,[115] los bienes e instrumentos utilizados o destinados a la comisión del delito. No obstante, acerca de la potestad de decomiso ampliado, se debe hacer al menos una consideración, puesto que la *Decisión Marco 2006/783/JAI* establecía la obligatoriedad de reconocimiento únicamente del denominado como "decomiso ampliado regular o normativo" (artículo 8.3),[116] en contraposición del "decomiso ampliado irregular o no normativo" que, como distinguía DE JORGE MESAS:

> «Al decomiso ampliado que responde a la idea de extensión a las ganancias presuntas del delito conforme a la Decisión Marco 2005/212/JAI, lo podemos llamar decomiso ampliado regular o normativo. Al decomiso ampliado contemplado solo en la legislación interna, pero no amparado en la Decisión Marco de 2005, se refiere la letra d, apartado iv, del artículo 2 de la Decisión Marco de 2006. Estos últimos decomisos no ajustados a la Decisión

---

113 Artículo 2. D).

114 Haciendo referencia a la clasificación doctrinal del decomiso en el ordenamiento español según el objeto en el que recayese, esto es, el comiso "instrumentum sceleris", "objetum sceleris" y "productum sceleris", GONZÁLEZ LÓPEZ, J.J., "Ejecución de Resoluciones de Decomiso", en JIMENO BULNES, M. (Coord.), *La cooperación judicial civil y penal en el ámbito de la Unión Europea. instrumentos procesales,* J.M. Bosch, Barcelona, 2007, p. 376.

115 DE JORGE MESAS, L.F., *Reconocimiento de las resoluciones penales en la Unión Europea,* Tirant lo Blanch, Valencia, 2016, p. 141: «Por "efecto del delito" se entiende todo beneficio económico resultante de infracciones penales, que podrá tener forma de cualquier tipo de bien (muebles, inmuebles, valores, dinero, etc.).

116 Dicho precepto se remite a la Decisión Marco 2005/212/JAI, modificada por la Directiva 2014/42/UE.

> Marco de 2005 no son de obligado reconocimiento ni ejecución, en virtud de los que se dispone en el artículo 7 número 5 de la Decisión Marco 2006/783»[117].

Por tanto, los Estados miembros debían reconocer obligatoriamente los supuestos de decomiso ampliado "regular", por el contrario, podían denegar el reconocimiento y ejecución cuando se refiriese al decomiso ampliado acordado solo conforme al Derecho del Estado de emisión y, no sujeto a los requisitos de la Decisión Marco 2005/212/JAI, en estos supuestos el Estado de ejecución podía acordar el reconocimiento de forma potestativa siempre que fuera ajustado a su Derecho interno. Respecto de dicha cuestión en el caso de España, y según lo dispuesto en nuestra LRM, como ha apuntado DE JORGE MESAS, el apartado dos del artículo 157 de dicho texto menciona ambos tipos de decomiso ampliado, con lo cual parece ser de obligado reconocimiento en España tanto el regular como el irregular, aunque la regulación del decomiso ampliado irregular en el Estado de emisión no coincida con la española, prevista en los artículos 166 y 170 de la LRM[118].

En definitiva, esta Decisión Marco delimitaba el marco regulatorio acerca de las reglas que debían establecerse en la regulación de los procedimientos de reconocimiento mutuo en las trasmisiones y ejecuciones de las resoluciones de decomiso, así como los motivos de denegación[119].

---

117 DE JORGE MESAS, L.F., *Reconocimiento de las resoluciones penales en la Unión Europea*, Tirant lo Blanch, Valencia, 2016, p. 144.

118 *Ídem*, p. 145.

119 Artículos 5 al 8.

2.1. Trasposición al ordenamiento jurídico español mediante la Ley 23/2014, de 20 de noviembre.

Esta Decisión Marco fue traspuesta con bastante retraso a nuestro ordenamiento a través de la *Ley 4/2010, de 10 de marzo, para la ejecución en la Unión Europea de resoluciones judiciales de decomiso*[120], y la *Ley Orgánica 3/2010, de 10 de marzo, de modificación de la Ley Orgánica 6/1985, de 1 de julio, del Poder Judicial* y complementaria de la anterior, siendo la última trasposición acerca de ese paquete de medidas relativas al reconocimiento mutuo de resoluciones judiciales en materia penal que se incorporó a nuestro ordenamiento. Esta ley tenía como objetivo establecer las normas acerca del procedimiento de transmisión de las sentencias firmes que impusieran el decomiso por los tribunales españoles a un Estado miembro de la Unión Europea, y viceversa, es decir, el procedimiento de reconocimiento y ejecución por los tribunales españoles de estas resoluciones emitidas por otro Estado miembro.

Posteriormente, se aprobó la *Ley 4/2010, de 10 de marzo para la ejecución en la Unión Europea de resoluciones judiciales de decomiso* fue derogada por la *Ley 23/2014, de 20 de noviembre, de reconocimiento mutuo de resoluciones penales en la Unión Europea*[121]–en adelante, LRM 2014–, cuya finalidad era establecer los cauces uniformes en la emisión y ejecución de resoluciones penales transfronterizas, tanto en materia de investigación como de enjuiciamiento y

---

120 Para un análisis más exhaustivo de esta norma, actualmente derogada, nos remitimos al estudio de CEREIJO SOTO, quien plantea -como consecuencia de ser una trasposición anterior a las posteriores reformas que tuvieron lugar en el año 2015 y las cuales configuraron el nuevo régimen legar del decomiso- la divergencia existente, pues el concepto de "decomiso" que se manejaba en esta ley (fruto de la trasposición europea) no coincidía con la noción manejada en el Código penal español, siendo la primera mucho más amplia . CEREIJO SOTO, A., "Nuevos instrumentos para el decomiso a partir de la Ley 4/2010...", *Op.cit.*, pp. 1-36; así como, GASCÓN INCHAUSTI, F., "Decomiso y cooperación internacional: aplicación del principio..." *Op.cit.*, pp.1-41.

121 «BOE» núm. 282, de 21 de noviembre de 2014.

ejecución[122]. Con ella, por un lado, se transpuso la *Decisión Marco 2009/299/JAI del Consejo, de 26 de febrero de 2009*[123], destinada a reforzar los derechos procesales de las personas y a propiciar la aplicación del principio de reconocimiento mutuo de las resoluciones dictadas a raíz de juicios celebrados sin comparecencia del imputado[124]. Por otro lado, se derogaba la *Ley 3/2003, de 14 de marzo, sobre la orden europea de detención y entrega*; la *Ley 18/2006, de 5 de junio, para la eficacia en la Unión Europea de las resoluciones de embargo y aseguramiento de pruebas en procedimientos penales*; la *Ley 1/2008, de 4 de diciembre, para la ejecución en la Unión Europea de resoluciones que impongan sanciones pecuniarias*, y ello como consecuencia de la nueva técnica legislativa utilizada en la elaboración LRM 2014, con la que se trataría de reducir la dispersión de normativa que dificultaba enormemente la consecución de los objetivos comunitarios.

En esta ocasión, el legislador optó por elaborar un único texto normativo en forma de ley ordinaria que aglutinaría todas estas decisiones marco y la directiva aprobadas hasta la fecha en materia de reconocimiento mutuo de resoluciones penales, las cuales quedaban derogadas por la entrada en vigor de esta ley, así como aquellas otras que se encontraban pendientes de aprobación[125]. Así pues, este nuevo marco normativo vino complementado, ade-

---

122 GONZÁLEZ CANO, I., "El decomiso ampliado como instrumento de la política criminal de la Unión Europea", en GALÁN MUÑOZ, A.; MENDOZA CALDERÓN, S. (Coord.) *Globalización y lucha contra las nuevas formas de criminalidad transnacional*, Tirant lo Blanch, Valencia, 2019, p. 313.

123 La cual modificaba las *Decisiones Marco 2002/584/JAI, 2005/214/JAI, 2006/783/JAI, 2008/909/JAI y 2008/947/JAI.*

124 RODRÍGUEZ- MEDEL NIETO, C.; SEBASTIÁN MONTESINOS, A., *Manual práctico de reconocimiento mutuo penal en la Unión Europea Preguntas, respuestas y formularios de la Ley 23/14 de 20 de noviembre*, Tirant lo Blanch, Valencia, 2015, p. 614.

125 Vid. Disposición Final Tercera en la que se enumeran todos los instrumentos normativos incorporados con la aprobación de dicha ley.

más, por *la Ley Orgánica 6/2014, de 29 de octubre,* que reformaba la LOPJ para poder atribuir las competencias en esta materia a los juzgados y tribunales del orden penal mediante una fórmula abierta más adecuada al carácter dinámico de la normativa sobre la cooperación judicial penal. Con este nuevo sistema se atribuía la competencia para la ejecución de las órdenes europeas que se les encomendase de acuerdo con las normas específicas–que fueran de aplicación en materia de reconocimiento mutuo de resoluciones penales en la Unión Europea-. De esta manera se evitaría tener que realizar modificaciones puntuales en la LOPJ motivadas por esa constante evolución normativa en la materia. Es más, en un sentido más amplio, con esta técnica se pretendía crear una ley modular que permitiese la incorporación de futuras normas que se fueran aprobando en esta materia[126].

En definitiva, con este nuevo texto se quiso paliar los graves obstáculos que se presentaban en la práctica judicial como consecuencia de la dispersión normativa, así como facilitar el conocimiento y manejo de la normativa por los profesionales del Derecho[127] y, la propia colaboración judicial.

Esta norma -actualmente vigente- ha sido objeto de varias reformas parciales desde su entrada en vigor, con motivo de la incorporación de otras normas que estaban pendientes de aprobación en el momento de su elaboración. Sin embargo, se debe prestar atención a la circunstancia de que la LRM 2014, en su redacción

---

126 FIDALGO GALLARDO, C., "Reconocimiento y ejecución de órdenes europeas de decomiso", en GONZÁLEZ CANO, I. (Dir.*), Cooperación judicial penal en la Unión europea. Reflexiones sobre algunos aspectos de la investigación y el enjuiciamiento en el espacio europeo de justicia penal,* Tirant lo Blanch, Valencia, 2015, p. 476.

127 ROMERO PRADAS, M.I., “Resolución de embargo…, *Op.cit.,* p. 439; IGLESIAS CANLE, I.C., “La obtención de perfiles genéticos de ADN a través de la Orden Europea de investigación”, en LLORENTE SÁNCHEZ-ARJONA, M (Dir.*), Estudios procesales sobre el espacio europeo de justicia penal,* Aranzadi, Cizur Menor (Navarra), 2021, p. 214.

originaria[128], venía a sustituir a la *Ley 4/2010 de 10 de marzo para la ejecución en la Unión Europea de resoluciones judiciales de decomiso,* la cual transponía la Decisión Marco de 2006/783/JAI. Por tanto y, como tendremos la oportunidad de analizar a continuación, debemos interpretar lo recogido en la LRM 2014 de acuerdo con el sentido de esta norma comunitaria, a pesar de que en el momento de su aprobación ya existía la Directiva 2014/42/UE sobre embargo y decomiso de los instrumentos y productos del delito en la Unión Europea, de 3 de abril de 2014[129].

En su versión actual – la cual procedemos a analizar a continuación-, esta ley se encuentra dividida en un título preliminar y diez títulos más, con un total de: 223 artículos, 7 disposiciones adicionales, 3 disposiciones transitorias, 1 disposición derogatoria y 4 disposiciones finales; en contraste con la primera versión de la misma que contenía 200 artículos divididos en 8 títulos. A lo largo de ella, se establecen en cada uno de sus títulos las disposiciones básicas que conformarían el régimen jurídico de cada uno de los instrumentos de reconocimiento mutuo[130], a los que define como «aquella orden europea o resolución emitida por la autoridad competente de un Estado miembro de la Unión Europea que se transmite a otro Estado miembro para su reconocimiento y ejecución en el mismo»[131]. Atendiendo a esta división, la estructura

---

[128] Esta norma entró en vigor el 11 de diciembre de 2014, «BOE» núm. 282, de 21 de noviembre de 2014.

[129] «DOUE» núm. L 127, de 29 de abril de 2014.

[130] Regulación, que como dispone el artículo 3, se aplicará respetando los derechos y libertades fundamentales y los principios recogidos en la Constitución Española, en el artículo 6 del Tratado de la Unión Europea y la Carta de los Derechos Fundamentales de la Unión Europea, y en el Convenio Europeo de Derechos y Libertades Fundamentales del Consejo de Europa de 4 de noviembre de 1950.

[131] Como afirma CARRILLO DEL TESO A.E., no existe ninguna norma análoga de aplicación a los supuestos en que el Estado de origen o de ejecución sea un tercer Estado no europeo, aplicándose en estos supuestos que quedarían fuera del ámbito de la ley, los cauces clásicos de cooperación internacional, esto es, las comisiones rogatorias basadas

que presenta responde al siguiente esquema: *Régimen general del reconocimiento mutuo de resoluciones penales en la Unión Europea* (Título preliminar); *Régimen general de la transmisión, el reconocimiento y la ejecución de los instrumentos de reconocimiento mutuo en la Unión Europea* (Título I); *Orden europea de detención y entrega* (Título II); *Resolución por la que se impone una pena o medida privativa de libertad* (Título III); *Resolución de libertad vigilada* (Título IV); *Resoluciones sobre medidas alternativas a la prisión provisional* (Título V); *Orden europea de protección* (Título VI); *Resolución de embargo preventivo de bienes y de aseguramiento de pruebas* (Título VII); *Resoluciones de decomiso* (Título VIII); *Resoluciones por las que se imponen sanciones pecuniarias* (Título IX); y, por último, *Orden europea de investigación en materia penal* (Título X).

Ante la necesidad de limitar el objeto de estudio del presente trabajo, nos centraremos en analizar únicamente lo dispuesto en el Título VIII (artículos 157 al 172) dedicado a las *resoluciones judiciales de decomiso,* a las que se refiere como «aquellas por las que un órgano jurisdiccional impone una sanción o medida firme a raíz de un procedimiento relacionado con una o varias infracciones penales, que tiene como resultado la privación definitiva de bienes[132]», y las disposiciones generales de especial interés vinculadas a dicho título. No obstante, aunque nos vamos a centrar exclusivamente en este título, no debemos olvidar que, en el caso de ser necesario adoptar previamente medidas provisionales de aseguramiento sobre los bienes – que, posteriormente, vayan a ser objeto de decomiso-, lo que procedería sería solicitar una "medida de embargo preventivo de bienes y de aseguramiento de pruebas",

---

en convenios internacionales, CARRILLO DEL TESO, A.E., *Decomiso y recuperación, Op.cit.*, p. 263.

132 Artículo 157.1.

en cuyo caso nos remitiríamos a las normas previstas en el título VII[133], que regula este tipo de resoluciones judiciales.[134]

Este título VIII dedicado a las resoluciones de decomiso, se encuentra dividido en tres capítulos: el capítulo I recoge las disposiciones generales; el capítulo II está dedicado a la transmisión de una resolución de decomiso; y, finalmente, el capítulo III se refiere a la ejecución de las resoluciones de decomiso. Dependiendo de si España es autoridad de emisión o de ejecución, se aplicarán las normas del capítulo segundo o tercero y, en defecto de estas normas específicas, le será de aplicación de forma subsidiaria el régimen jurídico establecido en la LECRIM[135].

---

133 FIDALGO GALLARDO, C., "Reconocimiento y ejecución de órdenes europeas de decomiso", en GONZÁLEZ CANO, I. (Dir.*), Cooperación judicial penal en la Unión europea. Reflexiones sobre algunos aspectos de la investigación y el enjuiciamiento en el espacio europeo de justicia penal,* Tirant lo Blanch, Valencia, 2015, p. 477.

134 La adopción de este tipo de medidas está estrechamente vinculada con el decomiso, pues suele ser habitual decretar medidas cautelares como, por ejemplo, el embargo de los bienes, durante el procedimiento judicial para garantizar en fase de ejecución de sentencia el decomiso del bien, adjudicando su titularidad de forma definitiva al Estado, quien procederá a darle el destino que corresponda según el Derecho aplicable.

135 Artículo 4.1 establece que, todos los instrumentos de reconocimiento mutuo recogidos en esta ley se regirán por lo dispuesto en ella, en las normas de la Unión Europea y convenios internacionales vigentes y, en su defecto, por la LECRIM. Sin olvidar que, según el apartado tercero, esta ley debe ser interpretada conforme a la norma europea que regule cada instrumento concreto. Por ello, apuntan RODRÍGUEZ- MEDEL NIETO y SEBASTIÁN MONTESINOS que: «El contenido de la Decisión Marco es relevante y se recomienda su lectura ya que, en caso de dudas sobre el alcance y aplicación de la LRM, la normativa europea deberá servir de criterio interpretativo para la aplicación en España de este título VIII de la LRM. Es decir, en todo lo que la LRM que implementa la Decisión Marco en el ordenamiento jurídico interno discrepe o presente dudas, prevalece la Decisión Marco (art. 4.3 LRM). También es importante recordar que en materia de Derecho europeo las decisiones del Tribunal de Justicia de la UE de Luxemburgo fijan

En primer lugar, en las disposiciones generales del capítulo I, podemos destacar cómo el legislador español utiliza en esta ocasión para referirse al decomiso el término de "sanción o medida", al igual que hacía la *Decisión Marco 2006/783/JAI*, origen de su transposición como hemos mencionado anteriormente; a pesar de que, en nuestro Código penal el decomiso era ya definido como una consecuencia accesoria y, no una sanción.

En segundo lugar, el ámbito de aplicación de la LRM 2014 quedaba limitado a las resoluciones de decomiso referidas únicamente a los decomisos declarados en sentencia condenatoria y a los decomisos ampliados, con lo cual quedaban excluidos los decomisos sin condena o decomiso civil, así como tampoco se incluía al decomiso de terceros[136]. En efecto, como se vio en páginas anteriores, la Decisión Marco 2006/783/JAI establecía la incorporación obligatoria por los Estados miembros del decomiso directo, así como la potestad de decomiso ampliado "regular", mientras que el reconocimiento y ejecución respecto del decomiso de terceros, el decomiso civil y el decomiso ampliado "no normativo" quedaban sujetos a la aceptación potestativa por el Estado de ejecución. Sin embargo, la

---

su interpretación. Por otra parte, el art. 3 LRM establece que tanto la emisión del instrumento de resoluciones de decomiso por una autoridad judicial española como la ejecución de la emitida por la autoridad competente de otro Estado Miembro deberán respetar los derechos y libertades fundamentales y los principios recogidos en la Constitución Española, el artículo 6 del Tratado de la Unión Europea, la Carta de los Derechos Fundamentales de la Unión Europea y el Convenio Europeo de Derechos y Libertades Fundamentales del Consejo de Europa de 4 de noviembre de 1950». RODRÍGUEZ- MEDEL NIETO, C.; SEBASTIÁN MONTESINOS, A., *Manual práctico de reconocimiento mutuo penal en la Unión Europea Preguntas, respuestas y formularios de la Ley 23/14 de 20 de noviembre*, Tirant lo Blanch, Valencia, 2015, p. 615.

136 JIMÉNEZ-VILLAREJO FERNÁNDEZ, F., "Recuperación de activos..., *Op.cit.*, p. 321.

Directiva 2014/42/UE obligaba a los Estados miembros a incluir en sus ordenamientos internos tres modalidades de decomiso: el decomiso directo del producto e instrumentos del delito, el decomiso por valor equivalente o de segundo grado, y el decomiso sin condena – decomiso civil dictado en un proceso penal- en caso de enfermedad o fuga del sospechoso o acusado; además, como veremos, respecto del decomiso ampliado, la Directiva mejoraba su redacción y, unificaba su esquema para evitar problemas de aplicación de esta clase de decomiso. En este sentido, algún autor como CARRILO DEL TESO, se posicionaba a favor de interpretar la norma de acuerdo con la Directiva 2014/42/UE, permitiendo el reconocimiento de las resoluciones de decomiso sin condena, pues la propia LRM 2014 obligaba a su interpretación conforme al Derecho europeo, además de considerar contrario al espíritu de la norma el no facilitar la cooperación rechazando el reconocimiento mutuo de estas resoluciones[137]. No obstante, este debate ha quedado vacío de contenido tras la entrada en vigor del Reglamento (UE) 2018/1805, como veremos más adelante, pues este instrumento prevé el reconocimiento mutuo de resoluciones de decomiso referidas a las clases de decomiso ordinario, ampliado, de terceros y sin condena.

En tercer lugar, sobre la delimitación de los bienes que podían ser objeto de decomiso, el artículo 157.1 hacía una referencia muy genérica al hablar de "privación de bienes", pero sin hacer referencia alguna a su vinculación con el delito; sin embargo, en el apartado segundo del mismo artículo se contemplaba expresamente que la resolución de decomiso podía recaer sobre cualquier tipo de bienes: materiales o inmateriales, muebles o inmuebles, así como sobre documentos con fuerza jurídica u otros

---

137 CARRILLO DEL TESO, A.E., *Decomiso y recuperación, Op.cit.*, p. 271.

documentos acreditativos de un título o derecho sobre esos bienes, para especificar, a continuación, refiriéndose a estos últimos que el órgano emisor considere: (a) que son el instrumento o el producto de la infracción penal, (b) que son de un valor equivalente al valor del producto de la infracción penal o, (c) que pueden ser decomisados en virtud de la potestad de decomiso ampliado por aplicación al Estado de emisión de alguno de los supuestos del artículo 3 de la Decisión Marco 2005/212/JAI–relativo a la potestad de decomiso ampliado- o, bien a tenor de lo dispuesto en su Derecho interno relativo a esta misma potestad(d)[138]. Esta definición se correspondía con la redacción literal que hacía la Decisión Marco 2006/783/JAI al definir el término "bienes"[139], de ahí que se mantenga la referencia a la potestad de decomiso ampliado de la Decisión Marco 2005/212/JAI por el legislador español, quien transpuso de forma literal casi todo el contenido de dicha decisión, a pesar de que cuando fue aprobada la LRM 2014 ya existía la Directiva 2014/42/UE[140]. Esta última, como veremos, aunque ya hemos ido adelantando, recogía una regulación mejorada de la potestad de decomiso ampliado en comparación con las decisiones marco, y que forma parte del contenido actual de los artículos 127 bis, quinquies y sexies de nuestro Código penal, los cuales exceden del contenido obligatorio de la Directiva[141],

---

[138] Artículo 157.2.

[139] La Decisión Marco 2006/783/JAI definía el término "producto" como todo beneficio económico resultante de la infracción penal, mientras que para referirse a "instrumentos" aludía a los bienes utilizados o destinados a la utilización para cometer la infracción penal.

[140] CARRILLO DEL TESO, A.E *Decomiso y recuperación, Op.cit.*, p. 270.

[141] Como apunta MARTINEZ-ARRIETA MARQUEZ DE PRADO :«por extender los efectos del decomiso ampliado a cualquier clase de actividad delictiva cometida en el marco de una organización o grupo criminal o terrorista o un delito de terrorismo y no limitarlo a los delitos que tasaba la Decisión Marco sino por vertebrar el decomiso

lo que generó problemas en el reconocimiento mutuo de este tipo de resoluciones, que podían verse denegadas de forma facultativa por la aplicación del contenido transpuesto de la Decisión Marco 2006/783/JAI, a diferencia de la Directiva 2014/42UE, en cuya virtud no podría denegarse, si ese decomiso ampliado quedaba dentro del ámbito de aplicación de la directiva y, obviamente, no concurriera otra causa de denegación[142].

De acuerdo con lo anterior, se plantea el debate sobre qué bienes se encuentran incluidos dentro de esta delimitación del objeto de decomiso, y para ello es preciso tener en cuenta que la LRM 2014 debe ser interpretada en todo momento de conformidad con las normas de la Unión Europea reguladoras de cada uno de los instrumentos de reconocimiento mutuo (artículo 4.3).

FIDALGO GALLARDO entiende que el objeto de la resolución de decomiso es mucho más amplio, y no se limita a los objetos instrumentales de la infracción o a objetos que sean producto de ésta, sino que puede recaer sobre cualquier tipo de bien no relacionado con la condena, lo que permitiría cubrir las responsabilidades pecuniarias del condenado[143], y ello con base en

---

ampliado con base en una presunción legal no exigida en la Decisión Marco, de que el patrimonio de las personas condenadas por delitos de terrorismo o condenadas por pertenencia a organización o grupo criminal proviene de la actividad delictiva siempre que su valor sea desproporcionado con respecto a los ingresos obtenidos legalmente por cada una de dichas personas». MARTINEZ-ARRIETA MARQUEZ DE PRADO, C., "El decomiso y la recuperación y gestión de activos procedentes de actividades delictivas", *Cuadernos de Digitales de formación*, núm. 31, 2017, p. 26.

[142] SÁNCHEZ SISCART, J.M., "El decomiso tras la reforma del Código Penal operada por la Ley Orgánica 1/2015", *Cuadernos Digitales de Formación*, núm. 30, 2015, p. 19.

[143] Como afirma FIDALGO GALLARDO si atendemos a los términos a los que se refiere el artículo 157.1 LRM2014, la resolución de decomiso no se limita a los objetos instrumentales de la infracción o del producto de

la interpretación que se realiza de la definición de "resolución de decomiso" en concordancia con lo dispuesto en el artículo 157.2.

Conforme a lo expuesto anteriormente no podemos compartir esta última opinión. Puesto que si para poder decomisar, por ejemplo, unos "documentos acreditativos de un título o derecho sobre un bien", estos bienes sí deben estar vinculados a la infracción penal (ex artículo 157.2) por ser el instrumento del delito o su producto. Lógicamente, cuando el legislador se refiere a la «privación definitiva de bienes», estos bienes deben constituir el instrumento o el producto del delito, con independencia de qué pueda extenderse a otros bienes mediante el decomiso ampliado. Sin embargo, en este último caso, su aplicación vendría justificada por su presunto origen ilícito.

Tampoco podemos estar de acuerdo con la interpretación extensiva que se realiza con base en la expresión utilizada en el artículo 157.2 letra a) «...o equivalen total o parcialmente al valor de dicho producto», pues realmente, la opción de decomisar otros bienes por valor equivalente se aplica de forma subsidiaria,–como veremos a continuación al hablar de la transformación del decomiso- de ahí que el decomiso por "valor equivalente" se conozca como de segundo grado.

---

la misma. FIDALGO GALLARDO, C., "Reconocimiento y ejecución de órdenes europeas de decomiso", en GONZÁLEZ CANO. I (Dir.), *Cooperación judicial penal en la Unión europea. Reflexiones sobre algunos aspectos de la investigación y el enjuiciamiento en el espacio europeo de justicia penal,* Tirant lo Blanch, Valencia, 2015, p. 478.

En este sentido, si entendemos que el objeto de decomiso lo constituyen los efectos, instrumentos o productos del delito[144], así como otros bienes distintos por vía del decomiso ampliado, no podemos compartir la afirmación que considera la posibilidad de decomisar "otros bienes" y cuyo destino sea la cobertura de responsabilidades pecuniarias del condenado, como podría ser el pago de la multa o la responsabilidad civil derivada del delito. Como veremos más adelante, esta posibilidad no se encuentra incluida a la hora de referirse al destino del decomiso[145].

Otra cosa, es que así se dicte de acuerdo con el Derecho aplicable o como consecuencia de un acuerdo particular entre los Es-

---

144 RODRÍGUEZ- MEDEL NIETO y SEBASTIÁN MONTESINOS afirman que: «No se hace indicación alguna sobre la restitución a que pudiera tener derecho el perjudicado del delito. Conviene recordar que la responsabilidad civil no tiene cabida dentro del instrumento de decomiso, pero en lo que se refiere a la indemnización de los daños y perjuicios causados a la víctima del delito. Sin embargo, sí está previsto este instrumento para decomisar el producto del delito y éste puede ser de un concreto perjudicado. Sin embargo, al regular la restitución, no se contempla en la normativa europea ni en la legislación española de implementación que este producto del delito sea restituido a su legítimo propietario. Por ejemplo, en un delito de estafa, producto del delito es la cantidad obtenida como consecuencia del engaño que da lugar a la condena por estafa. Esta cantidad de dinero, como producto del delito, podrá ser decomisada. Lo que no se prevé es cómo restituir esta cantidad al perjudicado». RODRÍGUEZ- MEDEL NIETO, C.; SEBASTIÁN MONTESINOS, A., *Manual práctico de reconocimiento mutuo penal en la Unión Europea Preguntas, respuestas y formularios de la Ley 23/14 de 20 de noviembre*, Tirant lo Blanch, Valencia, 2015, p. 626.

145 Recordemos que, esta opción de destinar los bienes decomisados a la cobertura de responsabilidades civiles *ex delicto*, se encontraba descartada en otras leyes penales como la Ley de Represión del Contrabando. CORTÉS LABADÍA, J.P., la finalidad de esta reforma se encontraba en la necesidad de adaptarla al Reglamento núm. CE/952/2013, conocido como "Código Aduanero de la unión", CORTÉS LABADÍA, J.P., "Delito de contrabando", en CAMACHO VIZCAÍNO, A. (Dir.), *Tratado de Derecho penal económico. Parte general*, Tirant lo Blanch, Valencia, 2019, p. 2291.

tados implicados. Consecuentemente, quedarían también excluidas de este instrumento de reconocimiento mutuo, las medidas de aseguramiento y embargo de cantidades destinadas a cubrir la responsabilidad civil derivada del delito[146]. Así se desprende del artículo 143.1, que delimita las resoluciones de embargo y aseguramiento al establecer que: «Las resoluciones cuyo régimen de reconocimiento y ejecución se regula por este Título son aquellas que se dirigen a impedir provisionalmente la destrucción, transformación, desplazamiento, transferencia o enajenación de bienes que pudieran ser sometidos a decomiso o utilizarse como medios de prueba».

Estas disposiciones generales, además de delimitar el objeto de decomiso, establecen cuáles son los criterios generales de atribución de competencia judicial a las autoridades españolas, distinguiendo si España es el Estado de emisión o receptor de la resolución de decomiso en cuestión[147]. En este orden de cosas, la

---

146 ROMERO PRADAS, M.I., "Resolución de embargo..., *Op.cit.,* p.444. En contra se posiciona FIDALGO GALLARDO, C., al afirmar que: «La LRM, y antes de ella la Ley 4/2010 y la Decisión Marco 2006/787/ JAI, ampararían por tanto un decomiso que tuviese por objeto otros bienes: por ejemplo, posesiones muebles o inmuebles pertenecientes al condenado, pero cuyo embargo y realización se decretase para cubrir responsabilidades pecuniarias del condenado». FIDALGO GALLARDO, C., "Reconocimiento y ejecución de órdenes europeas de decomiso", en GONZÁLEZ CANO. I (Dir.), *Cooperación judicial penal en la Unión europea. Reflexiones sobre algunos aspectos de la investigación y el enjuiciamiento en el espacio europeo de justicia penal,* Tirant lo Blanch, Valencia, 2015, p.478.

147 Artículo 5:«Se entiende por: a) Estado de emisión: el Estado miembro de la Unión Europea en el que la autoridad competente ha dictado una orden o resolución de las reguladas en esta Ley al objeto de que sea reconocida y ejecutada en otro Estado miembro; b) Estado de ejecución: el Estado miembro de la Unión Europea al que se ha transmitido una orden o resolución dictada por la autoridad judicial competente de otro Estado miembro, para su reconocimiento y ejecución». Nótese, como el legislador se refiere a la "autoridad judicial competente" en el título preliminar, sin identificarla con un órgano judicial concreto, puesto que, esta atribución se recoge en los diferentes títulos que aglu-

competencia judicial para emitir la resolución de reconocimiento mutuo de decomiso a un tercer Estado, se atribuye a los Jueces o Tribunales penales españoles que estén conociendo de la ejecución de sentencia en la que se acuerda el decomiso[148].

En el caso contrario, es decir, cuando España sea país de ejecución, la ley establece unos criterios mucho más detallados que la regulación anterior, y establece que la autoridad competente para reconocer y ejecutar la resolución de decomiso extranjera[149] será: «el juez de lo penal español del lugar donde se encuentre cualquiera de los bienes objeto de decomiso», con independencia del delito en el que se base la condena, no siendo esto un criterio para determinar la competencia de ejecución del decomiso en España.

No obstante, este criterio general se encuentra matizado por las siguientes reglas[150]: En primer lugar, puede ocurrir que la resolución recaiga sobre varios bienes y, estos se encuentren ubicados en diferentes circunscripciones. En estos casos, podrá ser competente, para conocer del decomiso, cualquiera de los jueces o tribunales adscritos a dichas circunscripciones, pero le corresponderá su conocimiento al juez que primero haya recibido la solicitud y, lógicamente, en cuya circunscripción radique al menos uno de los bienes. En segundo lugar, la alteración sobrevenida de la ubicación del bien, posteriormente a la atribución de competencia judicial a un determinado órgano jurisdiccional que hubiera reconocido dicha resolución, no será causa de pérdida de la misma. En tercer lugar, si inicialmente en la petición de decomiso se desconociera la localización exacta de los bienes a decomisar, pero se indicase el domicilio de la persona frente a la que se dictó, será competente el juez de dicho lugar de residencia, quien mantendría su atribución, aunque posterior-

---

tina la regulación de cada uno de los instrumentos de reconocimiento mutuo.

148 Artículo 158.1.

149 Artículo 158.2.

150 Artículo 158.2.

mente se conozca el lugar exacto donde radican esos bienes, siendo distinto al del domicilio, lo cual no alteraría la competencia judicial. Lo mismo ocurre en caso de emitirse el certificado en relación con distintas personas con residencia en diferentes partidos judiciales, pues en estos supuestos será competente el juez o tribunal de cualquier de ellos, pero conocerá el primero que lo reciba, siempre que alguno de los domicilios indicados radique en su circunscripción.

En este último punto, referido a la atribución de competencia de los órganos judiciales españoles cuando España es la autoridad de ejecución, debe ponerse en evidencia la falta de coherencia del legislador a la hora de fijar órganos competentes distintos para ejecutar una resolución de decomiso y una resolución de embargo[151]. Siendo, por un lado, competente para ejecutar las resoluciones de embargo el Juez de Instrucción (del lugar donde se encuentren los bienes), mientras que, por otro lado, atribuye al Juez de lo Penal la competencia para ejecutar las resoluciones de decomiso. Decisión que consideramos totalmente desacertada teniendo en cuenta que, normalmente, la resolución de embargo antecede a la resolución de decomiso y, por tanto, ambas resoluciones suelen tener su origen en el mismo procedimiento y recaen sobre los mismos objetos. Con lo cual, el hecho de atribuir

---

[151] En este sentido, MORÁN MARTÍNEZ señala que esta previsión no es muy aconsejable, puesto que en la práctica suelen ser dos actos progresivos dictados por la misma autoridad judicial, es decir, se decreta el embargo de un determinado bien que posteriormente se transforma en un decomiso. Además, si a ello se suma la competencia de la Fiscalía, por ejemplo, en la investigación patrimonial previa a través de una OEI, y que suele ser anterior a la decisión de embargo, se complica aún más el panorama competencial español, lo que se traduce en una duplicación de medios innecesario, por lo que en su opinión esta previsión debería ser modificada antes de su entrada en vigor, MORÁN MARTÍNEZ, R., "España como país ejecutor de decisiones de embargo y decomiso en el Reglamento (UE) 2018/1805", en BERDUGO GÓMEZ DE LA TORRE, I.; RODRÍGUEZ GARCÍA, N. (Coord.), *Decomiso y Recuperación de activos. Crime Doesn´t pay*, Tirant lo Blanch, Valencia, 2020, p. 460.

la competencia a órganos judiciales distintos solo genera mayores obstáculos e inconvenientes a la hora de ejecutar la resolución de decomiso.

El capítulo II (artículos 159 al 165) establece el régimen que regula la "transmisión de las resoluciones de decomiso". En este caso, el legislador se está refiriendo a aquellas resoluciones dictadas por una "autoridad judicial española" en el ámbito de regulación de esta ley para ser dirigidas a otro Estado miembro de la Unión Europea para su reconocimiento y ejecución[152], es decir, son supuestos en los cuales España es el Estado emisor y un tercer Estado miembro es quien ejecuta la resolución.

Como se ha mencionado anteriormente, la competencia del órgano emisor, en este caso, no presenta mayor dificultad, pues la ley le atribuye esta facultad al juez o tribunal del orden penal que conozca de la ejecución de sentencia que impone el decomiso como consecuencia accesoria[153]. Ahora bien, para la identificación del Estado receptor, la ley establece un criterio material que va a depender de la clase de objeto sobre el que recae la resolución de decomiso, es decir, si se trata de un bien concreto o, por el contrario, recae sobre cantidades líquidas de dinero. De acuerdo con este criterio, cuando el decomiso se refiera a bienes concretos, la transmisión se realizará al Estado miembro en el que, por existir motivos fundados, se considera que en su territorio radican los bienes objeto de decomiso. Si, en cambio, la resolución de decomiso recae sobre una cantidad de dinero, se transmitirá a la autoridad competente del Estado miembro en el que se tenga motivos fundados para creer que la persona natural o jurídica contra la que se ha dictado la resolución tiene bienes o ingresos. Ahora bien, la ley prevé la aplicación de un fuero subsidiario para aquellos supuestos en los que la autoridad judicial española de emisión no tiene los motivos fundados suficientes que le permitan determinar el Estado de

---

152 Artículo 1.

153 Artículo 158.1.

ejecución de acuerdo con las reglas anteriores, estableciendo en estos supuestos la transmisión a la autoridad competente del Estado miembro donde la persona natural o jurídica, contra la que se ha dictado la resolución, resida habitualmente o tenga su domicilio social, respectivamente[154].

Debemos destacar, también, algunas de las diferencias que prevé la norma en relación con la tramitación del procedimiento de emisión. Así pues, tras reconocer en un primer lugar que la emisión puede ser de oficio o a instancia de parte[155], el legislador no impone las mismas cargas en ambos supuestos. En este sentido, y solo en el supuesto de ser emitida a instancia de parte, se le solicitará a ésta que aporte una «justificación documental u otro tipo de indicio fehaciente que evidencie la existencia del bien concreto y que se encuentra en el territorio del Estado de ejecución, de la existencia de ingresos en dicho Estado o de que la persona frente a la que se dirige la resolución tiene en el mismo su residencia habitual o sede social». Esta previsión ha sido objeto de crítica por algunos autores, quienes consideran la imposición exclusiva de este deber a las partes una falta de proporcionalidad, cuando es el órgano judicial quien tiene a su disposición numerosos recursos materiales para obtener este tipo de información, y no el particular. Y, más aún, si lo comparamos con los supuestos en que la petición es de oficio[156], en cuyo caso basta con la simple existencia de "motivos fundados para creer" que los bienes o los ingresos se encuentran en un determinado lugar.

---

[154] Artículo 159.

[155] Entendemos que, en estos casos, la petición sería dirigida por alguna de las partes acusadoras, víctima o perjudicado del proceso penal principal en el que se ha impuesto el decomiso.

[156] En este sentido, FIDALGO GALLARDO, C., "Reconocimiento y ejecución de órdenes europeas de decomiso", en GONZÁLEZ CANO, I. (Dir.), *Cooperación judicial penal en la Unión europea. Reflexiones sobre algunos aspectos de la investigación y el enjuiciamiento en el espacio europeo de justicia penal*, Tirant lo Blanch, Valencia, 2015, p. 481.

Para proceder a la transmisión de una resolución de decomiso, la autoridad judicial española de emisión se comunicará directamente con la autoridad de ejecución, por cualquier medio que deje constancia escrita y permita acreditar la autenticidad de la comunicación. Para ello, se debe aportar el testimonio de la resolución judicial[157], que deberá ir acompañada del certificado previsto en el Anexo XI de la ley[158]. Se trata de un documento normalizado que recoge datos relacionados – para el decomiso- con el órgano emisor, personas afectadas, infracción penal que ha dado lugar a la resolución, datos de las personas afectadas por el decomiso, etc. En el ámbito de la cooperación internacional es bastante habitual el uso de este tipo de documentos de carácter estandarizado, pues con ello se pretende facilitar la comunicación entre los diferentes Estados implicados, minimizando los obstáculos que puedan producirse en el procedimiento y, consecuentemente, agilizando el trámite de ejecución.

No obstante, entre las informaciones que deben constar en dicho certificado con independencia del instrumento de reconocimiento mutuo del que se trate, el legislador exige que se indique, por un lado, si el delito objeto de la resolución judicial se incardina en alguna de las categorías que eximen del control de doble tipificación de la conducta en el Estado de ejecución –lista cerrada de los delitos previstos en el artículo 20.1- y, por otro lado, si la pena prevista para el delito es, en abstracto, al menos de tres años de privación de libertad[159].

---

157 Artículo 7.1. No es necesario remitir el original, salvo que sea solicitado por la autoridad de ejecución.

158 Los certificados que se remitan tienen que traducirse a la lengua oficial o a una de las lenguas oficiales del Estado miembro al que se dirija o, en su caso, a una lengua oficial de las instituciones comunitarias que hubiera aceptado dicho Estado, salvo que disposiciones convencionales permitan, en relación con ese Estado, su remisión en español; sin embargo, la resolución penal o testimonio que acompaña al certificado se remitirá en español, aunque la autoridad de ejecución podrá requerir su traducción asumiendo el coste.

159 Artículo 10.

Además, y específicamente en las resoluciones de decomiso, será obligatorio indicar si previamente habían sido adoptadas medidas de embargo preventivo o de aseguramiento de pruebas sobre los bienes objeto de decomiso[160], así como la imposibilidad de aplicar de forma alternativa al decomiso otras penas privativas de libertad o de otros derechos[161]. Previamente a la emisión de este certificado, el juez podrá recabar de la autoridad competente del Estado de ejecución o de otros organismos – que dispongan de ella- toda la información que considere relevante sobre los bienes o ingresos a los que afecta la medida o sobre la residencia habitual o domicilio social de la persona a la que afecta el decomiso[162].

Por otro lado, no debemos olvidar que la verdadera finalidad de este tipo instrumentos, como es el decomiso, es lograr la privación de cualquier beneficio económico al delincuente que pueda resultar de su actividad delictiva. Para lograr este objetivo y facilitar la labor confiscatoria del Estado frente a la delincuencia de carácter transnacional, la ley contempla una serie de previsiones. En primer lugar, la posibilidad de adoptar durante la transmisión de la resolución medidas de embargo preventivo o aseguramiento de pruebas o que requieran cualquier otro tipo de asistencia judicial convencional, para garantizar la posterior ejecución de la resolución del decomiso. En segundo lugar, se permite efectuar la transmisión de la resolución de decomiso simultáneamente a más de un Estado de ejecución, posibilidad excepcional frente a la regla general de realizar la transmisión de forma sucesiva entre los Estados en los que se presuma que pueden existir bienes decomisables,

---

[160] Para incluir esta información en el certificado correspondiente, el artículo 159.2 exige al juez de lo penal a recabar esos antecedentes al juez de instrucción en el supuesto de haberse adoptado y ejecutado resoluciones de embargo preventivo o de aseguramiento de pruebas en otros procedimientos penales.

[161] Artículo 160.

[162] Artículo 161.1.

en tanto no sea posible dar cumplimiento total a la resolución de decomiso[163]. En concreto, se podrá transmitir la resolución de decomiso de determinados bienes simultáneamente cuando existan motivos fundados para creer que existen bienes decomisables en más de un Estado de ejecución – por ejemplo, en caso de existir indicios de que el acusado ha vendido la mercancía robada a varios establecimientos ubicados en distintos países- o bien cuando se requiera la participación de varios Estados para la ejecución del decomiso sobre un bien concreto -pensemos, por ejemplo, que si un vehículo está registrado en un país pero está ubicado en otro distinto, se necesitaría la participación de ambos (incautación y anotación en el registro correspondiente) para ejecutar el decomiso; o, finalmente, cuando este bien determinado se encuentra localizado en más de un Estado[164]- siguiendo el ejemplo anterior, pensemos en que dicho vehículo suele desplazarse de forma habitual en una zona fronteriza entre varios Estados-. En todos estos supuestos, la autoridad española podrá dirigir su resolución a varios Estados de ejecución de forma simultánea con la intención de lograr el decomiso eficazmente mediante una actividad conjunta de los Estados implicados, por lo que emitiría un mismo certificado solicitando la ejecución sobre la parte que corresponda.

Cuando la resolución de decomiso no recae sobre un bien concreto, sino sobre cantidades dinerarias, también se permite su transmisión a varios Estados de forma simultánea, pero se requiere que la autoridad española entienda que hay motivos específicos para hacerlo así y no sucesivamente[165]. Entiende el legislador que concurren dichos motivos cuando no se ha decretado embargo preventivo o cuando el valor de los bienes que pueden ser decomisados no son suficientes para cubrir la cantidad total objeto de la resolución de decomiso. En estos casos, la autoridad judicial

---

163 Artículo 162.3.
164 Artículo 162.1.
165 Artículo 162.2.

española deberá garantizar que el valor total de la ejecución no excede del importe máximo indicado en la misma[166].

En tercer lugar, la ley prevé incluso la posibilidad de "transformar el decomiso", refiriéndose de tal forma al supuesto en el que no es posible ejecutar la resolución del decomiso sobre un bien concreto por cualquier circunstancia–por ejemplo, cuando el bien ha sido adquirido por un tercero de buena fe-. Este supuesto permite a la autoridad judicial española solicitar al Estado de ejecución la transformación del decomiso de un determinado bien en una obligación de pago equivalente al valor de ese bien. Previamente al acuerdo de la transformación, se realizará la tasación judicial del bien de cuyo resultado se dará traslado al ministerio fiscal y a las partes personadas para que impugnen o manifiesten lo que a su derecho convenga, finalizando el incidente mediante auto judicial en el que se determinará la cuantía concreta de la obligación de pago, que, una vez firme, se comunicará a la autoridad de ejecución[167].

Ahora bien, que el órgano jurisdiccional recurra a la transmisión de una resolución de decomiso para su ejecución en otro Estado no implica que la autoridad española emisora no pueda ejecutarla en España[168]. Esta posibilidad podría dar lugar a duplicidades y excesos en la ejecución de una determinada resolución, de manera que, para evitar estos problemas, se impone a la autoridad judicial española (emisora) el deber de informar, mediante comunicación escrita, a los Estados de ejecución afectados sobre las cuestiones relevantes que afectan directamente a la ejecución. Por ejemplo, sobre la adopción de cualquier medida que deje sin efecto la ejecución de la resolución[169]; sobre la existencia de un riesgo de superar el importe máximo de ejecución e, igualmente, cuando este riesgo haya

---

[166] Artículo 163.2.

[167] Artículo 164.

[168] Artículo 163.1.

[169] Artículo 11.

desaparecido; sobre el cumplimiento total o parcial del decomiso; si el condenado ha efectuado voluntariamente cualquier pago durante la ejecución[170] o sobre los importes actualizados pendientes de ejecución.

En definitiva, la autoridad española podrá solicitar esas ejecuciones de forma simultánea–en los casos permitidos- o, sucesivamente, a los diferentes Estados de ejecución, pero deberá mantener una comunicación directa y constante con las diferentes autoridades implicadas en la ejecución para evitar que se decomise más de lo debido.

Por último, el capítulo III (artículos 166 al 172) recoge las normas aplicables a la ejecución de una resolución de decomiso dictada por otro Estado miembro, es decir, en estos casos será la autoridad judicial española quien reconocería y ejecutaría una resolución de decomiso dictada por otro Estado cuando haya sido transmitida correctamente y no concurra ningún motivo tasado de denegación del reconocimiento o ejecución[171].

En estos casos, como ya se ha mencionado, la competencia judicial se atribuye al juez de lo penal español como criterio principal cuando el bien objeto de decomiso radique en España. Subsidiariamente, si este lugar no fuera conocido, será competente el juez de lo penal de la localidad correspondiente al domicilio de la persona afectada, si es persona física, o domicilio social en el caso de las personas jurídicas[172]. Si en aplicación de las reglas de competencia anteriores resultase que la resolución de decomiso recae sobre diferentes bienes o personas – en este caso, sus domi-

---

170 Artículo 163.3. Entendemos que, de darse cualquiera de estas circunstancias, el letrado de la defensa debería ponerlo en conocimiento del juzgado emisor para que proceda a comunicarlo a los Estados de ejecución.

171 Artículo 1.

172 Artículo 166.1 y 158.2. Respecto a las personas jurídicas, el apartado tercero del artículo 166, establece el reconocimiento automático para la ejecución del decomiso, aunque la infracción atribuida que dio lugar al decomiso no se prevea en el Derecho español.

cilios- que se ubican en diferentes partidos judiciales, se atribuirá la competencia al juez de lo penal que primero reciba la solicitud y en cuyo partido judicial radique al menos uno de los bienes o se sitúe uno de los domicilios.

La ejecución de la orden o resolución transmitida se regirá por el Derecho español y se llevará a cabo del mismo modo que si hubiera sido dictada por una autoridad judicial española, aunque se atenderá para ello a las formalidades y procedimientos expresamente indicados por la autoridad de emisión siempre y cuando no sean contrarios a los principios fundamentales del ordenamiento jurídico español. La ejecución tendrá que ajustarse a los términos fijados en la misma, por lo que, el Estado de ejecución no puede hacerla extensiva a otros objetos, personas o documentos que no se hayan incluido en la resolución, salvo lo dispuesto en la orden europea de investigación, con la participación de las autoridades centrales de los Estados miembros (artículo 21).

Fijado así el Derecho aplicable, debemos destacar, como se ha puesto de manifiesto a lo largo de este capítulo dedicado a la ejecución de resoluciones de decomiso, que la ley prevé diferentes soluciones para los distintos escenarios que pudieran devenir ante la ejecución de la resolución de decomiso transmitida -al igual que hacía en el supuesto inverso, cuando se transmitía la solicitud por la autoridad española a un tercer Estado para su ejecución- con la misma finalidad de evitar la frustración del decomiso.

Así pues, correlativamente a las normas establecidas en la transmisión de resoluciones de decomiso, en el supuesto inverso, es decir, en la ejecución por el Estado español de resoluciones de decomiso extranjeras, una vez recibida la solicitud, el juez competente procederá a reconocer y ejecutar la resolución. Este reconocimiento será automático y, por tanto, la autoridad judicial dará curso a la ejecución sin necesidad de efectuar un control de doble tipificación cuando el decomiso haya sido acordado por la comisión de un delito de los tipificados en el artículo

20.1[173] y cuya pena atribuida en el Estado emisor sea privativa de libertad con una duración máxima de, al menos, tres años[174]. Y es que la ley, en el artículo 10, excluye el control de doble tipificación por las autoridades judiciales españolas respecto de cualquier instrumento de reconocimiento mutuo -recogido en la misma-, en la medida en que se refiera a alguno de los delitos enumerados en el artículo 20 y se cumplan las condiciones exigidas para cada tipo de instrumento de reconocimiento mutuo. Con lo cual, de tratarse de una resolución de decomiso, será necesario llevar a cabo este control de doble tipificación cuando no se cumplen ambos requisitos: delito (artículo 20) y pena mínima (artículo 166.2). Además de ello, es preciso señalar que tampoco podrá denegarse el reconocimiento y ejecución de una resolución de decomiso cuando se trate de sanciones impuestas a una persona jurídica, aunque para dicha infracción no se prevea su responsabilidad de acuerdo con el Derecho español.

---

173 Estos delitos son: Pertenencia a una organización delictiva, terrorismo, trata de seres humanos, explotación sexual de menores y pornografía infantil, tráfico ilícito de drogas y sustancias psicotrópicas, tráfico ilícito de armas, municiones y explosivos, corrupción, fraude, incluido el que afecte a los intereses financieros de las Comunidades Europeas, blanqueo de los productos del delito, falsificación de moneda, delitos informáticos, delitos contra el medio ambiente, incluido el tráfico ilícito de especies animales protegidas y de especies y variedades vegetales protegidas, ayuda a la entrada y residencia en situación ilegal, homicidio voluntario y agresión con lesiones graves, tráfico ilícito de órganos y tejidos humanos, secuestro, detención ilegal y toma de rehenes, racismo y xenofobia, robos organizados o a mano armada, tráfico ilícito de bienes culturales, incluidas las antigüedades y las obras de arte, estafa, chantaje y extorsión de fondos, violación de derechos de propiedad intelectual o industrial y falsificación de mercancías falsificación de documentos administrativos y tráfico de documentos falsos, falsificación de medios de pago, tráfico ilícito de sustancias hormonales y otros factores de crecimiento, tráfico ilícito de materias nucleares o radiactivas, tráfico de vehículos robados, violación, incendio provocado, delitos incluidos en la jurisdicción de la Corte Penal Internacional, secuestro de aeronaves y buques, sabotaje.

174 Artículo 166.2, en concordancia con lo establecido en el artículo 10.

Tras superar este primer control de doble tipificación –en los supuestos en los que deba verificarse-, el juez deberá observar que no concurre ninguno de los motivos tasados para la denegación del reconocimiento y ejecución de la resolución del decomiso transmitida –no pudiendo la autoridad de ejecución rechazar la solicitud por un motivo no tasado[175]-, ni ningún otro que al inicio o durante el transcurso o al final de la ejecución pudiera dar lugar a la suspensión de la ejecución.

Acerca de las situaciones que conducirían a la denegación de la ejecución de la resolución transmitida, la norma establece una serie de motivos de carácter general, previstos en los artículos 32 y 33, que serían aplicables a todos los instrumentos de reconocimiento mutuo recogidos en la norma. Por un lado, establece una serie de motivos que conducirían a una denegación automática–artículos 32.1 y 33[176]. Y, por otro, prevé motivos de denegación de

---

175 CARRIZO GONZÁLEZ-CASTELL, A., "La ley 23/2014 de reconocimiento mutuo de resoluciones penales en la Unión Europea", *Revista General de Derecho Europeo*, núm. 36, 2015, p. 16.

176 Artículo 32.1: «Las autoridades judiciales españolas no reconocerán ni ejecutarán las órdenes o resoluciones transmitidas en los supuestos regulados para cada instrumento de reconocimiento mutuo y, con carácter general, en los siguientes casos: A) cuando se haya dictado en España o en otro Estado distinto al de emisión una resolución firme, condenatoria o absolutoria, contra la misma persona y respecto de los mismos hechos, y su ejecución vulnerase el principio *non bis in idem* en los términos previstos en las leyes y en los convenios y tratados internacionales en que España sea parte y aun cuando el condenado hubiera sido posteriormente indultado. B) cuando la orden o resolución se refiera a hechos para cuyo enjuiciamiento sean competentes las autoridades españolas y, de haberse dictado la condena por un órgano jurisdiccional español, la sanción impuesta hubiese prescrito de conformidad con el Derecho español. C) cuando el formulario o el certificado que ha de acompañar a la solicitud de adopción de las medidas esté incompleto o sea manifiestamente incorrecto o no responda a la medida, o cuando falte el certificado, sin perjuicio de lo dispuesto en el artículo 19. Y, apartado D) cuando exista una inmunidad que impida la ejecución de la resolución». Y

carácter potestativo -artículo 32.2 y 32.3- y, que, permite a la autoridad competente acordar su ejecución[177]. Además de estos moti-

---

artículo 33: «1. La autoridad judicial española denegará también la ejecución de la orden o resolución que le hubiere sido transmitida cuando el imputado no haya comparecido en el juicio del que derive la resolución, a menos que en la misma conste, de acuerdo con los demás requisitos previstos en la legislación procesal del Estado de emisión, alguna de las circunstancias siguientes: a) Que, con la suficiente antelación, el imputado fue citado en persona e informado de la fecha y el lugar previstos para el juicio del que se deriva esa resolución, o recibió dicha información oficial por otros medios que dejen constancia de su efectivo conocimiento y que, además, fue informado de que podría dictarse una resolución en caso de incomparecencia. b) Que, teniendo conocimiento de la fecha y el lugar previstos para el juicio, el imputado designó abogado para su defensa en el juicio y fue efectivamente defendido por éste en el juicio celebrado. c) Que, tras serle notificada la resolución y ser informado expresamente de su derecho a un nuevo juicio o a interponer un recurso con la posibilidad de que en ese nuevo proceso, en el que tendría derecho a comparecer, se dictase una resolución contraria a la inicial, el imputado declaró expresamente que no impugnaba la resolución, o no solicitó la apertura de un nuevo juicio ni interpuso recurso dentro del plazo previsto para ello. 2. Este precepto no será de aplicación a las resoluciones que soliciten la realización de un embargo preventivo de bienes o un aseguramiento de pruebas, al exhorto europeo de obtención de pruebas, ni a las resoluciones por las que se imponen medidas alternativas a la prisión provisional».
Artículo 157.2.d): «2. La resolución de decomiso puede afectar a cualquier tipo de bienes, ya sean materiales o inmateriales, muebles o inmuebles, así como a los documentos con fuerza jurídica u otros documentos acreditativos de un título o derecho sobre esos bienes respecto de los cuales el órgano jurisdiccional del Estado de emisión haya decidido: (...)d) O que pueden ser decomisados a tenor de cualesquiera otras disposiciones relacionadas con una potestad de decomiso ampliada de conformidad con el Derecho del Estado de emisión».

177 Artículos 32.2 y 32.3: «2. La autoridad judicial española también podrá denegar el reconocimiento y la ejecución de una resolución cuando esta se haya impuesto por una infracción distinta de las reguladas en el apartado 1 del artículo 20 que no se encuentre tipificada en el Derecho

vos, se incluyen otros de carácter específico, aplicables exclusivamente a las resoluciones de decomiso. En este sentido, el artículo 170 establece expresamente como motivos de denegación específicos los siguientes: Primero, que existan derechos de las partes interesadas, incluidos los terceros de buena fe, que impidan su ejecución. Segundo, que la resolución adoptada sea incompatible por aplicación de la potestad de decomiso ampliado del artículo 157.2.d)[178], con los derechos y libertades fundamentales reconocidos en la Constitución Española. Tercero, que la resolución se refiera a hechos que se hayan cometido fuera del Estado emisor y España según su normativa interna, no sea competente para su persecución.

Si concurre cualquiera de estos motivos de denegación, ya sean generales o específicos, el juez de lo penal tendrá que denegar el reconocimiento y/o ejecución de la resolución de decomiso transmitida para su ejecución en España, y deberá acordar también su devolución inmediata y directa a la autoridad judicial de emisión cuando el auto sea firme[179].

---

español, o en el apartado 2 del mismo artículo cuando tampoco esté tipificada en España y se trate de una resolución por la que se imponen sanciones pecuniarias. 3. La autoridad judicial española podrá denegar el reconocimiento y la ejecución de una orden o resolución cuando se refiera a hechos que el Derecho español considere cometidos en su totalidad o en una parte importante o fundamental en territorio español».

178 Artículo 157.2.d): «2. La resolución de decomiso puede afectar a cualquier tipo de bienes, ya sean materiales o inmateriales, muebles o inmuebles, así como a los documentos con fuerza jurídica u otros documentos acreditativos de un título o derecho sobre esos bienes respecto de los cuales el órgano jurisdiccional del Estado de emisión haya decidido: (...)d) O que pueden ser decomisados a tenor de cualesquiera otras disposiciones relacionadas con una potestad de decomiso ampliada de conformidad con el Derecho del Estado de emisión».

179 Artículo 16.1.

No obstante, antes de resolver denegando el reconocimiento y ejecución del decomiso en los supuestos previstos en el artículo 32.1 letras a), c), d), en el artículo 33.1 y en el artículo 170.1. a) (cuando no se hubiera informado de la interposición de un recurso en España), b) y c), el juez deberá consultar a la autoridad competente del Estado de emisión a fin de que aclare la situación o subsane el defecto en el que haya incurrido. En estos casos, el legislador considera que, previamente a su denegación automática, debe darse la oportunidad al Estado de emisión de poder rectificar el posible error en el que se haya incurrido o ampliar la información y no se frustre el decomiso automáticamente, beneficiando por el contrario al infractor del hecho.

Por otro lado, el juez de lo penal también podría suspender la ejecución de la resolución transmitida, pero al igual que ocurre en el resto de las cuestiones analizadas anteriormente, la ley se encarga de establecer los motivos específicos que darían lugar a esta suspensión y, lógicamente, tras su desaparición, el juez deberá retomar la ejecución de la resolución del decomiso. Así pues, el juez de lo penal deberá adoptar la suspensión de la resolución de decomiso cuando concurran los siguientes motivos[180]: Primero, cuando por tratarse el objeto de decomiso de una cantidad dineraria, considerase que existe riesgo de que el valor total derivado de su ejecución pueda exceder del importe especificado en la resolución como consecuencia de su ejecución simultánea en más de un Estado miembro; Segundo, en caso de que la ejecución pueda perjudicar u obstaculizar una investigación o actuación penal en curso, durante el tiempo que estime razonable; Tercero, por el tiempo que transcurra hasta obtener la traducción necesaria de la resolución, sin repercutir su coste al Estado de emisión; Cuarto, cuando el bien ya era objeto de un procedimiento de decomiso en España. En todos estos casos, una vez declarada la suspensión de la ejecución, esta continuará en tanto no varíe la situación acaecida que ha dado lugar a la suspensión.

---

180 Artículo 171.

Esta decisión judicial de suspender la ejecución del decomiso conlleva, a su vez, una serie de deberes para el juez, quien deberá informar sobre la suspensión sin dilaciones al Estado de emisión por cualquier medio, eso sí, dejando constancia por escrito. En esta comunicación basta con informar de la suspensión cuando se trate del primer motivo, mientras que para los otros tres motivos – es decir, los previstos en el artículo 171.1 b, c y d- se impone expresamente la necesidad de informar concretamente sobre sus motivos y duración. Evidentemente, como la suspensión de la ejecución podría poner en peligro la posterior ejecución del decomiso, el juez de lo penal competente podrá adoptar las medidas provisionales que fuesen necesarias para garantizar dicha ejecución en tanto dure la suspensión.

Ante la ausencia de cualquiera de las causas mencionadas de denegación o suspensión, el juez deberá acordar la ejecución, pero, previamente se contempla un trámite de alegaciones que permite al Ministerio Fiscal y demás partes personadas manifestar lo que consideren en el plazo de cinco días y, a la vista de las mismas, el juez acordará o no el despacho de ejecución de la resolución de decomiso. Dicho trámite deberá completarse en un plazo máximo de diez días desde la recepción[181]. A continuación, el juez procederá a la averiguación y localización de los bienes objeto de la resolución de decomiso[182] y, acordará sobre ellos, en su caso, medidas aseguradoras que permitan garantizar el posterior decomiso, como por ejemplo el embargo preventivo o el depósito.

En cuanto a la ejecución en sí misma, la ley contempla la posibilidad de "transformar el decomiso" en todos aquellos casos en los que no es posible ejecutarlo y el objeto recae sobre un bien concreto o sobre una cantidad de dinero. En tales supuestos, se deberá oír al Ministerio Fiscal y demás partes personadas por el plazo de cinco días. Así pues, si el decomiso recae sobre un

---

181 Artículo 167.2.

182 Artículo 167.1.

bien concreto, se faculta al órgano judicial para que acuerde su transformación en una obligación de pago de una cantidad de dinero, correspondiente al valor del bien de que se trate[183]. Por el contrario, cuando el objeto a decomisar es una cantidad líquida de dinero, la ejecución podría recaer sobre cualquier otro bien disponible[184]. En cualquier caso, si el decomiso se refiere a cantidades dinerarias y, es necesario, el juez de lo penal deberá convertir el importe decomisable en la moneda del Estado de ejecución, aplicando el tipo de cambio vigente en el momento de dictarse la resolución de decomiso[185].

Por otro lado, acerca de la ejecución de "resoluciones de decomiso múltiples", es decir, ante el supuesto de que el juez de lo penal esté tramitando varias resoluciones de decomiso dictadas contra la misma persona y no puedan ser atendidas porque recaen sobre el mismo bien o porque recae sobre cantidades dinerarias cuando no existen medios suficientes en España para ejecutarlas, en ambos casos decidirá cuáles de aquellas resoluciones se ejecutarán, tras considerar debidamente todas esas circunstancias. Esta decisión judicial, que deberá ser comunicada sin dilaciones al Estado de emisión, se adoptará de acuerdo con los criterios establecidos en el siguiente orden de prelación[186]: En primer lugar, la existencia de un embargo preventivo. En segundo lugar, la gravedad relativa y el lugar de la infracción. En tercer lugar, las fechas de las resoluciones respectivas y en último lugar, las fechas de su transmisión. Si el condenado facilita prueba de que previamente a esta ejecución por el juez español se hubiera procedido al decomiso, total o parcial, en otro Estado, el juez deberá consultar este extremo a la autoridad competente del Estado de emisión, ya que la parte decomisada en otro Estado se deducirá en su totalidad del valor de los bienes que se han de decomisar en España.

---

[183] Artículo 168.1.

[184] Artículo 168.2.

[185] Artículo 168.3.

[186] Artículo 169.1.

En cuanto al destino de los bienes decomisados, como hemos podido observar a la hora de analizar otros instrumentos internacionales[187], en la mayoría de ellos, el Derecho aplicable acerca de esta cuestión era el del Estado de ejecución, por ser el Derecho que regía en la propia ejecución de la resolución. A este respecto, la mayoría de las regulaciones establecían la reversión íntegra o en la mayor parte al Estado de ejecución, siempre que no hubiera habido un acuerdo bilateral distinto entre los Estados parte o se hubiera contemplado otro fin excepcional (restitución a la víctima, intereses sociales o públicos, etc.)[188]. Lógicamente, la controversia se suscitaba cuando el bien decomisado era de lícito comercio o se trataba de cantidades dinerarias, puesto que para los bienes ilícitos o peligrosos (drogas, armas, etc.) solía preverse su destrucción.

---

187 A modo de ejemplo, en el seno de las Naciones Unidas, en los Artículo 5.5. a) *Convenio contra el tráfico ilícito de estupefacientes y sustancias psicotrópicas, hecho en Viena el 20 de diciembre de 1988*, y en el artículo 14.1 del *Convenio de 2000*; en el Consejo de Europa, en los artículos 15 de la *Convención contra la Delincuencia Organizada Transnacional* de 1990 o el artículo 25.1 de la Convención de 2005.

188 Artículo 5.5.b.i) del *Convenio contra el tráfico ilícito de estupefacientes y sustancias psicotrópicas, hecho en Viena el 20 de diciembre de 1988*: «Aportar la totalidad o una parte considerable del valor de dicho producto y de dichos bienes. o de los fondos derivados de la venta de dicho producto o de dichos bienes a organismos intergubernamentales especializados en la lucha contra el tráfico ilícito y el uso indebido de estupefacientes y sustancias sicotrópica». Igualmente, el artículo 14.3 a) de la *Convención de las Naciones Unidas contra la Delincuencia Organizada Transnacional, hecho en Nueva York el 15 de noviembre de 2000*: «Aportar el valor de dicho producto del delito o de dichos bienes, o los fondos derivados de la venta de dicho producto o de dichos bienes o una parte de esos fondos, a la cuenta designada de conformidad con lo dispuesto en el apartado c) del párrafo 2 del artículo 30 de la presente Convención y a organismos intergubernamentales especializados en la lucha contra la delincuencia organizada».

En principio, nos puede resultar llamativa esta tendencia normativa en la que el Estado de emisión, a pesar de ser quien ha iniciado un proceso penal y solicita la cooperación penal de un tercer Estado, no reciba nada del objeto decomisado. No obstante, como apuntaba muy acertadamente GASCON INCHAUSTI:

> «Puede resultar llamativo que el proceso penal desarrollado en el Estado de origen acabe de este modo redundando en beneficio para el Estado donde se encuentran los bienes – tal vez a modo de «premio» por su cooperación–, pero, bien mirado, no deja de ser un resultado razonable: en efecto, la finalidad del decomiso no es la financiación del Estado que persigue el delito, de manera que no tiene por qué existir un derecho preferente del Estado de origen frente al de ejecución; lo importante es privar al delincuente del producto del delito, como instrumento al servicio de la política criminal y esto no se ve alterado por el hecho de que sea un Estado u otro quien se apropie de los bienes; antes bien, puede ser justo que esa apropiación beneficie a quien, en definitiva, ha realizado los esfuerzos para hacerla efectiva, es decir, al Estado cuyos tribunales han llevado a cabo la ejecución del decomiso»[189].

En esta ocasión, la ley se pronuncia sobre el destino de los bienes en dos preceptos separados. El primero de ellos, es el artículo 165 referido a la transmisión de resoluciones de ejecución de decomiso. En este precepto se faculta al juez o tribunal español -emisor de dicha resolución- a alcanzar un acuerdo de disposición sobre los bienes decomisados cuando lo solicite el Estado de ejecución. Quedando en ese caso la ejecución del decomiso a expensas de lo acordado. Asimismo, cuando se reclamen gastos especiales por la ejecución del decomiso por parte del Estado de ejecución, donde se comunicará al Ministerio de Justicia, quien será el encargado de llegar a un acuerdo sobre el reparto de gastos con el Estado de ejecución.

En segundo lugar, por el contrario, en caso de ser España el Estado de ejecución, el artículo 172 establece los criterios que deberá aplicar el juez de lo penal para decidir acerca del destino de los bienes decomisados. Estos criterios son: En primer lugar, si

---

189 GASCÓN INCHAUSTI, F., "Decomiso y cooperación internacional: aplicación del principio..." *Op.cit.*, p. 39.

se ha obtenido cantidades dinerarias de la ejecución y no superan los 10.000 euros (o equivalente), se ingresarán en la cuenta de depósitos y consignaciones judiciales. Si es igual o superior a esa cantidad, deberá transferirse el cincuenta por ciento al Estado emisor, ingresando el otro cincuenta por ciento en la cuenta de depósitos y consignaciones judiciales. Posteriormente, el Letrado de la Administración de Justicia transferirá las cantidades al Tesoro Público de acuerdo con lo dispuesto en el artículo 374 del Código Penal y la Ley 17/2003, de 29 de mayo que regula el Fondo de bienes decomisados por tráfico de drogas y otros delitos, así como otras normas especiales. En segundo lugar, si por el contrario, el resultado obtenido de la ejecución del decomiso no es una cantidad dineraria o instrumento de pago, sino que se trata de otro tipo de bien, éste deberá ser enajenado de acuerdo con la normativa española, y las cantidades obtenidas serán dispuestas conforme a la regla prevista en el apartado anterior. No obstante, si el bien decomisado pertenece al patrimonio histórico español, no podrá ser enajenado ni restituido al Estado emisor y, en tales casos, se comunicará a la autoridad competente y se dispondrá de acuerdo con lo previsto en la Ley 16/1985, de 25 de junio, del Patrimonio Histórico español y sus normas de desarrollo. Por último, en cuanto a los gastos derivados de la ejecución de una resolución de decomiso, en el artículo 25 se establece que el Estado español, como regla general, no los reclamará al Estado emisor, salvo que sean gastos excepcionales y, en su caso, el juez de lo penal lo comunicará al Ministerio de Justicia, que será el encargado de llegar a un acuerdo de reembolso con el Estado de ejecución.

2.2. El Reglamento 2018/1805, del Parlamento y del Consejo de 14 de noviembre de 2018 sobre el reconocimiento mutuo de las resoluciones de embargo y decomiso

Finalmente, a modo de cierre de este bloque, debemos destacar en esta evolución normativa del Derecho europeo, por un lado, la recentísima *Directiva (UE) 2024/1260 sobre la recuperación y decomiso de activos de 24 de abril*, cuya entrada en vigor se producía el 22 de mayo de 2024 [190], y que deberás ser transpuesta a los ordenamientos nacionales en los próximos meses. Y por otro lado, los dos instrumentos anteriores que han sido clave en materia de decomiso: en primer lugar, la ya conocida *Directiva 2014/42/UE, del Parlamento Europeo y del Consejo, de 3 de abril de 2014, sobre el embargo y el decomiso de los instrumentos y del producto del delito en la Unión europea*[191] y, en segundo lugar, y al hilo de la anterior exposición sobre instrumentos europeos de reconocimiento mutuo de resoluciones, el *Reglamento (UE) 2018/1805 del Parlamento y del Consejo de 14 de noviembre de 2018 sobre el reconocimiento mutuo de las resoluciones de embargo y decomiso*[192].

Con este último se pretende unificar la aplicación del principio de reconocimiento mutuo de resoluciones de embargo y decomiso, que hasta ahora venía regulado por dos Decisiones Marco[193] y, que como ya se analizó, fueron traspuestas a nuestro ordenamiento interno, encontrándose actualmente recogidas en la LRM 2014, junto con la armonización de las reglas mínimas comunes que establecía la Directiva 2014/42/UE[194], cuyo contenido fue traspuesto a nuestro ordenamiento a través de dos normas de gran relevancia: la *Ley Orgánica 1/2015, de 30 de marzo, por la que se*

190 «DOUE» núm. 1260, de 2 de mayo de 2024.

191 «DOUE» núm. L127/39, de 29 de abril de 2014.

192 «DOUE» núm. L 303/1 de 28 de noviembre de 2020. Sobre el origen de este Reglamento, JIMÉNEZ-VILLAREJO FERNÁNDEZ, hace referencia a la declaración conjunta, que manifestaron el Parlamento y el Consejo ante la Comisión Europea en el momento de aprobar la Directiva 2014/42/ UE, sobre el compromiso de presentar una nueva iniciativa de normativa única para órdenes de embargo y de decomiso europeas basada en el principio de reconocimiento mutuo. JIMÉNEZ-VILLAREJO FERNÁNDEZ, F., "Recuperación de activos…, *Op.cit.*, p.320.

193 *Decisión Marco 2003/577/JAI, de 22 de julio de 2003, relativa a la ejecución en la Unión Europea de las resoluciones de embargo preventivo de bienes y aseguramiento de pruebas* y la *Decisión Marco 2006/783/JAI, de 6 de octubre de 2006, relativa a la aplicación del principio de reconocimiento mutuo de resoluciones de decomiso.*

194 SANTOS M., "Reglamento (UE) 2018/1805…, *Op.cit.*, p. 296.

modifica la Ley Orgánica 10/1995, de 23 de noviembre, del Código Penal y la *Ley 41/2015, de 5 de octubre, de modificación de la Ley de Enjuiciamiento Criminal para la agilización de la justicia penal y el fortalecimiento de las garantías procesales* .

La opción de regular las resoluciones de embargo y decomiso conjuntamente en un mismo instrumento normativo de reconocimiento mutuo de embargo y de decomiso permite una homogeneización en su aplicación y mejor coordinación en su ejecución[195]. Con este nuevo Reglamento europeo se mejora en parte la seguridad jurídica, lo que se aprecia todavía más si lo comparamos con el panorama normativo anterior, caracterizado por su fragmentación[196]. Además de esta reunificación normativa, el Reglamento introduce algunas mejoras a efectos de agilizar la ejecución de los embargos y decomisos trasfronterizos para logar una recuperación de activos mucho más efectiva[197].

La elección del legislador europeo de utilizar una forma jurídica como el reglamento para regular el reconocimiento mutuo de resoluciones de embargo y decomiso, constituye un

---

195 Para CONDE FUENTES, el Reglamento responde a las deficiencias que presentaban los instrumentos anteriores recogidos en la Decisión Marco de 2003 y en la Decisión Marco de 2006, que como ponía de manifiesto la Comisión Europea, la aplicación de estos instrumentos no eran eficaces, por no haberse transpuesto y aplicado de manera uniforme. Esto ha provocado que las diferencias entre las legislaciones de los Estados miembro hayan obstaculizado la aplicación del decomiso, lo que ha favorecido la existencia de lagunas legales, CONDE FUENTES, J., "El Reglamento (UE) 2018/1805 y la ejecución de resoluciones de embargo y decomiso", *La Ley penal*, núm. 151, Julio-Agosto 2021, 2021, p. 2.

196 Uno de los problemas seguía siendo la falta de armonización en los cauces procesales que como denunciaba ROMERO PRADAS, eran necesaria para lograr una cooperación directa entre autoridades judiciales más eficaz, ROMERO PRADAS, M.I., "Estado actual del reconocimiento mutuo..., *Op.cit.*, p. 1420.

197 JIMÉNEZ-VILLAREJO FERNÁNDEZ, F., "Recuperación de activos..., *Op.cit.*, p. 321.

acto excepcional que no debe sentar precedentes en la labor legislativa de la Unión Europea en el ámbito del reconocimiento mutuo de las sentencias y resoluciones judiciales en materia penal. Por ello, en el futuro se deberá analizar en cada caso los factores específicos, y entre ellos se alude a la eficacia del acto legal y los principios de proporcionalidad y subsidiariedad[198]. El efecto principal del reglamento es su aplicación directa por los Estados miembros sin necesidad de trasponerse mediante una norma interna[199] , lo que debería eliminar o por lo menos reducir los obstáculos que se producían con el sistema anterior en el que se generaban discrepancias entre la normativa europea y las transposiciones de la normativa nacional, además de los numerosos retrasos e incumplimientos en la adaptación de los ordenamientos nacionales. No obstante, la labor del legislador interno no queda anulada por completo, como veremos, pues el Reglamento permite a los Estados hacer declaraciones expresas sobre determinados aspectos que rompen esa uniformidad, lo que dará lugar a la coexistencia de diferentes sistemas, según el Estado con el que se coopere en cada momento.

2.2.1. Límites en su ámbito de aplicación

Ahora bien, previamente debemos hacer referencia a dos límites temporales y territoriales que van a enmarcar el ámbito de aplicación del Reglamento: En primer lugar, a pesar de que su entrada en vigor tuvo lugar el 18 de diciembre de 2018, su fecha

---

198 Según se dispone en el Considerando 53.

199 En virtud del artículo 288 del TFUE. Destaca ROMERO PRADAS el carácter unificador de los Derechos nacionales de este instrumento, pues al no necesitar de trasposición al Derecho interno y producir efectos erga omnes, tiende a limitar la actuación de los Estados a su simple aplicación material, aunque podrán intervenir en una labor de depuración normativa y de desarrollo cuando sea necesario, ROMERO PRADAS, M.I., "Estado actual del reconocimiento mutuo..., *Op.cit.*, p. 1427.

de aplicación se pospuso al 19 de diciembre de 2020[200]. A partir de esta fecha, la norma viene a sustituir a las disposiciones de la *Decisión Marco 2003/577/JAI,* por lo que se refiere al embargo de bienes y a la *Decisión marco 2006/783/JAI.* Ambas decisiones seguirían siendo aplicables sólo respecto de los certificados de embargo y decomiso que hubieran sido transmitidos antes de dicha fecha y hasta el final de su ejecución[201]. En segundo lugar, sólo será aplicable entre Estados si ambos están vinculados al Reglamento[202]. En consecuencia, en estos casos, ya sea por aplicación del plazo o por no estar ambas partes vinculadas al reglamento – pero sí al régimen anterior regulado por las decisiones marco-, será de aplicación la LRM 2014, que es la norma que traspone el régimen anterior previsto en estas decisiones marco a nuestro ordenamiento y, por tanto, no será aplicable el Reglamento.

En el ordenamiento español, la entrada en vigor del *Reglamento (UE) 2018/1805* no ha supuesto ninguna reforma o adecuación de nuestra LRM 2014. En efecto, de acuerdo con la consulta pública

---

200 Salvo el artículo 24 relativo a la notificación entre autoridades competentes, el cual era aplicable a partir del 18 de diciembre de 2018.

201 Artículo 39. A su vez, el Considerando (52) establece: «Las disposiciones de la Decisión Marco 2003/577/JAI ya han sido sustituidas por la Directiva 2014/41/UE del Parlamento Europeo y del Consejo en relación con el aseguramiento de pruebas para los Estados miembros vinculados por dicha Directiva. Las disposiciones de la Decisión Marco 2003/577/JAI deben ser sustituidas por el presente Reglamento en los Estados miembros vinculados por él en lo que respecta al embargo de bienes. Asimismo, el presente Reglamento debe sustituir a la Decisión Marco 2006/783/JAI en los Estados miembros vinculados por él. Por consiguiente, las disposiciones de la Decisión Marco 2003/577/JAI relativas al embargo de bienes, así como las disposiciones de la Decisión Marco 2006/783/JAI, deben por ello seguir aplicándose no solo entre los Estados miembros no vinculados por el presente Reglamento, sino también entre cualquier Estado miembro no vinculado por el presente Reglamento y cualquier Estado miembro vinculado por el presente Reglamento».

202 No están vinculados al Reglamento Irlanda ni Dinamarca (considerando 55 y 57).

sobre la «Adaptación al reglamento (UE) 2018/1805 del Reglamento (UE) 2018/1805 del Parlamento y del Consejo de 14 de noviembre de 2018 sobre el reconocimiento mutuo de las resoluciones de embargo y decomiso[203]», se concluye que no se hace necesaria llevar a cabo una adaptación en sí misma, puesto que la normativa española (LRM 2014) aglutina la normativa europea anterior al Reglamento y en este último se han mantenido las mismas líneas maestras de los anteriores instrumentos europeos sin llevar a cabo una reforma profunda del sistema anterior, aunque ello no obsta para que, si se considera conveniente, se clarifiquen algunos aspectos para facilitar su aplicación.

De manera que, en nuestro territorio, el Reglamento será directamente aplicable (siempre que se cumplan los requisitos de temporalidad y territorialidad anteriormente expuestos, además, de lo establecido en el capítulo I de dicho texto acerca del ámbito de aplicación). Junto a él, la LRM 2014 (norma de carácter interno que traspone las citadas decisiones marco) seguirá vigente y es aplicable a supuestos donde no se aplica el Reglamento e, igualmente, de forma subsidiaria en todo lo no regulado por él (siempre que no lo contradiga) [204]. Además, debe tenerse en cuenta que ambos instrumentos se remiten a la aplicación del Derecho interno –especialmente en la ejecución de las resoluciones y disposición de los bienes-, por lo que estas disposiciones internas serán interpretadas de acuerdo con la norma europea[205]. Situación

---

[203] Consulta disponible en: https://www.mjusticia.gob.es/es/AreaTematica/ActividadLegislativa/Documents/1292430895810-ConsultapublicaEMBARGODECOMISO.PDF

[204] CONDE FUENTES, J., "El Reglamento (UE) 2018/1805..., *Op.cit.*, pp. 2-3.

[205] En relación con la aplicación del principio de interpretación en las Decisiones Marco sobre reconocimiento mutuo, es reiterada la jurisprudencia del TJUE, entre ellas, la sentencia de 29 de junio de 2017, caso Poplawski C-579/15, que en sus apartados 34 y ss se refería a esta cuestión de la siguiente manera: «Además, el principio de interpretación conforme no puede servir de base para una interpretación *con-*

que para algún autor como PEREZ MARIN ha destacado como un punto débil de este instrumento normativo al depender su aplicación en última instancia del Derecho nacional, lo que provocará manifestaciones distintas «dependiendo del Estado de ejecución y de los principios constitucionales que lo que rijan»[206].

---

tra legem del Derecho nacional (sentencia de 28 de julio de 2016, JZ, C-294/16 PPU, EU:C:2016:610, apartado 33 y jurisprudencia citada). No obstante, el principio de interpretación conforme exige que los órganos jurisdiccionales nacionales, tomando en consideración la totalidad de su Derecho interno y aplicando los métodos de interpretación reconocidos por éste, hagan todo lo que sea de su competencia a fin de garantizar la plena efectividad de la decisión marco de que se trate y alcanzar una solución conforme con el objetivo perseguido por ésta (sentencia de 5 de septiembre de 2012, Lopes Da Silva Jorge, C-42/11, EU:C:2012:517, apartado 56 y jurisprudencia citada).En este contexto, el Tribunal de Justicia ya ha declarado que la exigencia de interpretación conforme obliga a los órganos jurisdiccionales nacionales a modificar, cuando sea necesario, su jurisprudencia reiterada si ésta se basa en una interpretación del Derecho nacional incompatible con los objetivos de una decisión marco (sentencia de 8 de noviembre de 2016, Ognyanov, C-554/14, EU:C:2016:835, apartado 67 y jurisprudencia citada). El Tribunal de Justicia también ha declarado que, en el caso de que el órgano jurisdiccional nacional considere que no puede interpretar una disposición nacional de conformidad con una decisión marco, por el hecho de que está vinculado por la interpretación dada a dicha norma nacional por el Tribunal Supremo nacional en una sentencia interpretativa, le corresponde garantizar la plena eficacia de la decisión marco dejando inaplicada en caso de necesidad, de oficio, la interpretación adoptada por el Tribunal Supremo nacional, puesto que esa interpretación no es compatible con el Derecho de la Unión (véase, en este sentido, la sentencia de 8 de noviembre de 2016, Ognyanov, C-554/14, EU:C:2016:835, apartados 69 y 70) ».

206 Pues como razona PÉREZ MARÍN, el Derecho interno e sigue aplicando en el reconocimiento y ejecución de las resoluciones de embargo y decomiso, que no se ve sustituido por el Reglamento a pesar de nacer con un carácter vinculante. Puesto que su interpretación necesita de la regulación interna, de manera que no se consigue resolver el problema por completo, PÉREZ MARÍN, M.A., "Sobre el procedimiento para el reconocimiento y la ejecución de las resoluciones de embargo: el Regla-

En definitiva, este reciente Reglamento europeo viene a regular conjuntamente todo lo relativo a la transmisión y ejecución de resoluciones de decomiso, incluyendo el procedimiento de embargo cautelar que garantice el posterior decomiso. Como ya se ha ido poniendo en evidencia, el contexto en el que ha tenido lugar esta norma parte de considerar el embargo y el decomiso de los instrumentos, productos y ganancias del delito entre las medidas más eficaces en la lucha contra el crimen organizado y delitos graves (incluido el terrorismo), así como en la recuperación de activos. Esto unido a que esta delincuencia a menudo reviste un carácter trasnacional, nos lleva irremediablemente a la necesidad de reforzar la cooperación judicial internacional, la cual, a su vez se ha venido basando en el principio de reconocimiento mutuo[207] que, como hemos visto, requiere del fortalecimiento de la confianza mutua.

En cuanto a la estructura que sigue el Reglamento, el legislador ha optado por dividir su contenido de la siguiente forma: El capítulo I (artículos 1 al 3) recoge el objeto, definiciones y delitos, y es aplicable tanto a las resoluciones de embargo como a las de decomiso; el capítulo II (artículos 4 al 13) dedicado a la transmisión, reconocimiento y ejecución de las resoluciones de embargo; el capítulo III (artículos 14 al 22) viene a recoger lo relativo a las resoluciones de decomiso y, finalmente, los capítulos IV y V (artículos 23 al 33) recogen respectivamente las disposiciones generales y las disposiciones finales.

Si ponemos el foco en la justificación general que se hace a lo largo de los considerandos de este Reglamento, entre los objetivos más destacables que se fijan, se encuentra: "el de garantizar la efectividad del reconocimiento mutuo de las resoluciones de embargo y las resoluciones de decomiso, las normas sobre reconocimiento y ejecución de dichas resoluciones deben estable-

---

mento (UE) 2018/1805", *Revista Internacional Consinter de Direito,* Año V, núm. IX, 2º semestre, 2019, p. 773.

207 Artículo 82.1 TFUE.

cerse mediante un acto de la Unión vinculante y directamente aplicable".

Anteriormente la Comisión había informado acerca de la ineficacia en la aplicación práctica de las Decisiones Marco 2003/577/JAI y 2006/783/JAI sobre el reconocimiento mutuo de las resoluciones de embargo y las resoluciones de decomiso. Por un lado, por no haberse adaptado el marco jurídico europeo relativo al reconocimiento mutuo de este tipo de resoluciones a la evolución legislativa más reciente a escala de la Unión y de los Derechos nacionales[208]. Por otro lado, porque estas Decisiones Marco no se habían transpuesto y aplicado de manera uniforme en los Estados miembros, con lo cual la cooperación transfronteriza no llegaba a ser del todo óptima. De tal manera que, a través de este nuevo instrumento normativo, se pretende paliar esos múltiples problemas que surgían con la anterior técnica legislativa empleada y que producían disparidades en las trasposiciones a los ordenamientos internos.

En este sentido PÉREZ MARÍN critica la poca eficacia de la regulación europea sobre decomiso y embargo provocada por esa excesiva fragmentación, lo que ha creado no solo la necesidad de coordinar toda la normativa europea, sino también de atender a los rasgos distintivos de cada Estado en su labor de incorporación a su legislación interna[209]. Y, es que a menudo, estas trasposiciones no resultaban del todo eficaces en la práctica al provocar vacíos normativos entre los ordenamientos nacionales, sin olvidar que se creaban subterfugios legales beneficiosos al delincuente[210].

---

208 Considerando (7).

209 PÉREZ MARÍN, M.A., "Sobre el procedimiento para el reconocimiento y la ejecución de las resoluciones de embargo: el Reglamento (UE) 2018/1805", *Revista Internacional Consinter de Direito,* Año V, núm. IX, 2º semestre, 2019, p. 751.

210 PÉREZ MARÍN, M.A., "Sobre el procedimiento para el reconocimiento y la ejecución de las resoluciones de embargo: el Reglamento (UE)

Como apunta ALARCÓN- JIMÉNEZ, *el modus operandi* de la criminalidad organizada consistía en localizar esas fisuras que les permitiera actuar impunemente en su actividad delictiva[211]. Por eso, FOFFANI alertaba de las maniobras habituales que llevaban a cabo los criminales para trasladar sus actividades a los países que presentan legislaciones penales más débiles y complacientes, lo que por el contrario ahuyentaba a los inversores serios, convirtiendo el Derecho penal en un instrumento de alteración de la competencia[212]. Estas diferencias de regulación entre un país y otro, a su vez, facilitarían el movimiento de capitales y que, como indicaba ZUÑIGA RODRÍGUEZ, en muchas ocasiones estas actividades se tercerizan o encomiendan a profesionales altamente cualificados –abogados, contables, etc.- en el ocultamiento de los bienes por medio de entramados financieros y empresariales, y orientando los flujos hacia paraísos fiscales, con la finalidad de blanquear su patrimonio[213].

Ante esta situación, autores como MARTÍN DIZ se ha posicionado a favor de establecer un sistema penal y procesal unificado a nivel comunitario a través de unas reglas imperativas que eliminen las situaciones del fórum shopping en la delincuencia transfronteriza. Y que, como destaca, este tipo de delincuencia se aprovecha de «las lagunas jurídicas y las diferencias penales y jurisdiccionales entre los Estados miembros, así como anomalías en la aplicación de la ley y la resolución de conflictos entre jurisdicciones, para ob-

---

2018/1805", *Revista Internacional Consinter de Direito,* Año V, núm. IX, 2º semestre, 2019, p. 754.

211 ALARCÓN-JIMÉNEZ, O., *Op.cit.*, p. 96.

212 FOFFANI, L., "Escándalos económicos y reformas penales: prevención y represión de las infracciones societarias en la era de la globalización", *Revista penal,* núm.23, 2009, p. 39.

213 ZUÑIGA RODRÍGUEZ, L., "Tratamiento jurídico penal de las sociedades instrumentales: entre la criminalidad organizada y la criminalidad empresarial", en ZUÑIGA RODRÍGUEZ, L. (Dir.), *Criminalidad organizada trasnacional: una amenaza a la seguridad de los Estados democráticos,* Tirant lo Blanch, Valencia, 2017, p. 214.

tener impunidad a sus reprobables conductas y sus considerables, a veces severas, consecuencias en personas y bienes»[214].

En definitiva, con esta nueva forma de legislar se ha pretendido unificar la dispersión normativa trasnacional mediante un instrumento vinculante y directamente aplicable[215], facilitando el reconocimiento y ejecución de este tipo de resoluciones (embargo preventivo y decomiso)- o, al menos, esa ha sido la verdadera intención del legislador.

A tal fin, se constituye como el "objeto" del Reglamento la fijación de las normas en virtud de las cuales un Estado miembro reconoce y ejecuta en su territorio una resolución de embargo o decomiso dictadas por otro Estado miembro en el marco de un procedimiento en materia penal[216], quedando excluidas las

---

214 MARTIN DIZ, F., "Propuesta de un modelo procesal penal europeo para delitos transfronterizos", en LLORENTE SÁNCHEZ-ARJONA, M. (Dir.), *Estudios procesales sobre el espacio europeo de justicia penal*, Aranzadi, Cizur Menor (Navarra), 2021, p. 66.

215 Entiende plenamente justificada PÉREZ MARÍN, M.A. la elección del reglamento como instrumento legislativo en esta ocasión ante el fracaso sufrido en los intentos anteriores de instaurar un sistema armonizado mediante las decisiones marco y directivas, de tal forma que a través del reglamento se asegura un idéntico grado de implantación. PÉREZ MARÍN, M.A., "Sobre el procedimiento para el reconocimiento y la ejecución de las resoluciones de embargo: el Reglamento (UE) 2018/1805", *Revista Internacional Consinter de Direito*, Año V, núm. IX, 2º semestre, 2019, p. 754.

216 De acuerdo con el Considerando (13) se trata de un concepto autónomo: «Procedimiento en materia penal es un concepto autónomo del Derecho de la Unión interpretado por el Tribunal de Justicia de la Unión Europea, sin perjuicio de lo dispuesto en la jurisprudencia del Tribunal Europeo de Derechos Humanos. Este concepto comprende, por tanto, todos los tipos de resoluciones de embargo y de resoluciones de decomiso dictadas en un procedimiento relativo a una infracción penal, no solo las contempladas en la Directiva 2014/42/UE. Comprende también otros tipos de resoluciones dictadas sin condena firme. Aunque ese tipo de resoluciones no exista en el ordenamiento jurídico de un Estado miembro, el Estado miem-

resoluciones que se hayan dictado en procedimientos de naturaleza civil o administrativa (artículo 1). Esta delimitación inicial del ámbito de aplicación del reglamento nos hace plantearnos ciertas reflexiones acerca de algunos conceptos:

En primer lugar, en cuanto al tipo de resolución judicial a la que se refiere, atendiendo al listado de las principales definiciones recogidas en el artículo 2, el legislador europeo ha conservado la misma definición acerca del concepto de "resolución de decomiso" que ya se recogía en la *Decisión Marco 2006/783/JAI,* refiriéndose a esta como: «sanción o medida firme impuesta por un órgano jurisdiccional a raíz de un procedimiento relativo a un delito, que tenga como resultado la privación definitiva de bienes de una persona física o jurídica».

Mientras que por "resolución de embargo" entiende toda «resolución dictada o validada por una autoridad de emisión con el fin de impedir la destrucción, transformación, traslado, transferencia o enajenación de bienes con vistas a su decomiso»; es decir, en este caso, el objetivo de esta resolución de embargo es la de asegurar los bienes durante el proceso para garantizar su posterior decomiso. Acerca del concepto de "embargo" utilizado por el legislador europeo, no debemos olvidar que en nuestra

---

bro de que se trate debe poder reconocer y ejecutar la resolución dictada por otro Estado miembro. Los procedimientos en materia penal pueden también incluir investigaciones penales realizadas por la policía y por otras autoridades encargadas del cumplimiento de la ley. Las resoluciones de embargo y las resoluciones de decomiso dictadas en el marco de procedimientos civiles o administrativos deben quedar excluidas del ámbito de aplicación del presente Reglamento». Por ello, como afirma JIMÉNEZ-VILLAREJO, significa que el Reglamento es aplicable a cualquier tipo de orden de embargo y decomiso emitida en un procedimiento penal, sin que la autoridad de ejecución pueda denegar su ejecución fuera de los motivos de denegación taxativamente previstos en los arts. 8 y 19 del Reglamento, por el simple hecho de no existir su previsión en su ordenamiento, JIMÉNEZ-VILLAREJO FERNÁNDEZ, F., "Recuperación de activos..., *Op.cit.,* p. 327.

LECRIM no recoge una medida cautelar específica de "embargo preventivo" para el decomiso, sino que en nuestro ordenamiento lo que se prevé es el embargo como una medida cautelar real. Únicamente se hace referencia a esta especie de embargo en el artículo 127 Octies del Código penal y en el artículo 143.1 LRM 2014. Por ello, algunos autores como DIAZ CABIALE han criticado la confusión que existe entre ambos términos: «Naturalmente, se entiende por este último cualquier medida que sirve para asegurar el decomiso, lo que sucede es que el embargo preventivo en nuestro país es una medida cautelar real con una finalidad y contenido específico cuyo contenido no coincide con el empleado para asegurar el decomiso preventivo. Y lo mismo cabe decir del depósito»[217].

En conclusión, consideramos que este tipo de embargo constituye una verdadera medida cautelar[218], la cual será adoptada bajo el criterio de proporcionalidad para alcanzar la finalidad perseguida –el futuro decomiso- y cuyos efectos son temporales, desapareciendo con la sentencia, en la que se argumentará si procede o no el decomiso de los bienes afectados[219]. En ambos casos, las resoluciones de embargo y de decomiso podrán ser emitidas por un órgano jurisdiccional o por el Ministerio Fiscal.

En segundo lugar, de acuerdo con la definición del objeto, esta resolución debe proceder de un "procedimiento en materia penal". En este sentido, el Reglamento será aplicable respecto a las resoluciones de embargo y decomiso dictadas en un "procedimiento penal", por lo que estarán excluidas aquellas otras resoluciones que hayan recaído en un procedimiento civil o administrativo. Debido a ello, el Reglamento se aplicaría al decomiso

---

217 DIAZ CABIALE, J.A., *Op.cit.,* p. 18.

218 CONDE FUENTES, J., "El Reglamento (UE) 2018/1805..., *Op.cit.,* p. 4.

219 PÉREZ MARÍN, M.A., considera la previsión del embargo en este Reglamento como una medida cautelar vinculada al futuro decomiso, en "Sobre el procedimiento para el reconocimiento y la ejecución de las resoluciones de embargo: el Reglamento (UE) 2018/1805", *Revista Internacional Consinter de Direito,* Año V, núm. IX, 2º semestre, 2019, p. 758.

ordinario o de condena, al decomiso ampliado y al decomiso de terceros. No obstante, quedaría dentro del ámbito de aplicación el "decomiso sin condena", también llamado "decomiso civil"[220], incluso en aquellos supuestos en los que dicha figura no exista en el Estado miembro de ejecución, pues el Reglamento los considera de carácter penal a todos los efectos[221].

En este sentido, como matiza JIMENEZ-VILLAREJO FERNÁNDEZ, este tipo de decomiso se produce en supuestos muy concretos, como la fuga, enfermedad o muerte del acusado, prescripción, inmunidad o cuando no es posible identificar al autor del delito y ello impide obtener una sentencia de condena; o, bien, el tribunal decide decomisar determinados productos por calificarlos como "producto del delito"[222]. En cualquier caso, para que ello sea así, es preciso que las resoluciones se emitan en el marco de un procedimiento penal, puesto que solo así sería posible asegurar el cumplimiento «de las garantías procesales previstas en el paquete de Directivas referidas a garantías procesales, que no son aplicables en procedimientos administrativos o civiles[223]».

Esta clase de decomiso sin condena o "autónomo[224]"-, como se denomina en nuestro ordenamiento, que se encuentra vinculado

---

220 Por su parte, PÉREZ MARÍN cree que el legislador no quería regular este tipo de decomiso, ya que no se encuentra presente en todos los ordenamientos europeos, lo que complicaría mucho la cooperación, sino que realmente se refería al decomiso sin condena o acordado sin una condena de las conductas ilícitas que justifican dicha medida, PÉREZ MARÍN, M.A., "Sobre el procedimiento para el reconocimiento y la ejecución de las resoluciones de embargo: el Reglamento (UE) 2018/1805", *Revista Internacional Consinter de Direito,* Año V, núm. IX, 2º semestre, 2019, p. 755.

221 CONDE FUENTES, J., "El Reglamento (UE) 2018/1805..., *Op.cit.,* p. 3.

222 JIMÉNEZ-VILLAREJO FERNÁNDEZ, F., "Recuperación de activos..., *Op.cit.,* p. 329.

223 *Ídem.*

224 O como define DIAZ CABIALE: «un proceso penal con forma civil del que conoce el juez penal en el que el fallo solo se pronuncia sobre

a un proceso penal, permite decomisar los bienes directamente a pesar de no poder actuar penalmente contra el acusado o investigado, lo que se convierte en una herramienta muy útil en la recuperación de activos. Y como afirma JIMENEZ-VILLAREJO FERNÁNDEZ, en aquellos supuestos de decomiso sin condena emitido en un procedimiento separado y autónomo de naturaleza civil, es necesario que se hayan respetado las garantías del proceso penal, en especial la presunción de inocencia, para que quede dentro del ámbito de aplicación del Reglamento. Por el contrario, la confiscación de bienes – aún calificados como productos del delito- adoptada en procedimientos puramente civiles o administrativos no relacionados en absoluto con actividades delictivas quedarían excluido del ámbito de aplicación[225] .

En definitiva, como razona JIMENEZ-VILLAREJO FERNÁNDEZ, y en mi opinión muy acertadamente, la cuestión relevante para determinar si este último tipo de confiscación se encuentra dentro del ámbito del Reglamento, está en si en dicho procedimiento – es decir, en el que se adopta la medida de decomiso- han concurrido las garantías procesales inherentes a un procedimiento penal[226]. Pues solo así podría entenderse el considerando (18)[227].

---

el decomiso, art. 803 ter o. LECrim (y la responsabilidad civil, infra), cuando no se puede juzgar por el delito al autor de los hechos o si el M. F. se reservó la acción de decomiso». DIAZ CABIALE, J.A., *Op.cit.*, p. 17.

225 JIMÉNEZ-VILLAREJO FERNÁNDEZ, F., "Recuperación de activos..., *Op.cit.*, p. 335.

226 *Ibid*, p. 339.

227 Considerando 18: «Los derechos procesales establecidos en las Directivas 2010/64/UE(1), 2012/13/UE (2), 2013/48/UE (3), (UE) 2016/343 (4), (UE) 2016/800 (5) y (UE)2016/1919 (6) del Parlamento Europeo y del Consejo deben aplicarse, en el ámbito de aplicación de dichas Directivas, a los procesos penales contemplados en el presente Reglamento en lo que respecta a los Estados miembros vinculados por dichas Directivas. En cualquier caso, las garantías establecidas en la Carta deben aplicarse a todos los procedimientos contemplados en el presente Reglamento. En particular, se deben aplicar las garantías esenciales de los procesos penales establecidas en la Carta a los procedimientos en materia penal que no sean procesos penales, pero se

En este sentido debemos destacar dos casos acontecidos en Bulgaria. En primer lugar, la Sentencia del TJUE de 19 de marzo de 2020 asunto C234/18. En este supuesto, se planteaba una cuestión prejudicial ante el TJUE cuyo objeto era la interpretación de la Directiva 2014/42/UE en el marco de un litigio entre la "Comisión para la Lucha contra la Corrupción y el Decomiso de Bienes obtenidos ilegítimamente de Bulgaria" y BP y varias personas físicas y jurídicas –vinculadas o controladas por BP-, por una solicitud de decomiso de bienes obtenidos ilegalmente.

En este caso, de acuerdo con el Derecho búlgaro, el procedimiento de decomiso es un procedimiento civil que se tramita de forma independiente al proceso penal contra el investigado o personas relacionadas y se inicia mediante demanda. De tal manera que, el decomiso tenía lugar antes de que recayera sentencia firme en el procedimiento penal principal. Por ello, las partes afectadas por el decomiso en este supuesto denunciaban que la medida adoptada era contraria a la Directiva 2014/42/UE por dos razones, en primer lugar, por no estar basada en una condena firme previa y, en segundo lugar, por no existir ninguna normativa en el ámbito de la UE en materia de decomiso civil. Con lo cual, la falta de esa resolución penal a la hora de aplicar el decomiso – en el procedimiento independiente- vulneraba la presunción de inocencia y el derecho a un juicio justo, ya que se estarían tratando a las afectadas como si hubieran sido juzgadas y condenadas por sentencia firme.

Ante esta situación, el órgano jurisdiccional búlgaro ante el que se planteaba el procedimiento penal entendía que el Derecho búlgaro iba más allá de la armonización mínima prevista por la Directiva 2014/42/UE, siendo contraria a la misma. Entendiendo, además, que el procedimiento de decomiso civil debía quedar suspendido hasta que concluyera el proceso penal, a pesar de que la mera existencia de diligencias penales permi-

encuentren comprendidos en el ámbito de aplicación del presente Reglamento».

tiera la apertura del proceso de decomiso. Así pues, se plantean varias cuestiones prejudiciales al TJUE, entre ellas, si se permite a los Estados miembros adoptar disposiciones sobre el decomiso civil no basado en la existencia de una condena penal, si basta con que se haya incoado un proceso penal para iniciar un procedimiento civil de decomiso, si puede hacerse una interpretación extensiva de las razones que admiten un decomiso civil no basado en una condena penal y si debe interpretarse el artículo 8 en el sentido de que garantiza la aplicación del principio de presunción de inocencia y prohíbe el decomiso no basado en condena penal.

El TJUE se pronuncia al respecto afirmando que el procedimiento de decomiso pendiente ante el órgano jurisdiccional remitente era de naturaleza civil y coexistía en el Derecho interno con un régimen de decomiso de Derecho penal. No obstante, consideró que la Directiva no era aplicable a este asunto al tratarse de un delito (el desvío de fondos) que no se incluye en su ámbito de aplicación, siendo en su lugar aplicable la Decisión Marco 2005/212. Sin embargo, este último instrumento no regulaba el decomiso de instrumentos y productos procedentes de actividades ilegales ordenado por un órgano jurisdiccional de un Estado miembro en el marco o como resultado de un proceso que no tenga por objeto la constatación de una o varias infracciones penales. Finalmente, el TJUE determina que la Decisión Marco 2005/212 debía interpretarse en el sentido de que no se opone al Derecho interno que establezca que un órgano jurisdiccional deba ordenar el decomiso de bienes obtenidos ilícitamente en un procedimiento sin supeditarlo a la constatación de una infracción penal ni a la condena de los presuntos autores.

En segundo lugar, y siguiendo la misma argumentación, en la Sentencia del TJUE de 28 de octubre de 2021, asunto C-319/19, se planteaba otra cuestión prejudicial sobre la interpretación de la Directiva 2014/42/UE y la Carta de los Derechos Fundamentales de la Unión Europea y el Derecho búlgaro. Al igual que en el caso anterior, el conflicto se planteaba por la demanda de decomiso interpuesta por la misma Comisión frente a "ZV" y los miembros de su familia.

En este caso, se abrió un proceso penal frente a ZV para investigar la presunta comisión de unos actos que excedían de sus funciones con el fin de obtener unas ganancias patrimoniales en su beneficio. Tras las investigaciones patrimoniales realizadas por el comité de decomiso, se presentó demanda de decomiso. Los afectados, a su vez, alegaron inadmisibilidad de la misma por ser contraria a la Directiva 2014/42/UE, la cual era aplicable a las materias no penales y traspuesta al Derecho búlgaro. No obstante, el Derecho interno no había contemplado las garantías procesales de los demandados y terceros sobre los que recaían estas medidas de aseguramiento y decomiso.

Por su parte, el órgano jurisdiccional remitente precisaba que procedimiento de decomiso iniciado ante un tribunal civil no dependía del procedimiento penal incoado contra la persona investigada o contra las personas vinculadas a esta o controladas por ella. Y que, según la jurisprudencia nacional, el procedimiento de decomiso puede incoarse por la mera existencia de cargos penales contra una persona, sin necesidad de que exista una condena en sentencia firme. No obstante, aunque el decomiso se tramitaba con arreglo al Derecho procesal civil, la medida tenía una naturaleza penal y, por ello, quedaba dentro del ámbito de aplicación de la Directiva 2014/42/UE.

Con base en estos antecedentes, se plantean numerosas cuestiones prejudiciales que a grandes rasgos se pueden resumir en las siguientes: En primer lugar, si la media de decomiso tenía una naturaleza civil o penal, y en segundo lugar, si era de aplicación la Directiva 2014/42 en el marco de un procedimiento que no tiene por objeto la constatación de una o varias infracciones penales. A este respecto, el TJUE determinó que a diferencia del caso anterior (C 234/18) las infracciones por las que se investigaba a ZV sí estarían incluidas en el ámbito de aplicación de la Directiva y, por tanto, sería aplicable al litigio principal. Este instrumento no regulaba el decomiso de bienes obtenidos ilegalmente ordenado por un órgano jurisdiccional nacional en el marco o como resultado de un procedimiento que no tenga por objeto la constatación de una o varias infracciones penales. Por lo que, esta clase de decomiso escapaba a las normas mínimas establecidas por ella. En este caso, el decomiso se tramitaba de forma independiente, por lo que podía concluir sin necesidad de una resolución penal condenatoria. En definitiva, la Directiva no se aplicaba a la normativa del Estado miembro si el procedimiento de decomiso se iniciaba en el marco o como resultado de un procedimiento cuyo objeto no sea una infracción penal. Consecuentemente, al no aplicarse esta Directiva, entiende que el Derecho búlgaro no está aplicando Derecho de la Unión Europea y no se aplicaría la Carta de Derechos fundamentales y deja sin responder el resto de las cuestiones planteadas.

Por otro lado, a la hora de delimitar el ámbito de aplicación del Reglamento, se sigue manteniendo la misma línea de la Decisión Marco 2006/783/JAI. Así pues, el artículo 3 establece en primer lugar, la supresión de la verificación de la doble incriminación[228] para las resoluciones dictadas por la comisión de uno o varios delitos enumerados en dicho precepto (eurodelitos), siempre que sean punibles en el Estado de emisión con una pena máxima privativa de libertad de al menos tres años[229]; y en

---

228 Para RUIZ YAMUZA: «La doble incriminación puede estudiarse *in abstracto*, comparando las legislaciones del Estado requirente y del requerido, para comprobar si la conducta está tipificada en ambos; o in concreto, con completa verificación de identidades objetivo-subjetivas y apreciación de las todas las circunstancias concurrentes, para concluir que el hecho sería delito en ambos Estados (Bassiouni, 1974: 332; Plachta, 1989:109). La comparación in abstracto se refería a conductas apriorísticamente consideradas; y la comparación *in concreto*, a hechos realmente acontecidos». RUIZ YAMUZA, F.G., *Op.cit.*, p. 1066.

229 Ambas condiciones deben de concurrir para que no sea necesario constatar la doble incriminación. Para PÉREZ MARÍN la doble tipificación deja de ser el criterio preferente para reconocer o denegar y se convierte en subsidiario, aplicándose cuando no se aprecien los criterios de reconocimiento automático, PÉREZ MARÍN, M.A., "Sobre el proce-

segundo lugar, prevé que para delitos no recogidos en el listado, el Estado de ejecución pueda supeditar el reconocimiento y ejecución a la condición a que los hechos sean constitutivos de delito en su ordenamiento interno[230].

2.2.2. Transmisión, reconocimiento y ejecución de las resoluciones de decomiso

En el capítulo III, dedicado a la transmisión, reconocimiento y ejecución de resoluciones de decomiso, es donde vamos a detenernos para analizar su contenido y ponerlo en contraposición con lo regulado tanto en la normativa europea anterior, sobre reconocimiento de resoluciones (en particular, la Decisión Marco 2006/783/JAI), como en su trasposición a nuestro Derecho interno, esto es, en la LRM 2014.

En primer lugar, acerca del procedimiento para la transmisión de la resolución de decomiso, nos encontramos con que el llamado "Estado de emisión" dicta una resolución de decomiso -incluida en el ámbito temporal y territorial de aplicación de este Reglamento- para su ejecución en otro Estado miembro. Para ello, la autoridad emisora deberá transmitir la resolución judicial en los términos fijados en el artículo 14 para su posterior reconocimiento y ejecución en ese otro Estado.

---

dimiento para el reconocimiento y la ejecución de las resoluciones de embargo: el Reglamento (UE) 2018/1805", *Revista Internacional Consinter de Direito,* Año V, núm. IX, 2° semestre, 2019, p. 760.

230 Sin embargo, a pesar de tratarse de uno de los motivos que autorizan la denegación para su reconocimiento y ejecución, debe tenerse en cuenta la exclusión recogida en el artículo 19.1.f) y , en el que se dispone:« no obstante, en los casos que impliquen impuestos o derechos o reglamentación en materia de aduanas y tipos de cambio, no podrá denegarse la ejecución de la resolución aduciendo que el Derecho del Estado de ejecución no impone el mismo tipo de impuestos o derechos, o que no contiene el mismo tipo de normas en materia de impuestos y derechos, ni la misma reglamentación en materia de aduanas o tipos de cambio que el Derecho del Estado de emisión».

El Reglamento establece al respecto un procedimiento común de transmisión de resoluciones muy similar al recogido en nuestra LRM 2014, aunque a mi parecer la redacción otorgada por el legislador español resulta más densa y menos clarificadora.

En este instrumento europeo se establece un nuevo modelo simplificado de "certificado de decomiso"[231] –, que es el documento estandarizado que deben utilizar los Estados para transmitir una resolución de decomiso-, el cual debe ser traducido a una de las lenguas oficiales del Estado de ejecución[232]. Junto a él, en determinados casos deberá acompañarse la resolución original del decomiso o una copia certificada; ello dependerá de si el Estado de ejecución ha realizado la declaración expresa a las que se refiere el apartado 2 y 3 del artículo 14[233], es decir, es una opción facultativa para los Estados acogerse a esta declaración, a diferencia de las decisiones marcos sustituidas que establecían

---

231 Artículo 17. El modelo de este certificado se recoge en el anexo II.

232 Aunque no se ha establecido una lengua común, como podría haber sido el inglés, el artículo 17.3 faculta a los Estados para aceptar mediante declaración expresa presentada ante la Comisión que "que aceptará traducciones de los certificados de decomiso a una o más lenguas oficiales de la Unión" distintas de las nacionales. Esto supone una carga añadida, ya que el órgano emisor deberá comprobar las lenguas aceptadas de recepción, que dependiendo de cuál sea, puede generar inconvenientes y dilaciones ante la imposibilidad de hallar un traductor para una legua específica.

233 Esta declaración por la que se exige la resolución judicial de decomiso o la copia certificada podía hacerse por los Estados antes de la aplicación del reglamento o después, e incluso retirarla. Esta opción dará lugar a que dependiendo de cuál sea el Estado de ejecución, se deba aportar más o menos documentación y, por otro lado, la autoridad de emisión deberá comprobar previamente a la transmisión si el Estado de ejecución hizo una declaración expresa y, si posteriormente no la hubiera retirado. Por lo que, a primera vista puede parecer que dicha fórmula es mucho más sencilla que la recogida en el sistema anterior puede generar bastante confusión a la hora de tramitar el procedimiento y, sobre todo, se ha impuesto una carga más al órgano emisor.

la obligación de acompañar obligatoriamente la resolución judicial[234].

En efecto, a diferencia de lo que ocurre con la solicitud de Orden Europea de Detención y Entrega o la Orden Europea de Investigación, el certificado de decomiso y embargo no equivale a una resolución judicial con fuerza vinculante. Así pues, según lo dispuesto en el artículo 7 de LRM2014, cuando la eficacia de una resolución penal española requiera la práctica de actuaciones procesales en otro Estado miembro de la Unión Europea, tratándose de algún instrumento de reconocimiento mutuo regulado en esta Ley, la autoridad judicial española competente la documentará en el formulario o certificado obligatorio, que transmitirá a la autoridad competente del otro Estado miembro para que proceda a su ejecución. El testimonio de la resolución penal en la que se basa el certificado se remitirá obligatoriamente junto con éste, salvo que se trate de una orden europea de detención y entrega, una orden europea de protección o una orden europea de investigación, que se documentarán exclusivamente a través del formulario correspondiente. El original de la resolución o del certificado será remitido únicamente cuando así lo solicite la autoridad de ejecución.

El certificado de decomiso traducido, junto a la documentación exigible, en su caso, se deberá remitir a la autoridad competente para su ejecución o a la autoridad central del Estado de ejecución y, de la misma manera que se recogía en la LRM 2014, debe hacerse por un medio que deje constancia escrita en condiciones que permita comprobar la autenticidad del documento. El Reglamento permite que los Estados establezcan autoridades centrales, es decir, un órgano intermedio entre las autoridades de emisión y ejecución, lo que supondrá la existen-

---

234 RODRÍGUEZ- MEDEL NIETO, C., "España como país emisor de decisiones de embargo y decomiso en el Reglamento (UE) 2018/1805 en BERDUGO GÓMEZ DE LA TORRE, I.; RODRÍGUEZ GARCÍA, N. (Coord.), *Decomiso y Recuperación de activos. Crime Doesn´t pay,* Tirant lo Blanch, Valencia, 2020, p. 429.

cia en algunos Estados y en otros no, lo que podría dificultar la cooperación, no sólo por establecer un órgano intermedio entre las comunicaciones directas entre el órgano emisor y el ejecutor, sino que también deberá comprobarse previamente si el Estado al que nos queremos dirigir dispone de autoridad central o no.

El modelo de certificado es bastante extenso y contiene mucha información. Cabe destacar la exigencia de indicar los motivos concretos por los que se adopta el decomiso de determinados bienes, a diferencia de las decisiones marco anteriores, en las que bastaba hacer referencia al delito, su pena y los hechos sucintos, es decir, el órgano judicial ahora deberá justificar motivadamente las razones por la cuáles ha adoptado dicha resolución. Algunos autores, como RODRÍGUEZ- MEDEL NIETO, entienden que esta inclusión, supondrá que el Estado de ejecución pueda revisar la decisión, pues aunque el reconocimiento mutuo se basa en la confianza, parece que el legislador europeo no apuesta por una confianza ciega[235]. Por tanto, como indica esta autora, la previsión de esta motivación puede debilitar el régimen del reconocimiento mutuo, es decir, de la ejecución automática. Ya que se estaría permitiendo al Estado de ejecución conocer los pormenores del procedimiento de origen, lo que parece apuntar hacia una doble revisión judicial – por el tribunal emisor y el de ejecución-, algo que valora positivamente, pero que considera más propio del sistema convencional de asistencia penal internacional.

La complejidad la encontramos a la hora de determinar cuál es el Estado de ejecución al que poder transmitir la resolución de decomiso, pues el reglamento distingue dos supuestos: a) cuando la resolución de decomiso se refiera a cantidades de dinero, la resolución deberá transmitirse al Estado en el que se tengan

---

235 Ibid, p.435.

motivos fundados de que la persona[236] tiene bienes o ingresos; b) Si el objeto de la resolución se dirige frente a bienes concretos, la resolución de decomiso se remitirá entonces al Estado sobre el que existan motivos fundados de que allí se encuentran ubicados dichos bienes. Esta forma de identificar al Estado de ejecución refiriéndose de forma genérica a los "bienes", pero sin identificar uno concreto, sino que la emisión se dirija al Estado en el que existan motivos fundados para entender que los bienes radican en dicho territorio, seguramente plantee problemas de interpretación acerca de la suficiencia de "motivos fundados", y pueda dar lugar a que el Estado de ejecución deniegue la ejecución.

En estos supuestos, en los que se exige tener "motivos fundados" sobre la radicación de bienes o ingresos en un determinado Estado como premisa para poder remitir la petición, se pueden plantear dos tipos de problemas. Por un lado, problemas interpretativos sobre qué debe considerar por "motivos fundados", pudiendo un Estado rechazar la cooperación alegando insuficiencia o inexistencia de los mismos. Por otro lado, esta circunstancia exige al Estado emisor a realizar unas labores de investigación patrimonial y localización que, de por sí, cuenta con grandes obstáculos y dificultades para el órgano judicial y que deviene obligatoria para obtener información que justifique que existen "motivos fundados" sobre la ubicación de bienes en un determinado territorio, pues la emisión del certificado sólo puede realizarse a un Estado concreto, salvo, como veremos, los supuestos excepcionales de envío simultáneo. Quizás, y como apunta RODRÍGUEZ- MEDEL NIETO, la solución hubiera sido permitir la emisión con efectos en todo el territorio europeo y no en Estado concreto, como ocurre con la orden europea de detención y entrega, la cual se emite sin saber dónde se encuentra localizado el sujeto[237].

---

[236] En el artículo 159.3 LRM 2014 se hacía referencia al domicilio de la persona según fuera persona natural o jurídica.

[237] RODRÍGUEZ- MEDEL NIETO, C., Op.Cit., p.431.

Ahora bien, cuando la autoridad de emisión carece de motivos fundados para determinar el Estado de ejecución de acuerdo con los criterios anteriores, a diferencia de lo que disponía la Decisión Marco 2006/783/ JAI (artículo 4.1.3), no se incluye el fuero subsidiario que permitía transmitir la resolución al Estado de residencia permanente o habitual de la persona física o jurídica afectada, algo que hubiera facilitado al órgano emisor la localización de los bienes, pues permitía el envío de la petición al Estado de residencia. Sin embargo, esta posibilidad queda supeditada a la existencia de motivos fundados de radicación de los bienes en dicho territorio, no bastando el mero establecimiento de la residencia en su territorio[238]. Lo que sí establece el Reglamento, en los supuestos en que se desconozca cuál sería el Estado de ejecución, es la obligación de realizar todas las averiguaciones necesarias para determinarlo con arreglo a los criterios de localización. Para ello, se prevé el auxilio de los puntos de contacto de la red judicial europea (RJE)[239], a los que se deberá acudir para obtener información patrimonial de las personas afectadas.

Por otro lado, una vez se ha transmitido a una determinada autoridad de otro Estado y esta se considere incompetente, dicha autoridad deberá remitirlo a la autoridad de ejecución competente en su Estado e informar al Estado de emisión. Se trata de un deber de colaboración que se impone a las Administraciones y organismos a efectos de evitar que el trámite se demore excesivamente.

Respecto a los terceros afectados por la medida de decomiso, el Reglamento exige a la autoridad de emisión el deber de informar al Estado de ejecución sobre las personas afectadas, e igualmente se deberá proporcionar – si previamente es solicitada por la autoridad de ejecución- toda la información acerca de la

---

238 Considerando (25). Este criterio subsidiario ya se recogía en la anterior Decisión Marco 2006/783/JAI, artículo 4.1.3º.

239 Artículo 14.7.

identificación de esas personas y los derechos que puedan tener sobre los bienes objeto de decomiso[240]. En general, este tipo de intercambios de datos serán bastante recurrentes a lo largo del procedimiento de ejecución entre las diferentes autoridades implicadas y, en muchas ocasiones, de ello se dependerá para obtener un buen resultado. Sin embargo, se impone un deber de confidencialidad de la investigación. Especialmente, la autoridad de ejecución deberá garantizar la confidencialidad de los hechos y el fondo de la resolución, aunque sin perjuicio de las obligaciones de información que exige la norma en determinados momentos procedimentales.

Por otro lado, el planteamiento que realiza el Reglamento en la transmisión de resoluciones sigue marcado por su carácter bilateral, de modo que, la ejecución de la resolución se producirá como regla general en un Estado concreto, esto es, el Estado emisor deberá enviar el certificado de decomiso para su ejecución a un único Estado.

Se muestra crítica RODRÍGUEZ- MEDEL NIETO, con esta opción que mantiene el Reglamento, ya que el instrumento de reconocimiento no se emite por la autoridad judicial emisora para que surta efectos en todo el espacio de libertad, seguridad y justicia europeo, sino que los efectos se producen en un determinado Estado o Estados en los que se cumplan los criterios de competencia para su ejecución. A diferencia de la Orden europea de detención y entrega, que, efectivamente, puede ser emitida sin saber dónde se localiza el sujeto y grabarse en el Sistema informático Schengen. Lo que considera un error que en el Reglamento no se haya contemplado esta posibilidad y creado un registro similar para estas resoluciones[241].

No obstante, esta regla puede verse excepcionada en algunos supuestos, permitiendo al Estado de emisión una transmisión

---

240 Artículo 14.6.

241 Idem.

simultánea a más de un Estado de ejecución[242], entre estos supuestos excepcionales, se permite la ejecución múltiple de resoluciones de decomiso cuyo objeto sean bienes concretos y: En primer lugar, existan motivos fundados para creer que los distintos bienes objetos de decomiso se encuentran localizados en varios Estados; y, en segundo lugar, para ejecutar el decomiso sobre un bien determinado incluido en la resolución de decomiso, que requiera la intervención de más de un Estado. Por otro lado, en caso de recaer el objeto de decomiso, no en un bien concreto, sino en cantidades dinerarias, se autoriza la transmisión simultánea cuando el Estado de emisión considere que existan "motivos específicos" para ello y, en concreto, cuando los bienes afectados no hayan sido previamente embargados, o cuando el valor estimado de los bienes que puedan ser decomisados sea insuficiente para cubrir las cantidades objeto de la resolución de decomiso[243].

Como ya se recogía en la anterior norma comunitaria, la transmisión de una resolución de decomiso a otros Estados no excluye ni limita las facultades de ejecución del Estado de emisión, pues de lo que se trata es de lograr una rápida actuación que evite la desaparición de los bienes objeto de decomiso. Hasta aquí, podría pensarse que la normativa podría estar autorizando la ejecución sobre los bienes de forma ilimitada con tal de conseguir una rápida actuación del Estado que garantice la confiscación patrimonial; sin embargo y, como se preveía en la normativa anterior, en la ejecución de las resoluciones de decomiso, y ello aunque se transmitan de forma simultánea a

---

242 Estas causas previstas en el artículo 15, ya se recogían en el artículo 5 de la Decisión Marco 2006/783/JAI.

243 Lo dispuesto en el reglamento no dista mucho de la redacción recogida en la anterior Decisión Marco 2006/783/JAI y, cuyo contenido fue traslado de forma casi íntegra al artículo 162 de la LRM 2014. No obstante, la norma española incluye de forma expresa, en el apartado tercero del mencionado artículo, la remisión sucesiva a los demás Estados en los que se presuma la localización de bienes, en tanto no se haya cumplido de forma total la resolución.

diferentes Estados, el Estado de emisión debe velar porque no se decomisen más bienes de los necesarios ni que el valor total de lo obtenido supere el importe máximo establecido en dicha resolución. Por consiguiente, se sigue manteniendo una serie de deberes de información que deberá cumplir el Estado de emisión, quien deberá mantenerse en contacto y comunicar inmediatamente a los Estados de ejecución circunstancias tales como el riesgo de superar la cantidad máxima de ejecución, su desaparición o actualizar las cantidades una vez se vaya ejecutando el decomiso e informar de los cobros que vaya recibiendo el Estado de emisión a cuenta del pago en cumplimiento de la resolución[244]. Igualmente, deberá informar a los Estados de ejecución acerca de si la resolución transmitida no pudiera ejecutarse, se revocara o se adoptase una decisión o medida que genere su revocación, a fin de que finalice la ejecución[245].

Una vez transmitida la resolución de decomiso, conforme a la forma exigida, el Estado de ejecución la reconocerá y ejecutará dentro del plazo establecido, y de la misma forma que si se tratara de una resolución nacional análoga, adoptará las medidas que fueran necesarias para llevar a cabo dicha ejecución[246]. Una de

---

244 Artículo 16. El precepto enumera estos tres supuestos, sin embargo, entendemos que el Estado de emisión deberá comunicar cualquier otra circunstancia relevante que afecte a la ejecución, pues su finalidad es evitar que en la ejecución se superen los límites establecidos en la resolución. De hecho, en el artículo 18.4 del reglamento, se establece la minoración de la cantidad a ejecutar deduciendo las cantidades que se vayan recuperando en otros Estados distintos.

245 Artículo 27.

246 En relación con las medidas de embargo, el apartado quinto del artículo 18 establece que «Cuando la autoridad de emisión haya dictado una resolución de decomiso, pero no una resolución de embargo, entre las medidas concretas previstas en el apartado 1 se podrá incluir que la autoridad de ejecución decida de oficio, de conformidad con su Derecho nacional, embargar los bienes de que se trate, con miras a la ejecución ulterior de la resolución de decomiso. En tal caso, la autoridad de ejecución lo comunicará sin demora a la autoridad de emisión, si es posible con anterioridad al embargo de los bienes en cuestión».

las novedades de este Reglamento es el establecimiento de ciertos plazos máximos vinculantes para los Estados y, en cualquier caso, deberá de adoptarse la decisión lo antes posible. Esta previsión ofrece al Estado emisor cierta certeza respecto al tiempo máximo en el que el Estado de ejecución debe pronunciarse. Así, por ejemplo, de acuerdo a lo estipulado en el artículo 20, se establece un plazo de 45 días para el reconocimiento de la resolución de decomiso tras recibir el certificado. Si no fuera posible, el Estado de ejecución deberá informar al Estado de emisión sin demora indicando las razones que lo impiden. Igualmente, para el reconocimiento y ejecución de las resoluciones de embargo, el artículo 9 dispone que deberá ser ejecutado con la mayor prontitud posible, y prevé para supuestos caracterizados por cierta urgencia un plazo de 48 horas desde la recepción para adoptar una decisión acerca del reconocimiento y otras 48 horas desde su adopción para su ejecución.

Téngase en cuenta que, según las disposiciones generales, la legislación aplicable en la ejecución de estas resoluciones será el Derecho del Estado de ejecución (*lex loci*)[247], salvo que concurra algún motivo para su denegación o su aplazamiento. Estos casos, como veremos a continuación, son muy limitados y, su regulación no dista mucho de la recogida en la LRM[248]. No obstante, cuando el decomiso se refiera a bienes concretos, ambos Estados – el de emisión y el de ejecución- podrían acordar la transformación del decomiso del bien por una cantidad de dinero correspondiente

---

247 Artículo 23.1. En este sentido, PÉREZ MARÍN se muestra crítica con esta opción, pues a pesar de que el Reglamento establece un procedimiento común para la emisión, la recepción, el reconocimiento y la ejecución de las resoluciones de embargo y decomiso, otros aspectos como la ejecución se rijan por las normas nacionales, dificultando la obtención de resultados homogéneos en todo el espacio judicial, PÉREZ MARÍN, M.A., "Sobre el procedimiento para el reconocimiento y la ejecución de las resoluciones de embargo: el Reglamento (UE) 2018/1805", *Revista Internacional Consinter de Direito*, Año V, núm. IX, 2º semestre, 2019, p. 755.

248 Artículos 32, 33, 170 y 171 LRM.

a su valor[249]. Si, por el contrario, el objeto del decomiso fuera una suma de dinero y no pudiera obtenerse el pago, se podrá dirigir el decomiso frente a cualquier otro bien disponible. Realizada la ejecución, el Estado de ejecución se lo comunicará de inmediato al Estado de emisión.

Efectivamente, recibida una de estas resoluciones emitida por uno de los Estados miembros, normalmente será reconocida y ejecutada en aplicación del principio de reconocimiento mutuo, no pudiendo denegar aquellas resoluciones dirigidas contra personas jurídicas con base en la inexistencia de responsabilidad criminal de las personas jurídicas en su ordenamiento interno. Téngase en cuenta que la ejecución de las resoluciones reconocidas se rige por el Derecho interno del Estado de ejecución y, con arreglo a este, se determinarán las autoridades competentes de ejecución, los procedimientos y las medidas a adoptar[250].

2.2.3. Supuestos de denegación del reconocimiento y ejecución de las resoluciones de decomiso

El Reglamento recoge una serie de supuestos bastante limitados que permitirán al Estado de ejecución denegar dicho reconocimiento y ejecución, aunque la decisión de denegar total o parcialmente el reconocimiento o ejecución de la resolución emitida no será automática, ya que se establece la obligación de

---

249 Esta posibilidad recogida en el artículo 18.2 del Reglamento queda condicionada a que el Derecho del Estado de emisión lo prevea. Esto difiere de las condiciones que establecía el artículo 164 LRM, que permitía la transformación únicamente cuando no fuera posible ejecutar el decomiso sobre dicho bien.

250 Artículo 23. No obstante, a pesar de regirse la ejecución por el Derecho interno del Estado de ejecución, se prohíbe llevar a cabo sin el consentimiento previo del Estado de emisión otras medidas alternativas a las establecidas en el artículo 18.2 y 3, que permite acordar el decomiso sobre una cantidad de dinero cuando inicialmente se fijaba sobre un bien concreto y viceversa.

un trámite de consulta al Estado emisor, a quien se le solicitará la información que sea necesaria. Con ello se pretende dar la oportunidad de subsanar el posible error formal en el que se haya incurrido o de justificar determinadas decisiones del órgano emisor en la adopción de la resolución que pudieran dar lugar a un motivo de denegación, por ejemplo, que no se haya vulnerado ningún derecho fundamental. La inclusión de este trámite preceptivo es algo positivo y, a la vez, necesario, pues en muchas ocasiones la decisión de denegación es definitiva y puede tener limitadas las opciones de recurso[251]. En caso, de ser denegada finalmente la petición, el Estado de ejecución deberá notificarlo al solicitante de inmediato por cualquier medio en el que se deje constancia escrita.

Entre los motivos que deben concurrir para que un Estado de ejecución pueda denegar la resolución se encuentran los siguientes[252]:

---

251 A ello alude MORÁN MARTÍNEZ, quien destaca el papel de la Fiscalía en los Estados de ejecución a la hora de colaborar con la autoridad de emisión, la cual se encuentra muy limitada y no tiene legitimación ni capacidad de reacción más allá de lo que pueda comunicar al Estado de ejecución a través del Fiscal, quien normalmente son las legitimadas para recurrir. En España, el Ministerio Fiscal puede recurrir, sin embargo, la LRM no le atribuye ninguna tarea específica más aparte de obligar al Estado de ejecución de notificar inmediatamente al Ministerio Fiscal de la resolución de reconocimiento o denegación, algo que en la práctica no suele hacerse lo que impide la interposición de los recursos que pudieran corresponder,
MORÁN MARTÍNEZ, R., "España como país ejecutor de decisiones de embargo y decomiso en el Reglamento (UE) 2018/1805", en BERDUGO GÓMEZ DE LA TORRE, I.; RODRÍGUEZ GARCÍA, N. (Coord.), *Decomiso y Recuperación de activos. Crime Doesn´t pay*, Tirant lo Blanch, Valencia, 2020, p. 474.

252 Artículo 19.

En primer lugar, cuando su ejecución vulnere el principio de *non bis in ídem*[253].

En segundo lugar, cuando el Derecho del Estado de ejecución prevea una inmunidad o un privilegio que impida la ejecución de una resolución nacional de decomiso con respecto a los bienes de que se trate, o establece normas sobre la determinación o la limitación de la responsabilidad criminal en relación con la libertad de prensa o la libertad de expresión en otros medios de comunicación que impidan la ejecución la resolución de decomiso. Este motivo constituye una novedad, pues anteriormente no se recogía en las decisiones marco, tampoco se encuentra previsto en nuestra LRM 2014. A pesar de ser el Reglamento aplicable directa-

---

253 La aplicación de este principio prohíbe que una persona sea sancionada por un mismo hecho más de una vez. Este principio no se recoge expresamente en nuestra Constitución, pero la jurisprudencia constitucional lo incluye como una manifestación del principio de legalidad e implícito en el artículo 25.1 CE, MENDOZA CALDERÓN, S., "Criminalidad organizada económica y aplicación del principio *ne bis ídem* en la Unión Europea", en GONZÁLEZ CANO, I. (Dir.), *Cooperación judicial penal en la Unión europea. Reflexiones sobre algunos aspectos de la investigación y el enjuiciamiento en el espacio europeo de justicia penal*, Tirant lo Blanch, Valencia, 2015, p. 164. Acerca de este principio, PÉREZ ROYO aludía al cambio de jurisprudencia del Tribunal Constitucional sobre este tema con la STC 2/2003, al entender que no "basta la mera declaración de imposición de la sanción (penal) si se procede a su descuento y a evitar todos los efectos negativos anudados a la resolución administrativa sancionadora para considerar vulnerado el derecho fundamental a no padecer más de una sanción por los mismos hechos con el mismo fundamento (…)". Lo que permitía que un sujeto fuera sancionado desde el punto de vista administrativo y penal por los mismos hechos y con idéntico fundamento, siempre que la sanción penal «por su mayor gravedad, absorba y descuente la primera, de tal manera que no se adicionen los efectos de la segunda a los de la primera», PÉREZ ROYO, J. *Curso de Derecho Constitucional*, 11° ed., Marcial Pons, Madrid, 2007, p. 442.

mente, para MORÁN MARTÍNEZ convendría adaptar nuestra norma a estas disposiciones del Reglamento [254].

En tercer lugar, cuando el certificado está incompleto o es manifiestamente incorrecto y no se ha subsanado.

En cuarto lugar, cuando se refiere a un delito cometido, total o parcialmente, fuera del territorio del Estado de emisión y, total o parcialmente, en el territorio del Estado de ejecución, y los hechos en relación con los que se ha dictado la resolución no son constitutivos de delito en el Estado de ejecución.

En quinto lugar, por impedirlo los derechos de las personas afectadas.

En sexto lugar, en los casos citados en el artículo 3.2, cuando los hechos que motivan la resolución de decomiso no son constitutivos de delito de acuerdo con el Derecho del Estado de ejecución. No obstante, en los casos que impliquen impuestos o derechos o reglamentación en materia de aduanas y tipos de cambio, no podrá denegarse la ejecución de la resolución aduciendo que el Derecho del Estado de ejecución no impone el mismo tipo de impuestos o derechos, o que no contiene el mismo tipo de normas en materia de impuestos y derechos, ni la misma reglamentación en materia de aduanas o tipos de cambio que el Derecho del Estado de emisión.

En séptimo lugar, se establece un motivo de denegación relacionado con la garantía de los derechos procesales de las personas contra las que se dirige la resolución de decomiso, cuando no compareció en el juicio en el que se adoptó dicha resolución. No obstante, no procederá su denega-

---

[254] MORÁN MARTÍNEZ, R., "España como país ejecutor de decisiones de embargo y decomiso en el Reglamento (UE) 2018/1805", en BERDUGO GÓMEZ DE LA TORRE, I.; RODRÍGUEZ GARCÍA, N. (Coord.), *Decomiso y Recuperación de activos. Crime Doesn´t pay,* Tirant lo Blanch, Valencia, 2020, p. 460.

ción si en el certificado de decomiso se establece el cumplimiento de determinados requisitos como la notificación fehaciente, asistencia letrada, etc. Así se tendrá que indicar en dicho certificado si la persona fue citada en tiempo y forma del lugar y fecha previstos para el juicio del que deriva la resolución, ya fuera en persona o por otros medios de información oficial, de forma que pueda determinarse inequívocamente que la persona tenía conocimiento de la celebración del juicio y de que podía adoptarse una resolución de decomiso en caso de incomparecencia; si conociendo de la celebración del juicio, dio mandato a un letrado para su defensa y este actuó en juicio; o, si tras notificarle la resolución de decomiso e informarle de su derecho a un nuevo juicio o a recurrir para revocar dicha resolución, declaró expresamente su deseo de no recurrir ni solicitó nuevo juicio ni interpuso un recurso dentro del plazo establecido.

En octavo y último lugar, se hace referencia a la situación excepcional de vulneración de algún derecho fundamental de la Carta de Derechos Fundamentales y, en particular, al derecho a la tutela judicial efectiva, a un juicio justo o a la defensa, siempre que existan motivos y pruebas concretas y objetivas que lo acrediten.

Esta última causa supone una de las novedades del Reglamento en relación con las causas de denegación que se venían recogiendo hasta ahora en las anteriores decisiones marco. En ellas, la vulneración de derechos fundamentales se establecía como un principio que debía respetarse en la normativa de trasposición, que no podía soslayar el respeto a los derechos y principios fundamentales[255]. Ahora, el Reglamento establece este motivo específico que permite que el Estado de ejecución lleve a cabo un examen completo sobre el procedimiento de origen en el que se dictó la resolución

---

255 RODRÍGUEZ- MEDEL NIETO, C., Op. Cit., p. 436.

de embargo o decomiso a efectos de corroborar que no se ha producido ninguna vulneración de derechos fundamentales contenidos en la Carta de Derechos Fundamentales de la Unión Europea[256], pues la vulneración de algunos de ellos, como la tutela judicial efectiva o el derecho de defensa, constituyen las principales garantías del proceso penal y abocaría a la nulidad de actuaciones[257]. No obstante, tiene un carácter restringido, al igual que su previsión en la *Directiva 2014/41 sobre la Orden Europea de Investigación*, en la que se exige para su denegación la concurrencia de "motivos fundados para creer sobre la base de pruebas concretas y objetivas" que se está vulnerando un derecho fundamental. Y es que, como pone de relieve MARTÍN RODRÍGUEZ, la cooperación judicial penal plantea bastantes conflictos con la protección de los derechos fundamentales, planteando cuestiones como hasta dónde llega la confianza mutua en supuestos de graves violaciones de estos derechos en el ámbito del reconocimiento mutuo[258].

En la jurisprudencia del TJUE encontramos varios casos en los que se consideraba fundada la denegación del reconocimiento por vulneración de derechos fundamentales. Así, por ejemplo, en la Sentencia de 15 de octubre de 2019 sobre Ejecución de una orden de detención europea dictada contra Dumitru-Tudor

---

256 CONDE FUENTES, J., "El Reglamento (UE) 2018/1805..., *Op.cit.*, p. 8; MORÁN MARTÍNEZ, R., "España como país ejecutor de decisiones de embargo y decomiso en el Reglamento (UE) 2018/1805", en BERDUGO GÓMEZ DE LA TORRE, I.; RODRÍGUEZ GARCÍA, N. (Coord.), *Decomiso y Recuperación de activos. Crime Doesn´t pay,* Tirant lo Blanch, Valencia, 2020, pp. 449–472.

257 CONDE FUENTES, J., "El Reglamento (UE) 2018/1805..., *Op.cit.*, p. 8

258 Este autor realiza un exhaustivo análisis del principio de reconocimiento mutuo y su relación con la confianza mutua, MARTÍN RODRÍGUEZ, P.J. "La emergencia de los límites constitucionales de la confianza mutua en el espacio de libertad, seguridad y justicia en la sentencia del Tribunal de Justicia Aranyosi y Căldăraru", *Revista de Derecho Comunitario Europeo,* núm. 55, 2016, p. 864.

Dorobantu (asunto C-128/18) o la Sentencia de TJUE, de 5 de abril de 2016, (asuntos acumulados C-404/15, Pál Aranyosi, y C-659/15, Robert Căldăraru). En todos estos supuestos se cuestionaba por el tribunal de ejecución la denegación de la orden de entrega ante la posible vulneración de derechos fundamentales. En concreto, por el riesgo de trato inhumano a la persona afectada en el Estado emisor, en caso de llevarse a cabo la entrega. El TJUE se pronuncia y determina que el Estado de ejecución puede controlar el respeto de los derechos fundamentales de la persona interesada y los principios generales del Derecho del artículo 6 TUE, pero debía realizar un doble control. Para ello, debía disponer de elementos objetivos, fiables, precisos y actualizados relativos a las condiciones de reclusión en los establecimientos penitenciarios del Estado miembro emisor. Y, en segundo lugar, debía de tener razones serias y fundadas para creer que sobre la persona afectada existía un riesgo real de trato inhumano o degradante. En este sentido, la autoridad de ejecución debía tener en cuenta el conjunto de las condiciones del centro (celdas, condiciones sanitarias, amplitud de la libertad de movimientos del recluso en el interior, etc.) y para obtener esta información se establecía una obligación de consulta entre las autoridades.

En estos supuestos, el derecho fundamental objeto de protección – es decir, el derecho a no padecer un trato inhumano o degradante en situaciones de privación de libertad- parece no tener controversia, pero que ocurriría si como planteaba DE HOYOS SANCHO, un Estado miembro decide que en sus relaciones de cooperación judicial transfronteriza debe proteger de manera activa los derechos fundamentales según su ordenamiento y su propia interpretación de los mismos. La autora se posiciona claramente a esta cuestión y considera un verdadero peligro que, en un sistema de cooperación penal transfronteriza basada en el reconocimiento mutuo y la confianza recíproca, un Estado miembro invoque su propia identidad constitucional para denegar la cooperación que se le solicita. No obstante, podría hacerlo apelando a una posible vulneración del "orden público europeo", aunque no son conceptos del todo coincidentes[259].

2.2.4. Supuestos de aplazamiento e imposibilidad de la ejecución de la resolución de decomiso

El Reglamento, además de regular los motivos de denegación del reconocimiento y ejecución de las resoluciones de decomiso, contempla en otros dos preceptos separados las causas de aplazamiento e imposibilidad de ejecución de estas resoluciones. Se trata de una mejora técnica respecto de la redacción que ofrecía la Decisión Marco 2006/ 783/ JAI[260], en la cual se aglutinaban bajo un mismo precepto, lo que a mi parecer podía generar cierta confusión entre las posibles consecuencias que se derivan de cada una de ellas.

Así pues, al margen de las causas de denegación ya analizadas, en otras ocasiones, recibida la resolución de decomiso lo que puede ocurrir es que se produzca alguna circunstancia que aconseje un aplazamiento de la ejecución (no una denegación automática) en tanto perdure la causa y, una vez desaparezca, se continuaría con la ejecución. Entre estos supuestos previstos en el artículo 21, se recogen, por ejemplo, la existencia de una investigación penal que pueda verse perjudicada, la existencia de un proceso de decomiso ya en curso sobre los mismos bienes o el riesgo de superar el valor establecido en la resolución cuando recae sobre cantidades dinerarias. En esta situación, al igual que ocurre con el resto de las actuaciones, ambos Estados se encuentran en per-

259 DE HOYOS SANCHO, M., "Algunas dificultades y cuestiones pendientes en la cooperación judicial penal en el ámbito de la Unión Europea relativas a las garantías procesales" en GONZÁLEZ CANO, I. (Dir.), *Integración europea y justicia penal,* Tirant lo Blanch, Valencia, 2018, p. 106.

260 Anteriormente, estas causas se recogían en el artículo 8.5 de la Decisión Marco 2006/783/JAI, que se refería a ellas como "motivos de no reconocimiento o ejecución".

manente comunicación[261], de modo que el Estado de ejecución deberá comunicar al Estado de emisión el motivo del aplazamiento, su duración si fuera posible y la adopción de medidas cautelares[262].

A su vez, el Estado de ejecución puede encontrarse con otras circunstancias que impidan la ejecución material de la resolución. No se trata de un supuesto de denegación, ni tampoco el aplazamiento sería una solución adecuada, sino que son otro tipo de causas diferentes a las anteriores las que concurren e impiden ejecutar la resolución de decomiso en sus propios términos. Estas causas se prevén en el artículo 22, y aunque su estructura es más clara en la redacción actual, se ha mantenido el mismo contenido, de tal forma que las causas que conllevarían a una imposibilidad material de ejecutar la resolución transmitida siguen siendo las mismas. En concreto, estas causas son la destrucción o desaparición de los bienes objeto de decomiso, que estos hubieran sido ya decomisados, que no se encontraran localizados o ubicados en el sitio indicado o, por último, que no tuviera la suficiente información para ello[263]. De concurrir alguna de estas causas, el Estado de ejecución no denegaría automáticamente la ejecución, sino que deberá analizar primero si es posible dar una respuesta a la situación planteada, por ejemplo, mediante la conversión del decomiso de ese bien por su valor económico, llevando a cabo un decomiso sobre cantidades económicas o, a la inversa, es decir, acordar el decomiso de un bien cuando no sea posible el decomiso de cantidades económicas. Por supuesto, si posteriormente se obtiene información que permita localizar otros bienes, el Estado de ejecución podría proceder a su ejecución (de estar en vigor la resolución) sin necesidad de tramitar un nuevo certificado. Si finalmente no fuera posible ejecutar el decomiso, entonces el Estado de ejecución deberá informar al Estado de emisión,

---

261 El artículo 25 plasma esta regla de comunicación directa que debe regir entre los Estados parte en el desarrollo de dichos procedimientos.

262 Artículo 21.

263 Artículo 22.

pero lógicamente, con ello se intenta evitar que los Estados de ejecución se muestren poco colaboradores en beneficio de los condenados.

Lógicamente, además de todos estos supuestos de denegación, imposibilidad material, aplazamientos o cumplimiento, que ponen fin o paralizan temporalmente la ejecución, existen otras razones que ponen fin a la ejecución de la resolución tanto de embargo como de decomiso. Es el caso, por ejemplo, de los casos en los que la resolución ha dejado de tener validez, se haya revocado o se haya adoptado alguna medida que genere su revocación. En estos supuestos, la autoridad de emisión deberá notificarla sin más demora al Estado de ejecución, quien pondrá fin a la ejecución sin dilación, notificando al Estado de emisión la confirmación de su terminación[264].

2.2.5. Disposiciones generales aplicables al reconocimiento y ejecución de las resoluciones de embargo y decomiso

Finalmente, debemos referirnos a algunos aspectos destacables ubicados en las disposiciones generales y aplicables tanto a las resoluciones de embargo como a las de decomiso:

2.2.5.1. La tramitación de las resoluciones múltiples

Una primera disposición general es la referida a las "resoluciones múltiples", es decir, la tramitación por parte del Estado de ejecución de distintas resoluciones de decomiso de diferentes Estados cuyo objeto recae sobre la misma persona – que no dispone de bienes suficientes en ese Estado- o sobre los mismos bienes. Evidentemente, el conflicto se plantea al no poder ejecutar simultáneamente las diferentes resoluciones recibidas, lo que conlleva que el Estado de ejecución decida – conforme a su

---

264 Artículo 27.

Derecho, por ser la legislación aplicable en esta fase- qué resolución ejecuta primero, pudiendo aplazar el resto si concurren los requisitos establecidos para el "aplazamiento de resoluciones". Esta decisión se adoptará de acuerdo con su Derecho interno, si bien, el Reglamento la condiciona, por un lado, al criterio del "interés de la víctima[265]" -siempre que sea posible- y, por otro lado, a circunstancias tales como el embargo previo, las fechas de emisión y transmisión, la gravedad del delito o el lugar de comisión. No se establece un orden de prioridad entre estas circunstancias, lo que, sin duda, permite un amplio margen de discrecionalidad.

---

265 De acuerdo con el Considerando (45): «(...) El concepto de víctima se debe interpretar de conformidad con el Derecho del Estado de emisión, que también debe poder disponer que una persona jurídica tenga la consideración de víctima a los efectos del presente Reglamento. El presente Reglamento se debe entender sin perjuicio de las normas relativas a la indemnización y a la restitución de los bienes a la víctima en los procedimientos nacionales». Acerca de la protección de la víctima en el ámbito penal en supuestos trasfronterizos y, promoción de la cooperación en este sentido podemos destacar algunos instrumentos normativos europeos, entre ellos: *Directiva 2004/80/CE sobre indemnización a las víctimas de delitos*, «DOUE» núm. L 261/15, de 6 de agosto de 2004; *Directiva 2012/29/UE del Parlamento Europeo y del Consejo, de 25 de octubre de 2012, por la que se establecen normas mínimas sobre los derechos, el apoyo y la protección de las víctimas de delitos*, y por la que se sustituye la Decisión marco 2001/220/JAI del Consejo (versión consolidada), «DOUE» núm. 315, de 14 de noviembre de 2012, sobre la trasposición de esta última nos remitimos a análisis realizado por GONZÁLEZ CANO, I. "Cooperación judicial penal, tutela de la víctima y justicia restaurativa" en GONZÁLEZ CANO, I. (Dir.), *Cooperación judicial penal en la Unión europea. Reflexiones sobre algunos aspectos de la investigación y el enjuiciamiento en el espacio europeo de justicia penal*, Tirant lo Blanch, Valencia, 2015, pp. 429-434; y, asimismo, ARANGÜENA FANEGO, C., "Protección y reparación de la víctima en la Unión Europea", en GONZÁLEZ CANO, I. (Dir.), *Integración europea y justicia penal*, Tirant lo Blanch, Valencia, 2018, pp. 125-162.

En contraposición con lo regulado en nuestra LRM 2014, en la toma de decisión sobre la ejecución de resoluciones múltiples, el legislador español recoge las mismas causas que el Reglamento, salvo el interés de la víctima. No obstante, aunque ambas regulaciones recojan los mismos motivos, la solución no sería la misma, ya que en este caso, nuestra norma interna establece un orden distinto. En este sentido, el artículo 169.1 establece que cuando el Juez de lo Penal tramite de forma simultánea dos o más resoluciones de decomiso dictadas contra la misma persona y carezca de medios suficientes en España para hacer frente a su ejecución, deberá decidir cuál de aquellas se ejecutarán tras considerar debidamente todas esas circunstancias y comunicar sin dilación a los Estados de emisión. Para ello, el orden que establece respecto de los motivos que otorgarían esa preferencia en la ejecución serían en primer lugar, la existencia de un embargo preventivo; en segundo lugar, la gravedad relativa y el lugar de la infracción, en tercer lugar, las fechas de las resoluciones respectivas y, por último, las fechas de su transmisión.

2.2.5.2. La administración, gestión y conservación de los bienes

En segundo lugar, una vez se han decomisado o, en su caso, embargado, determinados bienes, su administración, es decir, su gestión y conservación, se regirá igualmente por el Derecho del Estado de ejecución, quien velará por evitar su depreciación. Para llevar a cabo estas tareas, el Reglamento propone a los Estados miembros que consideren la posibilidad de crear oficinas nacionales centralizadas responsables de estas funciones. En España, este organismo es denominado como la Oficina de Gestión y Recuperación de Activos (en adelante, la ORGA) y a la que haremos referencia más adelante. En este sentido, se permite la venta y transmisión anticipada de los bienes embargados, cuyo importe -al igual que los bienes embargados- queda en poder del Estado de ejecución en tanto no se presente una resolución de decomiso y se ejecute, salvo que proceda la restitución de los bienes a la víctima. En cualquier caso, los bienes deben destinarse de forma prioritaria a proyectos de interés público y social, así como a fines de prevención de delincuencia organizada[266].

Efectivamente, la previsión del "interés de la víctima" constituye una novedad del Reglamento[267], ya que, como se ha puesto de manifiesto anteriormente, ni el artículo 169 LRM 2014, sobre ejecución de resoluciones múltiples, ni el artículo 172, sobre el destino de los bienes decomisados, hacen mención a la víctima como circunstancia a tener en cuenta por la autoridad de ejecución competente para adoptar la decisión. Por el contrario, el Reglamento impone al Estado de emisión la obligación de informar al Estado de ejecución cuando se adopte alguna decisión de restitución de los bienes decomisados (o embargados) o de indemnizar a la víctima. Información que deberá incorporar en el certificado de decomiso (o de embargo) o remitir de forma independiente a este si dicha decisión se adoptase en un momento posterior.

Y, es que, entre las opciones de resarcimiento de la víctima que recoge el Reglamento, se prevé, además, la restitución de bienes a la víctima como una forma de entrega anticipada de los bienes embargados[268], aunque no exista una resolución de de-

---

266 Como se desprende del Considerando 47. Destinos que vuelven a plasmarse en el artículo 30, especialmente, cuando se hayan obtenido bienes distintos al dinero.

267 No obstante, el interés de la víctima se encontraba incluido en el programa de medidas elaboradas por el Consejo en el "Proyecto de medidas para la aplicación del principio de reconocimiento mutuo de las resoluciones judiciales en materia civil y penal" de 15 de enero de 2001, publicado en el «DOCE» núm. 12/1. En concreto, en el objetivo fijado sobre el decomiso, se establecía que este consistiera en «mejorar la ejecución en un Estado miembro de una resolución de decomiso, en particular a efectos de la devolución a la víctima de una infracción penal, dictada en otro Estado miembro, habida cuenta de la existencia del Convenio del Consejo de Europa de 8 de noviembre de 1990 relativo al blanqueo, seguimiento, embargo y decomiso de los beneficios del delito».

268 CONDE FUENTES, J., "El Reglamento (UE) 2018/1805..., *Op.cit.*, p.4.

comiso definitivo. En este último caso, el Estado de ejecución deberá adoptar las medidas necesarias para garantizar que los bienes embargados se restituyan a la víctima lo antes posible, de forma directa o a través del Estado de emisión, siempre que se produzcan las siguientes situaciones: En primer lugar, que la titularidad no sea objeto de impugnación. En segundo lugar, que no constituyan un elemento de prueba en un proceso penal en el Estado de ejecución. En tercer lugar, que no se lesionen derechos de las personas afectadas. No obstante, se establece un sistema de comunicación directa entre ambos Estados a efectos de resolver cualquier duda o inconveniente que pueda plantearse en dicha restitución[269].

Fuera de los supuestos en los que no proceda la restitución del bien a la víctima o esta no fuera posible, o bien, exista un derecho de indemnización a su favor, si tras la ejecución del decomiso el Estado de ejecución ha obtenido cantidades económicas, deberá transferir a la víctima la cantidad que le corresponda a modo de restitución o de indemnización (según proceda) sin superar el importe marcado en el certificado, e informará al Estado de emisión de la realización de dicho pago. Igualmente, el Estado de emisión deberá informar al Estado de ejecución acerca de si existe en su territorio un procedimiento pendiente para la restitución o indemnización de la víctima y, de ser así, el Estado de ejecución no podrá dar ningún destino a los bienes decomisados hasta que le comuniquen la decisión adoptada sobre dicha cuestión, pues incluso en estos supuestos en los que todavía no se ha reconocido el derecho a la víctima, este sigue siendo prioritario.

Esta previsión constituye, pues, una de las novedades más esperadas del Reglamento, y marca la diferencia con otros instrumentos internacionales anteriores en los que simplemente se reflejaba como un elemento prioritario al que podían atender los Estados

---

[269] Artículo 29 y apartados 1 al 5 del artículo 30.

a la hora de acordar mutuamente el destino de los bienes[270]. Tampoco en instrumentos más recientes, como la Directiva 2014/42/UE, contemplaban mayor predilección por el interés de las víctimas a la hora de regular el destino de los bienes. Si es cierto que en esta última Directiva se preveía unos fines sociales y públicos de los objetos decomisados, pero fuera de eso, el interés de la víctima solo quedó reflejado en entre sus garantías como una obligación de los Estados miembros de adoptar medidas que garantizaran que el decomiso no impidiese a las víctimas reclamar una indemnización.

Frente a este panorama, el legislador, consciente del abandono sufrido por las víctimas del delito en los procedimientos transnacionales, da un paso más allá con este Reglamento y les dota de protección durante la ejecución de estas resoluciones[271]. Con la previsión de este mecanismo reforzado de protección a la víctima del delito se pretende evitar, en definitiva, que sus derechos se vean menoscabados en los casos transfronterizos. Por otro lado, esta disposición que permitiría reconocer resoluciones de carácter civil -referidas a la indemnización de daños y perjuicios- dentro de un proceso penal vendría a resolver un importante problema que se producía en el ordenamiento es-

---

270 Sin ánimo de exhaustividad, podemos referirnos a otros instrumentos internacionales en los que se ha previsto el interés de la víctima como elemento para tener en cuenta, en ocasiones con prioridad, a la hora de celebrar acuerdos en materia de cooperación penal. Algunos de estos instrumentos ya han sido analizados como, por ejemplo, el artículo 8.4 del Convenio de 1999 (ONU), el artículo 14.2 de la Convención de Palermo de 2000 (ONU), el artículo57.3.c de la Convención de 2003 (ONU) y el artículo 25.2 del Convenio de 2005 (Consejo de Europa).

271 FERREIRO BAAMONDE considera que: «El reglamento recoge el principio ya contenido en la directiva de que el derecho de las víctimas a indemnización y restitución no debe verse menoscabado en los casos en que se ejercite una solicitud de reconocimiento mutuo de decomiso, pero va más allá al establecer que el fin prioritario del resultado de enajenar los bienes decomisados será la indemnización y restitución a las víctimas». FERREIRO BAAMONDE, X.X., *Op.cit.*, p. 203.

pañol, pues estas acciones civiles quedaban excluidas de dicho reconocimiento mutuo por su carácter penal[272]. Y es que, como ya advertía ARANGÜENA FANEGO, «La reparación del daño sufrido es una cuestión central entre las necesidades de la víctima que ha de recibir una adecuada atención jurídica para procurar su efectividad. Sin ella, se dice, la víctima queda realmente estigmatizada y abandonada a su suerte[273]».

Para hacer efectiva esta protección, además de preverse expresamente la restitución de bienes decomisados y el pago de indemnización a la víctima con prioridad a otros destinos, se alienta a los Estados miembros a la creación de un Fondo nacional que garantice la adecuada atención a las víctimas en este sentido[274], es decir, la asistencia a las víctimas quedaría cubierta a través de un sistema público de ayudas procedentes de estos fondos receptores de la recuperación de activos. De esta forma, se estaría cumpliendo con uno de los fines de interés público y social a la hora de fijar un destino de los bienes decomisados[275].

En tercer lugar, una de las cuestiones primordiales a las que debe darse respuesta es la relativa al destino que debe darse a los bienes decomisados, ya sean bienes concretos o cantidades dinerarias. Acerca de ello, y dejando a un margen lo establecido

---

272 MORÁN MARTÍNEZ, R., "España como país ejecutor de decisiones de embargo y decomiso en el Reglamento (UE) 2018/1805", en BERDUGO GÓMEZ DE LA TORRE, I.; RODRÍGUEZ GARCÍA, N. (Coord.), *Decomiso y Recuperación de activos. Crime Doesn´t pay*, Tirant lo Blanch, Valencia, 2020, p. 460.

273 ARANGÜENA FANEGO, C., "Protección y reparación de..., *Op.cit.*, p. 142.

274 Esta recomendación quedaba plasmada en el Considerando 48: «Cada Estado miembro debe considerar la posibilidad de crear un fondo nacional para garantizar una indemnización adecuada a las víctimas de delitos, como las familias de los agentes de policía y los funcionarios públicos que hayan sido víctimas mortales o estén permanentemente incapacitados en el ejercicio de sus funciones. Los Estados miembros pueden destinar a tal fin parte de los bienes decomisados».

275 FERREIRO BAAMONDE, X.X., *Op.cit.*, p. 205.

para la restitución e indemnización de la víctima que, como se ha señalado, tiene carácter preferente, el Reglamento se mantiene en la misma línea de la *Decisión Marco 2006/783/JAI*. Y tratándose de bienes concretos, sus destinos serán la venta, su transmisión al Estado de emisión o su utilización de acuerdo con la legislación del Estado de ejecución. Mientras que, si se trata de cantidades dinerarias, salvo que ambos Estados parte acuerden otra cosa diferente, la distribución se mantiene en el límite de 10.000 euros máximo para que revierta exclusivamente al Estado de ejecución y no sea preceptivo transferir el 50% al Estado de emisión. La administración y enajenación de los bienes decomisados se rige por la legislación del Estado de ejecución según lo dispuesto en el artículo 28.1. Por ello, el tratamiento de la víctima en cuanto al resarcimiento y su derecho de restitución será analizado en el siguiente capítulo relativo al ordenamiento español.

2.3. La Directiva (UE) 2024/1260 del Parlamento europeo y el Consejo de 24 de abril de 2024, sobre recuperación y decomiso de activos

La recuperación de activos ha ido adquiriendo cada vez mayor relevancia como estrategia político-criminal, instaurándose como uno de los objetivos principales para la represión y lucha contra los tipos de delincuencia más grave. Ello genera en los Estados la necesidad de consolidar y reforzar cada vez más la cooperación internacional entre ellos, especialmente, cuando la delincuencia alcanza un carácter trasnacional. De dicha necesidad surge el último instrumento normativo sobre decomiso que se incorpora al acervo europeo, esto es, la *Directiva 2024/1260 sobre la recuperación y decomiso de activos de 24 de abril*[276], la cual entró en vigor el pasado 22 de mayo de 2024, y cuyo contenido deberá ser transpuesto a los ordenamientos nacionales antes del próximo 23 de noviembre de 2026.

---

[276] «DOUE» núm. 1260, de 2 de mayo de 2024.

Esta Directiva se hace eco de los alarmantes datos ofrecidos por la Europol en 2021, acerca de los grandes ingresos que genera la delincuencia organizada, y que cada año ascienden a un mínimo de 139000 millones de euros, que después se blanquean a través de un sistema financiero paralelo encubierto[277]. De ahí, que las últimas estrategias de política criminal vayan dirigidas a impulsar y mejorar la cooperación entre los Estados como se contempla, por ejemplo, en la Comunicación de la Comisión de 14 de abril de 2021 titulada «La Estrategia de la UE contra la Delincuencia Organizada 2021-2025».

Como veremos a continuación, el contenido de la Directiva difiere en algunos puntos del texto de la propuesta de Directiva de 2022[278], aunque viene a mantener su esencia. El texto recoge a lo largo de sus treinta y ocho artículos, repartidos en ocho capítulos, una serie de normas mínimas sobre *seguimiento, identificación, embargo, decomiso y gestión de bienes en el marco de un procedimiento en materia penal.*

En esta ocasión, las instituciones europeas han adoptado una serie de normas mínimas que garanticen una interpretación común en materia de seguimiento, identificación, embargo, decomiso y gestión de bienes en el marco de un procedimiento en materia penal. Cuestión que, como sabemos, en ningún caso impide a los Estados miembros otorgar competencias más amplias a los organismos de recuperación de activos o a los organismos de gestión de activos, ni establecer normas más amplias sobre el embargo y el decomiso, ni establecer garantías adicionales mediante el Derecho nacional, siempre y cuando dichas medidas y disposiciones nacionales no vayan en detrimento del objetivo de la presente Directiva.

---

277 Considerando 1.

278 Propuesta de Directiva del Parlamento Europeo y del Consejo sobre recuperación y decomiso de activos 2022/0167 (COD), de 25 de mayo de 2022 (COM 2022. 245 final).

Principalmente, se pretende cumplir con las necesidades actuales y crear un sistema realmente eficaz que facilite la cooperación trasfronteriza, tras no haberse alcanzado los objetivos pretendidos con la Directiva 2014/42/UE y la Decisión 2007/845/JAI en la lucha contra el crimen organizado y la recuperación de activos. Además, viene a sustituir la Acción Común 98/699/JAI del Consejo, la Decisión Marco 2001/500/JAI del Consejo, la Decisión Marco 2005/212/JAI, la Decisión 2007/845/JAI y la Directiva 2014/42/UE en lo que respecta a los Estados miembros vinculados por la presente Directiva, que según los últimos considerandos (63 y 64) Dinamarca e Irlanda no participan ni quedan vinculados a esta última Directiva.

De acuerdo con lo anterior, la Directiva va encaminada a instar a los Estados a reforzar la cooperación estatal, incluso con terceros países dentro del marco jurídico internacional para lograr una rápida respuesta que permita recuperar y decomisar los activos financieros de la delincuencia organizada. Cooperación que se promulga a favor no solo de los Estados miembros o terceros países, sino de una cooperación entre organismos de la Unión como Europol, Eurojust, la Fiscalía Europea y, especialmente, entre los órganos nacionales de recuperación y gestión de activos como las llamadas Orgas. Todas estas premisas de colaboración se encuentran recogidas en los artículos 29 al 31 (capítulo VII), donde se destaca la creación por la Comisión de una red de cooperación entre las Orgas y la Europol.

Ahora bien, aunque la cooperación es un pilar fundamental en la estrategia para la recuperación de activos, su plasmación en este texto no es suficiente para lograr un sistema más eficaz. Por ello, se establecen unas normas mínimas sobre una serie de actuaciones que suelen ser correlativas en el tiempo, es decir, una primera etapa sobre la identificación y seguimiento de los bienes relacionados con la delincuencia (instrumentos, productos o bienes, etc.), su aseguramiento a través del embargo, y finalmente, su decomiso en el marco de un procedimiento en materia penal.

En primer lugar, encontramos en el capítulo II (artículos 4 al 10) las normas relativas al seguimiento e identificación de activos, donde se prevé la creación de al menos un organismo de recuperación de activos en cada Estado que facilite la cooperación transfronteriza. Junto a ellas, se contemplan una serie de disposiciones en materia de acceso a la información y su intercambio, así como las condiciones de acceso, garantizando, por ejemplo, las normas sobre confidencialidad y secreto profesional contempladas en el Derecho nacional aplicable y las normas comunitarias en materia de protección de datos. Recogiendo, además, un procedimiento de solicitud de información entre organismos dentro de unos plazos determinados.

En el capítulo III (artículos 11 al 19) se recogen todas las disposiciones acerca del embargo y el decomiso. De acuerdo con las definiciones recogidas en el artículo 3, se entiende por «embargo: la prohibición temporal de transferir, destruir, convertir, enajenar o poner en circulación bienes, o la custodia o el control temporales de bienes». Mientras que, el decomiso se define como «la privación definitiva de un bien dictada por un órgano jurisdiccional en relación con una infracción penal». En cualquier caso, en virtud de la presente Directiva, son dos conceptos independientes que no deben impedir a los Estados miembros aplicar lo dispuesto en la presente Directiva con instrumentos que, con arreglo al Derecho nacional, sean considerados como sanciones u otro tipo de medidas.

Efectivamente, el embargo y decomiso de los bienes en muchas ocasiones irán cogidos de la mano necesariamente, puesto que, para ejecutar el decomiso, previamente tendrán que preservarse dichos bienes, y ello se consigue a través del embargo. En este sentido, para evitar la desaparición de los bienes, las autoridades competentes de los Estados miembros deben estar facultadas para adoptar medidas inmediatas -que podrían adoptar la forma de órdenes-, para preservar esos bienes hasta que se haya dictado una resolución de embargo. Las medidas de embargo deben entenderse sin perjuicio de que un bien específico pueda considerarse como un elemento de prueba a lo largo del procedimiento, siempre y cuando esté disponible en última instancia para la ejecución efectiva de la resolución de decomiso. Puede realizarse el embargo de un bien también en el contexto de un proceso penal con vistas a una posible restitución ulterior o como garantía de una indemnización por daños y perjuicios provocados por una infracción penal.

En este sentido, la Directiva insta a los Estados para que permitan a los organismos de recuperación de activos intervenir activamente, especialmente, cuando se haya seguido e identificado bienes que podrían desaparecer muy rápidamente, como criptoactivos, y cuando las autoridades competentes del Estado miembro (donde está la orga que recibe la solicitud) no puedan adoptar medidas inmediatas sin una investigación penal en dicho Estado miembro. Las ORGAS deben poder preservar los activos hasta que sea posible dictar una resolución europea de embargo con arreglo al Reglamento (UE) 2018/1805.

Habida cuenta de la injerencia en el derecho a la propiedad de los afectados por las resoluciones de embargo, dichas medidas son provisionales y no deben mantenerse más allá de lo necesario para garantizar su disponibilidad con vistas a su posterior decomiso. Mantener tales medidas provisionales podría requerir que un órgano jurisdiccional nacional proceda a una revisión con objeto de garantizar que la finalidad de evitar la desaparición de los bienes siga siendo válida.

En cuanto al decomiso, la directiva prevé el decomiso total o parcial de los instrumentos y productos derivados de una infracción penal previa sentencia condenatoria firme, pudiendo haberse acordado en un procedimiento en ausencia del acusado. En cuanto a las clases de decomiso, la directiva obliga a los Estados a prever el decomiso por valor equivalente, que podrá ser contemplado de forma subsidiaria o alternativa al decomiso directo. Por otro lado, se contempla el decomiso de terceros, cuando se hayan transferido a terceros por una persona sospechosa o acusada, o adquiridos por terceros de una persona sospechosa o acusada, pero en estos supuestos deben existir indicios sobre que dichos terceros tenían o debían haber tenido conocimiento sobre la intención de evitar el decomiso con dicha operación, es decir, no quedarían afectados los terceros de buena fe. Asimismo, recoge un supuesto de decomiso ampliado sobre los bienes pertenecientes a una persona condenada por una infracción penal – por un delito de los enumerados en el artículo 2.1 al 2.3, y lleven aparejada pena privativa de libertad de un máximo al menos de 4 años-, cuando el delito cometido pueda dar lugar a un beneficio económico, y el tribunal nacional haya resuelto que los bienes tienen un origen delictivo de acuerdo con las circunstancias del caso y las pruebas disponibles. Por otro lado, contempla el decomiso no basado en una sentencia condenatoria o decomiso autónomo, ampliando los supuestos al fallecimiento, además, de la enfermedad o fuga. Finalmente, se han descartado algunas de las opciones previstas en la propuesta de directiva como la amnistía o la inmunidad[279]. En último lugar, como novedad se recoge el llamado decomiso de patrimonio no explicado vinculado a comportamientos delictivos, que permite dirigir el decomiso a situaciones donde existe una vinculación patrimonial con una organización delictiva.

No obstante, estas disposiciones sobre el embargo y el decomiso no será suficiente garantía de eficacia, sino va acompañado de un buen sistema de gestión que permita mantener el valor de dichos bienes para el uso que prevea el Estado o con vistas a su restitución a las víctimas. Así pues, el capítulo IV abarca los aspectos sobre la gestión (artículos 20 al 22). En él se regulan las medidas encaminadas a garantizar una gestión más eficiente de los bienes embargados y decomisados por los Estados; se les

---

279 Sobre la propuesta de Directiva de 2022 sobre decomiso autónomo véase: FARTO PIAY, T., "El decomiso autónomo en el proyecto de Directiva de 2022 sobre recuperación y decomiso de activos: los nuevos supuestos y su incidencia en nuestro ordenamiento jurídico interno", *Revista General del Derecho procesal,* núm. 60, 2023, pp. 1-42; y, GARRIDO CARRILLO, F.J., "Cuestiones pendientes sobre el decomiso ocho años después. La propuesta de Directiva del Parlamento Europeo y del Consejo sobre recuperación y decomiso de activos", *Revista Estudios europeos,* núm. Extra-1, 2023, pp. 211-348.

promueve a adoptar medidas que impidan que sean los propios condenados quienes puedan adquirir los bienes que han sido decomisados; a realizar valoraciones y minimizar los costes; especifica algunas condiciones sobre las ventas anticipadas; y, finalmente, recoge la creación de organismos de gestión de activos. Mientras que el capítulo V, denominado "salvaguardias", hace referencia a los derechos y garantías de las personas afectadas por las medidas (artículos 23 y 24). El capítulo VI (artículos 25 al 28) se establece un marco estratégico, donde se prevé que los Estados miembros adopten una estrategia nacional de recuperación de activos antes del 24 de mayo de 2027. Por su parte, el capítulo VIII recoge todo lo relativo a las disposiciones finales con cuestiones como la elaboración de informes, etc.

Capítulo 4

Marco actual en la legislación española

1. ASPECTOS GENERALES DE LA DIRECTIVA 2014/42/UE

Durante la evolución del decomiso en nuestro Derecho, como hemos tenido ocasión de adelantar en el capítulo anterior, se produjo el primer cambio transcendental mediante la *Ley Orgánica 10/1995, de 23 de noviembre,* que afectó directamente a la naturaleza jurídica de la figura como consecuencia de la incorporación al Código penal de las llamadas "consecuencias accesorias" (Libro I Título VI), entre las que pasaba a incluirse el decomiso (artículos 127 y 128 del Código penal). De esta manera, el decomiso dejó de ser considerado una "pena accesoria" para convertirse en una "consecuencia accesoria". No obstante, al margen de este cambio en la naturaleza del decomiso, el resto de las modificaciones que se fueron sucediendo tendían principalmente a extender su ámbito de aplicación y, en concreto, se focalizaron en el objeto del decomiso. De hecho, algunos autores afirmaban, con ocasión de estas reformas, que el decomiso -especialmente, en el ámbito europeo- se encaminaba a convertirse en una especie de confiscación general o decomiso total del patrimonio[1], pues la contemplación

[1] GASCÓN INCHAUSTI, F., "Las nuevas herramientas procesales para articular ..." *Op.cit.*, p.3. Criticaba ya, CHOCLÁN MONTALVO, J.A., la regulación prevista en el Código penal español, y como en las legislaciones europeas mucho más modernas, permitían la confiscación de bienes al margen de la vinculación concreta con el hecho enjuiciado, haciéndose necesario relativizar las reglas de imputación y menor exigencia probatoria acerca de los supuestos fácticos de la confiscación

de un régimen cada vez más amplio en el que se desvinculaba el decomiso del hecho enjuiciado, su autor y la pena, incrementaba el peligro de arbitrariedad del Estado. Ello lleva a considerar necesario establecer ciertos límites[2].

A partir del año 2015, con la trasposición de las diferentes directivas europeas e instrumentos comunitarios, se configura un nuevo esquema normativo mucho más complejo en materia de decomiso que abarca los tres planos: sustantivo, procesal y orgánico[3]. Así, esta última etapa en la regulación del decomiso comienza con la aprobación de la *Directiva 2014/42/UE, del Parlamento Europeo y del Consejo, de 3 de abril de 2014, sobre el embargo y el decomiso de los instrumentos y del producto del delito en la Unión europea*[4], que modificaba y ampliaba las disposiciones del régimen anterior[5], que debía ser sustituido parcialmente por los Estados miembros

---

para favorecer el decomiso debe incrementos patrimoniales no justificados. CHOCLÁN MONTALVO, J.A, *El patrimonio criminal...Op.cit.*, p.15; GÓMEZ COLOMER, J.L, "La terminación del proceso penal", en MONTERO AROCA, J, et al. (Dir.), *Derecho Jurisdiccional III. Proceso Penal*, Tirant lo Blanch, Valencia, 2018, p. 445.

2 GISBERT POMATA, M., "El decomiso ampliado", en *La Ley Penal*, núm. 124, enero-febrero 2017, p. 2.

3 CARRILLO DEL TESO, A.E., *Decomiso y recuperación..., Op.cit.*, p. 95.

4 DOUE L Núm.127/39, de 29 de abril de 2014.

5 Con esta Directiva se derogaba la *Acción común 98/699/JAI* y se modificaban las *Decisiones Marco 2001/500/JAI y 2005/212/JAI*, permaneciendo en vigor solo algunas de sus disposiciones. Y ello, como apuntaba AGUADO CORREA, T., con el fin de mantener cierta armonización con aquellas actividades delictivas que no quedasen comprendidas en el ámbito de aplicación de la Directiva. AGUADO CORREA, T., "La Directiva 2014/42/UE sobre embargo y decomiso en la Unión Europea *Op.cit.*, p. 3. Con el mantenimiento de estas disposiciones – artículos 2 (decomiso), 4 (recursos), 5 (garantías) de la Decisión Marco 2005/212/JAI- se garantizaba la posibilidad de proceder al decomiso de bienes de valor equivalente al de los instrumentos y productos derivados de esos delitos. AGUADO CORREA, T., "Normas mínimas sobre decomiso de los instrumentos y del producto de la delincuencia organizada en la Unión Europea (Directiva 2014/42/UE) y su incorporación al derecho español" en ZUÑIGA RODRÍGUEZ, L. (Dir.), *Criminalidad*

obligados por esta Directiva (Considerando 9)[6]. Esta técnica legislativa de "sustitución parcial" de un instrumento previo que se mantiene de forma concurrente con el nuevo, ha sido criticada por AGUADO CORREA, quien entiende que contraviene al principio de legalidad en una materia tan sensible que afecta a los derechos fundamentales de la persona, algo que se hubiese salvado introduciendo un instrumento totalmente nuevo.

En el contexto de la Unión Europea, la Directiva emana de la necesidad de fortalecer la confianza entre los Estados miembros y de incentivar el uso de los procedimientos de embargo y decomiso de los instrumentos y productos del delito que hasta ese momento se consideraban infrautilizados a la luz de los pocos datos estadísticos publicados acerca de la recuperación del producto del delito[7]. Por otro lado y, a pesar de la existencia de numerosos instrumentos normativos aprobados en la última década, éstos habían resultado ineficaces en la ejecución del decomiso ampliado, tampoco la aplicación del principio de reconocimiento mutuo había sido eficaz, todo ello derivado de las diferencias entre las legislaciones nacionales (Considerando 8).Una de las fórmulas más adecuadas para conseguir los objetivos fijados por la Directiva y, por consiguiente, una cooperación transfronteriza mucho más eficaz, consistía en establecer unas normas mínimas que permitieran aproximar las legislaciones internas de los Estados miembros en materia de "embargo" y "decomiso" para robustecer el marco

---

organizada trasnacional: una amenaza a la seguridad de los Estados democráticos, Tirant lo Blanch, Valencia, 2017, p. 558.

6 AGUADO CORREA, T., "Normas mínimas sobre decomiso de los instrumentos y del producto de la delincuencia organizada… *Op.cit.*, p. 559.

7 CARRILLO DEL TESO, A.E., "La recuperación de activos como estrategia común contra la criminalidad", en BERDUGO GÓMEZ DE LA TORRE, I., FABIÁN CAPARRÓS, E.A. y RODRÍGUEZ GARCÍA, N., *Recuperación de activos y decomiso. Reflexiones desde los sistemas penales iberoamericanos*, Tirant lo Blanch, Valencia, 2017, p. 26.

normativo[8]. Ahora bien, el establecimiento de unas normas mínimas en esta materia no impedía que cada Estado recogiera unas competencias de mayor alcance en su Derecho nacional (Considerando 22).

En definitiva, el contenido normativo de este instrumento constituía un estándar mínimo que debía ser incorporados al Derecho interno obligatoriamente por los Estados miembros y, en particular, según el artículo 1, sobre "el embargo de bienes con vistas a su posible decomiso y sobre el decomiso de bienes en el ámbito penal", sin perjuicio de los diferentes procedimientos que cada Estado pudiera establecer para decomisar los bienes[9].

Tras un amplio apartado de "considerandos" –hasta cuarenta y cuatro-, la Directiva se dividía en 16 artículos. Como es costumbre en este tipo de instrumentos normativos, se recogían las definiciones[10] de los principales conceptos de la materia a regular y que sirven para delimitar el ámbito de aplicación de la norma, en este

---

8 JIMÉNEZ-VILLAREJO FERNÁNDEZ, F., "Recuperación de activos..., *Op.cit.*, p. 302.

9 Esta aclaración debía ser interpretada según AGUADO CORREA, T., en relación con el Considerando 10: «...de que los Estados miembros pueden aplicar la Directiva a través de todo tipo de procedimientos adaptado a sus sistemas nacionales, ostentando los Estados miembros la facultad de iniciar ante cualquier tribunal competente procedimientos de decomiso en relación con procedimientos penales». AGUADO CORREA, T., "Normas mínimas sobre decomiso de los instrumentos y del producto de la delincuencia organizada... *Op.cit.*, p. 563.

10 Como apunta JIMÉNEZ-VILLAREJO FERNÁNDEZ, la Directiva ofrece un concepto de decomiso más armonizado y, por primera vez a nivel europeo, ofrece una definición de embargo preventivo, JIMÉNEZ-VILLAREJO FERNÁNDEZ, F., "Recuperación de activos..., *Op.cit.*, p. 318. En este sentido, el artículo 2.5) de la Directiva definía el embargo como: «la prohibición temporal de transferir, destruir, convertir, disponer o poner en circulación bienes, o la custodia o el control temporales de bienes».

caso, determinar cuáles son las resoluciones de embargo y decomiso a las que se va aplicar la Directiva. Precisamente, esta técnica es imprescindible para que la cooperación entre Estados sea efectiva y minimizar los problemas interpretativos que surgen en el Derecho interno, precisamente, cuando se ponen en práctica estos instrumentos de cooperación.

El artículo 2 no recoge un listado demasiado exhaustivo de definiciones y, las que contiene, son muy generales. En este sentido, sobre el concepto de "decomiso", lo califica como: «la privación definitiva de un bien por un órgano jurisdiccional en relación con una infracción penal». Como puede observarse, en esta ocasión el legislador evitando la polémica doctrinal, suprime cualquier referencia a la naturaleza de la resolución como pena o medida[11], identificándola únicamente por el tipo de consecuencia que produce (privación definitiva del bien), ya que parece ser este el único elemento común en las legislaciones internas.

GASCÓN INCHAUSTI considera que la armonización en esta materia exige pronunciarse sobre qué se entiende por decomiso y cuáles son los bienes a los que puede afectar y en qué condiciones se debía decretar. Una armonización conceptual en este sentido permitiría crear «una suerte de lenguaje común que resulta imprescindible para que la cooperación sea eficaz y el decomiso transfronterizo sea algo posible». Sobre todo, a la vista de las numerosas adaptaciones que los Estados miembros han tenido que ir realizando en sus legislaciones internas como consecuencia del Derecho supranacional, con lo cual la homogeneización en estos conceptos tiende a eliminar los obstáculos en la cooperación internacional[12].

---

11 Recordemos que, en la Decisión Marco 2005/212/JAI, definía el decomiso como una pena o medida.

12 GASCÓN INCHAUSTI, F., "Decomiso y cooperación internacional: aplicación del principio..." *Op.cit.*, p.11.

Especial protagonismo acaparaba en este texto el nuevo concepto de *"producto"*, que, como se destacaba en el considerando 11, era necesario que incluyese, además del producto de la actividad delictiva, cualquier "ventaja económica[13]" , no solo directa, sino también la indirecta, incluida la posterior reinversión o transformación del producto directo en cualquier beneficio cuantificable, y ello en el intento de evitar a toda costa que la comisión del delito reportase cualquier beneficio económico a sus autores, al ser este el principal objetivo de la delincuencia organizada. Por tanto, el nuevo concepto de producto abarcaba los productos directos y los indirectos. Ello, que ha llevado a considerar esta nueva definición de producto ofrecida por la Directiva –y aplicable incluso en las infracciones penales no reguladas por ella (Considerando 14)- uno de sus avances más notables[14]. Más controvertido resultaba el debate sobre los límites del concepto de "producto" en el Derecho comparado y, en especial, en su contraposición con los límites de las ganancias. No obstante, BLANCO CORDERO, quien se ha inclinado a favor de utilizar el término de "productos brutos o netos", ha entendido que el término "producto" abarcaría el decomiso de todo lo obtenido directa e indirectamente del delito, mientras que el término "ganancias" sería mucho más limitado y se refiere a beneficios netos del delito[15]. A nivel internacio-

---

13 Acerca de la traducción de este término en su versión inglesa (*economic advantage*) como "ventaja económica", AGUADO CORREA, T., destacaba positivamente como la Directiva se apartaba de la traducción realizada en la anterior Decisión Marco 2005/212/JAI, en la que se hablaba de "beneficio económico" para definir al "producto", no siendo una cuestión baladí, pues el uso de un término u otro iba a determinar el principio aplicable en la determinación de la cuantía del producto. AGUADO CORREA, T., "Normas mínimas sobre decomiso de los instrumentos y del producto de la delincuencia organizada... *Op.cit.*, p. 565.

14 *Ibid*, p. 564.

15 BLANCO CORDERO, I., "El comiso de ganancias: ¿brutas o netas..., *Op.cit.*, pp. 1-66.

nal, el término de "producto" es mucho más amplio, incluyendo en él las ganancias.

En cuanto al ámbito de aplicación objetivo, según dispone el artículo 3, la Directiva se debía aplicar, por un lado, a ciertas infracciones penales que venían contempladas en una serie de instrumentos europeos – algunas de las decisiones marco y directivas recogidas en este listado fueron posteriormente modificadas o sustituidas por otras- , y entre las que se encontraban los actos de corrupción por funcionarios de la Unión Europea, la falsificación de moneda, el fraude y la falsificación de los medios de pago distintos del efectivo, el blanqueo de capitales, el terrorismo, la corrupción en el sector privado, el tráfico ilícito de drogas, la delincuencia organizada, la trata de seres humanos, los abusos sexuales y la explotación sexual de los menores y la pornografía infantil y los ataques contra los sistemas de información. Estas infracciones son conocidas como "eurodelitos o delitos europeos", coincidiendo con las actividades delictivas recogidas en el artículo 83.1 TFUE. Como matiza AGUADO CORREA, la Directiva puede aplicarse a más actividades delictivas de las recogidas en las letras a) – K), siempre que se realicen en el marco de una organización criminal, así por ejemplo, el delito de tráfico de armas quedaría dentro del ámbito de la Directiva si se realizara participando en una organización criminal[16]. En estos casos, el concepto de organización criminal es el definido por la *Decisión Marco 2008/841/JA*.

Por otro lado, en el artículo 3 *in fine*, preveía una ampliación del ámbito de aplicación de la Directiva mediante una cláusula *ad futurum* que permitiría extender el ámbito de aplicación a otras infracciones penales que en un futuro se contemplaran: «en cualquier otro acto jurídico, si en el acto de que se trate se establece

---

16 AGUADO CORREA, T., "Normas mínimas sobre decomiso de los instrumentos y del producto de la delincuencia organizada *Op.cit.*, p. 573. En el mismo sentido, GARRIDO CARRILLO, F.J., *El decomiso. Innovaciones, deficiencias y…, Op.cit.*, p. 27.

expresamente que la presente Directiva se aplica a las infracciones penales que se armonicen en el mismo[17]».

Respecto de su ámbito de aplicación territorial, la Directiva es aplicable a todos los Estados miembros de la Unión Europea, salvo a Dinamarca[18]. Tampoco es aplicable a Reino Unido[19].

En lo que al decomiso se refiere, encontramos las diferentes clases de decomiso reguladas en los artículos 4 al 6. Así, bajo el título de "decomiso", el artículo 4 se refería al deber de los Estados miembros de contemplar en sus legislaciones el *decomiso directo* – total o parcial- de los bienes y productos del delito y, el *decomiso por valor equivalente,* permitiendo el decomiso sobre otros bienes cuyo valor se correspondiera con el de los instrumentos o productos del delito que debían haber sido decomisados-. En este último caso, se facultaba a los Estados a su previsión de forma subsidiaria o alternativa al decomiso directo de conformidad con su Derecho interno[20]. En ambos casos se exigía una previa resolución penal firme condenatoria, incluyéndose los procedimientos que se hubieran tramitado en ausencia del acusado.

---

17 AGUADO CORREA, T., "La Directiva 2014/42/UE sobre embargo y decomiso... *Op.cit.,* pp. 8-9.

18 De conformidad con los artículos 1 y 2 del Protocolo no 22 sobre la posición de Dinamarca anejo al TUE y al TFUE.

19 De conformidad con los artículos 1 y 2 y el artículo 4 bis, apartado 1, del Protocolo no 21 sobre la posición del Reino Unido y de Irlanda respecto del espacio de libertad, seguridad y justicia, anejo al TUE y al TFUE. En cambio, Irlanda sí manifestó su desea de quedar vinculada, pero únicamente con respecto a los delitos regulados por instrumentos con los que estuviera vinculada.

20 Artículo 4.1: «Los Estados miembros adoptarán las medidas necesarias para poder proceder al decomiso, ya sea total o parcial, de los instrumentos y del producto del delito, o de bienes cuyo valor corresponda a dichos instrumentos o producto, previa resolución penal firme condenatoria que podrá ser también resultado de un procedimiento tramitado en ausencia del acusado».

En el apartado segundo de este artículo, se recogía el *decomiso sin condena*[21], que permitía el decomiso de bienes en supuestos en los que por una causa tasada –como la enfermedad o fuga del sospechoso o acusado- no era posible imponer una condena al sujeto en el procedimiento penal incoado, lo que produciría como resultado graves dificultades para el decomiso de los instrumento o productos del delito. En consecuencia, los Estados debían establecer medidas que permitieran decomisar estos bienes sobre los cuales hubiera recaído el decomiso de haberse tramitado el procedimiento penal, al preverse una sentencia condenatoria, pues de lo contrario, la no adopción de esta medida produciría una ventaja económica injusta. Esta previsión se introducía como una de las novedades más esperadas, pero su contenido fue bastante simple, siendo una norma de mínimos en la que vinculaba este tipo de decomiso con un proceso penal principal, pero no entraba a determinar qué procedimientos podían utilizar los Estados para el decomiso[22].

En cuanto al *decomiso ampliado*, que ya había sido reconocido en otros instrumentos anteriores[23], en esta ocasión se prevé en el artículo 5, que establece un único estándar mínimo y, con

---

21 Artículo 4.2: «En caso de que no sea posible efectuar el decomiso sobre la base del apartado 1, al menos cuando dicha imposibilidad se derive de la enfermedad o la fuga del sospechoso o del acusado, los Estados miembros tomarán las medidas necesarias para posibilitar el decomiso de instrumentos o productos en aquellos casos en los que se hayan incoado procedimientos penales en relación con una infracción penal que pueda dar lugar, directa o indirectamente, a una ventaja económica, y en los que dichos procedimientos podrían haber conducido a una resolución penal condenatoria si el sospechoso o acusado hubiera podido comparecer en juicio».

22 CARRILLO DEL TESO, A.E., "La recuperación de activos como estrategia común contra la criminalidad", *Op.cit.*, p. 28.

23 Entre ellos hay que destacar la Decisión Marco 2005/212/JAI, que desarrolló por primera vez esta clase de decomiso, y cuya trasposición al ordenamiento español tuvo lugar a través de la Ley Orgánica 5/2010, de 22 de junio, que introdujo por primera vez esta clase de decomiso en nuestro Derecho interno.

ello, suprime las tres alternativas de regulación contempladas en la anterior Decisión Marco. Con esta nueva técnica legislativa se pretendía resolver el problema anterior que dio lugar a una trasposición muy fragmentaria en los ordenamientos internos[24], generando problemas en su aplicación y obstaculizando en gran medida la cooperación trasnacional.

Y es que, como en anteriores ocasiones ya se ha puesto en evidencia, la finalidad del decomiso ampliado va encaminada a privar a la delincuencia organizada, no solo de los bienes asociados con un determinado delito, sino también de todos los demás bienes adicionales incluidos en su patrimonio que pudieran generar una ventaja económica y cuyo origen se presumía ilícito, al entender que eran producto de otros delitos cometidos por dicha organización. Pues, como pone de manifiesto CARRILLO DEL TESO, a pesar de los riesgos existentes, las organizaciones criminales obtenían un lucro mayor al participar en diferentes actividades delictivas simultáneamente, por lo que era frecuente que todo patrimonio de sus integrantes tuviera un origen ilícito[25]. Se trata, sin embargo, de bienes que carecen de una relación directa con los hechos objeto de enjuiciamiento.

De acuerdo con esta finalidad, la Directiva facultaba para que el órgano jurisdiccional pudiera proceder al decomiso de estos bienes – susceptibles de generar un lucro a su titular-, pertenecientes a la persona condenada por una infracción penal anterior, pero desvinculados de una forma directa con la actividad delictiva que motivó la condena. No obstante, para adoptar esta medida sobre otros bienes, el tribunal debía de atender a las circunstancias de cada caso- tanto a los hechos como a las pruebas disponibles- y, concluir que, efectivamente, no existía una correlación proporcional entre el valor del bien decomisable con los ingresos lícitos

---

24 GISBERT POMATA, M., "El decomiso ampliado", en *La Ley Penal*, núm.124, enero-febrero 2017, p. 2.

25 CARRILLO DEL TESO, A.E., "La recuperación de activos como estrategia común contra la criminalidad", *Op.cit.*, p. 27.

de la persona condenada, presumiendo que el verdadero origen del bien revestía un carácter ilícito, al no poder su titular justificar un origen legal del mismo.

Ahora bien, este decomiso ampliado debía ser previsto en su transposición a los ordenamientos internos, al menos, en una serie de actividades delictivas, que se entendían incluidas en el término utilizado de "infracción penal" del apartado primero, entre ellas: la corrupción activa y pasiva en el sector privado[26], la corrupción activa y pasiva en que estén implicados funcionarios[27]; los delitos relativos a la participación en una organización delictiva[28]; pornografía infantil y explotación de menores[29]; la interferencia ilegal en los sistemas de información y la interferencia ilegal en los datos[30]; e infracciones penales que sean punibles de acuerdo con el instrumento correspondiente del artículo 3, o en caso de no contener un umbral de pena dicho instrumento, que de acuerdo al Derecho nacional tenga aparejada una pena privativa de libertad de al menos cuatro años. Sobre la redacción utilizada por el legislador europeo en este último apartado, AGUADO CORREA se muestra crítica por entender que, aunque los criterios temporales suelen ser respetuosos con el principio de proporcionalidad, en esta ocasión, al hacer depender del Derecho nacional la aplicación del decomiso ampliado, este criterio no sería coherente para

---

26 A las que se refiere el artículo 2 de la Decisión Marco 2003/568/JAI y, a su vez, reflejado en las conclusiones de la Comunicación emitida por la Comisión de las Comunidades Europeas al Parlamento europeo y al Consejo sobre «Productos de la delincuencia organizada. Garantizar que el delito no resulte provechoso», COM (2008) 766 final, Bruselas 20.11.2008, p. 5.

27 A las que se refieren los artículos 2 y 3, respectivamente, del Convenio relativo a la lucha contra los actos de corrupción en los que estén implicados funcionarios.

28 De conformidad con el artículo 2 de la *Decisión Marco 2008/841/JAI*, al menos en los casos en que hayan producido un beneficio económico.

29 Directiva 2011/93/UE.

30 Directiva 2013/40/UE.

lograr una armonización en materia de decomiso ni facilitaría el reconocimiento mutuo. [31]

En cambio, el *decomiso de bienes de terceros* era la primera vez que se conseguía establecer a nivel europeo, ya que anteriormente, en la Decisión Marco 2005/212/JAI, no pasaba de ser una opción legislativa para los Estados, aunque constituía uno de los obstáculos más habituales en la ejecución del decomiso, ya que era una práctica bastante habitual y recurrente para los delincuentes ocultar su patrimonio a través de transferencias patrimoniales a terceros y el uso de personas interpuestas (testaferros) y sociedades pantalla para ocultar la titularidad real[32]. La Directiva convierte esta modalidad de decomiso en preceptiva[33] (artículo 6), pero trans-

---

31 AGUADO CORREA, T., "Normas mínimas sobre decomiso de los instrumentos y del producto de la delincuencia organizada *Op.cit.,* p. 576. En el mismo sentido, se muestra crítico MILITELLO en el uso de este tipo de previsiones sobre umbrales de penas. MILITELLO, V., "Hacia un Derecho penal europeo contra el crimen organizado", en ABEL SOUTO, M.; SÁNCHEZ STEWART, N. (Dir.), *IV Congreso Internacional sobre prevención y represión del blanqueo de dinero: Ponencias y conclusiones del congreso internacional sobre las reformas de 2010, la justificación de su castigo en la sociedad de la información avanzada y la posibilidad de un Derecho penal europeo, celebrado en Madrid en julio de 2013,* Tirant lo Blanch, Valencia, 2014, p. 237.

32 CARRILLO DEL TESO, A.E., "La recuperación de activos como estrategia común contra la criminalidad", *Op.cit.,* p. 28. Ejemplo de ello, encontramos en nuestro país el reciente "caso Nòos", en cuya sentencia el Tribunal Supremo (STS núm. 277/2018, de 8 de junio de 2018) se pone de manifiesto el mecanismo defraudatorio utilizado por los acusados basado, principalmente, en un entramado de personas jurídicas interpuestas que actuaban en las relaciones comerciales facturando servicios a su nombre, de tal forma que, las cantidades percibidas quedasen sujetas al impuesto de sociedades y, no de IRPF, por ser este último mucho más gravoso.

33 GONZÁLEZ CANO, I., "El decomiso ampliado como instrumento de la política criminal de la Unión Europea", en GALÁN MUÑOZ, A.; MENDOZA CALDERÓN, S. (Coord.) *Globalización y lucha contra las nuevas formas de criminalidad transnacional,* Tirant lo Blanch, Valencia, 2019, p. 317.

fiere a los Estados la responsabilidad de adoptar las medidas que consideran necesarias para llevar a cabo el decomiso directo de los productos del delito o de su valor cuando, directa o indirectamente, hubieran sido transferidos a terceros por un sospechoso o acusado o, adquiridos por un sospechoso o acusado de un tercero. Ahora bien, entre los requisitos de este decomiso a terceros se tenía que incluir al menos el supuesto de que los terceros tuvieran o hubieran debido tener conocimiento de que el objetivo de la transferencia o adquisición era evitar el decomiso, basándose en hechos y circunstancias concretas y, entre ellas, que la transferencia o adquisición se haya realizado gratuitamente o a cambio de un importe significativamente inferior al valor de mercado. En el siguiente apartado, se limita a indicar que no se perjudicarán los derechos de terceros de buena fe, y, a los que se ofrece la posibilidad de reclamar la titularidad del bien objeto de decomiso o cualquier otro derecho de propiedad, lo que se traduce en darle cabida en el proceso de forma activa para poder cumplir con las garantías del artículo 8.

Finalmente, la Directiva dedica su artículo 7 a referirse escuetamente al embargo, mientras que el resto de los preceptos (artículos 8 a 16) recogen una serie de normas mínimas comunes a ambas figuras relativas a la localización de bienes, la administración de los bienes embargados y decomisados, la ejecución, el deber de elaborar estadísticas, además, de a otras cuestiones generales como su entrada en vigor, destinatarios o transposiciones.

Especial mención debemos hacer al catálogo de garantías establecido en la Directiva y principalmente, a las recogidas en el artículo 8. El legislador europeo es consciente de que la Directiva establece unas normas mínimas que pueden ser extendidas por los Estados si lo consideran oportuno. Pero lo es también el hecho de que estas clases de decomiso (decomiso ampliado, sin sentencia y de terceros) tienen un carácter excepcional, ya que modulan e incluso se prescinde en ocasiones de los principios del proceso penal, con lo cual podrían resultar vulnerados derechos fundamentales[34], no solo de sospechosos y acusados, como se preveía en la propuesta de Directiva, sino también de terceros no procesados, pues sus derechos resultan sustancialmente afectados con la aplicación de esta Directiva. A ello aludía AGUADO CORREA, quien denunciaba como en muchas ocasiones el legislador vulneraba derechos fundamentales para obtener mayor eficacia en la consecución de sus fines, como ocurría con el derecho a la propiedad, el cual sufría importantes injerencias sin respetarse el principio de proporcionalidad. Y es que, aunque este derecho no es absoluto, lo cierto es que las restricciones que se le apliquen deben respetar dicho principio[35].

Como remedio a estas posibles transgresiones en los derechos fundamentales, era necesario establecer un conjunto de garantías específicas y recursos judiciales para garantizar su protección, y, por ello, el Considerando 33 se pronuncia en los siguientes términos:

> «Esto incluye el derecho a ser oídos de que gozan los terceros que reclamen la propiedad de los bienes de que se trate, o que reclamen otros derechos de propiedad (derechos reales o ius in re), como el derecho de usufructo. La orden de embargo debe ser comunicada a la persona afectada tan pronto como sea posible después de su ejecución. No obstante, las autoridades competentes pueden posponer la comunicación de dicha orden a la persona afectada cuando lo requieran las necesidades de la investigación».

De forma más concreta, este conjunto de garantías y recursos mínimos, dirigidos a salvaguardar los derechos fundamentales de los afectados por las medidas de embargo y decomiso, a los que hacía mención el legislador en este preámbulo de la Directiva, está compuesto por las siguientes medidas:

En primer lugar, se hace constar que la Directiva es respetuosa con los principios derechos fundamentales recogidos

---

[34] *Ibid*, p. 318.

[35] AGUADO CORREA, T., "La Directiva 2014/42/UE sobre embargo y decomiso... *Op.cit.*, p. 7.

en la *Carta de los Derechos Fundamentales de la Unión Europea* y en el *Convenio Europeo para la Protección de los Derechos Humanos y de las Libertades Fundamentales* y, por ende, debe ser aplicada conforme a ellos e interpretada de acuerdo con la jurisprudencia del Tribunal Europeo de Derechos Humanos[36].

En segundo lugar, en la aplicación del contenido de la Directiva, se advierte de que los Estados deben tener en cuenta lo recogido en otras directivas comunitarias publicadas en ese momento[37]–aunque también, de otras posteriores[38]–acerca de las garantías procesales penales.

---

36 Con la salvedad de la asistencia jurídica gratuita, a la que se refería de la siguiente manera: «La presente Directiva se entiende sin perjuicio del Derecho nacional en relación con la asistencia jurídica gratuita y no crea obligaciones en relación con los sistemas de asistencia jurídica gratuita de los Estados miembros, que deben aplicarse de conformidad con la Carta y con el CEDH» (Considerando 38).

37 En concreto, se refiere a las Directiva 2010/64/UE del Parlamento Europeo y del Consejo, de 20 de octubre de 2010, relativa al derecho a interpretación y a traducción en los procesos penales (DO L 280 de 26.10.2010); Directiva 2012/13/UE del Parlamento Europeo y del Consejo, de 22 de mayo de 2012, relativa al derecho a la información en los procesos penales (DO L 142 de 1.6.2012); y, Directiva 2013/48/UE del Parlamento Europeo y del Consejo, de 22 de octubre de 2013, sobre el derecho a la asistencia de letrado en los procesos penales y en los procedimientos relativos a la orden de detención europea, y sobre el derecho a que se informe a un tercero en el momento de la privación de libertad y a comunicarse con terceros y con autoridades consulares durante la privación de libertad (DO L 294 de 6.11.2013).

38 Como indica GARRIDO CARRILLO, F.J., en este mandato se incluyen las directivas aprobadas posteriormente, que formaban parte de los dos paquetes de medidas relativas a los derechos de los justiciables y a la armonización de las garantías procesales en la Unión Europea. Entre ellas, la *Directiva 2016/343/UE del Parlamento Europeo y del Consejo, de 9 de marzo de 2016, por la que se refuerzan en el proceso penal determinados aspectos de la presunción de inocencia y el derecho a estar presente en el juicio* (DOUE L 65/1, 11.03.2016); la *Directiva 2016/800/UE, del Parlamento*

En tercer y, último lugar, el legislador dirige un mandato expreso a los Estados miembros, quienes deben prever las garantías mínimas enunciadas en el artículo 8 a la hora de implementar las disposiciones de la Directiva en sus legislaciones internas para así garantizar la tutela judicial efectiva de las personas afectadas por ella (acusados, sospechosos y terceros) y el resto de garantías que les asisten: el derecho a un juicio justo; la comunicación motivada de la orden de embargo tan pronto sea posible tras su ejecución, cuya duración se limitará al tiempo estrictamente necesario para asegurar los bienes con vistas a su decomiso; las resoluciones de embargo serán recurrible; el deber de restituir aquellos bienes embargados y, finalmente no decomisados; derecho de asistencia letrada a las personas afectadas por las medidas de decomiso – en cualquiera de sus modalidades-, pero en lo que respecta a la determinación de los productos e instrumentos y, no de la infracción penal[39], durante todo el procedimiento para que puedan ejercer sus derechos; el deber de motivar las resoluciones de decomiso y comunicar al afectado, quien debe tener posibilidad de recurrir ante la autoridad judicial la medida; en cuanto al decomiso ampliado, se debe garantizar a la persona afectada la posibilidad de recurrir "circunstancias del caso, incluidos los hechos específicos y las pruebas disponibles sobre cuya base se considere que el bien de que se trate procede de una

---

Europeo y del Consejo, de 11 de mayo de 2016, relativa a las garantías procesales de los menores sospechosos o acusados en los procesos penales (DOUE L 132/1, 21.05.2016); y, la *Directiva 2016/1919/UE, del Parlamento Europeo y del Consejo, de 26 de octubre de 2016, relativa a la asistencia jurídica gratuita a los sospechosos y acusados en los procesos penales y a las personas buscadas en virtud de un procedimiento de orden europea de detención (*DOUE L 297/1, 04.11.2016). GARRIDO CARRILLO, F.J., *El decomiso. Innovaciones, deficiencias y…*, *Op.cit.*, p.29.

39 AGUADO CORREA, T., "La Directiva 2014/42/UE sobre embargo y decomiso… *Op.cit.*, p. 29.

actividad delictiva". Finalmente, como ya se ha señalado, se debe garantizar a los terceros el derecho a reclamar la titularidad de un bien u otros derechos de propiedad y, de existir víctimas del delito, se debe garantizar que el decomiso no impida su derecho a reclamar la correspondiente indemnización. En definitiva, los Estados deberán tener en cuenta estas garantías y derechos básicos, que se constituyen como los mínimos exigibles en el ámbito de la Unión Europea, a la hora de regular el decomiso y a los que GARRIDO CARRILLO califica como «la clave de bóveda de esta arquitectura jurídica»[40].

2. LAS REFORMAS OPERADAS POR LA LEY ORGÁNICA 1/2015, DE 30 DE MARZO Y LA LEY 41/2015, DE 5 DE OCTUBRE

En lo que afecta a nuestro Derecho interno, el contenido de esta Directiva ha sido transpuesto a través de diferentes instrumentos legales de gran trascendencia, lo que ha traído consigo importantes reformas a nivel sustantivo y procesal en el régimen jurídico del decomiso que han marcado un antes y un después. Fundamentalmente, la transposición de la Directiva se materializó a través de la *Ley Orgánica 1/2015, de 30 de marzo*[41]*, la Ley 41/2015, de 5 de octubre y el Real Decreto 948/2015, de 23 de octubre*. Estas normas serán objeto de un análisis más exhaustivo en los siguientes capítulos, si bien se hace necesario en este momento efectuar una breve reseña de las mismas, que permita visualizar la completa evolución del marco jurídico completo de la figura del decomiso en nuestro país.

---

[40] GARRIDO CARRILLO, F.J., *El decomiso. Innovaciones, deficiencias... Op.cit.*, p. 30.

[41] «BOE» núm. 77, de 31 de marzo de 2015.

La *Ley Orgánica 1/2015, de 30 de marzo,* por la que se modificó el Código penal de 1995, se introducía una completa revisión[42] y actualización del Código penal de 1995 al nuevo contexto social, refiriéndose a ello en los siguientes términos:

> «El Código Penal aprobado mediante la Ley Orgánica 10/1995, de 23 de noviembre, es objeto de una completa revisión y actualización, en la conciencia de que el transcurso del tiempo y las nuevas demandas sociales evidencian la necesidad de llevar a cabo determinadas modificaciones de nuestra norma penal. En general, se revisa el régimen de penas y su aplicación, se adoptan mejoras técnicas para ofrecer un sistema penal más ágil y coherente, y se introducen nuevas figuras delictivas o se adecuan los tipos penales ya existentes, con el fin de ofrecer una respuesta más adecuada a las nuevas formas de delincuencia; del mismo modo se suprimen aquellas otras infracciones que, por su escasa gravedad, no merecen reproche penal. Gran parte de la reforma está también orientada a dar cumplimiento a los compromisos internacionales adquiridos por España».

Con esta reforma, además, se pretendía dotar de mayor eficacia a la Administración de Justicia y generar en la ciudadanía más confianza en el sistema judicial. No obstante, y así lo pone en evidencia el propio legislador, realmente gran parte de la reforma venía motivada por los numerosos compromisos internacionales que tenía pendiente de cumplimiento el Estado español y, entre ellos, la trasposición de la mencionada Directiva 2014/42/UE.

---

42 AGUADO CORREA califica la transposición llevada a cabo por el legislador en el ámbito penal con el lema "más vale que sobre que falte". AGUADO CORREA, T., "Normas mínimas sobre decomiso de los instrumentos y del producto de la delincuencia organizada en la Unión Europea (Directiva 2014/42/UE) y su incorporación al derecho español", en ZUÑIGA RODRÍGUEZ, L. (Dir.), *Criminalidad organizada trasnacional: una amenaza a la seguridad de los Estados democráticos,* Tirant lo Blanch, Valencia, 2017, p. 577. Opinión que comparte GARRIDO CARRILLO, quien considera que la labor del legislador español ha desbordado las previsiones mínimas a las que se encontraba obligado a transponer, lo que ha generado dificultades desde una perspectiva penal y procesal. GARRIDO CARRILLO, F.J., *El decomiso. Innovaciones, deficiencias... Op.cit.,* p. 27.

Por otro lado, nuestro legislador aprovechó esta reforma del Código penal para unificar la terminología de la figura, de modo que estableció en la disposición 260 del artículo único[43] que el término para referirse a este instrumento en lo sucesivo sería exclusivamente el de “decomiso”. Tradicionalmente en nuestro ordenamiento se ha venido utilizando indistintamente ambos términos, es decir, “comiso” o “decomiso”. Sin embargo, a efectos de armonizar nuestra legislación a la terminología utilizada por el legislador europeo y así evitar posibles problemas de aplicación u obstaculizar en algún aspecto la cooperación penal entre Estados, se optaba por unificar su denominación.

Por otro lado, en el apartado VIII del preámbulo, el legislador plasmaba las razones que justificaban los cambios introducidos específicamente en la figura del decomiso y que se reconducen a cuatro[44]. En primer lugar, se indicaba que la reforma venía precedida por la trasposición de la *Directiva europea 2014/42/ UE* cuyo objetivo, en consonancia con los intereses internacionales, era facilitar instrumentos legales que fueran más eficaces para la recuperación de activos procedentes del delito y para la gestión económica de los mismos. En segundo lugar, se aprovechaba la reforma del Código penal para modificar la figura del *decomiso sin sentencia*, ya contemplado anteriormente (artículo 127.4), pero su nueva regulación iba más allá[45], introduciendo mejoras

---

[43] Artículo único modificación de la Ley Orgánica 10/1995, disposición doscientos sesenta: «Todas las referencias contenidas en la Ley Orgánica 10/1995, de 23 de noviembre, del Código Penal, al término "comiso" se sustituyen por el término "decomiso"».

[44] CUCARELLA GALIANA, L.A., “La reforma del código Penal, Decomiso de los bienes o efectos procedentes del delito y destrucción y realización anticipada de efectos judiciales”, *Revista General de Derecho Procesal*, núm. 36, 2015, p. 5.

[45] GONZÁLEZ CANO, I., “El decomiso ampliado como instrumento de la política criminal de la Unión Europea”, en GALÁN MUÑOZ, A.; MENDOZA CALDERÓN, S. (Coord.) *Globalización y lucha contra las nuevas formas de criminalidad transnacional*, Tirant lo Blanch, Valencia, 2019, p. 312.

técnicas y normas procesales para su aplicación que garantizasen el decomiso de bienes cuando quedara acreditada la situación patrimonial ilícita en un proceso contradictorio y el sujeto se encontrase en algunos de los supuestos específicos (fallecimiento, enfermedad crónica, rebeldía, prescripción...). La nueva previsión de esta clase de decomiso en nuestro Código penal abarcaba más supuestos que los indicados en la propia Directiva, en la que se dotaba a esta clase de decomiso de un carácter subsidiario frente al decomiso directo o de condena, siendo procedente su aplicación solo en los casos de enfermedad o fuga del sospechoso o acusado. El legislador español abrió la posibilidad de aplicar el decomiso sin condena, además de a las causas recogidas en la Directiva, a los supuestos de fallecimiento, rebeldía o, aquellos otros en los que concurriese una causa de exención de responsabilidad o esta se hubiera extinguido, de forma que no fuera posible obtener una sentencia condenatoria. Otra cuestión que ha generado bastante debate ha sido la posibilidad de aplicar este tipo de decomiso a los diferentes supuestos de decomiso ampliado, puesto que la redacción del artículo 127.1 ter del Código penal hace referencia a la aplicación subsidiaria de este tipo de decomiso solo a los supuestos regulados en los artículos anteriores, (127 y 127 bis) excluyendo, en principio, su aplicación a los artículos siguientes en los que se recoge el decomiso de terceros y unos supuestos concretos de decomiso ampliado a los que se hará mención más adelante.

En tercer lugar, se modificaba el *decomiso ampliado*, cuya aplicación permite decomisar aquellos bienes que provengan de actividades ilícitas distintas a los hechos por los que se condena al sujeto, y que, por tanto, no ha sido objeto de prueba en el proceso penal. Este decomiso no constituye una sanción penal, sino que es un medio para poner fin a la situación patrimonial ilícita a la que ha podido dar lugar la actividad delictiva considerada en su integridad[46]. Esta clase de decomiso que, ya se

---

[46] DE LA MATA BARRANCO critica esta afirmación que realiza el legislador en el preámbulo, al considerar que tal premisa solo puede ad-

regulaba anteriormente en nuestro ordenamiento tras la reforma introducida por la *Ley orgánica 5/2010*, tenía un ámbito de aplicación limitado, pues solo procedía su aplicación en determinados supuestos – en particular para los delitos de terrorismo y los cometidos por miembros de grupos u organizaciones criminales –, ya que esta figura nació con una vocación de excepcionalidad. Ahora, con esta reforma, el legislador atendía a quienes, desde la doctrina[47], requerían la extensión de su ámbito de aplicación al resto de infracciones, convirtiéndose en una medida de alcance generalizado[48]. De esta forma, se estableció en el decomiso ampliado que podemos llamar ordinario (artículo 127 bis) un catálogo abierto de indicios que debían ser valorados por el órgano juzgador en cada caso. En su previsión legislativa, como veremos en su posterior análisis (artículo 127.1 bis y 127 quinquies y sexies del Código penal) quedaba limitado a determinadas actividades delictivas[49], optando por

---

mitirse frente al decomiso de ganancias, pero no cuando su objeto lo constituye el instrumento del delito. DE LA MATA BARRANCO, N.J., "Las distintas modalidades de decomiso después de la Ley Orgánica 1/2015, de 30 de marzo", *La Ley Penal: Revista de derecho penal, procesal y penitenciario*, núm.124, 2017, p. 3.

47 ANANÍAS ZAROR, I., *Op.cit.*, pp.162-163; GONZÁLEZ CUSSAC, J.L., "Decomiso y embargo de bienes. Decisión Marco 2005/212 relativa al decomiso de los productos, instrumentos y bienes relacionados con el delito (DO L68 de 15 de marzo de 2005)", *Boletín del Ministerio de Justicia*, Año 60, núm. Extra 2015, 2006 (Ejemplar dedicado a: la armonización del derecho penal español: una evaluación legislativa), p. 16.

48 VIDALES RODRÍGUEZ, C., "Las consecuencias accesorias: decomiso..., *Op.cit.*, p. 377.

49 Artículo 127.bis.1: « a) Delitos de trata de seres humanos; a bis) Delitos de tráfico de órganos; b) Delitos relativos a la prostitución y a la explotación sexual y corrupción de menores y delitos de abusos y agresiones sexuales a menores de dieciséis años; c) Delitos informáticos de los apartados 2 y 3 del artículo 197 y artículo 264; d) Delitos contra el patrimonio y contra el orden socioeconómico en los supuestos de continuidad delictiva y reincidencia; e) Delitos relativos a las insolvencias punibles; f) Delitos contra la propiedad intelectual o industrial; g) Delitos de corrupción en los negocios; h) Delitos de receptación del apartado 2

incluir un amplio abanico de conductas delictivas–que se excedían del propio listado recogido en la Directiva- que, aun así, seguía presentando omisiones relevantes, como los delitos de contrabando o los urbanísticos[50] y, por otro lado, no introducía ningún límite temporal, a diferencia de la Directiva (artículo 5.2. letra e), motivado por la necesidad de garantizar el respeto al principio de proporcionalidad.

Finalmente, se introdujeron algunas mejoras técnicas en el *decomiso de bienes de terceros* necesarias para permitir una mayor eficacia en su aplicación a supuestos en los que se habían producido transmisiones o adquisiciones de los bienes por terceras personas[51], testaferros y sociedades pantalla[52] y dificultar de esta manera

---

del artículo 298; i) Delitos de blanqueo de capitales; j) Delitos contra la Hacienda pública y la Seguridad Social; k) Delitos contra los derechos de los trabajadores de los artículos 311 a 313; l) Delitos contra los derechos de los ciudadanos extranjeros; m) Delitos contra la salud pública de los artículos 368 a 373; n) Delitos de falsificación de moneda; o) Delitos de cohecho; p) Delitos de malversación; q) Delitos de terrorismo; r) Delitos cometidos en el seno de una organización o grupo criminal». La aplicación del decomiso ampliado no solo se refiere a estos delitos, sino que en aplicación de la letra r), supondría también la posibilidad de aplicarlo a otras infracciones penales tipificadas en el código penal realizadas en el seno de una organización o grupo criminal, además, de la extensión que se realiza en el artículo 362 sexies cuando la persona haya sido condenada por un delito contra la salud pública».

50 VIDALES RODRÍGUEZ, C., "Las consecuencias accesorias: decomiso…, *Op.cit.*, p. 377.

51 FARTO PIAY, T., URIARTE VALIENTE, L.M., "La posición del tercero frente al decomiso de bienes en el proceso penal", *La ley penal: revista de derecho penal, procesal y penitenciario,* núm. 145, 2020, p. 3.

52 Destacan JAÉN VALLEJO y PERRINO PÉREZ la importancia en la investigación del patrimonio del investigado, para descubrir su verdadera capacidad económica, la de aplicar la llamada "teoría del velo societario", la cual permite conocer a través de una serie de indicios la verdadera titularidad de una persona – el hombre de atrás- siendo la sociedad una mera ficción con la que se pretende evitar la responsabilidad civil e, incluso, la responsabilidad penal, JAÉN VALLEJO, M.; PERRINO PÉREZ, A.L., "Recuperación de activos derivados del delito:

su localización. En esta ocasión, como puso en evidencia AGUADO CORREA, el legislador español se basó en el texto de la propuesta de Directiva, y no en el contemplado finalmente en ella[53]. Otras cuestiones controvertidas a las que aludiremos más adelante y que se pusieron de relieve por la doctrina en la configuración de esta clase de decomiso por el legislador español, fueron, por un lado, la amplitud de su ámbito de aplicación en comparación con la previsión de la Directiva, lo que podía llevar a la vulneración del derecho a la propiedad del tercero por su desproporcionalidad, la delimitación del tercero de buena fe y la posibilidad de solapamiento de la conducta del tercero con la tipificada en el delito de blanqueo de capitales, tanto en su modalidad dolosa como imprudente, que, junto al afán recaudatorio del Estado, podría dar lugar a un falta de interés en la persecución y condena de esta conducta delictiva una vez se hubiese decomisado el bien[54].

En definitiva, todas estas novedades legislativas dieron como resultado una nueva redacción del articulado sobre decomiso en el Código penal mucho más extensa y detallada que en los textos precedentes. Ahora, el contenido del nuevo régimen pasó a desarrollarse ampliamente a lo largo de nueve artículos: *127, 127 bis, 127 ter, 127, 127 quater, 127 quinquies, 127 sexies, 127 septies, 127 octies*[55] *y 128.*

---

un objetivo prioritario de la reforma penal", *La Ley*, núm. 8545, Sección Doctrina, 22 de mayo de 2015, p. 4.

53 AGUADO CORREA, T., "Normas mínimas sobre decomiso de los instrumentos y del producto de la delincuencia organizada... *Op.cit.,* p. 581.

54 VIDALES RODRÍGUEZ, C., "Las consecuencias accesorias: decomiso..., *Op.cit.*, p. 377; GASCÓN INCHAUSTI, F., "Las nuevas herramientas procesales para articular ..." *Op.cit.*, pp. 10- 12; RODRÍGUEZ-GARCÍA, N., "El decomiso como instrumento esencial para la recuperación de activos en la política criminal española del siglo XXI", en JIMENO BULNES, M., PEREZ GIL, J. (Coord.) *Nuevos horizontes del Derecho procesal: libro-homenaje al Prof. Ernesto Pedraz Penalva, J.M.*, Bosch, 2016, p. 914.

55 Acerca de la introducción de este precepto que incluye una norma procesal en el texto penal, DE LA MATA BARRANCO tilda esta técnica

No obstante, las reformas introducidas por la *Ley Orgánica 1/2015* en materia de decomiso no sólo afectaron a preceptos de naturaleza sustantiva del Código penal, sino que, esta nueva regulación vino acompañada de algunas modificaciones de preceptos cuya naturaleza es claramente procesal. En este sentido, se vieron afectados los artículos *367.3 ter, 367.2 y 3 quater, 367.3 quinquies, 367 sexies y 367 septies del Código penal.*

No fueron estas las únicas referencias con trascendencia procesal. La referencia sustantiva, en efecto, irremediablemente conducía a adecuar, en la medida de lo posible, los cauces procesales clásicos a las nuevas modalidades de decomiso. Estas modificaciones vinieron de la mano de una norma posterior, la *Ley 41/2015, de 5 de octubre*[56], *de modificación de la Ley de Enjuiciamiento Criminal para la agilización de la justicia penal y el fortalecimiento de las garantías procesales.* Es con esta norma con la que verdaderamente se lleva a cabo una reforma de mayor calado en el terreno procesal para la figura del decomiso, y ello con la intención de acomodarla al nuevo régimen establecido en el Código penal y, como no podía ser de otra manera, en cumplimiento de las exigencias marcadas por los compromisos europeos e internacionales adquiridos por el Estado español.

Con la reforma introducida mediante la Ley 41/2015 en materia de decomiso, se incorporaba al articulado de la Ley de Enjuiciamiento Criminal un nuevo título específico, el "TÍTULO III TER" denominado "*De la intervención de terceros afectados por el decomiso y del procedimiento de decomiso autónomo*", que se desarrollaba en los *artículos 803 ter a)- u)* mediante los que se articulaban las

---

legislativa de generar confusión en la distinción del decomiso como medida cautelar (aspecto procesal) de la propia consecuencia accesoria derivada de la condena (aspecto sustantivo), DE LA MATA BARRANCO, N.J., "Las distintas modalidades de decomiso después de la Ley Orgánica 1/2015, de 30 de marzo", *La Ley Penal: Revista de derecho penal, procesal y penitenciario,* núm.124, 2017, p. 3.

56 «BOE» núm. 239, de 6 de octubre de 2015.

vías específicas para encauzar procedimentalmente las distintas modalidades de decomiso.

Finalmente, el impacto normativo de esta reforma en el ámbito sustantivo y procesal fue completado por el desarrollo del aspecto orgánico de la figura del decomiso mediante la efectiva puesta en funcionamiento de la Oficina de Recuperación y Gestión de Activos, creada con la Ley Orgánica 5/2010. En efecto, no fue hasta el año 2015, con ocasión de las reformas del Código penal y Ley de Enjuiciamiento Criminal esta oficina tuvo un verdadero desarrollo reglamentario.

Con todo ello, quedaba configurado el nuevo marco jurídico sustantivo, procesal y orgánico de la figura del decomiso en nuestro ordenamiento interno mediante el que el legislador español quiso dar respuesta a los problemas derivados de la regulación anterior con el objetivo de lograr una mayor eficacia y optimización en la prevención y lucha contra la delincuencia organizada transfronteriza mediante la neutralización del producto del delito[57]. No obstante, esta reforma tan ambiciosa y compleja -como puede observarse a la vista de la magnitud de la nueva configuración del decomiso- no ha estado exenta de polémica y, la misma vino acompañada de innumerables críticas por parte de la doctrina procesalista hacía prácticamente todos los aspectos sustantivos y procesales novedosos[58] – añadidos a los problemas ya tradicionales de la figura-. Tanto es así que algunos autores consideraron, desde el momento inicial, que la reforma,

---

[57] JAÉN VALLEJO, M.; PERRINO PÉREZ, A.L., "Recuperación de activos derivados del delito: un objetivo prioritario de la reforma penal", *La Ley*, núm. 8545, Sección Doctrina, 22 de mayo de 2015, p. 5.

[58] Han sido objeto de discusión aspectos como la compatibilidad entre las diferentes modalidades de decomiso, la afectación de los derechos y garantías de los sujetos afectos, en especial la posición del tercero; la naturaleza del decomiso sin condena, el sistema de indicios del decomiso ampliado, los límites del objeto decomisable, el destino de los bienes decomisable, y un largo etcétera, que sin perjuicio de ello, iremos tratando detenidamente en cada uno de los apartados correspondientes.

en términos generales, no había sido muy acertada[59] y que serían muchos los problemas prácticos que se plantearían, comenzando por lo que consideraron evidentes infracciones de las garantías jurídico-penales[60].

---

59 GASCÓN INCHAUSTI, F., "Las nuevas herramientas procesales para articular ..." *Op.cit.*, pp. 1-71.

60 HAVA GARCÍA, E., "La nueva regulación del comiso", en QUINTERO OLIVARES, G. (Dir.), *Comentario a la reforma penal de 2015,* Thomson Reuters Aranzadi, Cizur Menor (Navarra), 2015 p. 214.

PARTE TERCERA

VISIÓN GENERAL DE LOS ASPECTOS SUSTANTIVOS, PROCESALES Y ORGÁNICOS DEL DECOMISO EN EL ORDENAMIENTO JURÍDICO ESPAÑOL

Capítulo 1

Aspectos sustantivos de la figura del decomiso

1. INTRODUCCIÓN

Las estrategias de política criminal diseñadas en los últimos años en la Unión Europea se han centrado en perseguir el rastro de las ganancias ilícitas para evitar que el delito resulte provechoso. Para ello, se ha servido del decomiso como uno de los instrumentos penales más efectivos para lograr persuadir la actividad criminal, especialmente, el crimen organizado de carácter trasnacional.

Fruto de toda la normativa europea, el legislador ha llevado a cabo importantes reformas en nuestro sistema penal, tanto en el derecho sustantivo como en los cauces procesales para su aplicación. Como ya se apuntó en la parte general, la regulación inicial de la figura del decomiso en el Código penal de 1995 fue objeto de algunas reformas importantes con la LO 15/2003, de 25 de noviembre, LO 5/2010, de 22 de junio, y por último, con la transposición de la Directiva Europea 2014/42/UE. Dichas reformas han supuesto un desarrollo normativo mucho más extenso, pasando a regular el decomiso de dos a nueve preceptos, que han ampliado su objeto y las modalidades de decomiso, y han introducido algunas mejoras técnicas.

Debido a que la configuración actual del decomiso impide referirse a esta figura como una categoría individualizada, sino que, realmente estamos ante un abanico de tipos de decomiso con diferente naturaleza, fines, fundamento, etc. El estudio, por parte de la doctrina penalista y procesalista de estas dos esferas del decomiso – objeto y modalidades- ha servido de referencia para clasificar sus distintas categorías. Lógicamente, esto ha generado numerosos debates interminables, a los que ya se ha ido aludiendo a lo largo de este trabajo, y como ocurre con la mayoría de sus aspectos, no se puede afirmar que exista una única respuesta correcta a todos ellos.

En este capítulo, se van a sistematizar los aspectos generales de la regulación vigente sobre el objeto y las distintas modalidades de decomiso, haciendo alusión algunas de las cuestiones más discutidas en torno a ellas. Sin embargo, no será posible desarrollar todos y cada uno de ellos en su integridad, no solo por los límites que enmarcan el propósito de dicha investigación, sino que, muchos de estos problemas son propios del Derecho sustantivo, y es la doctrina penalista quien debe abordar un estudio más profundo de la materia.

2. OBJETO DE DECOMISO

2.1. Introducción

En cuanto al aspecto material del decomiso, es decir, sobre qué objetos o bienes puede decretarse la medida y cuáles son los límites infranqueables por el órgano jurisdiccional a la hora de decretar el decomiso, este ha sufrido modificaciones importantes a lo largo de la evolución jurídica de esta figura, al igual que el resto de sus elementos. En el régimen anterior, el objeto se reducía a la privación de los efectos e instrumentos del delito, siempre que, no pertenecieran a un tercero no responsable del delito con el fin de evitar que estos pudieran seguir siendo utilizados para cometer nuevos delitos. Y, solo para determinados delitos de la parte especial se preveía la posibilidad de decomisar las ganancias[1].

---

1 El artículo 344 bis e) del Código penal hacía referencia al decomiso en los delitos de tráfico de drogas.

Posteriormente, con el Código penal de 1995, el decomiso de las ganancias se extendió a todos los delitos y faltas dolosos, no solo a los supuestos recogidos en la parte especial, aunque se mantuvo –y se mantiene en el texto vigente- el decomiso específico para delitos de tráfico de drogas en el artículo 374 del Código penal.

Por tanto, el objeto del decomiso ha tenido una evolución marcada por su ampliación, extendiéndose a otros bienes relacionados con la actividad delictiva. Con ello, se ha pretendido atacar con un efecto mayor a las masas patrimoniales de origen ilícito o que derivan de una actividad delictiva[2]. Y ello, tras constatarse cómo el aspecto financiero y el ánimo de lucro se configuran como las motivaciones principales que mueven el interés de la criminalidad organizada que, normalmente, desarrolla una actividad delictiva de carácter múltiple o diversificado para enriquecerse, lo que les permite amasar grandes patrimonios y generar grandes riesgos en la estabilidad de los Estados[3].

La determinación del objeto o el bien sobre el que puede recaer el decomiso adquiere importancia, puesto que, dependiendo de ello, el decomiso tendrá unos fundamentos y fines propios y diferenciados[4]. De acuerdo con esta primera clasificación, es decir, atendiendo al objeto sobre el que recae y su relación con el delito, la doctrina hace una primera división de categorías: por un

---

2 MARTINEZ-ARRIETA MARQUEZ DE PRADO, C., *El decomiso y la recuperación de activos procedentes de actividades delictivas,* Tirant lo Blanch, Valencia, 2018, p. 29.

3 Cuestión de la que se hace eco la propia jurisprudencia, así, en la STS (Sala de lo Penal) núm. 599/2020, de 12 de noviembre (TOL8.213.888): «La extendida creencia de que el delito nunca puede ser rentable y que las ganancias económicas son el oxígeno del que se nutren las organizaciones criminales, ha inspirado una intensa actividad legislativa nacional e internacional».

4 GARRIDO CARRILLO, F.J., *El decomiso. Innovaciones, deficiencias... Op.cit.*, p. 40; OCAÑA RODRIGUEZ, A., *Medidas cautelares reales en el proceso penal y decomiso,* Sepin, Madrid, 2016, p. 175; PORTAL MANRUBIA, J., "Aspectos sustantivos y procesales del decomiso", *Op.cit.*, p. 7.

lado, el llamado decomiso de efectos e instrumentos y, por otro, el decomiso de las ganancias. A nivel internacional, la división tradicional distingue entre el decomiso del objeto del delito (*objetum sceleris*), el decomiso de instrumentos (*instrumenta sceleris*) y el decomiso de las ganancias (*producta sceleris*)[5].

El primer problema al que nos enfrentamos en el estudio de este elemento es la grave confusión terminológica que existe entre los distintos conceptos que se utilizan para referirse al objeto del decomiso[6]. El legislador utiliza términos como «bienes, efectos, medios, instrumentos, producto y ganancias», pero el problema no se encuentra en la variedad, sino en el uso complejo que hace de los mismos. Así pues, en ocasiones utiliza todos ellos de forma acumulativa, en otras los utiliza como sinónimos, omite otros, etc. Lógicamente, esta técnica legislativa genera dudas acerca de la verdadera intención del legislador que hay detrás de esa conducta, si efectivamente está limitando el ámbito de aplicación de la específica regla cuestionada o, realmente, no son omisiones conscientes[7].

---

5 AGUADO CORREA, T., *El comiso... Op.cit.*, p. 40. GONZÁLEZ LÓPEZ, J.J., "Ejecución de Resoluciones de Decomiso", en JIMENO BULNES, M. (Coord.), *La cooperación judicial civil y penal en el ámbito de la Unión Europea. instrumentos procesales,* J.M. Bosch, Barcelona, 2007, p. 376.

6 MANZANARES SAMANIEGO, J.L., "Comentarios a la reforma de la parte general del Código Penal conforme al nuevo anteproyecto de Ley Orgánica (y IV): de la responsabilidad civil, las costas, las consecuencias accesorias y la extinción de la responsabilidad criminal (artículos 109 a 137)", *Diario La Ley*, núm. 8003, Sección Doctrina, 17 de enero de 2013, p. 2.

7 RODRÍGUEZ-GARCÍA, N., "El decomiso como instrumento esencial para la recuperación de activos en la política criminal española del siglo XXI", en JIMENO BULNES, M.; PEREZ GIL, J. (Coord.) *Nuevos horizontes del Derecho procesal: libro-homenaje al Prof. Ernesto Pedraz Penalva,* J.M., Bosch, Barcelona, 2016, p. 920; CARRILLO DEL TESO, A.E., *Decomiso y recuperación..., Op.cit.*, p. 132.

Por ello, el legislador ha recibido muchas críticas por la doctrina, quienes le han hecho responsable directo de los problemas que han surgido, por ejemplo, en la cooperación penal en materia de decomiso y, que venían provocados por la falta de homogeneización en los conceptos jurídicos cuando se incorporaban al Derecho interno[8]. Unido al uso de términos tradicionales y desfasados, en esta materia, ha hecho el legislador frente a los nuevos conceptos uniformes empleados en las normas internacionales y europeas.

No vamos a entrar de nuevo en esta cuestión, ya tratada en los capítulos anteriores cuando examinábamos las definiciones de los bienes que podían ser objeto de decomiso en cada uno de los instrumentos internacionales y europeos, pero si debemos traer de nuevo a colación algunas de las principales definiciones de los textos normativos europeos más recientes por su transcendencia en las últimas reformas operadas por el legislador español:

Por un lado, las recogidas en la Directiva 2014/42/UE, por ser el instrumento del que derivan las reformas penales y procesales objeto de estudio, y en cuyo artículo 2, el legislador europeo se refiere: al «producto» como toda ventaja económica derivada, directa o indirectamente, de infracciones penales, que podía ser cualquier tipo de bien y su transformación posterior, o cualquier beneficio cuantificable. Por «bienes» debe entenderse cualquier bien materiales o inmateriales, muebles o inmuebles, así como los documentos o instrumentos jurídicos acreditativos de un título o derecho sobre esos bienes. Y, finalmente, por «instrumento», cualquier bien utilizado o destinado a utilizarse de cualquier forma, total o parcialmente, para cometer una o varias infracciones penales.

---

8 GASCÓN INCHAUSTI, F., "Decomiso y cooperación internacional: aplicación del principio..." *Op.cit.*, p.11.

Por otro lado, el Reglamento 2018/1805 del Parlamento y el Consejo, de 14 de noviembre de 2018 sobre el reconocimiento mutuo de las resoluciones de embargo y decomiso. En esta norma de aplicación directa por los Estados miembros, se contemplan las siguientes definiciones: Por «bienes: cualquier tipo de bienes, ya sean materiales o inmateriales, muebles o inmuebles, así como los documentos o instrumentos jurídicos acreditativos de un título o derecho sobre esos bienes que, a juicio de la autoridad de emisión: a) sean el producto de la comisión de un delito, o su equivalente, tanto si se trata de la totalidad como si se trata de solo una parte de dicho producto; b) sean el instrumento de un delito o el valor de dicho instrumento; c) sea objeto de decomiso mediante la aplicación en el Estado de emisión de cualquiera de las facultades de decomiso especificadas en la Directiva 2014/42/UE; o d) sea objeto de decomiso a tenor de cualesquiera otras disposiciones en materia de facultades de decomiso, incluido el decomiso sin condena firme de conformidad con el Derecho del Estado de emisión a raíz de un procedimiento relativo a un delito». Por «producto: cualquier ventaja económica derivada, directa o indirectamente, de un delito, que puede consistir en cualquier forma de bien e incluye cualquier reinversión o transformación posterior del producto directo y cualesquiera beneficios cuantificable». Y por «instrumento: cualquier bien utilizado o destinado a utilizarse de cualquier forma, total o parcialmente, para cometer un delito».

A pesar de ello, si es cierto que solo en materia de reconocimiento mutuo de resoluciones, ha tenido calado sobre el legislador español las definiciones europeas, y puede notarse la influencia directa en la LRM2014, en cuyo artículo 157.2 se hace referencia al objeto de decomiso. Más en concreto, establece que puede afectar a «cualquier tipo de bienes, ya sean materiales o inmateriales, muebles o inmuebles, así como a los documentos con fuerza jurídica u otros documentos acreditativos de un título o derecho sobre esos bienes», por constituir el producto del delito, el instrumento con el que se ha cometido o por aplicación del decomiso ampliado.

No obstante, la falta de armonización entre la terminología utilizada por el legislador español con la dispuesta en los textos internacionales y europeos no ha sido el único obstáculo que ha afectado a la interpretación de la normativa sobre decomiso. Junto a este motivo, como se ha mencionado en líneas anteriores, se suma la habitual técnica de nuestro legislador de utilizar diferentes conceptos y usarlos de forma aleatoria o, en ocasiones, como sinónimos, generando confusión en su interpretación. No se trata de un hecho aislado, sino que, se repite a lo largo de todo el articulado del Código penal español. Así, por ejemplo, el artículo 127.1 y 2 habla de «la pérdida de efectos provenientes del delito; de los bienes, medios o instrumentos para su preparación o ejecución y de ganancias provenientes del delito», para referirse en el apartado tercero a «bienes, efectos o ganancias»; en el decomiso ampliado -artículo 127 bis apartado primero habla de «bienes, efectos y ganancias», pero en el último apartado lo reduce a «bienes o efectos».

Esta disfuncionalidad también se produce en la legislación procesal, como ya se planteó cuando se analizó la distinción del decomiso y las medidas cautelares, donde destacábamos las confusiones terminológicas producidas por los términos de "depósito, secuestro, incautación, embargo, etc." sobre los efectos judiciales del artículo 367 de la LECRIM. Además, de las referencias al decomiso cautelar.

En la jurisprudencia, el TS se ha pronunciado en numerosas ocasiones ofreciendo unas definiciones donde se ha referido a los «efectos» de forma amplia como los bienes que se encuentran mediata o inmediatamente, en poder del delincuente como consecuencia de la infracción, aunque sea el objeto de la acción típica, como drogas, armas, dinero, etc. Respecto de los «instrumentos», se ha referido estos como los útiles o medios empleados para la ejecución del acto criminal. Finalmente, las «ganancias» constituyen el provecho económico obtenido directa o indirectamente del delito, cualesquiera que sean las transformaciones que hayan podido experimentar, los beneficios obtenidos por el hecho objeto de condena[9]. Estas definiciones jurisprudenciales trasladadas a la práctica no llegan a convencer del todo a la doctrina, pues, en ocasiones, las líneas divisorias no son tan claras, por ejemplo, cuando el objeto del hecho delictivo recae sobre una ventaja patrimonial o en dinero, en este caso el objeto de decomiso constituye simultáneamente un efecto, pero, también una ganancia[10].

Efectivamente, ante los problemas expuestos y la reticencia del legislador español de incorporar las definiciones utilizadas en los instrumentos internacionales y europeos, encontramos la insistente labor de la doctrina penalista por abordar esta cuestión. Como se ha indicado, desde el punto de vista teórico es necesario identificar con exactitud estos conceptos, ya que, dependiendo del objeto sobre el que recae el decomiso, estaremos ante una categoría de decomiso específica con unos fundamentos y fines propios, y vinculada a su naturaleza jurídica.

Por ello, y tras haberse analizado en la evolución normativa de la figura las distintas modificaciones que se han ido sucediendo en el objeto de decomiso, y algunos de los problemas surgidos con la influencia del objeto sobre la determinación de la naturaleza jurídica. A continuación, se expondrán las líneas generales de la delimitación actual de dichas categorías formulada por la doctrina española. Distinguiendo, pues, entre el decomiso de efectos, bienes, medios e instrumentos, y, por otro lado, el decomiso de las ganancias. En general, el objeto puede ser cualquier bien mueble o inmueble o derechos que cumplan con los requisitos de cada supuesto, es decir, que sea catalogado como efectos, instrumentos, bienes y medios, o ganancias.

---

9 STS núm. 398/1999, de 11 de marzo (TOL2.917); STS núm. 1002/2004, de 16 de septiembre (TOL501.588); STS núm. 11/ 2011, de 1 de febrero (TOL2.041.999); STS núm. 134/2017, de 2 de marzo (TOL5.985.775).

10 CARRILLO DEL TESO, A.E., *Decomiso y recuperación…*, *Op.cit.*, p. 133.

2.2. El decomiso de efectos e instrumentos

El decomiso de los instrumentos y efectos del delito ha sido conocido como "decomiso de seguridad o preventivo", por su finalidad preventiva especial dirigida a eliminar la peligrosidad que produce el objeto para un bien jurídicamente protegido. La opinión doctrinal mayoritaria y la jurisprudencia se han postulado a favor de reconocer una naturaleza penal a esta clase de decomiso.

En cuanto a su fundamento, este reside en la peligrosidad objetiva que presentan ciertos bienes por su condición, por sí solos o mediante su utilización lícita, es decir, una peligrosidad intrínseca–por ejemplo, una sustancia radioactiva-, o por el riesgo de que puedan ser utilizados de nuevo para delinquir, con independencia del sujeto que lo realice, es decir, se tratan de bienes que entrañan un riesgo objetivo para la seguridad colectiva[11].

En este sentido, un objeto de carácter ilícito no plantea problemas para proceder a su decomiso, pero si se trata de un bien lícito que presenta una peligrosidad (arma con documentación) o el equipo informático, aquí algún autor, como CARRILLO DEL TESO, visualiza cierta nota de peligrosidad en la cosa con la culpabilidad del sujeto. No obstante, entiende que el decomiso de efectos e instrumentos del delito tiene carácter penal, aunque dicho objeto sea de lícito comercio y no presente ninguna característica intrínseca de peligrosidad[12]. No obstante, para GRACIA MARTÍN, el decomiso en estos casos constituye una medida preventiva de

---

[11] CEREZO DOMÍNGUEZ, A.I., *Análisis jurídico-penal...*, *Op.cit.*, p. 34 y ss; RAMON RIBAS, E., *Op.cit.*, pp. 517-564; GRACIA MARTÍN, L., "Consecuencias jurídicas no penales derivadas de ..., *Op.cit.*, p. 215; GARRIDO CARRILLO, F.J., *El decomiso. Innovaciones, deficiencias...*, *Op.cit.*, p. 40.

[12] CARRILLO DEL TESO, A.E., *Decomiso y recuperación...*, *Op.cit.*, p. 124.

aseguramiento que carecería de carácter sancionador[13], siendo su naturaleza administrativa[14].

En ambos casos, se hace necesario saber cómo se concreta la peligrosidad y frente a qué debe ser peligroso. La determinación de qué puede considerarse peligroso y qué no es una cuestión compleja, que será determinada por el juzgador en cada caso. Por tanto, atendiendo a las circunstancias del caso concreto, el juez debería renunciar al decomiso, cuando el daño para un bien jurídico o la utilización del objeto para la realización futura de una conducta antijurídica no pasa de ser meramente posible[15]. También hay alguna posición intermedia, como la de CHOCLÁN MONTALVO, que considera que entre los efectos se puede incluir el objeto del delito, cuando en sí mismo dé lugar a la peligrosidad objetiva, y que, por ello se trate de bienes de ilícito comercio[16].

---

13 Junto al decomiso de instrumentos del delito, el autor incluye como medidas accesorias preventivas de carácter asegurativo, las cauciones, la disolución de sociedades, el cierre de local, etc. GRACIA MARTÍN, L., "Consecuencias jurídicas no penales derivadas de ..., *Op.cit.*, p. 215.

14 En un sentido parecido, alude DIAZ CABIALE a la innecesaridad de una previsión específica sobre el decomiso de objetos ilícitos, ya que es un deber concreto de la Administración Pública garantizar la seguridad ciudadana a través de los Cuerpos y Fuerzas de Seguridad del Estado –artículo 104 CE-. La incautación de estos objetos en vía judicial tendría su amparo igualmente en la *Ley 4/2015 de 30 de marzo, de Protección de la Seguridad Ciudadana,* con lo cual estos objetos peligrosos o prohibidos podrían ser incautados en un proceso judicial bien como una sanción administrativa o medida accesoria ante la comisión de una infracción administrativa – exhibición de un objeto peligroso con ánimo intimidatorio- o bien, y aún sin constituir un ilícito administrativo, por ser preceptiva su exclusión de la circulación por entrañar un riesgo; DIAZ CABIALE, J.A., *Op.cit.,* pp. 13-14.

15 VIZUETA FERNÁNDEZ, J., "El comiso de los efectos e instrumentos del delito y el de otros bienes por un valor equivalente a éstos", *Revista General de Derecho Penal,* núm. 6, 2006, p. 16 y ss.

16 CHOCLÁN MONTALVO, J.A., *El patrimonio criminal... Op.cit.*, p. 41 y ss.

Junto a estos dos criterios, es decir, la peligrosidad objetiva del bien y la peligrosidad sujeto (reincidencia), el órgano judicial debe aplicar el principio de proporcionalidad. Cabe destacar, además, que únicamente es de aplicación el principio de proporcionalidad previsto en el artículo 128 CP para el decomiso de efectos e instrumentos de lícito comercio. De forma que, cuando el valor del objeto a decomisar no guarde proporción con la naturaleza o la gravedad de la infracción penal, o se hayan satisfecho completamente las responsabilidades civiles, el juez podrá no decretar el decomiso o decretarlo parcialmente. Esta redacción es criticada por VIZUETA, quien considera más apropiado que el legislador hubiera hecho referencia como términos de comparación a la clase y medida de la peligrosidad de la cosa objeto del comiso y la importancia del bien jurídico protegido puesto en peligro, estos criterios habrían sido más apropiados para lograr una aplicación correcta del principio de proporcionalidad[17].

De una forma más específica, atendiendo a cada uno de estos objetos, esta categoría queda subdivida, a su vez, en dos clases: por un lado, los efectos del delito y, por otro, los instrumentos, medios y bienes.

En relación con los "efectos provenientes del delito", son aquellos producidos, transformados o manipulados por la propia conducta constitutiva del delito. No obstante, su extensión ha sido objeto de varias interpretaciones. La corriente mayoritaria se postula por una interpretación más restrictiva, y se declina a favor de un ámbito de aplicación reducido, limitándose exclusivamente a los producidos directamente por el delito[18]. En contraposición, una interpretación más amplia de los "efectos", lleva a incluir al propio objeto del delito -cualquier cosa material sobre la que recae la acción del delito-, junto a aquellos producidos por el delito. Esta última interpretación ha sido apoyada por

---

17 VIZUETA FERNÁNDEZ, J., "El comiso de los efectos e instrumentos..., *Op.cit.*, p. 20.

18 AGUADO CORREA, T., *El comiso, Op.cit.*, p. 43.

un sector doctrinal minoritario[19] y por la jurisprudencia, basándose en el criterio del enriquecimiento injusto[20].

En este sentido, VIZUETA entiende que los efectos son los "objetos producidos" por la realización del delito, siendo estos objetos «los originados por el delito, esto es, cuya existencia se debe a la comisión del delito, como aquellos otros que, si bien preexisten a la infracción penal, su naturaleza o composición ha sido transformada por la realización de ésta»[21]. Este autor, aunque rechaza la postura minoritaria, tampoco se posiciona con aquellos autores que excluyen del ámbito de los efectos todo objeto de la acción[22]. Y, entiende que hay supuestos donde el objeto puede ser producido por el delito, es decir, efecto y, simultáneamente, recaer en él la acción, es decir, constituyen objeto de la acción, por ejemplo, los alimentos adulterados con sustancias infecciosas (art. 365 CP).

Por tanto, podemos concluir que el decomiso de los "efectos" puede recaer sobre los objetos creados, transformados, adulterados o producidos por el delito mediante la acción delictiva[23], e incluye los bienes de ilícito comercio o prohibidos en el tráfico jurídico y los lícitos. Esta calificación no impide que, además, coincida con el objeto sobre el que recae la acción, pero para que pueda acordarse su decomiso como "efecto", el bien deberá provenir (originado o transformado) por el delito. No obstante, no

---

19 MAPELLI CAFFARENA, B., Las consecuencias jurídicas del delito, *Op.cit.*, p. 413.

20 STS núm. 398/1999, de 11 de marzo (TOL2.917); STS núm. 1002/2004, de 16 de septiembre (TOL501.588); y STS núm. 11/ 2011, de 1 de febrero (TOL2.041.999).

21 VIZUETA FERNÁNDEZ, J., "El comiso de los efectos e instrumentos del delito y el de otros bienes por un valor equivalente a éstos", *Revista General de Derecho Penal*, núm. 6, 2006, p. 10 y ss.

22 En este sentido, MANZANARES SAMANIEGO, J. L., *Las penas patrimoniales en el código penal español. Tras la Ley Orgánica 8/1983*, Bosch, Barcelona, 1983, p. 266; y AGUADO CORREA, T., *El comiso, Op.cit.*, p. 152.

23 CEREZO DOMÍNGUEZ, A.I., *Análisis jurídico-penal…, Op.cit.*, p. 41.

hay una referencia general al decomiso del objeto del delito, sino alguna referencia en la parte especial, como el artículo 374 CP sobre el decomiso de las drogas, aunque para CHOCLÁN si este objeto es ilícito no presentaría problemas[24].

Con respecto a los términos "bienes, medios e instrumentos", a pesar de los problemas que ha planteado el uso alternativo de unos y otros términos a lo largo del articulado, dentro de esta categoría quedan incluidos dentro del mismo: aquellos utilizados para ejecutar el delito, como aquellos con los que se haya preparado. Quedan excluidos, otros bienes que estén puestos a su disposición, pero no se hayan usado en la comisión del delito[25]. Con esta enumeración del artículo 127.1 del Código penal queda zanjado uno de los debates doctrinales acerca de si estaban incluidos o no los utilizados en los actos preparatorios[26].

El hecho de que la LO 15/2003, de 25 de noviembre, introdujera los términos "medios y bienes", ha sido una cuestión meramente formal, pues dentro del término "instrumentos" se considera que se incluyen tanto los medios como los bienes. En definitiva, se considerarán instrumento del delito, aquellos vinculados con el hecho delictivo con una relación causa-efecto[27].

Por otro lado, hay determinados preceptos, como el artículo 385 bis CP, que establece la calificación del vehículo a motor como instrumento del delito (delitos contra la seguridad vial):« El vehículo a motor o ciclomotor utilizado en los hechos previstos en este Capítulo se considerará instrumento del delito a los efectos de los artículos 127 y 128». No obstante, en relación con su uso en otros delitos deberá de acreditarse que es un efecto o un

---

24 CHOCLÁN MONTALVO, J.A., *El patrimonio criminal... Op.cit.*, p. 41 y ss.

25 MAPELLI CAFFARENA, B., "Las consecuencias accesorias..., *Op.cit.*, p. 51.

26 En estos debates doctrinales se planteaban otras cuestiones como la aplicación del decomiso cuando no se consumaba el delito y se quedaba en grado de tentativa. Sobre esta cuestión, vid. AGUADO CORREA, T., *El comiso, Op.cit.*, p. 44.

27 CARRILLO DEL TESO, A.E., *Decomiso y recuperación, Op.cit.*, p. 134.

instrumento. Así, por ejemplo, la AP de Almería desestimaba un recurso de apelación frente al decomiso de un vehículo y de los aparatos de aire acondicionado en un delito de tráfico de drogas. En este supuesto, se solicita la devolución de los bienes referidos por entender que no han sido un instrumento empleado en la comisión del delito, que se trata de electrodomésticos caseros- los aparatos de aire acondicionado, y que el vehículo es el empleado cotidianamente por la familia. A ello se opone el Ministerio Fiscal, quien considera que el vehículo es un efecto judicial e instrumento del delito, en cuanto era empleado para la realización de reuniones, desplazamiento y tráfico de droga, ya como vehículo de transporte, lanzadera o realización de maniobras de vigilancia y contravigilancia. Y con relación a los aparatos de aire acondicionado, estos se empleaban para el cultivo de la marihuana aprehendida[28].

2.3. El decomiso de las ganancias

Otra de las medidas aplicadas en la política criminal, para la prevención y lucha contra la delincuencia ha ido dirigida a reprimir el enriquecimiento ilícito, al ser la obtención de riqueza la principal motivación de esta criminalidad. Para lograr este objetivo, el decomiso de activos se sitúa como uno de los mecanismos más eficaces, ya que, además de erradicar cualquier beneficio a los responsables, se eliminan las posibilidades de reiteración delictiva, pues se ha comprobado que muchas de estas actividades criminales emplean o invierten las ganancias en el desarrollo de otros delitos, por ejemplo, para el terrorismo. Como critica GIMENO BEVIÀ, la recuperación de activos es una labor bastante compleja, puesto que, en su desarrollo se enfrenta a importantes obstáculos como los elevados costes que suponen para los Estados, teniendo que emplear importantes recursos económicos y personales en las tareas de investigación y localización, junto a otras circunstancias

---

[28] SAP de Almería núm. 125/2021, de 24 de febrero (TOL8.496.362).

como el desinterés político y la mayor o menor rentabilidad que se obtiene de los resultados[29].

En esta clase de decomiso el objeto recae sobre aquellas ventajas o ganancias que provienen de la actividad delictiva y las transformaciones que hayan experimentado, y cuyo fundamento reside en evitar que el delito sea rentable[30], de forma que, su finalidad va dirigida a eliminar tal enriquecimiento. Por ello, es también conocido como decomiso de confiscación[31].

Como ya se expuso anteriormente, su naturaleza ha resultado bastante más controvertida que la referida al decomiso de efectos e instrumentos. Así, MAPELLI considera que esta clase de decomiso es una figura jurídica próxima a la de responsabilidad civil. No tanto porque su gravedad se determina por un elemento ajeno al hecho delictivo como son las ganancias, sino porque su aplicación no responde a los fines ni preventivos ni retributivos del sistema penal[32]. En este sentido, para GRACIA MARTÍN, el decomiso de las ganancias tiene naturaleza civil, pues, su fundamento se encuentra en evitar que la comisión del delito genere una situación patrimonial ilícita o de no tolerancia del enriquecimiento injusto. En consecuencia, este autor, clasifica este decomiso como una medida civil de compensación[33]. Para MANZANARES SAMANIEGO, la ganancia o provecho económico no ofrece normalmente una peligrosidad intrínseca, es decir, que

---

[29] GIMENO BEVIÁ, J., "Recuperación de activos y proceso penal: algunas cuestiones relevantes", *Cuaderno Electrónico de Estudios Jurídicos,* núm. 2, 2014, p. 171.

[30] GARRIDO CARRILLO, F.J., *El decomiso. Innovaciones, deficiencias... Op.cit.,* p. 40.

[31] CHOCLÁN MONTALVO, J.A., *El patrimonio criminal... Op.cit.,* p. 50 y ss. OCAÑA RODRIGUEZ, A., "Una propuesta de regulación del comiso", *Revista de Derecho y Proceso Penal,* núm. 14, 2005, p.74.

[32] MAPELLI CAFFARENA, B., "Las consecuencias accesorias..., *Op.cit.,* p. 50.

[33] GRACIA MARTÍN, L., "Consecuencias jurídicas no penales derivadas de ..., *Op.cit.,* p. 213.

no se aprecia una peligrosidad objetiva que pueda contaminar al poseedor. Lo que lleva a este autor a afirmar que su naturaleza es la de una medida de ni tolerancia de una ilícita situación patrimonial, es decir, tendente a impedir el lucro ilícito.[34]

Frente a esta opinión, sobre la naturaleza civil del decomiso de las ganancias, la mayoría de los autores defensores de la naturaleza penal del decomiso, sin embargo, han reconocido una fundamentación de carácter dual o de naturaleza mixta en esta clase de decomiso. Que, aun siendo de naturaleza penal, no se ve desvirtuada por el perfil civilista de esta clase de decomiso[35]. En este sentido, AGUADO CORREA considera que la naturaleza de sanción penal de este decomiso permite la privación del valor total de lo obtenido del delito. De esta manera se evita un enriquecimiento ilícito y, a su vez, se atribuye al comiso una función preventivo-general y especial propia de las sanciones penales[36]. Para GONZÁLEZ- CUELLAR, quien se muestra partidario de la naturaleza penal del decomiso, aclara que en el decomiso de las ganancias «se pone el acento en la necesidad de suprimir el enriquecimiento injusto derivado del delito (del responsable penal o de un tercero) y se propone la contemplación de la medida desde el campo del Derecho privado. Ello a pesar de que la discusión sobre la aplicación del decomiso no sea un debate entre sujetos privados, responda al interés público y sea el Ministerio Fiscal quien ejerce la acción[37].

---

[34] MANZANARES SAMANIEGO, J.L., "La pena de comiso en..., *Op.cit.*, p. 620.

[35] RAMON RIBAS, E., *Op.cit.*, p. 539. Quien comparte la concepción dualista de los fines del decomiso defendida por AGUADO CORREA, T., *El comiso, Op.cit.*, pp. 80-81. OCAÑA RODRIGUEZ, A., "Una propuesta de regulación del comiso", *Revista de Derecho y Proceso Penal*, núm. 14, 2005, p. 75.

[36] AGUADO CORREA, T., *El comiso, Op.cit.*, p.79.

[37] MARCHENA GÓMEZ, M.; GONZÁLEZ-CUELLAR SERRANO, N., *La reforma de la ley de enjuiciamiento criminal en 2015*, Ediciones Jurídicas Castillo de Luna, Madrid, 2015, p. 439 y ss.

Con respecto del alcance de las ganancias que pueden ser objeto de decomiso, ante el silencio del legislador, uno de los debates doctrinales que se ha planteado ha versado acerca de si estas deben ser brutas o netas. RODRIGUEZ GARCÍA se muestra favorable a una interpretación que incluya las ganancias brutas, esto es, sin descontar los gastos en los que ha incurrido el condenado para obtener esas ganancias, ni las transformaciones que hayan experimentado – en este caso, al haberse variado el objeto sería un decomiso subrogatorio) [38].

Otros autores[39], como VIZUETA, opinan que el decomiso debe recaer sobre las ganancias netas, es decir, descontando los gastos producidos para la comisión del delito, pues de lo contrario sería una medida excesiva, al transformar esta medida de compensación, ajena a la culpabilidad del sujeto, a una medida punitiva, lo que requerirá una condena y la adecuación del decomiso a la culpabilidad. Por tanto, si tras detraer los gastos, no se produce un enriquecimiento para el delincuente, no procede el decomiso de las ganancias, pues no cumpliría con su finalidad[40]. Para BLANCO CORDERO, quien está conforme con la aplicación de un principio de ganancias brutas, entiende que, por aplicación del principio de legalidad, debe aplicarse el tenor literal de la norma, lo

---

38 RODRÍGUEZ-GARCÍA, N., "El decomiso como instrumento esencial para la recuperación de activos en la política criminal española del siglo XXI", en JIMENO BULNES, M.; PEREZ GIL, J. (Coord.) *Nuevos horizontes del Derecho procesal: libro-homenaje al Prof. Ernesto Pedraz Penalva*, J.M., Bosch, Barcelona, 2016, p. 924. En el mismo sentido, CARRILLO DEL TESO, A.E., *Decomiso y recuperación, Op.cit.* ,p. 165.

39 MANZANARES SAMANIEGO, J.L., "Notas sobre el comiso y la propiedad de terceros", *Actualidad Penal*, 1997, pp. 521-54. CEREZO DOMÍNGUEZ, A.I., *Análisis jurídico-penal…*, *Op.cit.*, p. 47.

40 VIZUETA FERNÁNDEZ, J., "El comiso de las ganancias provenientes del delito y el de otros bienes por un valor equivalente a éstas", *Revista Penal*, núm. 19, 2007, p. 171.

que supone que el alcance del decomiso será sobre las ganancias netas[41].

3. CLASES DE DECOMISO

En síntesis, podemos observar como a partir del año 2003 se han ido sucediendo los cambios normativos más trascendentales de la figura, ampliándose su configuración a nuevas modalidades, así como el objeto decomisable (producto, efectos, instrumentos, ganancias...).No obstante, las novedades sustantivas introducidas por la LO 1/2015, afectaron, especialmente, a las clases de decomiso sin condena, decomiso ampliado y decomiso de terceros. Estas modalidades se suman a las tradicionales, es decir, al decomiso directo y al decomiso de valor equivalente o de valor por sustitución.

El decomiso directo u ordinario (art. 127 CP), supone la pérdida de los efectos que provengan del delito, de los bienes, medios e instrumentos con los que se haya preparado y ejecutado, y de las ganancias. A ellos, el artículo añade «cualesquiera que sean las transformaciones que hubieren podido experimentar», esta posibilidad de decomisar los bienes en los que se haya transformado o convertido los bienes relacionados directamente con la infracción se conoce como decomiso subrogatorio.

El decomiso directo tiene un régimen de aplicación distinto, según la forma de comisión de la acción u omisión que constituya un delito (las faltas han desaparecido en el Código actual). Así, pues, su aplicación es preceptiva cuando se imponga una pena por la comisión de un delito doloso, pero será potestativa en los delitos imprudentes cuando se imponga una pena privativa de libertad superior a un año.

---

41 BLANCO CORDERO, I., "El comiso de ganancias: ¿brutas o netas..., *Op.cit.*, pp. 1-66.

Acerca del decomiso en los delitos imprudentes, el Código penal de 1995 limitó el decomiso a los delitos dolosos, dejando al margen los imprudentes. Esto suponía el fin del debate doctrinal que se mantenía sobre la admisión o no del decomiso en estos supuestos. Algún autor, como MUÑOZ CONDE, entendía que era lógica la supresión del decomiso en estos casos, puesto que, era difícil pensar que se produjera un enriquecimiento ilícito al autor, y no tener esta intención de delinquir[42]. MANZANARES SAMANIEGO, adhiriéndose a la doctrina argentina de la época, negaba la condición de "instrumento" que exigía el artículo 48 CP, ante la ausencia de intención con el resultado[43]. En contra, autores como CÓRDOBA RODA, quien consideraba posible su decomiso, puesto que, la palabra "instrumento" encierra un requisito de preordenación de medio a fin, refiriéndose el Código penal a la preordenación de la ejecución del delito, no del resultado[44].

Ante la imposibilidad de acordar el decomiso sobre los bienes anteriores o bien, cuando se han depreciado y su valor es inferior al que tenían al momento de su adquisición, se podrá acordar el decomiso de valor equivalente o por sustitución. Esta opción permite acordar la privación sobre otros bienes del condenado, aunque su origen sea lícito, pero con la limitación de no superar el valor económico correspondiente a los mismos. Esta modalidad fue criticada por la doctrina al considerarlo un acto de confiscación[45], ya que el precepto no establecía una relación directa entre

---

42 MUÑOZ CONDE, F., *Derecho penal. Parte especial,* 13º ed. con Apéndice de puesta al día, Tirant lo Blanch, Valencia, 2001, p. 621-622.

43 MANZANARES SAMANIEGO, J.L., *Las penas patrimoniales en…, Op.cit.,* p. 257 y ss.

44 CORDOBA RODA, J., *Comentarios al Código penal,* Tomo II, Ariel, Barcelona, 1972, p. 197.

45 VALERO MONTENEGRO, L.H., "Los bienes equivalentes y el riesgo de confiscación en la Ley de extinción de dominio y en el comiso penal", *Revista Via Iuris,* núm.6, 2009, p. 72.

los bienes decomisados y la actividad ilícita[46], pudiendo extenderse el decomiso a bienes de origen lícito. Por otro lado, esta modalidad tiene un carácter transversal que le permite ser aplicada en el resto de modalidades. De hecho, se contempla en el decomiso ampliado (art. 127.bis 3), en el decomiso de terceros (art. 127 quater) y en ejecución de sentencia (art. 127 septies).

A continuación, el legislador contempla dos modalidades – decomiso ampliado y decomiso sin sentencia- que, en principio, se pueden acordar sin necesidad de establecer de forma fehaciente una conexión entre el hecho delictivo concreto y el objeto a decomisar[47]. En estas modalidades el legislador emplea una serie de presunciones e indicios o, incluso, situaciones de libre apreciación judicial, fórmulas que podrían atentar contra algunos derechos y garantías propias del proceso penal. Es por ello, que la Directiva 2014/42/UE recogía un sistema de garantías mínimas de protección que debían ser previstas por los Estados miembros (artículo 8)[48].

En cuanto al régimen del decomiso ampliado establecido en nuestro Derecho interno, el legislador español ha previsto un tipo básico llamado "decomiso ampliado ordinario" en el artículo 127 bis, aplicable a otros bienes que pertenezcan al condenado, y que se presume que proceden de su actividad delictiva – se aplica tanto a delitos dolosos como imprudentes. Y un tipo reforzado o cua-

---

46 En contra de esta opinión se muestra ANANÍAS ZAROR al entender que no es necesaria esa vinculación directa entre el objeto decomisado y el hecho ilícito, ANANÍAS ZAROR, I., *Op.cit.*, p. 165.

47 RODRÍGUEZ-GARCÍA, N., "El decomiso como instrumento esencial para la recuperación de activos en la política criminal española del siglo XXI", en JIMENO BULNES, M.; PEREZ GIL, J. (Coord.) *Nuevos horizontes del Derecho procesal: libro-homenaje al Prof. Ernesto Pedraz Penalva*, J.M., Bosch, Barcelona, 2016, p. 920.

48 GONZÁLEZ CANO, I., "El decomiso ampliado como instrumento de la política criminal de la Unión Europea", en GALÁN MUÑOZ, A.; MENDOZA CALDERÓN, S. (Coord.) *Globalización y lucha contra las nuevas formas de criminalidad transnacional*, Tirant lo Blanch, Valencia, 2019, p. 318.

lificado[49]–que trae como causa el desempeño de actividad delictiva previa continuada- en los artículos 127 quinquies y sexies, en cuyo caso, podría no ser aplicado este decomiso si a criterio del juzgador lo considera desproporcionado.

Estos tres preceptos se sirven de un sistema de indicios objetivos fundados y de presunciones *iuris tantum* sobre el origen ilícito del patrimonio del condenado y de actividad delictiva previa continuada, que justificaría la extensión del decomiso a esos bienes con los que no existe un nexo causal con el hecho delictivo, es decir, no se exige prueba plena sobre la conexión. De tal forma, que ante la dificultad probatoria que presenta este problema, el legislador admite una prueba indiciaria para acordar el decomiso, en lo que parece invertir la carga de la prueba sobre el origen lícito del objeto decomisable, trasladando a la defensa el deber de acreditar el origen legal del bien cuestionado para así evitar su decomiso. Sin embargo, se trata de un amplio debate el que surge acerca de esta cuestión. Debemos tener presente que la finalidad de esta clase de decomiso es privar al delincuente del posible beneficio o enriquecimiento ilícito obtenido en su actividad delictiva y que el delito no resulte provechoso, pero su configuración debe respetar los principios fundamentales de nuestro sistema jurídico.

De acuerdo con el tipo ordinario, se exige en primer lugar un requisito básico o de procedibilidad[50], esto es, que el sujeto afectado haya sido condenado por un delito de los enumerados en el catálogo recogido en el artículo. En segundo lugar, deben constatarse indicios fundados del origen ilícito del bien -, y que no se acredite su licitud– es decir, que pueda considerarse que es un incremento patrimonial injustificado. A continuación, el legislador incluye un catálogo abierto de indicios, y prevé tres

---

49 Denominado, también, como "hat trick". CARRILLO DEL TESO, A.E., *Decomiso y recuperación, Op.cit.*, p. 192.

50 GARRIDO CARRILLO, F.J., *El decomiso. Innovaciones, deficiencias... Op.cit.*, p. 72.

situaciones como indicios relevantes sobre el carácter ilícito de otros bienes que el juez tendrá que valorar para acordar su decomiso: La primera de ellas se refiere a la existencia de una desproporción entre su patrimonio y los ingresos legales de la persona condenada. En segundo lugar, que se produzca el uso de testaferros, personas jurídicas o entes sin personalidad como medio para ocultar la titularidad real sobre esos bienes u otros derechos sobre ellos. Y, por último, que se realicen transferencias u otros negocios para dificultar su localización y no exista una justificación legal o económica.

En cambio, con el tipo reforzado se permite acordar el decomiso ampliado cuando se presume que el origen ilícito de los bienes afectos proviene de una actividad delictiva previa y continuada del sujeto, que es distinta de la acción por la que se condena. En este caso, se exigen unos requisitos cumulativos (haber sido condenado por un delito del art. 127.bis 1y que el delito se haya cometido en el contexto de una actividad delictiva previa continuada), y que concurran unos indicios relevantes del origen ilícito del patrimonio (los mismos que en el tipo ordinario). El precepto establece una presunción sobre qué se entiende por actividad previa continuada, añadiendo artículo 127 sexies algunas presunciones complementarias aplicables al precepto anterior. Por supuesto, todas estas presunciones son *iuris tantum* y cabe prueba en contrario.

Este sistema ha sido muy criticado por la posición del condenado y la afectación de sus derechos. Aunque para evitar la posible confrontación con los principios del proceso penal, el legislador ha previsto, en primer lugar, la imposibilidad de acordarlo cuando el delito del que se presume que tiene su origen ha prescrito o han sido objeto de un proceso en el que ha recaído sentencia absolutoria o se ha acordado su sobreseimiento con efecto de cosa juzgada (artículo 127 bis 5). De tal forma que, quedaría a salvo el principio de *ne bis in ídem y* el efecto de cosa juzgada, aunque el problema se plantea con que un hecho sea al mismo tiempo un indicio y un hecho constitutivo de delito, por ejemplo, un delito de blanqueo, al que el legislador opta por eludir su perseguibilidad y aceptar una prueba indiciaria para acordar el decomiso.

En segundo lugar, ha generado dudas acerca de la vulneración de la presunción de inocencia y su derecho a declarar contra sí mismo, al recaer tales presunciones en hechos no enjuiciados ni a la imputación de personas concretas. Sin embargo, quedada descartada y se entiende compatible, puesto que recae sobre una persona ya condenada en un proceso en el que ha podido ejercer sus derechos plenamente, y por otro lado, se trata de un principio no predicable en la esfera civil, que es el ámbito afectado por las presunciones[51], y no es un reproche penal.

Por otro lado, se planteaba si este sistema constituía una inversión en la carga de la prueba (contraria a la presunción de inocencia) o no. Algunos autores se han postulado a favor de no considerar que se produce esta inversión, sino que, el condenado debe desvirtuar un indicio para evitar su aplicación, es decir, la carga probatoria de la defensa recae sobre el origen legal del bien[52] o romper el nexo causal entre el indicio y hecho presunto[53]. Por tanto, el condenado es quien debe acreditar su licitud, bien atacando las pruebas de cargo o presentado pruebas sobre elementos de descargo, no constituyendo una inversión de la carga sino una consecuencia del ejercicio del derecho de defensa[54]. La

---

51 GRANADOS MUÑOZ, C., *Op.cit.*, p.104.

52 GARRIDO CARRILLO, F.J., *El decomiso. Innovaciones, deficiencias... Op.cit.*, p. 83.

53 GASCÓN INCHAUSTI, F., "Decomiso, origen ilícito de los bienes y carga de la prueba", en *Problemas actuales del proceso iberoamericano. Jornadas Iberoamericanas de Derecho Procesal,* Robles Garzón, J.A. (Coord.), Tomo I, Málaga, 2006, p. 595.

54 FERNÁNDEZ LÓPEZ, M., "las presunciones en el proceso penal. Análisis a propósito del delito de enriquecimiento ilícito", en ASENCIO MELLADO, J. M. (Dir.), *Justicia penal y nuevas formas de delincuencia,* Tirant lo Blanch, Valencia, 2017, p. 288.

parte acusadora tiene que demostrar y aportar el indicio de procedencia ilícita[55].

El decomiso sin sentencia de condena o decomiso autónomo (art. 127 ter) es una modalidad que ha generado ciertas controversias. La primera de ellas afecta a su terminología, pues se le ha hecho referencia como "decomiso sin sentencia", siguiendo la denominación empleada por el legislador en la Exposición de Motivos de la LO 1/2015. En realidad, el precepto hace referencia a la inexistencia de sentencia condenatoria – de ahí que se hable de "decomiso sin condena"-, pero no a la ausencia de sentencia.

Por ello, autores como MARCHENA GÓMEZ y GONZÁLEZ CUELLAR critican esta redacción, y consideran que el artículo exige que se acredite la situación patrimonial ilícita en un proceso contradictorio, el cual finalizará por una sentencia. Siendo más apropiado referirse a esta figura como decomiso sin proceso principal. Y, aunque fuera aceptable el término "sin condena", ello no autoriza a un decomiso "sin prueba del delito", porque una cosa es que no pueda exigirse responsabilidad penal al autor (decomiso sin condena), y otra que, para un pronunciamiento definitivo – no cautelar- no sea necesaria la prueba del hecho punible (decomiso sin prueba) [56].

En segundo lugar, ha sido muy discutida la naturaleza específica de esta modalidad. De hecho, este decomiso se llama también decomiso "civil". Esto surge debido a que el precepto permite acordar el decomiso, previsto en los artículos anteriores – es decir, decomiso directo, por valor equivalente, de terceros y ampliado ordinario-, aunque no medie sentencia de condena, siempre

---

55 ASENCIO GALLEGO, J. M., "Presunción de inocencia y presunciones iruis tantum en el proceso penal", *Revista General del Derecho procesal*, núm. 36, p. 49.

56 MARCHENA GÓMEZ, M.; GONZÁLEZ-CUELLAR SERRANO, N., *La reforma de la ley de enjuiciamiento criminal en 2015*, Ediciones Jurídicas Castillo de Luna, Madrid, 2015, p. 474.

que haya quedado acreditada la situación patrimonial ilícita en un proceso contradictorio. Al ser una acción dirigida frente a los bienes, y no frente a las personas, se ha tildado de naturaleza civil, lo que permitiría interponerla frente a personas jurídicas o contra los herederos de los presuntos responsables[57]. No obstante, como veremos en el capítulo siguiente acerca del procedimiento de decomiso autónomo, que es el procedimiento contradictorio para tramitar este decomiso, la mayoría se ha posicionado a favor de una naturaleza penal, y en concreto, califican a este procedimiento contradictorio de proceso penal especial.

Esta clase de decomiso puede aplicarse en dos supuestos, según este precepto, cuando el sujeto haya fallecido o sufra una enfermedad crónica que impida su enjuiciamiento y exista el riesgo de que puedan prescribir los hechos; cuando se encuentre en rebeldía y ello impida que los hechos puedan ser enjuiciados dentro de un plazo razonable; o, cuando no se le imponga pena por estar exento de responsabilidad criminal o por haberse ésta extinguido. Y, añade, que solamente podrá dirigirse contra quien haya sido formalmente acusado o contra el imputado, con relación al que existan indicios racionales de criminalidad, cuando las situaciones a que se refiere el apartado anterior hubieran impedido la continuación del procedimiento penal. No obstante, la LECrim no exige que el sujeto tenga tal consideración para la apertura del procedimiento de decomiso autónomo, con lo cual se entiende que este apartado segundo del artículo 127 ter se encuentra tácitamente derogado[58].

El decomiso de bienes de terceros, previsto en el artículo 127 *quater*, permite dirigir la acción frente a los terceros no responsables del delito, pero que al tener conocimiento del origen ilícito o de que la transmisión se ha realizado para dificultar el decomiso,

---

57 GARRIDO CARRILLO, F.J., *El decomiso. Innovaciones, deficiencias... Op.cit.*, p. 56.

58 MARCHENA GÓMEZ, M.; GONZÁLEZ-CUELLAR SERRANO, N., *Op.cit.*, p. 479.

o en ambos casos, pudo sospecharlo, se podrá decretar el decomiso de tales bienes. Se trata de una fórmula que pretende atacar la interposición de testaferros. Esta modalidad no constituye una novedad, pues en los Código penales anteriores, como el de 1973, se hacía referencia al tercero de buena fe, no responsable del delito que hubiera adquirido legalmente el bien, como presupuestos que limitaban el decomiso de estos bienes. El precepto establece que, sobre este decomiso de terceros, es posible aplicar las modalidades anteriores, es decir, decomiso sin condena o decomiso autónomo, decomiso por valor equivalente y decomiso ampliado ordinario.

Finalmente, el precepto establece una presunción *iruis tantum,* entendiendo que el tercero conocía o tenía motivos para sospechar del origen ilícito o de la intención de obstaculizar el decomiso, cuando la adquisición se realizó por un precio inferior al de mercado o a título gratuito. Debiendo este tercero probar lo contrario, para evitar el decomiso. Uno de los problemas que se plantean es el posible solapamiento en la calificación de la conducta de este tercero con otras figuras delictivas, puesto que, podría constituir un delito de blanqueo o de receptación por este tercero, y por tanto, procedería su decomiso directo. Además, que en algunos supuestos no será posible acreditar la transmisión, sino que, el tercero será su poseedor o titular, pero no ha habido una transmisión como tal.

Capítulo 2

Aspectos procesales de la figura del decomiso

1. INTRODUCCIÓN

Tras las reformas sustantivas del decomiso introducidas en el Código penal, el aspecto procesal de la figura también se vio afectado, ya que para su materialización es necesario que se prevean lo procesos a través de los cuáles se va a llevar a cabo con respeto a los principios y garantías del sujeto. Como ya se ha mencionado en anteriores ocasiones, ha sido la Ley 41/2015, de 5 de octubre, de modificación de la Ley de Enjuiciamiento Criminal para la agilización de la justicia penal y el fortalecimiento de las garantías procesales con la que se incorporan al texto procesal las reformas procesales del decomiso derivadas de las exigencias de acomodo a la normativa europea y que no requerían de un desarrollo por ley orgánica.

En este sentido, GASCON INCHAUSTI se refería a la necesidad de adecuar la normativa procesal a las nuevas modalidades de decomiso, ya que en la configuración tradicional del proceso penal español «en el que se enjuician las conductas singulares de personas acusadas de delitos determinados y a resultas del cual se puede imponer, junto con la pena, el decomiso de los efectos y productos derivados de las conductas enjuiciadas y, a lo sumo, el de aquellos otros bienes confiscables al amparo de alguna potestad de decomiso ampliado». Con lo cual, no tenía cabida el proceso contradictorio previsto para el decomiso sin sentencia, ni tampoco se preveía el status que habría de corresponder a los terceros titulares de bienes o derechos cuyo decomiso se quiere hacer efectivo[1].

Entre las novedades introducidas en el año 2015, se encuentra el denominado procedimiento de decomiso autónomo, el cual queda regulado en los artículos 803 ter letra e) hasta la letra u)[2] , y que deriva del artículo 4.2 de la Directiva 2014/42/UE, en el que se impone a los Estados miembros el deber de contemplar cauces procedimentales que permitan acordar el decomiso de forma autónoma, es decir, sin una previa resolución penal firme condenatoria. A continuación, en el presente epígrafe analizaremos los rasgos generales de esta nueva regulación en la que, una vez más, el legislador español se ha excedido en los mínimos exigidos por Europa en sus labores de transposición.

La propia Exposición de Motivos justifica la introducción de este procedimiento que permite la privación de la titularidad de los bienes procedentes del delito, aunque el autor no pueda ser juzgado. Destaca otros aspectos como son: 1. Que la tramitación de este cauce procedimental responde a un equilibrio entre la agilidad que le es propia y las garantías para las personas demandadas, que junto a la remisión que se hace a las normas del procedimiento verbal de la LEC contribuye a la seguridad jurídica. 2. Que, no obstante, contempla una serie de especialidades propias y un sistema de recursos basado en el procedimiento abreviado. 3. Destaca una fase de ejecución de los bienes decomisados, en la que la investigación asociada será dirigida por el Ministerio Fiscal, sin detrimento de las funciones investigadoras de éste en la fase prejudicial.

Y, ello, sin olvidar que esta regulación procesal debe ponerse en contexto con las modificaciones del decomiso que, por

---

1 GASCÓN INCHAUSTI, F., "Las nuevas herramientas procesales para articular ..." *Op.cit.*, p.8.

2 Artículos recogidos en el Capítulo II del Título III Ter del Libro V de la LECRIM.

su parte introduce la reforma del Código penal, y en concreto, como complemento de aquella. Por otro lado, se ha previsto la intervención en el procedimiento de los terceros que puedan verse afectados por el decomiso cuyos derechos se garantizan, no solo en este procedimiento, sino con la articulación de un recurso de anulación por remisión a la LEC en caso de que la resolución se haya dictado sin considerar su condición de interesado en la causa.

2. LA INTERVENCIÓN EN EL PROCESO PENAL DE TERCEROS AFECTADOS POR EL DECOMISO

2.1. Introducción

La transferencia de activos de procedencia ilícita a personas interpuestas, como testaferros o mediante entramados de empresas o sociedades pantalla, ha constituido un mecanismo muy habitual en la criminalidad organizada para ocultar la titularidad real del patrimonio criminal. El uso de estos terceros como titularidades ficticias complica enormemente las labores de localización de los activos y su decomiso. Por ello, entre algunas de las medidas adoptadas para mejorar la recuperación de activos, se encuentra este decomiso de bienes de terceros[3]. Este decomiso, regulado en el en el artículo 127 *quater*, permite dirigir la acción frente a los terceros no responsables del delito, pero que al tener conocimiento del origen ilícito o de que la transmisión se ha realizado para dificultar el decomiso, o en ambos casos, pudo sospecharlo, se podía decretar el decomiso de tales bienes.

---

3 FARTO PIAY, T., URIARTE VALIENTE, L.M., "La posición del tercero frente al decomiso de bienes en el proceso penal", *La Ley Penal: Revista de Derecho Penal, Procesal y Penitenciario,* núm. 145, 2020, pp. 1-34.

Esta conducta, a la que anteriormente se denominaba de mala fe, se presume cuando la transmisión del bien o derecho al tercero hubiera sido por un precio inferior al de mercado o a título gratuito, con lo cual, en estos supuestos recae sobre este tercero la carga probatoria.

No obstante, la legislación procesal no contenía una normativa específica que regulase propiamente la intervención de estos terceros que se veían afectados por el decomiso[4]. Para evitar su indefensión, se aplicaban unos criterios jurisprudenciales, así, en la STS núm. 56/1997, de 20 de enero[5], se fijó la necesidad de que el juez instructor, ante el posible decomiso que pudiera resultar, debía ordenar el depósito de los efectos e instrumentos del delito, como medida cautelar encaminada a asegurar la efectividad de la resolución que, en definitiva, pueda tomarse en la sentencia penal sobre los mismos. A continuación, debía comunicarse la adopción de la medida cautelar a los interesados, puesto que, el decomiso estaba limitado y no podía afectar a los terceros no responsables del delito que hubieran adquirido los bienes legalmente de buena fe-. Esto permitía que los terceros pudieran intervenir en el proceso, pero limitada a los pronunciamientos de decomiso. Como esta intervención carecía de regulación específica, se aplicaban por analogía los artículos 615 y siguientes de la LECrim, referida a la pieza separada de responsabilidad civil de terceros[6]. No obstante, aunque estos terceros no hubieran sido parte, se les reconocía la posibilidad de impugnar la resolución judicial.

Con la reforma introducida por la Ley 41/2015, se incorpora un nuevo capítulo en la LECrim, artículos 803 ter letras a- d, denominado "De la intervención en el proceso penal de los terceros que puedan resultar afectados por el decomiso". En

---

4 *Ibid*, p. 9.

5 STS núm. 56/1997, de 20 de enero (TOL5.140.548).

6 En este mismo sentido, la Fiscalía General se hace eco de estas pautas en la Circular FGE 4/2010, sobre las funciones del Fiscal en la investigación patrimonial en el ámbito del proceso penal.

definitiva, este régimen viene a establecer la intervención procesal de estos terceros, que no han participado en los hechos delictivos, pero se ven afectado por la medida de decomiso.

2.2. Llamada al proceso

La llamada al proceso de este tercero puede realizarse tanto de oficio como a instancia de parte. En este sentido, se comunicará a aquellas personas que puedan resultar afectadas por el decomiso, cuando consten hechos de los que pueda derivarse razonablemente que el bien o el derecho pertenece o lo ostenta un tercero, distinto del investigado o encausado, o que existen terceros titulares de derechos sobre el bien cuyo decomiso se solicita que pudieran verse afectados por el mismo.

Su estatuto resulta algo controvertido por las referencias algo confusas que introduce el legislador. Así, por un lado, equipara la posición del tercero al testigo, cuando se le llama a declarar, puesto que, se impone el deber de informarle sobre la dispensa del deber de declarar del artículo 416 LECrim, con lo cual, no le sería de aplicación el derecho a la presunción de inocencia. Por otro lado, se reconoce su allanamiento, su intervención exige la asistencia letrada obligatoria y la representación en juicio. En definitiva, es considerado como una parte (pasiva) procesal más.

No obstante, la ley contempla algunos supuestos donde se podrá prescindir de esta llamada, por ejemplo, cuando no se le pueda identificar o localizar. Tampoco si existen hechos de los que pueda derivarse que la información en que se funda la pretensión de intervención en el procedimiento no es cierta, o que los supuestos titulares de los bienes cuyo decomiso se solicita son personas interpuestas vinculadas al investigado o encausado o que actúan en connivencia con él. Igualmente, si el tercero es llamado, pero no se opone al decomiso, lógicamente, no se acordará su intervención, o se pondrá fin a la misma. La resolución que declare la improcedencia de la intervención del tercero, que revestirá la forma de auto motivado, podrá ser recurrida en apelación.

2.3. *Especialidades de la intervención del tercero afectado, su citación a juicio e incomparecencia*

Tras acordarse la intervención del tercero en el proceso penal, este podrá actuar desde ese mismo momento mediante asistencia letrada obligatoria. Eso sí, su intervención siempre quedará limitada a los aspectos que afecten directamente a sus bienes, derechos o situación jurídica, y no se podrá extender a las cuestiones de responsabilidad penal del encausado. Para CONDE FUENTES, se trata de una intervención provocada que conlleva la conversión en parte procesal del tercero, aunque limitada aquello que le afecta[7].

El tercero será citado a juicio, quien podrá actuar mediante su representación legal sin necesidad de acudir presencialmente. Y será advertido que, de no asistir, el juicio se celebrará en su ausencia, ya que, su incomparecencia no impedirá su curso y, por tanto, se podrá resolver acerca del decomiso solicitado. Además, la ley contempla expresamente que su incomparecencia en el proceso, tras su citación, tendrá el efecto de declararlo en situación de rebeldía, que se regirá por lo dispuesto en la LEC sobre el demandado rebelde. No obstante, para la recisión de la sentencia, esta solo se limitará a los pronunciamientos acerca del decomiso que concretamente le afecte a sus bienes o derechos.

---

7 CONDE FUENTES, J., "La intervención en el proceso penal de terceros afectados por el decomiso", *Revista Penal*, núm. 42, 2018, p. 62.

2.4. La sentencia y su rescisión

La sentencia que declare el decomiso debe de pronunciarse acerca de lo solicitado por el tercero afectado interviniente y, se le deberá notificar, incluso cuando no haya comparecido (rebeldía voluntaria)[8], sin perjuicio de aquellos casos recogidos en el artículo 803 ter a 2, en los que puede prescindirse de su intervención. El tercero afectado podrá interponer los recursos previstos contra la sentencia, aunque, como sea indicado, se limitará a los pronunciamientos que le afecten directamente a sus bienes, derechos o situación jurídica, y no podrá extenderlo al resto de cuestiones relacionadas con la responsabilidad penal del encausado.

Finalmente, el tercero interviniente y aquellos que no hubieran tenido la oportunidad de oponerse al decomiso por desconocer su existencia, podrán solicitar la recisión de la sentencia. Para ello, dictada la sentencia estimatoria de la rescisión, tendrá lugar el juicio rescisorio, en el que se entrará a conocer nuevamente respecto de la acción del decomiso. Se remitirá certificación al tribunal que hubiera dictado sentencia en primera instancia, si es distinto al que hubiera dictado la sentencia rescindente.

Posteriormente, se otorgará al tercero un plazo de diez días para presentar escrito de contestación a la demanda de decomiso, con proposición de prueba, en relación con los hechos relevantes para el pronunciamiento que le afecte. Tras su presentación, el órgano jurisdiccional resolverá sobre la admisibilidad de prueba mediante auto, y, se señalará fecha para la vista, cuyo objeto se ceñirá al enjuiciamiento de la acción civil planteada contra el tercero o de la afección de sus bienes, derechos o situación jurídica por la acción penal. Esta sentencia podrá ser objeto de recurso. Si no se presenta escrito de contestación a la demanda en plazo o el tercero no comparece en la vista debidamente representado se

---

[8] *Ibid*, p. 64.

dictará, sin más trámite, sentencia coincidente con la rescindida en los pronunciamientos afectados.

3. EL PROCESO DE DECOMISO AUTÓNOMO

3.1. Objeto, ámbito de aplicación y naturaleza jurídica

Lo más habitual en la práctica es que el decomiso se decrete en la misma sentencia de condena del proceso penal, en el cual se está enjuiciando los hechos delictivos concretos, sin embargo, existen supuestos donde se produce la imposibilidad de continuar el proceso penal por motivos como el fallecimiento del acusado o por encontrarse este en situación de rebeldía. Como respuesta a este problema, surge el procedimiento de decomiso autónomo, con el que se pretende salvar dichos obstáculos en la aplicación del decomiso. De tal manera, que se trata de una pretensión por la que se requiere al juez o tribunal que acuerde el decomiso de forma autónoma, es decir, desvinculada del enjuiciamiento de la responsabilidad penal de los sujetos relacionados con los bienes decomisados.

En este sentido, la Directiva 2014/42/UE, establecía la obligación a los Estados miembros de contemplar los cauces procedimentales necesarios, para posibilitar el decomiso de instrumentos o productos cuando se veía impedido por razones de enfermedad o fuga del acusado o sospechoso. El legislador español ha transpuesto este mandato al ordenamiento interno, pero una vez más excediéndose de los mínimos exigidos por la normativa europea, extendiendo este procedimiento al supuesto de reserva de acción, pero también en el Código penal.

En primer lugar, si observamos el artículo 127 ter en el Código penal, que recoge los supuestos del llamado "decomiso sin condena", establece que:

> «Artículo 127 ter: 1. El juez o tribunal podrá acordar el decomiso previsto en los artículos anteriores aunque no medie sentencia de

> condena, cuando la situación patrimonial ilícita quede acreditada en un proceso contradictorio y se trate de alguno de los siguientes supuestos: a) Que el sujeto haya fallecido o sufra una enfermedad crónica que impida su enjuiciamiento y exista el riesgo de que puedan prescribir los hechos, b) se encuentre en rebeldía y ello impida que los hechos puedan ser enjuiciados dentro de un plazo razonable, o c) no se le imponga pena por estar exento de responsabilidad criminal o por haberse ésta extinguido.
> 2. El decomiso al que se refiere este artículo solamente podrá dirigirse contra quien haya sido formalmente acusado o contra el imputado con relación al que existan indicios racionales de criminalidad cuando las situaciones a que se refiere el apartado anterior hubieran impedido la continuación del procedimiento penal».

Como puede observarse, el legislador español amplía los supuestos de hecho que recoge la Directiva, y añade los casos donde no puede imponerse la pena por estar el sujeto exento de responsabilidad penal o por haberse extinguido. Sorprendentemente, estas dos últimas causas no se reflejan en el artículo 803 ter LECrim, como veremos a continuación. Como veremos a continuación, se trata en general de una redacción muy desafortunada y que sufre de incoherencias técnicas, especialmente, con el articulado del Código penal.

Este decomiso sin condena se resuelve en un procedimiento contradictorio, es decir, mediante este procedimiento de decomiso autónomo, regulado en los artículos 803 ter letras e) – u) LECrim. La regulación de este procedimiento está teñida por aspectos civiles y penales, pues, le son de aplicación las normas que regulan el juicio verbal en la LEC. Esta remisión por el legislador al cauce civil, según considera NIEVA FENOLL[9], se debe a su brevedad, y por tener la voluntad —no declarada— de querer celebrar este proceso casi sumariamente por razones de eficacia. A pesar de ser el procedimiento más sorpresivo y que genera más inseguridad.

---

9 NIEVA FENOLL, J., "El procedimiento de decomiso autónomo en especial, sus problemas probatorios", *Diario La Ley*, núm. 8601, 2015, p. 8.

Ello, conlleva a que nos encontremos ante un proceso con un carácter híbrido. Puesto que, se trata de una pretensión que deriva de una causa penal, pero que se tramita por un cauce civil, ante un órgano penal. Circunstancia que agrava ese constante debate jurídico generado en torno a la naturaleza del decomiso y, consecuentemente, a la naturaleza de este proceso.

En este sentido, el legislador parece querer dotarle de una apariencia civil, pues, no solo remite a las normas del juicio verbal de la LEC, en tanto no sean contradictoria con lo dispuesto en este capítulo del LECrim, sino que, además emplea términos pertenecientes al proceso civil, por ejemplo, demanda y contestación de decomiso, o la aplicación de las normas de rebeldía del proceso civil. Por el contrario, la competencia corresponde al orden penal, la legitimación activa corresponde exclusivamente al Ministerio Fiscal, los recursos frente a la sentencia se rigen por la LECrim, entre otros aspectos–que iremos desarrollando-, son elementos que plantean que su naturaleza sea penal.

Para GASCÓN INCHAUSTI, esta regulación nos sitúa ante un proceso penal especial por razón de la materia, donde solo se pretende el decomiso de bienes[10]. Otros autores, también, se refieren a este procedimiento como un procedimiento penal especial, entre ellos, MARCHENA GÓMEZ y GONZÁLEZ CUELLAR[11], estos aluden solo a la naturaleza civil del decomiso autónomo cuando se dirige a los terceros, o GARRIDO CARRILLO[12].

---

10 GASCÓN INCHAUSTI, F., "Las nuevas herramientas procesales para articular ..." *Op.cit.*, p. 31. En el mismo sentido, SÁNCHEZ SISCART, J.M., "La intervención de terceros afectados por el decomiso y el decomiso autónomo. La recuperación y gestión de activos", en *las reformas del proceso penal, Cuadernos Digitales de Formación*, núm. 3, 2016, p. 16.

11 MARCHENA GÓMEZ, M.; GONZÁLEZ-CUELLAR SERRANO, N., *Op.cit.*, p. 467.

12 GARRIDO CARRILLO, F.J., *El decomiso. Innovaciones, deficiencias... Op.cit.*, p. 96.

Otros autores, como NIEVA FENOLL[13], consideran que la determinación de la naturaleza no es relevante, toda vez que se ha determinado la competencia a favor del juez penal–la competencia supone un factor relevante en este sentido, pues es en el orden penal, donde se realiza el reproche penal-, y se ha establecido un procedimiento que sigue los cauces civiles, por lo que se trata de un debate teórico. No obstante, se postula a favor de una naturaleza penal, puesto que, aquello que se tramita en este procedimiento no es sólo una cuestión meramente patrimonial, sino que, para valorar este enriquecimiento injusto, es el juez penal quien debe pronunciarse por traer causa de un delito. Por tanto, admite que se trata de un procedimiento especial penal, y que, en realidad, sería una pieza separada o un incidente del proceso penal principal que se tramita por separado.

Si atendemos al tenor literal del artículo 803 ter e), este dispone que podrá ser objeto de este procedimiento, la acción por la que se solicita el decomiso de bienes, efectos o ganancias, o un valor equivalente a los mismos –como puede observarse, el legislador se olvida de enumerar a los "medios e instrumentos del delito" que de acuerdo al 127 del Código penal pueden ser decomisados[14].Y, siempre y cuando, no hubiera sido ejercitada con anterioridad, salvo lo dispuesto en el artículo 803 ter p), que se refiere a los efectos de la sentencia de cosa juzgada.

En primer lugar, surgen dudas acerca de si los supuestos previstos en el apartado segundo – rebeldía, fallecimiento e incapacidad- son de carácter ejemplificativo y puede aplicarse a otros donde no se haya podido ejercer con anterioridad o si, por el

---

13 NIEVA FENOLL, J., "El procedimiento de decomiso autónomo en especial, sus problemas probatorios", *Diario La Ley*, núm. 8601, 2015, p. 11 y ss. GONZÁLEZ CANO, I., *El decomiso como instrumento de la cooperación judicial en la Unión europea y su incorporación al proceso penal español*", Tirant lo Blanch, Valencia, 2016, p. 64 y ss. DIAZ CABIALE, J.A., *Op.cit.*, p. 52 y ss.

14 GARRIDO CARRILLO, F.J *El decomiso. Innovaciones, deficiencias... Op.cit.*, p. 95.

contrario, el ámbito de aplicación queda restringido. Una interpretación conjunta de los tres apartados parece declinarse más por limitar a estos supuestos. Ahora bien, el artículo 127 ter CP incluye dos supuestos más: la exención de responsabilidad penal y su extinción. No parece que estos supuestos queden realmente excluidos, pero si la causa no llega al escrito de acusación, no se hace posible formular la reserva de acción, tampoco si se dicta la sentencia recogiendo dichas causas y no se ha reservado previamente la acción. Por otro lado, nada se indica de la posibilidad de que en este último caso sea posible ante una sentencia absolutoria que pueda pronunciarse sobre el decomiso. Tampoco aclara si solicitada la reserva de acción permite el mantenimiento o la adopción de medidas cautelares durante la tramitación del proceso principal.

De una forma más detenida, este procedimiento será aplicable, en particular, en dos supuestos:

El primero de ellos, excediéndose de lo exigido por la Directiva, se refiere a la posibilidad de que el Ministerio Fiscal se limite en su escrito de acusación a solicitar el decomiso de bienes de forma general, pero reservando expresamente su determinación para este procedimiento posterior, lo que recuerda a la reserva de acciones civiles. En este apartado no se recogen unos supuestos tasados, por lo que, se deduce que se trata de una decisión de carácter discrecional, y el Fiscal hará uso de ella cuando lo considere conveniente y oportuno[15]. No obstante, como dispone el apartado tercero del precepto, será necesario esperar a que la resolución sobre la responsabilidad penal del encausado sea firme para poder iniciar el decomiso autónomo. Lo que no se exige es que la sentencia sea condenatoria, con lo cual, en estos casos de extinción o exención de respon-

---

15 GASCÓN INCHAUSTI, F., "Las nuevas herramientas procesales para articular ..." *Op.cit.*, p. 34; GARRIDO CARRILLO, F.J., *El decomiso. Innovaciones, deficiencias... Op.cit.*, p. 96.

sabilidad penal tendría todo el sentido, eso sí, el Fiscal deberá reservar la acción en el momento de evacuar su escrito de acusación.

Esta vía puede resultar ventajosa por varios motivos, por un lado, permite apartar el decomiso a un momento posterior, cuando resulta complejo y obstaculiza la causa principal. Así como, el hecho de poder presentar nuevas solicitudes cuando se descubra la existencia de bienes, efectos o ganancias a los que deba extenderse el decomiso, pero de cuya existencia o titularidad no se hubiera tenido conocimiento cuando se inició el procedimiento de decomiso, y cuando no se haya resuelto anteriormente sobre la procedencia del decomiso de los mismos (artículo 803 ter letra u).

En segundo lugar, será posible iniciar este procedimiento cuando, como consecuencia de la comisión de un hecho punible, su autor haya fallecido o no pueda ser enjuiciado por hallarse en rebeldía o incapacidad para comparecer en juicio, solicitándose el decomiso posterior por esta vía. En ambos casos debe concurrir el requisito general de no haberse solicitado el decomiso con anterioridad.

Se da la posibilidad cuando hay varios encausados y algunos se encuentran en rebeldía o incapacidad, de acumularse en la misma causa la acción de decomiso autónomo contra los presentes. De esta forma, la demanda y la contestación a la demanda de decomiso autónomo podrá realizarse en el momento de presentación de los escritos de acusación y defensa. Si alguno de los encausados ha fallecido, el proceso penal continuaría para el resto, y como terceros afectados por el decomiso se llamaría a la herencia yacente o a los herederos[16].

---

16 FARTO PIAY, T., URIARTE VALIENTE, L.M., "La posición del tercero frente al decomiso de bienes en el proceso penal", *La Ley Penal: Revista de Derecho Penal, Procesal y Penitenciario,* núm. 145, 2020, p. 6.

En este segundo supuesto, en concreto, refiriéndonos al supuesto de fallecimiento, se plantea una descoordinación entre el Código penal y la norma procesal. El artículo 127 ter 2º limita este decomiso «contra quien haya sido formalmente acusado o contra el imputado con relación al que existan indicios racionales de criminalidad cuando las situaciones a que se refiere el apartado anterior hubieran impedido la continuación del procedimiento penal». Por su parte, el artículo 803 ter e) no impone otras exigencias más que el fallecimiento, por ello, SÁNCHEZ SISCART considera que sería posible plantear la solicitud de decomiso autónomo, incluso, si la causa principal no se ha iniciado (por ejemplo, fallecimiento en el curso de la operación policial), lo que encajaría con lo dispuesto en el art. 803 ter f, al referirse al juez competente para el enjuiciamiento de la causa cuando esta no se hubiera iniciado. No obstante, este autor se declina a favor de lo establecido en la norma sustantiva, que considera prevalente frente a régimen procesal[17].

GASCÓN INCHAUSTI, por su parte, en relación con estos dos supuestos de decomiso autónomo, se ha referido al primer supuesto, sobre reserva de acciones, como un "decomiso por conveniencia". Considera que, el hecho de decretar el decomiso de forma genérica en la sentencia del proceso penal para determinar los bienes en este decomiso autónomo, es una situación de contrasentido, puesto que no pueden confiscarse bienes indeterminados. De forma que, el decomiso se materializaría a través del correspondiente pronunciamiento constitutivo en la sentencia del proceso de decomiso autónomo, donde se individualizaría. Por otro lado, el segundo supuesto lo califica como "un decomiso

---

17 SÁNCHEZ SISCART, J.M., "La intervención de terceros afectados..., Op.cit., p. 19.

por necesidad[18]", pues aquí, el posterior decomiso se produce por la imposibilidad de materializarlo en el proceso principal.

En cuando al objeto de este procedimiento, ya hemos indicado, que lo constituye la acción por la que se solicita el decomiso de bienes, efectos o ganancias, o un valor equivalente a los mismos. Esta acción se ejerce de forma separada del proceso donde se enjuicia la responsabilidad penal de los sujetos por los hechos delictivos vinculados con el decomiso.

Junto a ellos, cabe la posibilidad de aplicarse sobre bienes de terceros, por lo dispuesto en el artículo 803 ter j) tercer párrafo de la LECrim, que se refiere: «El tercero afectado por el decomiso será citado de conformidad con lo previsto en el apartado 3 del artículo 803 ter b». No obstante, esto parece chocar con la interpretación del artículo 127 ter CP, al referirse al "formalmente acusado o investigado", lo que podría impedir su extensión a terceros. Esta incongruencia logra salvarse por la vía del artículo 127 quater, al autorizar la extensión sobre los bienes transferidos a terceros en aplicación de los supuestos de decomiso anteriores, entre los que se encuentra el artículo 127 ter, es decir, el decomiso sin sentencia de condena. Por esta misma razón, es posible aplicar el procedimiento de decomiso autónomo a los casos de decomiso ampliado del artículo 127 bis, pero no del supuesto recogido en el 127 quinquies, que únicamente quedaría dentro de su alcance cuando el Ministerio Fiscal hubiera reservado la acción y concluya con sentencia firme.

En definitiva, en este procedimiento se podrá atender al decomiso de bienes de los acusados o investigados que no hayan podido ser juzgados, y al decomiso de terceros (artículo 127 quater) cuando se cumplan con los presupuestos del procedimiento autónomo.

---

18 GASCÓN INCHAUSTI, F., "Las nuevas herramientas procesales para articular ..." *Op.cit.*, p. 34.

3.2. Competencia

Para determinar la competencia del órgano que va a conocer del procedimiento de decomiso autónomo, el artículo 803 ter f) establece tres supuestos: a) el juez o tribunal que hubiera dictado la sentencia firme; b) el juez o tribunal que estuviera conociendo de la causa penal suspendida; c) el juez o tribunal competente para el enjuiciamiento de la misma cuando ésta no se hubiera iniciado, en las circunstancias previstas en el artículo 803 ter e.

El primero de ellos, se atribuye al juez o tribunal que hubiera dictado la sentencia firme, es decir, que cuando el Ministerio Fiscal reserve la acción para individualizar los bienes decomisables en este procedimiento autónomo, dónde será competente el juez que conoció en primera instancia del asunto principal. Procedimiento que podrá iniciarse una vez sea firme dicha resolución como establece el apartado tercero del artículo anterior. Acerca de este criterio, algún autor menciona el conflicto que puede surgir, a la hora de resolver este procedimiento, por el hecho de que al tratarse del mismo juez pueda verse contaminado, y si sería necesario acordar otra composición distinta[19]. En este sentido, NIEVA FENOLL, es uno de ellos, y considera acertada la decisión del legislador de apartar al órgano instructor para que no juzgue el decomiso autónomo, aunque sea indirectamente, puesto que podría verse comprometida la exigencia de imparcialidad[20].

Ahora bien, aunque esta es la regla general, la LOPJ establece una serie de excepciones con motivo de la reforma introducida por la Disposición Final Primera de la LO 13/2015, de 5

---

19 MARCHENA GÓMEZ, M.; GONZÁLEZ-CUELLAR SERRANO, N., *La reforma de la ley de enjuiciamiento criminal en 2015*, Ediciones Jurídicas Castillo de Luna, Madrid, 2015, p. 482. SÁNCHEZ SISCART, J.M., "La intervención de terceros afectados por el decomiso…, Op.cit., p. 22.

20 NIEVA FENOLL, J., "El procedimiento de decomiso autónomo en especial, sus problemas probatorios", *Diario La Ley*, núm. 8601, 2015, p. 5.

de octubre[21]. De acuerdo con estas modificaciones, se atribuye la competencia para el conocimiento del procedimiento de decomiso autónomo por los delitos para cuyo conocimiento sean competentes a la Sala de lo Penal del TS (art. 57.1.5°), a la Sala de lo Penal de la AN (art. 65.7°), a la Sala de lo Civil y Penal de los TSJ como Sala de lo penal (art. 73.3.e), a las AP en el orden penal (art. 82.1.6°), a los Juzgados de Instrucción (art. 87.1.h), a los Juzgados de lo Penal (art. 89.bis.2) y al Juzgado Central de lo Penal (art. 89.bis.3).

Algún autor como GARRIDO CARRILLO[22] entiende que, estas atribuciones que hace el legislador en la LOPJ, se refieren a la competencia para conocer del juicio oral. Por ello, quedan excluidos del conocimiento del procedimiento de decomiso autónomo cuando se traten de los supuestos de imposibilidad de enjuiciamiento, como consecuencia de la ausencia de previsión orgánica de atribución de la materia: el Juzgado de Menores, el Juzgado de Violencia sobre la mujer, el Juzgado Central de Instrucción. En cuyo caso, la competencia se atribuiría al órgano que tendría la competencia para conocer la causa principal de no atribuirse a estos. No así, cuando se trate del supuesto de reserva de acciones, donde sí será competente quien ha enjuiciado[23].

En cuanto al Tribunal del Jurado, este no tendría competencia para conocer del procedimiento de decomiso autónomo, atribuyéndose a la Audiencia Provincial.

---

[21] LO 13/2015 de 5 de octubre, de modificación de la Ley de Enjuiciamiento Criminal para el fortalecimiento de las garantías procesales y la regulación de las medidas de investigación tecnológica, «BOE núm. 239 de 06 de octubre de 2015».

[22] GARRIDO CARRILLO, F.J., *El decomiso. Innovaciones, deficiencias... Op.cit.*, p.107.

[23] MARCHENA GÓMEZ, M.; GONZÁLEZ-CUELLAR SERRANO, N., *La reforma de la ley de enjuiciamiento criminal en 2015*, Ediciones Jurídicas Castillo de Luna, Madrid, 2015, p. 480.

En segundo lugar, el legislador atribuye la competencia al juez o tribunal que estuviera conociendo de la causa penal suspendida. Esto se reduce a los supuestos de rebeldía en la fase de instrucción o de incapacidad que impida la continuación de las actuaciones, en ambos casos se dictaría auto de suspensión (art. 840 y 383 LECrim). Si se produce en fase de juicio oral, se suspendería y se dictaría auto de archivo (art. 841, 746.5 y 749 LECrim). Si existe exención de la responsabilidad criminal, se dictará normalmente auto de sobreseimiento libre (art. 637.3 LECrim.), si se aprecia en el juicio oral, devendría una sentencia absolutoria[24].

En tercer lugar, el juez o tribunal competente para el enjuiciamiento de la misma cuando ésta no se hubiera iniciado, en las circunstancias previstas en el artículo 803 ter e. Por tanto, será competente, según la gravedad de la pena el Juzgado de lo Penal o la Audiencia Provincial, salvo supuesto que corresponda a otro órgano.

En este supuesto la doctrina ha planteado algunas cuestiones problemáticas. Por ejemplo, el caso en el que se suspende la causa principal en fase de juicio oral, y se tramita el procedimiento de decomiso autónomo. En este último procedimiento, será competente el tribunal que hubiere conocido, o debiere conocer, del juicio oral del proceso penal en cuestión. Bien, si posteriormente, se levanta la suspensión y es posible enjuiciar al procesado, podría verse comprometida la imparcialidad del juez competente para este enjuiciamiento, al haber realizado una valoración probatoria de los hechos anterior para resolver el decomiso autónomo. Por lo que, quizás debería ser otro juez quien enjuiciase el asunto o, de ser un tribunal, alterar la composición.

---

24 NIEVA FENOLL, J., "El procedimiento de decomiso autónomo en especial, sus problemas probatorios", *Diario La Ley*, núm. 8601, 2015, p. 6.

El segundo aspecto que ha generado cierta controversia es el hecho de si esta sentencia del decomiso autónomo vincularía posteriormente al juez que deba enjuiciar la causa principal una vez se levante la suspensión. Algunos autores se muestran a favor de no atribuir efectos vinculantes por el efecto de cosa juzgada positiva. Y, si la sentencia del asunto principal fuera finalmente absolutoria por inexistencia del hecho o falta de tipicidad, se podría revisar la sentencia del decomiso autónomo para su rescisión[25].

El tercer y último criterio de atribución, establece la competencia del juez o tribunal competente para el enjuiciamiento de la misma cuando ésta no se hubiera iniciado, en las circunstancias previstas en el artículo 803 ter e).

3.3. Las partes

La legitimación activa está atribuida exclusivamente al Ministerio Fiscal (artículo 803 ter h). Siendo la única parte del proceso que puede reservar la acción para su ejercicio autónomo. Algún autor, como SÁNCHEZ SISCART, ha criticado esta disposición por impedir su reserva a la acusación particular, pues el resultado del decomiso no le es indiferente al perjudicado habida cuenta que el resultado puede destinarse al pago de las indemnizaciones de la víctima[26]. Lo que, a todas luces, resulta un contrasentido cuando el propio artículo 803 ter o) segundo párrafo dispone que, cuando la sentencia estime total o parcialmente la demanda de decomiso, se identificará a los perjudicados y fijará las indemnizaciones que fueran procedente, sin embargo, no tienen la legitimación para intervenir. La única estrategia que tiene el perjudicado es reclamar por vía civil en los supuestos de imposibilidad de enjuiciamiento, y en el caso de reserva de

---

25 GARRIDO CARRILLO, F.J., *El decomiso. Innovaciones, deficiencias... Op.cit.*, p.109.

26 SÁNCHEZ SISCART, J.M., "La intervención de terceros afectados por el decomiso..., *Op.cit.*, p. 22.

acciones por el Ministerio Fiscal, pueden solicitar la ejecución del pronunciamiento a su favor en el proceso penal principal. Esta formulación es considerada, por MARCHENA GÓMEZ y GONZÁLEZ-CUELLAR SERRANO [27] , adecuada con el derecho a la tutela judicial efectiva de las víctimas.

La acción de decomiso autónomo se dirige frente a los titulares de los bienes o derechos sobre los que se solicite el decomiso, sean o no los encausados o acusados del proceso penal principal, y a todos ellos se les reconoce la aplicación de las normas reguladoras del derecho a la asistencia letrada del encausado. Algo que puede considerarse excesivo respecto con los terceros afectados, frente a los que la acción es de carácter civil, esta asimilación al encausado, demás, difiere del régimen de postulación del responsable civil en el proceso principal, cuya personación en debida forma con abogado y procurador resulta facultativa[28].

En concreto el artículo 803 ter j) se refiere a que serán citados a juicio como demandados los sujetos contra los que se dirija la acción por su relación con los bienes a decomisar; los encausados rebeldes y el tercero afectado. Por lo que, serán muy habituales las situaciones de litisconsorcio pasivo. La capacidad procesal se rige por las normas del proceso civil, por lo que, cuando el encausado tenga la capacidad modificada judicialmente para comparecer en el proceso penal suspendido, esta cuestión se regirá por las normas de la LEC. Por otro lado, solo podrán ser parte pasiva, las personas físicas o jurídicas – de acuerdo con el art. 129 CP-, puesto que, el decomiso solo puede aplicarse como consecuencia accesoria de una pena o medida de seguridad. Ahora bien, puede haber otros entes, que no pudiendo ser responsables penales, si puedan verse afectados como una herencia

---

27 MARCHENA GÓMEZ, M.; GONZÁLEZ-CUELLAR SERRANO, N., *La reforma de la ley de enjuiciamiento criminal en 2015*, Ediciones Jurídicas Castillo de Luna, Madrid, 2015, p. 483.

28 *Ibid*, p. 484.

yacente o una masa de acreedores, estos pueden concurrir como un tercero afectado.

3.4. Estructura del procedimiento: demanda, contestación y juicio oral

El procedimiento se inicia con escrito de demanda, que se presentará por escrito. En este escrito se deberá indicar expresamente los siguientes datos: las personas contra las que se dirige la solicitud de decomiso, sus domicilios y su situación respecto al objeto de decomiso; los bienes sobre los que se solicita la medida; el hecho punible relacionado con los mismos, su calificación penal y la relación entre el delito y el bien que se pretende decomisar; el fundamento legal del decomiso; la proposición de prueba; y, si procediese, la solicitud de medidas cautelares, justificando la conveniencia de su adopción para garantizar la efectividad del decomiso.

Admitida la demanda, el órgano deberá pronunciarse sobre la solicitud de las medidas cautelares, si se hubieran solicitado, y en este caso, la oposición, modificación o alzamiento de las mismas y la prestación de caución sustitutoria se desarrollará de acuerdo con lo previsto en el Título VI del Libro III de la LEC, si no fueran contradictorias a las normas de este capítulo. Y notificará la demanda de decomiso a las partes pasivamente legitimadas, a quienes otorgará un plazo de veinte días para personarse en el proceso y presentar escrito de contestación a la demanda de decomiso.

En caso de que el encausado se encuentre en rebeldía, se establece que se le notificará a su representación procesal del procedimiento suspendido y mediante edicto, y sino comparece se le nombrará abogado y procurador de oficio. Sin embargo, el artículo 803 ter s) establece: «La incomparecencia del encausado rebelde y del tercero afectado en el procedimiento de decomiso autónomo se regirá por lo dispuesto en el artículo 803 ter d». Si acudimos a este segundo precepto, se determina que las normas de rebeldía aplicables son las de LEC. En este sentido, la rebeldía en el proceso civil supone la exclusión del demandado, algo que chirría con el nombramiento de abogado y procurador de oficio, pues devendría una situación dónde el demandado rebelde se encuentra comparecido y pudiendo actuar en el proceso. Con lo cual, parece que esta la regla de exclusión del proceso del rebelde solo es aplicable para los terceros afectados, y no para el encausado, lo que se produce un trato desigualitario entre las partes pasivas.

Por otro lado, el escrito de contestación a la demanda contendrá sus alegaciones en relación con los correlativos del escrito de demanda, que deberá presentarse en el plazo de veinte días. Si transcurrido este plazo no se interpusiera dicha contestación o, bien, el demandado desistiera del mismo, el artículo 803 ter m) -criticable es el uso del término desistir, pues no puede desistir al no ser quien ejercitar la acción, en todo caso, cesa en mantener la oposición[29]-, establece que el juez o tribunal acuerde el decomiso definitivo solicitado por la demandante, aunque esta regla se muestra discordante con el régimen de la conformidad en la sanción y con el allanamiento del demandado. Para NIEVA FENOLL supone la introducción parcial de la técnica moratoria, lo que valora positivamente por la recurrente ausencia de los reos y terceros en estos procedimientos[30].

Transcurridos los plazos para estas actuaciones, el órgano competente resolverá mediante auto, frente al que no cabe recurso, sobre la prueba propuesta y en el que señalará fecha y hora para la vista. Aunque el auto es irrecurrible se podrá reiterar de nuevo la solicitud de la prueba en el juicio.

El juicio se desarrollará de acuerdo con las normas del artículo 433 de la LEC, esto es, del juicio ordinario.

---

29 *Ibid*, p. 489.

30 NIEVA FENOLL, J., "El procedimiento de decomiso autónomo en especial, sus problemas probatorios", *Diario La Ley*, núm. 8601, 2015, p. 9.

3.5. La sentencia y sus efectos

El tribunal resolverá mediante sentencia en el plazo de 20 días desde su finalización, con alguno de los siguientes pronunciamientos: estimar la demanda de decomiso y acordar el decomiso definitivo de los bienes; estimarla parcialmente, dejándose sin efecto las medidas cautelares que hubieran sido acordadas respecto al resto de los bienes.; o desestimarla, dejando sin efectos las medidas cautelares. En el caso, de estimación total o parcial se identificarán a los perjudicados y se determinará las indemnizaciones que procedan. Cuando el decomiso se hubiera acordado por un valor determinado, se requerirá al obligado para que proceda al pago de la cantidad en un determinado plazo o designe bienes por un valor suficiente para hacer efectivo el decomiso.

Las costas se regirán por lo dispuesto en la LECrim, es decir, no se impondrán las costas al Ministerio Fiscal si se desestima la demanda, por lo que el demandado nunca verá resarcido sus gastos de postulación. En este sentido, NIEVA FENOLL entiende que se trata de una cuestión que el legislador debería de articular en un futuro, pues parece bastante injusto, especialmente, en supuestos como, por ejemplo, que los terceros sean importunados, y que finalmente, se declare que no tienen relación con el delito, y a pesar de todo, no pueden recuperar los costes de su intervención de ninguna manera[31].

Por otro lado, en caso de que la incomparecencia del demandado rebelde hubiera sido involuntaria, se podrá promover la rescisión de la sentencia, siendo de aplicación lo dispuesto en el artículo 803 ter d), ya analizado anteriormente en la intervención de terceros.

---

[31] Ídem.

Respecto con los efectos de cosa juzgada de la sentencia que recaiga en el proceso de decomiso autónomo, según lo referido en el artículo 803 ter p), tendrá efecto de cosa juzgada material en relación con las personas contra las que se haya dirigido la acción y la causa de pedir planteada, consistente en los hechos relevantes para la adopción del decomiso, relativos al hecho punible y la situación frente a los bienes del demandado.

En este proceso penal, como consecuencia del efecto negativo de cosa juzgada material, no podrá será objeto de enjuiciamiento el decomiso de bienes sobre el que se haya resuelto en el procedimiento de decomiso autónomo anterior. No obstante, si posteriormente el encausado es enjuiciado, la sentencia del decomiso no vinculará, es decir, que su sentido condenatorio o absolutorio no afectará al enjuiciamiento, aunque sí al órgano judicial competente para enjuiciar, pues se vulneraría el derecho al juez imparcial si fuera el mismo que previamente ha valorado la existencia o no del delito como presupuesto del decomiso autónomo.

3.6. Recursos

En materia de recursos, según dispone el artículo 803 ter r) primer párrafo, le son de aplicación las normas del proceso penal abreviado, a las resoluciones interlocutorias y a la sentencia, que podrá ser recurrida en apelación y en casación, con las limitaciones previstas a las sentencias absolutorias.

3.7. Nuevas solicitudes de decomiso autónomo

Finalmente, se contiene la posibilidad de interponer nuevas solicitudes de decomiso (artículo 803 ter u) en dos supuestos, por un lado, cuando se descubran más bienes a los que deba extenderse el decomiso, y no conociera su existencia o titularidad al inicio del procedimiento. Por otro lado, no se haya resuelto anteriormente sobre la procedencia del decomiso de los mismos.

Se trata de una posibilidad que únicamente se contempla en este procedimiento, y no en el proceso penal principal. Con lo cual, se convierte en una ventaja acudir a este procedimiento.

Capítulo 3

Aspecto orgánico del decomiso. La gestión y recuperación de Activos a través de las orgas

1. INTRODUCCIÓN

Tras el estudio general sobre los aspectos sustantivos y procesales más relevantes de la figura del decomiso en nuestro sistema penal español, debemos traer a colación el aspecto más administrativo del mismo o tercer pilar[1]. Este plano adquiere una especial importancia en el buen devenir del decomiso, pues no basta con que el órgano jurisdiccional acuerde esta medida, sino que, posteriormente deberán realizarse una serie de actuaciones de administración y conservación de dichos bienes, entre otras cuestiones. Sin olvidar, el apoyo logístico que pueden ofrecer estos organismos a las autoridades judiciales y al Ministerio Fiscal en las investigaciones patrimoniales a lo largo del proceso penal. Estas funciones dirigidas a garantizar una administración eficaz y más rentable de los bienes incautados son encomendadas a las llamadas "Oficinas de Recuperación y Gestión de Activos"[2], en

---

1 JIMENEZ- VILLAREJO FERNÁNDEZ, F., "La nueva regulación del decomiso y…, *Op.cit.*, p. 136.

2 JAÉN VALLEJO, M.; PERRINO PÉREZ, A.L., "Recuperación de activos derivados del delito: un objetivo prioritario de la reforma penal", *La Ley,* núm. 8545, Sección Doctrina, 22 de mayo de 2015, p. 8.

adelante las ORGAS[3]. Iniciativa que ha sido recibida de forma positiva por los operadores jurídicos como una solución a los problemas que se plateaban antes de su puesta en práctica y que podían generar incluso responsabilidad patrimonial de la Administración de Justicia. Y es que, la falta de medios materiales y personales de los juzgados, los plazos procesales y a las incidencias derivadas de la tramitación de los asuntos provocaba la inmovilización de determinados bienes durante largos periodos de tiempo, generando riesgos a la salud púbica, depreciando su valor, etc.

Como bien indica JIMENEZ- VILLAREJO con la creación de estas oficinas se pretende que a través de un órgano instrumental, centralizado y especializado, con funciones de policía judicial y que, en relación principalmente con procedimientos e investigaciones de delincuencia organizada, auxilie a las Fiscalías y órganos judiciales en la localización de activos[4]. Así pues, con la nueva regulación del decomiso y la creación de estas oficinas se reforzaba el sistema penal y procesal español en la lucha y prevención contra la delincuencia económica, que habitualmente opera a través de redes criminales potencialmente dañinas frente a los Estados democráticos, haciendo realidad el principio *Crime don´t pay*, es decir, que las ganancias ilícitas no compensen el delito.

2. MARCO NORMATIVO

Como no podía ser de otra manera, el marco normativo europeo ha ejercicio de nuevo una gran influencia sobre el legislador español a la hora de regular este aspecto orgánico al igual que con el resto de las cuestiones más primordiales de la figura

---

3 El término inglés es conocido como ORA/ ARO, es decir, *Asset Recovery Offices* y AMO, *Assets Management Office.*

4 JIMENEZ- VILLAREJO FERNÁNDEZ, F., “Novedades legislativas en materia de decomiso y..., *Op.cit.*, p. 115.

del decomiso en nuestro sistema penal. Principalmente, como consecuencia de las obligaciones derivadas de los compromisos políticos como Estado miembro de la Unión Europea, entre ellas el deber que tienen los Estados miembros de adaptar a su Derecho interno los instrumentos normativos que requieren su transposición previa como aquellos de aplicación directa, y todo ello, para que puedan alcanzarse los fines para los que fueron acordados.

Fruto de estas obligaciones de trasposición, debemos traer de nuevo a colación en este momento por ser las precursoras del origen más cercano de las ORGAS en la Unión Europea. En primer lugar, a la *Decisión Marco 2005/212/JAI, relativa al decomiso de los productos, instrumentos y bienes relacionados con el delito,* a la cual ya se hizo mención anteriormente, y en la que se destacaban los problemas de la delincuencia organizada de carácter transfronterizo con especial incidencia en los mecanismos de embargo y decomiso del producto del delito para la prevención y lucha contra este tipo de delincuencia. Con este instrumento normativo vinculante para los Estados miembros se establecía un régimen específico para el decomiso, pero con la particularidad de desvincularlo por primera vez del delito de blanqueo de capitales. Esta Decisión Marco vino motivada, especialmente, ante el deficiente sistema de cooperación penal transfronterizo, y cuyos resultados eran del todo insuficientes e ineficaces, beneficiando a la delincuencia transnacional. Es por ello que, se produce un intento de mejora a través de este instrumento comunitario, el cual se transpuso al Ordenamiento español mediante la Ley Orgánica 5/2010 de 22 de junio, que modificaba el Código penal.

Y en segundo lugar, la *Decisión Marco 2007/845/JAI del Consejo, de 6 de diciembre sobre cooperación entre los organismos de recuperación de activos de los Estados miembros en el ámbito del seguimiento y la identificación de productos del delito o de otros bienes relacionados con el delito*[5], en la que puso el foco sobre el aspecto más orgánico

---

[5] DOUE 18 de diciembre de 2007 L 332/103.

e institucional[6] del decomiso e imponía el deber a los Estados miembros de establecer organismos nacionales de recuperación de activos con competencias en este ámbito y que, además, pudieran intercambiar información estratégica entre ellas[7]. La finalidad no era otra que lograr una verdadera cooperación eficaz con las autoridades judiciales.

Justamente fue mediante la Disposición Final Primera de esta Ley Orgánica 5/2010 de 22 de junio que modificaba la LECRIM, y no con las reformas introducidas por la Directiva 2014/42/CE, con la que se dio paso a la creación de las Oficinas de Recuperación de Activos (ORA) en España, añadiendo en su apartado tres de esta disposición final, una nueva redacción del artículo 367 septies de la LECRIM, cuyo tenor literal disponía lo siguiente:

> «El Juez o Tribunal, a instancia del Ministerio Fiscal, podrá encomendar la localización, conservación, administración y realización de los efectos, bienes, instrumentos y ganancias procedentes de actividades delictivas cometidas en el marco de una organización criminal a una Oficina de Recuperación de Activos.
> Dicha Oficina tendrá la consideración de Policía Judicial, y su organización y funcionamiento, así como sus facultades para desempeñar por sí o con la colaboración de otras entidades o personas las funciones de conservación, administración y realización mencionadas en el párrafo anterior, se regularán reglamentariamente.
> Asimismo, la autoridad judicial podrá acordar que, con las debidas garantías para su conservación y mientras se sustancia el procedimiento, el objeto del decomiso, si fuese de lícito comercio, pueda ser utilizado provisionalmente por la Oficina de Recuperación de Activos o, a través de ella, por cualquier otra unidad de la Policía Judicial encargada de la represión de la criminalidad organizada.
> El producto de la realización de los efectos, bienes, instrumentos y ganancias a los que se refiere este apartado podrá asignarse total o parcialmente de manera definitiva, en los términos y por el procedimiento que reglamentariamente se establezcan, a la Oficina

---

6 JIMENEZ FRANCO, E., "La oficina de Recuperación y Gestión de Activos..., *Op.cit.*, p. 66.

7 JAÉN VALLEJO, M.; PERRINO PÉREZ, A.L., *Op.cit.*, p.7.

> de Recuperación de Activos y a los órganos del Ministerio Fiscal encargados de la represión de las actividades de las organizaciones criminales.
> El Plan Nacional sobre Drogas actuará como oficina de recuperación de activos en el ámbito de su competencia, de acuerdo con lo dispuesto en esta Ley, en el Código Penal y en las demás disposiciones legales y reglamentarias que lo regulan.»

Sin embargo, esta previsión resultaba insuficiente, pues la creación de estas oficinas exigía un posterior desarrollo reglamentario para su puesta en marcha, el cual fue postergado hasta el año 2015, coincidiendo así con la reforma más importante del decomiso en nuestro ordenamiento con la transposición de la Directiva 2014/42/CE. Con lo cual, en un primer momento estas oficinas no tuvieron ninguna implementación práctica y sus funciones fueron asumidas por la CITCO[8]. Efectivamente, a partir de las reformas promovidas por dicha Directiva, que en su artículo 10 instaba a los Estados miembros a la creación de estas oficinas centrales, y la necesidad de regular estos organismos en nuestro Derecho, el legislador español dotó del desarrollo reglamentario necesario para poner en funcionamiento a las ORGAS mediante un paquete de reformas que se materializaron en diferentes normas.

De tal forma que el estatuto jurídico de estas oficinas en España viene configurado por lo establecido: En primer lugar, por las distintas remisiones que se realizan a dicho organismo a lo largo del CAPÍTULO II BIS del Título V del Libro II de la LECRIM, relativo a la destrucción y realización anticipada de los efectos judicial. En especial, por la previsión actual del artículo 367 septies, cuya redacción vino modificada por la Disposición Final Segunda apartado siete de la LO 1/2015, de 30 de marzo

---

8 JIMENEZ FRANCO, E., "La oficina de Recuperación y Gestión de Activos..., *Op.cit.*, p. 71.

como consecuencia de los graves problemas prácticos provocados por la deficiente regulación[9].

Con ella, el legislador optó por reducir el contenido de este precepto haciendo referencia únicamente a las funciones generales que se pueden encomendar a las ORGAS, es decir, a la localización, la conservación y la administración de los efectos, bienes, instrumentos y ganancias procedentes de actividades delictivas cometidas en el marco de una organización criminal. Remitiendo su desarrollo legislativo a las normas reglamentarias, y el resto de los aspectos recogidos originariamente en el mismo precepto han pasado al contenido de otros artículos, también reformados por la Disposición Final Segunda de la LO 1/2015, como, por ejemplo, el artículo 367 quater, quinquies y sexies de la LECRIM sobre la asignación y uso provisional de los efectos.

Por otro lado, con esta reforma se introduce un cambio significativo en su denominación originaria al añadir el término de "gestión", es decir, lo que se conoce como "ORGA". Esta cuestión es relevante porque con dicha función añadida, este organismo dejaba de ser una simple oficina de localización de activos para convertirse un organismo integral o multidisciplinar con sede en el Ministerio de Justicia[10], cuyas funciones de auxilio pueden ser requeridas en todas las fases del proceso penal. De tal manera que, se convierten en un elemento central y de imputación de relaciones en la realización de efectos judiciales[11].

---

9 GARRIDO CARRILLO, F.J., "La oficina de recuperación y gestión de activos" en FUENTES SORIANO, O. (Coord.), *El proceso penal: Cuestiones fundamentales,* Tirant lo Blanch, Valencia, 2016, p. 503.

10 JIMENEZ- VILLAREJO FERNÁNDEZ, F., "La nueva regulación del decomiso y..., *Op.cit.,* p. 140.

11 GARRIDO CARRILLO, F.J., "La oficina de recuperación y gestión de activos" en FUENTES SORIANO, O. (Coord.), *El proceso penal: Cuestiones fundamentales,* Tirant lo Blanch, Valencia, 2016, p. 512.

En segundo lugar, es de aplicación lo dispuesto en el apartado dieciocho del artículo único de la Ley 41/2015, de 5 de octubre, con el que se incorpora la Disposición Adicional Sexta a la LECRIM, y que viene a establecer en términos generales aspectos sobre la naturaleza, objeto, gestión de recursos y fines de la ORGA.

Y en tercer lugar, por un conjunto de disposiciones reglamentarias que abordan los aspectos orgánicos, como son su organización y funcionamiento. Entre ellas, el Real Decreto 948/2015 de 23 de octubre[12], modificado por el Real Decreto 93/2018, de 2 de marzo, en cuya Exposición de Motivos hace alarde de su intención de subsanar los vacíos normativos detectados en su funcionamiento – entre los que se menciona la intervención de la Oficina a instancia del Letrado de la Administración de Justicia en fase de ejecución o el alcance de sus funciones-, y dar respuesta a las dudas interpretativas suscitadas. Configurando un marco normativo de su actuación adaptado a los principios de seguridad jurídica, transparencia, eficacia y eficiencia. En definitiva, esta norma viene a recoger el régimen de funcionamiento de las ORGAS, estableciendo su distribución con respecto de los órganos internos que la componen y, además, regula los procedimientos que deben seguir en el desempeño de sus competencias, pero en ningún caso se impone carga administrativa alguna al ciudadano. Mientras que, la Orden JUS/188/2016, de 18 de febrero, determina el ámbito de actuación, la entrada en funcionamiento operativo de la Oficina y la apertura de su cuenta de depósitos y consignaciones. Por último, encontramos la Resolución de la Secretaría de Estado de Justicia de 16 de septiembre de 2016.

---

[12] BOE núm. 255, de 24 de octubre de 2015.

3. NATURALEZA, ESTRUCTURA Y FUNCIONES DE LAS ORGAS

La ORGA se configura como un órgano de carácter administrativo de nueva creación perteneciente a la Administración General del Estado, pero con la peculiaridad de ser auxiliar de la Administración de Justicia. Se le atribuye rango de Dirección General adscrita a la Secretaría de Estado de Justicia, y aunque funcionalmente actúe bajo el órgano jurisdiccional, su dependencia orgánica es al Ministerio de Justicia. Cabe destacar la supresión operada por la LO 1/2015 de la catalogación como policía judicial que se hacía en el anterior artículo 367 septies párrafo segundo de la LECRIM sobre esta oficina. Ello es lógico, si atendemos a que su estructura y su actuación están al margen del ámbito de la fiscalía y el órgano jurisdiccional[13].

Se encuentra estructurada de la siguiente forma: un Director General que será nombrado y separado por real decreto del Consejo de Ministros, a propuesta del Ministro de Justicia. Internamente se dividirá en dos Subdirecciones Generales, por un lado, la Subdirección General de localización y recuperación de bienes que ostenta las funciones de identificación y búsqueda de los efectos, bienes, instrumentos y ganancias provenientes del delito para su puesta a disposición judicial, actuando de forma coordinada con las unidades centrales de las Fuerzas y Cuerpos de Seguridad. Por otro lado, por la Subdirección General de conservación, administración y realización de bienes.

Su objetivo principal es auxiliar a los órganos judiciales y fiscalías en la localización, recuperación, conservación, administración y realización de los efectos, bienes, instrumentos y ganancias procedentes de las actividades delictivas cometidas en el seno de una organización criminal y en los delitos económicos más graves en concreto en los relacionados con el artículo 127 bis del Código

---

13 GARRIDO CARRILLO, F.J., "La oficina de recuperación y gestión de activos", *Op.cit.*, p. 514.

penal -tráfico de drogas, blanqueo de capitales, trata de seres humanos, corrupción, grandes estafas, terrorismo, etc.-. Y ello, con vistas a facilitar a los juzgados y tribunales la labor de embargar y decomisar bienes en el marco del procedimiento penal, y aplicar el resultado al destino correspondiente. Por lo que, la intervención de estas oficinas realmente excede de la función básica de intercambio de información relevante de carácter patrimonial con otras oficinas análogas, ofreciendo un auxilio integral a la Administración de justicia[14].

En sentido estricto, las funciones que, por tanto, tienen encomendadas estas oficinas de acuerdo con lo dispuesto en el artículo 3 del RD 948/2015 son, en primer lugar, la localización, recuperación, y gestión de los efectos, bienes, instrumentos y ganancias procedentes de actividades delictivas en el marco de una organización criminal, y de otras que se le puedan atribuir. Y excluye expresamente la localización o gestión de bienes cuyo único fin sea el pago de una pena de multa. Tampoco son órganos receptores de denuncias ni unidades de investigación de delitos.

En cuanto a la averiguación y localización, abarcaría tanto a bienes radicados en España como en el extranjero, cuya titularidad nominal recaiga tanto sobre las personas investigadas como de aquellos sobre los que exista una titularidad interpuesta, pues se trata de evitar a toda costa que los delincuentes puedan disfrutar de cualquier ganancia derivada de la actividad delictiva. Para la realización de estas tareas, la ORGA se sirve principalmente del acceso a las diferentes bases de datos nacionales–Lexnet, el portal de subastas electrónicas, etc.), e intercambia información patrimonial con organismos análogos de ámbito nacional e internacional en

---

14 VALLÉS CAUSADA, L.M., "La actividad de la Oficina de Recuperación y Gestión de Activos como fuente de prueba para el proceso penal", en ASENCIO MELLADO, J.M. (Dir.), ROSELL CORBELLE, A. (Coord.), *Derecho probatorio y otros estudios procesales: Vicente Gimeno Sendra. Liber amicorum*, Ediciones Jurídicas Castillo de Luna, 2020, pp. 1904-1905.

el marco de cooperación institucional, particularmente, con otras oficinas de recuperación de activos extranjeras. Produciéndose un acceso e intercambio de datos de carácter sensible que se ve afectado por la regulación sobre protección de datos personales. Regulación que resulta de aplicación a la ORGA en el desempeño de sus funciones[15].

Por su parte la función de gestión es bastante más amplia y abarca las tareas de: 1. Conservación, es decir, del mantenimiento de los efectos, bienes, instrumentos y ganancias, así como de los beneficios, frutos y rentas de tales bienes. Comprende también la destrucción de los bienes cuando sea acordada por la autoridad competente en los términos previstos legalmente. 2. Administración, que se regirá por la normativa en materia de contratación pública y patrimonial, sin perjuicio de la sujeción a otra normativa que resultara aplicable. 3. Realización, que incluiría todas esas actuaciones referentes a la venta anticipada de los bienes embargados, la venta de los bienes decomisados, la tramitación administrativa precisa para hacer llegar a la cuenta de depósitos y consignaciones el dinero resultante del embargo o la realización anticipada de los efectos.

En cualquier caso, se fijan unos fines específicos de carácter prioritario a los que deberá dirigirse la aplicación del producto obtenido de la actividad de gestión y realización de la ORGA, entre los que se enumeran los siguientes: a) El apoyo a programas de atención a víctimas del delito, tanto de las Administraciones Públicas, como de organizaciones no gubernamentales o entidades privadas sin ánimo de lucro, con especial atención a las víctimas de terrorismo, a las de violencia de género, trata de seres humanos, delitos violentos y contra la libertad sexual, así como a las víctimas con discapacidad necesitadas de especial protección y a las víctimas menores de edad. b) El impulso y dotación de

---

15 FUNES BELTRÁN, T., "La protección de datos personales en el seno del proceso penal. Situación actúa", en FUENTES SORIANO O. (Dir.), *Era Digital, Sociedad Y Derecho,* Tirant lo Blanch, Valencia, 2020, p. 599.

medios de las Oficinas de Asistencia a las Víctimas. c) El apoyo a programas sociales orientados a la prevención del delito y el tratamiento del delincuente. d) La intensificación y mejora de las actuaciones de prevención, investigación, persecución y represión de los delitos, incluyendo: 1.º Los gastos necesarios para la obtención de pruebas en la investigación, comprendiendo el coste de las pericias del Instituto Nacional de Toxicología y Ciencias Forenses y de los Institutos de Medicina Legal y Ciencias Forenses. 2.º La adquisición de medios materiales para los órganos competentes en la represión, investigación y realización de las pruebas periciales. 3.º La formación y capacitación especializada de los órganos encargados de la prevención y represión de la criminalidad organizada. 4.º El reembolso de los gastos en que lícitamente hayan podido incurrir los particulares o los servicios de las Administraciones Públicas que hubiesen colaborado con los órganos competentes en la investigación. e) La cooperación internacional en la lucha contra las formas graves de criminalidad. f) La satisfacción de los propios gastos de funcionamiento y gestión de la oficina.

Todas estas funciones pueden reforzarse a través de la colaboración con otras entidades públicas y privadas, que deberán cumplir con ello de acuerdo con su normativa. En este sentido, la colaboración institucional mediante la celebración de convenios o acuerdos con la oficina deviene imprescindible para alcanzar los objetivos previstos por la ORGA. Es por ello que el Ministerio de Justicia ha firmado desde el año 2016 numerosos convenios con Administraciones y organismos públicos como el Consejo General del Notariado, Dirección General de Tráfico, Catastro, etc.[16]. Esto permite que se produzca un intercambio de información patrimonial de forma más flexible y rápida.

---

16 Documentos disponibles en línea en https://www.mjusticia.gob.es/es/AreaTematica/OficinaRecuperacion/Documents/ACTUALIZACI%C3%93N%20CUADRO%20CONVENIOS%20FIRMADOS%20WEB.pdf (Fecha de consulta 1 de marzo de 2023).

En segundo lugar, estas oficinas tienen encomendadas resolver, conforme a lo previsto legal y reglamentariamente, sobre la adjudicación del uso de los efectos embargados cautelarmente y sobre las medidas de conservación que deban ser adoptadas.

Finalmente, realizan una función de asesoramiento técnico a los juzgados, tribunales y fiscalías, que lo soliciten en materia de ejecución de embargos y decomisos, a los efectos de evitar actuaciones antieconómicas y garantizar, dentro del respeto a la ley y con el cumplimiento de todas las garantías procesales, el máximo beneficio económico. Para ello, la oficina se encarga de realizar un análisis acerca de los costes del mantenimiento y depósito de los bienes, así como su posible depreciación. Aportando soluciones que permitan optimizar los resultados, por ejemplo, la venta anticipada, adjudicaciones de uso provisional, su destrucción, etc. En este punto, es importante que se elaboren protocolos de actuación que atiendan a la naturaleza de los bienes incautados, ya que en ocasiones se requisan bienes con características más singulares que exigen una actuación más inmediata (materia prima, animales...).

Sin embargo, el ámbito de actuación de estas oficinas está limitado al cumplimiento de ciertos requisitos[17]. En primer lugar, como se ha mencionado anteriormente, el objeto debe proceder de actividades delictivas cometidas en el seno de una organización criminal o de tratarse de los delitos los relacionados con el artículo 127 bis del Código penal, no pudiendo la ORGA intervenir cuando los delitos no se encuentren contemplados en su ámbito de actuación. Tampoco cuando se traten de bienes derivados del delito de contrabando y otro tipo de bienes decomisados que por su origen deban integrarse en el Fondo de Bienes Decomisados por tráfico ilícito de drogas y otros delitos relacionados, pues su gestión se encomienda a otros órganos específicos.

---

17 JIMENEZ FRANCO, E., "La oficina de Recuperación y Gestión de Activos..., *Op.cit.,* p. 96.

4. ACTUACIONES PROCESALES DE LA ORGA. LA APLICACIÓN DEL RESULTADO OBTENIDO CON EL DECOMISO

En cuanto al aspecto que más nos interesa destacar acerca de la ORGA es su papel en el proceso penal y de qué manera puede intervenir en el mismo para desarrollar de sus funciones.

En primer lugar, la posibilidad de encomendar las tareas de localización, conservación y la administración de los efectos, bienes, instrumentos y ganancias procedentes de actividades delictivas deja de estar reservada exclusivamente al juez o tribunal. La redacción actual introducida por la LO 1/2015 sobre el artículo 367 septies de la LECRIM, permite que sea solicitada por el órgano judicial del orden penal de oficio o a instancia del Ministerio Fiscal, ya sea al inicio del proceso penal como en la fase de ejecución. En este último caso, además, el Letrado de la Administración de Justicia también se encuentra autorizado. Con la reforma también se amplió esta posibilidad a la propia ORGA, de forma que puede solicitar su propia intervención al juez y, así, se contiene en el artículo 9 del RD 93/2018. En ningún caso su actuación podrá ser solicitada por otras entidades, particulares o a petición de las Fuerzas y Cuerpos de Seguridad, ni tampoco por órganos jurisdiccionales de otros órdenes.

Por su parte, el Ministerio Fiscal también podrá solicitar el auxilio de este órgano, pero limitado a las funciones de averiguación y localización, en los expedientes de cooperación judicial internacional, en el procedimiento de decomiso autónomo y en la fase preprocesal de diligencias de investigación, actuación que permitiría al Fiscal aportar una querella con una información patrimonial completa que facilitaría la indagación criminal. No debemos olvidar que, en la delincuencia económica es habitual la utilización de estructuras societarias complejas, uso de testaferros, etc., y que con este auxilio de las oficinas en las investigaciones criminales facilitar la persecución de estos delitos.

Para solicitar este auxilio, se remitirá a la oficina el testimonio de la resolución del órgano judicial o del decreto del fiscal que solicite la intervención. No obstante, una vez acordada su intervención, su actuación se limitará a cumplir con el auxilio lo solicitado, ya sean actuaciones de investigación patrimonial o de tareas de conservación y administración. En caso de solicitarse en fase de ejecución deberá acompañarse a la sentencia firme, la resolución judicial o el decreto del LAJ que encomiende a la ORGA la realización.

En segundo lugar, la intervención de la ORGA en el proceso no se limita a las anteriores funciones, sino que, además, el artículo 367 quater de la LECRIM le otorga la capacidad para solicitar al juez, junto al resto de legitimados–Ministerio Fiscal y el resto de partes- la realización anticipada de los efectos de lícito comercio. No obstante, en los supuestos de que el embargo provenga de la ejecución de una resolución extranjera a través del reconocimiento mutuo de resoluciones judiciales, deberá obtenerse previamente autorización del Estado emisor.

Esta solicitud puede atenderse sin esperar a la firmeza del fallo, y siempre que no se trate de piezas de convicción o que deban quedar a expensas del procedimiento. Tampoco se autorizará cuando esté pendiente de resolución el recurso interpuesto por el interesado contra el embargo o decomiso de dichos bienes, o la medida resulte desproporcionada, a la vista de los efectos que pudiera suponer para el interesado y, especialmente, de la mayor o menor relevancia de los indicios en que se hubiera fundado la resolución cautelar de decomiso[18].

---

[18] En la SAN núm.173/2022, de 1 de abril (Sala de lo Penal, Sección 3º), se desestima el recurso de apelación planteado por la empresa titular de los vehículos embargados, sobre los cuales se acordaba su realización anticipada por la ORGA. Se discute únicamente la proporcionalidad de la medida de realización anticipada de los vehículos por la ORGA que, como solución a esa depreciación derivada del transcurso del tiempo. La recurrente entiende más proporcionado e idóneo para los mismos fines -aseguramiento de las responsabilidades pecuniarias y

De no concurrir esas circunstancias, los supuestos en los que la ley sí permite esta realización anticipada de los efectos son: a) Cuando sean perecederos; b) Cuando su propietario haga expreso abandono de ellos; c) Cuando los gastos de conservación y depósito sean superiores al valor del objeto en sí; d) Cuando su conservación pueda resultar peligrosa para la salud o seguridad pública, o pueda dar lugar a una disminución importante de su valor, o pueda afectar gravemente a su uso y funcionamiento habituales; e) Cuando se trate de efectos que, sin sufrir deterioro material, se deprecien sustancialmente por el transcurso del tiempo; f) Cuando, debidamente requerido el propietario sobre el destino del efecto judicial, no haga manifestación alguna.

La resolución anticipada de los bienes embargados o decomisados es una cuestión que, lógicamente, se recurre por los afectados en la mayoría de los casos con base a razones de falta de proporcionalidad o la ausencia de vínculos con la actividad delictiva, así como los perjuicios irreparables que podría ocasionar su ejecución ante una resolución absolutoria. Así, por ejemplo, en el Auto de la AN (Sala de lo Penal, Sección 4°) núm. 23/2023, de 18 de enero de 2023, se resuelve un recurso de apelación en estos términos desestimando el recurso. Y ello, con base en argu-

---

preservación de sus derechos como titular de los bienes, evitando perjuicios irreparables- que se le devuelva la posesión de sus vehículos, con prohibición de enajenarlos y obligación de conservarlos y soportar sus gastos de mantenimiento. Además, de entiende que no existen indicios de que los vehículos hayan servido de instrumento para la comisión del delito o que provengan de dicha comisión. Recurso que se desestima por entender acorde al principio de proporcionalidad el Auto recurrido, ya que la apelante no ha aportado prueba de que la devolución de la posesión impidiera la depreciación o produjera una revalorización. De hecho, se concluye que dicha depreciación solamente puede evitarse mediante la realización y la consignación del precio obtenido, bien para su aplicación al pago de las responsabilidades pecuniarias, en caso de condena de la titular, bien para su devolución a esta, en el supuesto de que resulte exonerada.

mentos como la posibilidad contemplada en la ley de acordar esta medida sobre efectos que, no siendo piezas de convicción ni debiendo quedar a expensas del procedimiento, se encuentren en alguno de los casos prevenidos en el artículo 367 quater LECrim como, por ejemplo, la depreciación sustancial por el transcurso del tiempo, aunque no sufra un deterioro material. Y, siempre que no exista un recurso frente a la medida cautelar real acordada pendiente de resolver, ni sea una medida desproporcional con las consecuencias para el afectado.

No siendo suficiente las alegaciones de los recurrentes aludiendo en términos generales la inexistencia de depreciación o disminución de su valor que obligue a una realización anticipada, o, que la actuación de la ORGA en su labor de gestión pueda provocar una pérdida de valor, etc., sin aportar pruebas o informes periciales que refuercen dichas afirmaciones. Y, es que, especialmente cuando se tratan de medidas acordadas sobre vehículos constituye un hecho notorio que estos sufren una depreciación por el uso y el transcurso del tiempo.

Con lo cual, con su inmediata transformación se consigue una cantidad líquida que en caso de sentencia condenatoria se le daría el dictamen legalmente previsto; pero de recaer un fallo absolutorio, se procedería su devolución al interesado. En ninguno de estos casos se producen perjuicios al afectado, ya que la suma de dinero, que se pueda obtener por la realización anticipada de dichos bienes, será muy superior a la que se pudiera alcanzar en fase de ejecución de sentencia, lo que sí provocaría una importante depreciación de su valor. De ahí que, las medidas propuestas habitualmente por los recurrentes como son su devolución al propietario, en calidad de depositario, carecen de la eficacia necesaria para preservar el valor de los bienes durante la pendencia del proceso.

Por otro lado, en la previsión del párrafo segundo del artículo 367.3 quinquies de la LECRIM, que recoge los criterios para la realización de los efectos judiciales decomisados, se incluye a la ORGA como posible adjudicatario del producto obtenido con la realización de los efectos, junto a y a los órganos del Ministerio Fiscal encargados de la represión de las actividades de las organizaciones criminales, sin perjuicio de las adjudicaciones que deban acordarse a favor del Fondo de bienes decomisados por tráfico ilícito de drogas y otros delitos relacionados.

Con respecto al procedimiento de realización deberá llevarse a cabo por las disposiciones reglamentaria. No obstante, este precepto impone la necesidad de conceder siempre audiencia al Ministerio Fiscal y a los interesados. Además, se establece como criterio general que su realización sea a través de persona o entidad especializada, o bien, por medio de subasta pública. No obstante, si su valor fuera irrisorio o su realización por las mencionadas entidades fuera antieconómico, podría acordarse su entrega a entidades sin ánimo de lucro o a las Administraciones públicas. El producto que se obtenga de la realización de efectos, bienes, instrumentos y ganancias deberá asignarse, en primer lugar, a cubrir los gastos de conservación de los bienes y del propio procedimiento de realización. El posible remanente se ingresará en la cuenta de consignaciones del juzgado o tribunal, y quedará afectado al pago de responsabilidad civil y costas. A excepción de los supuestos de reconocimiento mutuo de resoluciones donde el resultado del decomiso deba aplicarse conforme a otros criterios.

Finalmente, el artículo 367 sexies de la LECRIM recoge las posibilidades de acordar el uso provisional de los bienes o efectos decomisados cautelarmente, e incluye a la ORGA en este procedimiento como legitimado para solicitar esta medida, que también podrá solicitar el Ministerio Fiscal o, bien, acordarse de oficio. En cualquier caso, deberá darse audiencia siempre al interesado. Este uso provisional del bien sobre el que recae la medida cautelar no podrá ser acordado si existe un recurso sobre la resolución del embargo o decomiso pendiente de resolver o resulta desproporcionado. Y es que, la utilización provisional del bien o efecto será procedente en los mismos supuestos del apartado 1 del artículo 367 quater – a excepción de los productos perecederos- siempre que su aprovechamiento suponga de mayor valor que con la realización anticipada, o no se considere procedente la realización anticipada de los mismos; e igualmente, cuando sean especialmente idóneos para la prestación de un servicio público.

No obstante, la intervención de la ORGA no se limita al hecho de poder solicitar el uso provisional del efecto decomisado cautelarmente. Como dispone este precepto, desarrollado reglamentariamente en el artículo 3 del RD 948/2015, se le atribuye a la ORGA el deber de resolver sobre la adjudicación del uso y las medidas de conservación que deban ser adoptadas. Y, además, se le impone la obligación de informar sobre estos extremos al juez y al Fiscal.

En definitiva, la intervención de la ORGA como instrumento colaborador en los procesos penales reporta numerosos beneficios, tanto en las fases iniciales de investigación, como en la fase de ejecución. Puesto que, a través de sus funciones de gestión se logra optimizar los resultados obtenidos [19]. Estos beneficios, además de poder destinarse al resarcimiento de la víctima, repercuten directamente a la sociedad, pues se convierte en una fuente de ingresos para el erario público que permite destinar el producto obtenido a proyectos sociales como los programas de atención a las víctimas del delito (con especial atención a las víctimas de terrorismo, violencia de género, trata de seres humanos, etc.), y a sufragar otras medidas dirigidas a fortalecer las instituciones dedicadas a la lucha contra el crimen organizado.

De hecho, los primeros resultados que se obtuvieron en 2019 de la gestión sobre los bienes decomisados por la oficina han permitido invertir un total de 954.000 euros para financiar programas de atención a víctimas y en la mejora de dotaciones de las Fuerzas y Cuerpos de Seguridad del Estado[20]. De los expe-

---

19 CARRILLO DEL TESO, A.E., *Decomiso y recuperación…*, *Op.cit.*, p. 283.

20 Noticia publicada en Diario del Derecho de 20 de marzo de 2019, sección Actualidad, disponible en https://www.iustel.com/dia-

dientes finalizados en 2020, la ORGA ha obtenido 2.030.425 euros, de los cuales, 603.382 euros se destinan a proyectos de lucha contra la criminalidad organizada y de asistencia a las víctimas de delitos; 574.661, al pago de las indemnizaciones a las víctimas; y los 852.382 restantes han sido transferidos al Tesoro[21]. Por todo ello, se hace necesario incentivar el desarrollo de dicho organismo.

---

rio_del_derecho/noticia.asp?ref_iustel=1186714&titulo=justicia%20financiar%C3%A1&texto= (fecha de consulta 31 de mayo de 2019).

21 Noticia publicada en por el Ministerio de Justicia en: https://www.mjusticia.gob.es/es/ministerio/gabinete-comunicacion/noticias-ministerio/210513-la-orga-distribuye-mas-de-600000-euros (fecha de consulta 13 de mayo de 2021).

Referencias Bibliográficas

AGUADO CORREA, T., "Nuevas tendencias jurisprudenciales en las relaciones entre los delitos de tráfico de drogas y contrabando", *Revista de Derecho Penal y Criminología,* núm. 5, 2000, págs. 245- 264.

AGUADO CORREA, T., *El comiso,* Edersa, Madrid, 2000.

AGUADO CORREA, T., "La regulación del comiso en el proyecto de modificación del Código penal", *Revista Electrónica de Ciencia Penal y Criminología,* núm. 5, 2003, págs. 1-24.

AGUADO CORREA, T., "Embargo preventivo y comiso en los delitos de tráfico de drogas y otros relacionados: presente y ¿futuro?", *Estudios Penales y Criminológicos,* núm. 33, 2013, págs. 265-320.

AGUADO CORREA, T., "Decomiso de los productos de la delincuencia organizada: Garantizar que el delito no resulte provechoso", *Revista Electrónica de Ciencia Penal y Criminología,* núm. 15, mayo- 2013, págs.1-27.

AGUADO CORREA, T., "Comiso crónica de una reforma anunciada: análisis de la Propuesta de Directiva sobre embargo y decomiso de 2012, y del proyecto de reforma del Código penal de 2013", *Indret: Revista para el Análisis del Derecho,* núm. 1, enero-2014, págs.1-56.

AGUADO CORREA, T., "La Directiva 2014/42/UE sobre embargo y decomiso en la Unión Europea. Una solución de compromiso a medio camino", *Revista General del Derecho Europeo,* núm. 35, 2015, págs. 1-34.

AGUADO CORREA, T., "Normas mínimas sobre decomiso de los instrumentos y del producto de la delincuencia organizada en la Unión Europea (Directiva 2014/42/UE) y su incorporación al derecho español" en ZUÑIGA RODRÍGUEZ, L. (Dir.), *Criminalidad organizada trasnacional: una amenaza a la seguridad de los Estados democráticos,* Tirant lo Blanch, Valencia, 2017, págs. 551-590.

AGUADO CORREA, T., "Embargo y decomiso en la propuesta de directiva sobre recuperación y decomiso de activos: garantizar que el delito no resulte provechoso a costa de las garantías", *Revista Electrónica de Ciencia Penal y Criminología,* núm. 25-34, 2023, págs. 1- 49.

AGUDO FERNÁNDEZ, E., JAÉN VALLEJO, M. y PERRINO PÉREZ, A.L., *Penas, medidas y otras consecuencias jurídicas del delito,* Dykinson, Madrid, 2017.

ALARCÓN- JIMÉNEZ, O., "La aportación del Consejo de Europa en la lucha contra el crimen organizado", en GALÁN MUÑOZ, A.; MENDOZA CALDERÓN, S. (Coord.) *Globalización y lucha contra las nuevas formas de criminalidad transnacional*, Tirant lo Blanch, Valencia, 2019, págs. 96-107.

ALEXY, R. "Los derechos fundamentales y el principio de proporcionalidad", *Revista española de Derecho constitucional*, núm. 91, 2011, págs. 11-29.

ANANÍAS ZAROR, I., "El comiso de ganancias", *Revista de Estudios de la Justicia*, núm. 21, 2014, págs. 153-196.

ANTÓN ONECA, J., "Historia del Código penal de 1822", *Anuario de Derecho Penal y Ciencias Penales*, Tomo 18, Fasc./Mes 2, 1965, págs. 263-278.

ANTÓN ONECA, J., "El Código penal de 1848 y D. Joaquín Francisco Pacheco", *Anuario de Derecho Penal y Ciencias Penales*, Tomo 18, Fasc./Mes 3, 1965, págs. 473- 496.

ANTÓN ONECA, J., "El Código penal de 1870", *Anuario de Derecho Penal y Ciencias Penales*, Tomo 23, Fasc./Mes 2, 1970, págs. 229- 252.

ANZOLA, A., "La ejecución de las resoluciones de decomiso de activos virtuales en España", *Revista General de Derecho Procesal*, núm. 57, 2022, págs. 1-25.

ARANGÜENA FANEGO, C., *Teoría general de las medidas cautelares reales en el proceso penal español*, J.M. Bosch Editor, Barcelona, 1991.

ARANGÜENA FANEGO, C., "Nuevos avances en la armonización de garantías procesales en la Unión europea", en GONZÁLEZ CANO, I. (Dir.), *Cooperación judicial penal en la Unión europea. Reflexiones sobre algunos aspectos de la investigación y el enjuiciamiento en el espacio europeo de justicia penal*, Tirant lo Blanch, Valencia, 2015, págs. 267-316.

ARANGÜENA FANEGO, C., "Protección y reparación de la víctima en la Unión Europea", en GONZÁLEZ CANO, I. (Dir.), *Integración europea y justicia penal*, Tirant lo Blanch, Valencia, 2018, págs. 125-162.

ARANGÜENA FANEGO, C. y DE HOYOS SANCHO, M., *Garantías procesales de investigados y acusados. Situación actual en el ámbito de la Unión Europea*, Tirant lo Blanch, Valencia, 2018.

ARMENTA DEU, T.; GASCÓN INCHAUSTI, F., y CEDEÑO HERÁN, M., *Derecho procesal penal en la Unión Europea: tendencias actuales y perspectivas de futuro*, Colex, Madrid, 2006.

ARROYO ZAPATERO, L., "Principio de legalidad y reserva de ley en materia penal", *Revista española de Derecho constitucional*, núm. 8, 1983, págs. 9-46.

ARROYO ZAPATERO, L., "Derecho penal económico y Constitución", *Revista penal*, núm. 1, 1998, págs. 1-16.

ASENCIO GALLEGO, J. M., "Presunción de inocencia y presunciones *iruis tantum* en el proceso penal", *Revista General del Derecho Procesal*, núm. 36, págs. 1-51.

ASENCIO MELLADO, J. M., *Derecho procesal penal*, 1° ed., Tirant lo Blanch, Valencia, 1998.

ASENCIO MELLADO, J. M., "La responsabilidad civil derivada del delito en el Código penal", en DÍAZ-MAROTO Y VILLAREJO, J. y GONZÁLEZ-CUELLAR GARCÍA, A. (Dir.), *Derecho y justicia penal en el siglo XXI: «liber amicorum» en homenaje al profesor Antonio González-Cuéllar García*, Colex Madrid, 2006, págs. 49-68.

ASENCIO MELLADO, J. M., "La lucha contra la corrupción. El delito de enriquecimiento ilícito", en ALCARAZ RAMOS, M. (Dir.), *El estado de derecho frente a la corrupción urbanística*, La Ley, Madrid, 2007.

ASENCIO MELLADO, J.M., *La acción civil en el proceso penal*, Ara editores, Perú, 2010.

ASENCIO MELLADO, J.M., "La reforma del sistema de medidas cautelares", en ASENCIO MELLADO, J. M. y FUENTES SORIANO, O. (Dir.), en *La reforma del proceso penal*, La Ley, Madrid, 2011, págs. 296-362.

ASENCIO MELLADO, J. M., *Derecho procesal penal*, 7° ed., Tirant lo Blanch, Valencia, 2015.

ASENCIO MELLADO, J. M. (Dir.) et Al., *Justicia penal y nuevas formas de delincuencia*, Tirant lo Blanch, Valencia, 2017.

BACHMAIER WINTER, L., "La cooperación judicial penal", en Beneyto Pérez J.M. (Dir.), *Tratado de Derecho y Políticas de la Unión Europea*, Vol. 8: Ciudadanía europea y Espacio de Libertad, Seguridad y Justicia, Aranzadi, Cizur Menor (Navarra), 2016, págs. 328-386.

BARONA VILAR, S., *Proceso Penal desde la Historia*, Tirant lo Blanch, Valencia, 2017.

BARONA VILAR, S., "Las medidas cautelares", en MONTERO AROCA, J. (Dir.), Derecho *Jurisdiccional III. Proceso Penal*, Tirant lo Blanch, Valencia, 2018, págs. 272-314.

BECCARIA, C. *Tratado de los delitos y de las penas, Ministerio de Justicia de España*, 2014.

BERDUGO GÓMEZ DE LA TORRE, I., FABIÁN CAPARRÓS, E.A., y RODRÍGUEZ GARCÍA, N., *Recuperación de activos y decomiso. Reflexiones desde los sistemas penales iberoamericanos*, Tirant lo Blanch, Valencia, 2017.

BERDUGO GÓMEZ DE LA TORRE, I., y RODRÍGUEZ GARCÍA, N., *Decomiso* y *Recuperación de activos. Crime Doesn´t pay*, Tirant lo Blanch, Valencia, 2020.

BERMEJO MARCOS, F., "La globalización del crimen organizado", *Eguzkilore: Cuaderno del Instituto Vasco de Criminología,* núm. 23, 2009, págs. 99-115.

BLANCO CORDERO, I., SÁNCHEZ GARCÍA DE PAZ, I., "Principales instrumentos internacionales (de Naciones Unidas y la Unión Europea) relativos al crimen organizado: la definición de la participación en una organización criminal y los problemas de aplicación de la ley penal en el espacio", *Revista Penal,* núm. 6, 2000, págs. 3-14.

BLANCO CORDERO, I., "El Derecho penal y el primer pilar de la Unión Europea", *Revista Electrónica de Ciencia Penal y Criminología,* núm. 6, 2004, págs. 1-26.

BLANCO CORDERO, I., "La aplicación del comiso de adjudicación de contratos públicos obtenida mediante soborno de funcionarios públicos", *Estudios Penales y Criminológicos,* núm. 27, 2007, págs. 39-75.

BLANCO CORDERO, I., "El comiso de ganancias: ¿brutas o netas?", *Diario la Ley,* núm. 7569, 2011, págs. 1-66.

BLANCO CORDERO, I., "Reconocimiento mutuo de resoluciones de decomiso: análisis normativo", en ARANGÜENA FANEGO, C.; DE HOYOS SANCHO, M.; RODRÍGUEZ- MEDEL NIETO, C. (COOR.), *Reconocimiento mutuo de resoluciones penales en la Unión Europea. análisis teórico-práctico de la Ley 23/2014, de noviembre,* Aranzadi, Pamplona, 2015, págs. 389- 408.

BLANCO CORDERO, I., "Responsabilidad penal de las empresas multinacionales por delitos de corrupción en las transacciones comerciales internacionales y *ne bis in ídem*", *Revista Electrónica de Ciencia Penal y Criminología,* núm. 22, 2020, págs. 1-47.

BLANCO CORDERO, I., "El debate en España sobre la necesidad de castigar penalmente el enriquecimiento ilícito de empleados públicos", *Revista Electrónica de Ciencia Penal y Criminología,* núm. 17, 2019, págs. 1-35.

BLANCO CORDERO, I., "La lucha contra el blanqueo de capitales procedentes de las actividades delictivas en el marco de la Unión Europea", *Eguzkilore: Cuaderno del Instituto Vasco de Criminología,* núm. 15, 2001, págs. 7-38.

BLANCO CORDERO, I., "Estrategias modernas de lucha contra las ganancias de origen delictivo: especial referencia a las unexplained wealth orders del Reino Unido", en BERDUGO GÓMEZ DE LA TORRE, I.; RODRÍGUEZ GARCÍA, N. (Coord.), *Decomiso y Recuperación de activos. Crime Doesn´t pay,* Tirant lo Blanch, Valencia, 2020, págs. 561-585.

BRETONES ALCARAZ, F.J., "La criminalidad organizada en nuestro Código Penal: tratamiento anterior y posterior a la LO 5/2010 y LO 1/ 2015", *La Ley,* núm. 5515/2015, págs. 1-22.

CAMPOS NAVAS, D., "Aspectos relativos a la investigación patrimonial: medidas cautelares y comiso", *Estudios Jurídicos*, 2012, págs. 1-41.

CARRILLO DEL TESO, A.E., "La Directiva 2014/42/UE sobre el embargo y el Decomiso de los instrumentos y del producto del delito en la UE: Decomiso ampliado y presunción de inocencia", *Revista de Estudios Europeos*, núm. extraordinario monográfico 1-2017, 2017, págs. 20-32.

CARRILLO DEL TESO, A.E., "La recuperación de activos como estrategia común contra la criminalidad", en BERDUGO GÓMEZ DE LA TORRE, I., FABIÁN CAPARRÓS, E.A. Y RODRÍGUEZ GARCÍA, N., *Recuperación de activos y decomiso. Reflexiones desde los sistemas penales iberoamericanos*, Tirant lo Blanch, Valencia, 2017, págs. 13-32.

CARRILLO DEL TESO, A.E., *Decomiso y recuperación de activos en el sistema penal español*, Tirant lo Blanch, Valencia, 2018.

CARRILLO DEL TESO, A.E., "Recuperación de activos en el sistema penal alemán: luces y sombras del actual régimen de decomiso de ganancias", *Revista Brasileira de Direito Processual Penal*, Vol.6, núm. 2, 2020, págs. 577-616.

CARRILLO DEL TESO, A.E., "Neutralización de la economía del crimen organizado: dónde estamos y hacia dónde vamos", en GARRIDO CARRILLO, F.J. (Dir.), FAGGIANI, V., JIMÉNEZ ARROYO, S., LÓPEZ PICÓ, R., (Coord.,) *Retos en la lucha contra la delincuencia organizada. Un estudio multidisciplinar: garantías, instrumentos y control de los beneficios económicos*, Thomson Reuters Aranzadi, Pamplona, 2021, págs. 121-146.

CARRIZO GONZÁLEZ-CASTELL, A., "La lucha contra la criminalidad organizada como reto de la justicia penal ante una sociedad globalizada: análisis comparado de la infiltración policial en las regulaciones española y portuguesa", en Pérez-Cruz Martín, A.J. (Dir.), *Los retos del Poder Judicial ante la sociedad globalizada: Actas del IV Congreso Gallego de Derecho Procesal (I Internacional), A Coruña, 2 y 3 de junio de 2011*, Universidad da Coruña, 2012, págs. 337-354.

CARRIZO GONZÁLEZ-CASTELL, A., "La ley 23/2014 de reconocimiento mutuo de resoluciones penales en la Unión Europea", *Revista General de Derecho Europeo*, núm. 36, 2015, págs. 1-23.

CASANOVA MARTÍ, R. Y CERRATO GURI, E., "La emisión de una orden europea de investigación para la obtención de prueba transfronteriza y su introducción en el proceso penal español", *Revista de Derecho Comunitario Europeo*, núm. 62, enero-abril, 2019, págs. 197-232.

CASTELLVÍ MONSERRAT, C., "Decomisar sin castigar", *INDRET; Revista para el análisis del derecho*, núm. enero 2019, págs. 1-66.

CASTILLO MONTERREY, M.A., "El comiso como instrumento para la recuperación de activos producto de la corrupción: su desaprovechada reforma mediante Ley Orgánica 5/2010", en FERNÁNDEZ GARCÍA, J., GORJÓN BARRANCO, M.C.; y ZÚÑIGA RODRÍGUEZ, L. (Coord.), *La reforma penal de 2010,* Ratio Legis Librería Jurídica, Salamanca, 2011, págs. 93-119.

CEREIJO SOTO, A., "Nuevos instrumentos para el decomiso a partir de la Ley 4/2010, de 10 de marzo para la ejecución en la Unión Europea de las resoluciones judiciales de decomiso", *Diario la Ley,* núm. 7457, 2010, págs. 1-36.

CEREZO DOMÍNGUEZ, A.I., *Análisis jurídico-penal de la figura del comiso,* Comares, Granada, 2004.

CHOCLÁN MONTALVO, J.A., *El patrimonio criminal: comiso y pérdida de la ganancia,* Dykinson, Madrid, 2001.

CID CEBRIÁN, M.: "La Ley del fondo de bienes decomisados en causas por narcotráfico", *Actualidad Jurídica Aranzadi,* núm. 23 de noviembre, 1995, págs. 1-4.

COBO DEL ROSAL, M., *Comentarios a la legislación penal española,* Edersa, Madrid, 1985.

COBO DEL ROSAL, M. y ZABALA LÓPEZ-GÓMEZ, C., *Blanqueo de capitales. Abogados, procuradores y notarios, inversores, bancarios y empresarios. (Repercusión en las leyes españolas de las nuevas directivas de la Comunidad Europea): (Estudio doctrinal, legislativo y jurisprudencial de las infracciones y de los delitos de blanqueo de capitales),* CESEJ, 2005, Madrid.

COLMENERO MENÉNDEZ DE LUARCA, M., *Código penal: concordancias, comentarios y jurisprudencia,* Colex, Madrid, 2015.

CONDE FUENTES, J., "La intervención en el proceso penal de terceros afectados por el decomiso", *Revista Penal,* núm. 42, 2018, págs. 55-66.

CONDE FUENTES, J., "La ejecución de resoluciones judiciales de decomiso", en BERDUGO GÓMEZ DE LA TORRE, I.; RODRÍGUEZ GARCÍA, N. (Coord.), *Decomiso y Recuperación de activos. Crime Doesn´t pay,* Tirant lo Blanch, Valencia, 2020, págs. 477-496.

CONDE FUENTES, J., "El Reglamento (UE) 2018/1805 y la ejecución de resoluciones de embargo y decomiso", *La Ley Penal,* núm. 151, Julio-agosto 2021, 2021, págs.1-14.

CORDOBA RODA, J., *Comentarios al Código penal,* Tomo II, Ariel, Barcelona, 1972.

CORTES DOMÍNGUEZ, V., MORENO CATENA, V., *Derecho Procesal Civil. Parte General,* 10º ed., Tirant lo Blanch, Valencia, 2019.

CORTÉS LABADÍA, J.P., "Delito de contrabando", en CAMACHO VIZCAÍNO, A. (Dir.), *Tratado de Derecho penal económico. Parte general,* Tirant lo Blanch, Valencia, 2019, págs. 2257-2304.

CRUZ DE PABLO, J.A. (Coord.), *Comentarios al código penal,* Difusión Jurídica y Temas de Actualidad, Vol. 1 y Vol. 2, Madrid, 2008.

CUCARELLA GALIANA, L.A., "La reforma del código Penal, decomiso de los bienes o efectos procedentes del delito y destrucción y realización anticipada de efectos judiciales", *Revista General de Derecho Procesal,* núm. 36, 2015, págs. 1-9.

CUENCA GARCÍA, MJ., "La criminalidad organizada tras la reforma del código penal español: una visión desde el derecho italiano", *La Ley,* núm. 5666, 2012, págs. 1-35.

CUESTA ARZAMENDI, J.L., de la, MATA BARRANCO, N.J. y BLANCO CORDERO, I., *Adaptación del derecho penal español a la política criminal de la Unión Europea,* Aranzadi, Cizur Menor (Navarra), 2017.

DE HOYOS SANCHO, M., "El principio de reconocimiento mutuo de resoluciones penales en la Unión europea: ¿asimilación automática o corresponsabilidad?", *Revista de Derecho Comunitario Europeo,* núm. 22, Año núm. 9, 2005, págs. 807-842.

DE HOYOS SANCHO, M., "El principio de reconocimiento mutuo como principio rector de la cooperación judicial europea", en JIMENO BULNES, M. (Coord.), *La cooperación judicial civil y penal en el ámbito de la Unión Europea. instrumentos procesales,* J.M. Bosch, Barcelona, 2007, págs. 67-93.

DE HOYOS SANCHO, M., "Aproximación de los procesos penales en la Unión Europea y reconocimiento mutuo de sentencias y resoluciones judiciales tras el Tratado de Lisboa", *Cuadernos Digitales de Formación,* núm.4, 2011, págs. 1-45.

DE HOYOS SANCHO, M., "Algunas dificultades y cuestiones pendientes en la cooperación judicial penal en el ámbito de la Unión Europea relativas a las garantías procesales" en GONZÁLEZ CANO, I. (Dir.), *Integración europea y justicia penal,* Tirant lo Blanch, Valencia, 2018, págs. 89-123.

DE JORGE MESAS, L.F., "El decomiso ampliado en la reforma del Código Penal de 2015: Ley Orgánica 1/20105, de 30 de marzo", *Revista Aranzadi Doctrinal,* núm.7, 2016, págs. 41-56.

DE JORGE MESAS, L.F., *Reconocimiento de las resoluciones penales en la Unión Europea,* Tirant lo Blanch, Valencia, 2016.

De la Mata Barranco, N.J., "Criminalidad organizada en la Unión Europea: criminalidad económica y criminalidad sexual", *Eguzkilore: Cuaderno del Instituto Vasco de Criminología,* núm. 15, 2001, págs. 39-61.

DE LA MATA BARRANCO, N.J., "Las distintas modalidades de decomiso después de la Ley Orgánica 1/2015, de 30 de marzo", *La Ley Penal: Revista de derecho penal, procesal y penitenciario*, núm. 124, 2017, págs.1-11.

DE URBANO CASTRILLO, E., "El nuevo decomiso de bienes", *Revista Aranzadi Doctrinal*, núm. 10, 2015, págs. 27-35.

DE URBANO CASTRILLO, E., "La responsabilidad a título lucrativo", *Revista Aranzadi Doctrinal*, núm. 3, 2017, págs. 103-116.

DIAZ CABIALE, J.A., "El decomiso tras las reformas del código penal y la Ley de enjuiciamiento criminal de 2015", *Revista Electrónica de Ciencia Penal y Criminología*, núm. 18-10, 2016, págs. 1-70.

DÍAZ LÓPEZ, J.A., "El partícipe a título lucrativo tras las reformas del decomiso", *Diario La Ley*, núm. 8667, Sección Doctrina, págs. 1-70.

DÍAZ Y GARCÍA CONLLEDO, M., "Consecuencias jurídicas económicas del delito. Naturaleza jurídica de la responsabilidad civil derivada del delito o falta. La reparación del daño como alternativa a determinadas penas", *Revista de Derecho Penal y Criminología*, Vol. 18, núm. 57-58, 1995, págs. 27-42.

DIEGO DÍAZ-SANTOS, M.R., FABIÁN CAPARRÓS, E.A., *Reflexiones sobre las consecuencias jurídicas del delito*, Tecnos, Madrid, 1995.

DIEZ RIPOLLES, J.F., "La política sobre drogas en España, a la luz de las tendencias internacionales: Evolución reciente", *Anuario de Derecho Penal y Ciencias Penales*, Tomo 40, Fasc./Mes 2, 1987, págs. 347-400.

DOLZ LAGO, M.J., "De nuevo sobre el principio acusatorio y pena legal. Comentario al Acuerdo del Pleno no jurisdiccional de la Sala Segunda del Tribunal Supremo de 27 de noviembre de 2007", *Diario la Ley*, núm. 6917, 2008, págs.1-20.

DOLZ LAGO, M.J., "El decomiso autónomo", *La Ley Penal*, núm. 7523, 2015, págs. 1-12.

DOLZ LAGO, M.J., "Crisis económica y Derecho Penal Económico", *Revista de Ciencias Sociales*, núm. 246, 2017, págs. 57-80.

DOLZ LAGO, M.J., "Los decomisos: aproximación a sus aspectos sustantivos y procesales tras las reformas de 2015", *La Ley Penal: Revista de derecho penal, procesal y penitenciario*, núm. 124, 2017, págs. 1-25.

DOMÍNGUEZ RUIZ, L., "Hacia un régimen eficaz en materia de resoluciones de embargo y decomiso", en JIMÉNEZ CONDE, F.; BELLIDO PENADÉS, R. (Dir.), *Justicia: ¿garantías versus eficiencia?*, Tirant lo Blanch, Valencia, 2019, págs. 657-664.

FABÍAN CAPARROS, E.A., "La regulación del decomiso tras la reforma de la Ley orgánica 1/2015", en BERDUGO GÓMEZ DE LA TORRE, I., FABIÁN CAPARRÓS, E.A. Y RODRÍGUEZ GARCÍA, N. (Dir.), *Recuperación de activos y decomiso. Reflexiones desde los sistemas penales iberoamericanos,* Tirant lo Blanch, Valencia, 2017, págs. 429-448.

FAGGIANI, V., "El principio de reconocimiento mutuo en el espacio europeo de justicia penal. Elementos para una construcción dogmática", *Revista General de Derecho Europeo,* núm. 38, 2016, págs.73-107.

FARALDO CABANA, P., "El comiso en relación con los delitos de tráfico de drogas", *Anuario de Facultade de Dereito da Universidade da Coruña,* núm. 2, 1998, págs. 253-268.

FARALDO CABANA, P., "Algunas propuestas dirigidas a mejorar la recuperación de activos procedentes del crimen organizado", *Revista Penal México,* núm. 5, 2013, págs. 35-47.

FARTO PIAY, T., "El proceso de decomiso autónomo y el decomiso de bienes de terceros: a propósito de la SAN 6/2020, de 1 de septiembre", *La Ley Penal: Revista de Derecho Penal, Procesal y Penitenciario,* núm. 147, 2020.

FARTO PIAY, T., URIARTE VALIENTE, L.M., "La posición del tercero frente al decomiso de bienes en el proceso penal", *La Ley Penal: Revista de Derecho Penal, Procesal y Penitenciario,* núm. 145, 2020, págs. 1-34.

FARTO PIAY, T., "La privación de activos sin condena penal como estrategia de lucha frente a la delincuencia organizada: aspectos procesales", en GARRIDO CARRILLO, F.J. (Dir.), FAGGIANI, V. (Coord.), *Dimensiones operativas y normativas en la lucha contra el crimen organizado. Perspectivas de reforma,* Bosch, Barcelona, 2021, págs. 97-132.

FARTO PIAY, T., "El decomiso autónomo en el proyecto de Directiva de 2022 sobre recuperación y decomiso de activos: los nuevos supuestos y su incidencia en nuestro ordenamiento jurídico interno", *Revista General del Derecho procesal,* núm. 60, 2023, págs. 1-42.

FERNÁNDEZ LÓPEZ, M., "las presunciones en el proceso penal. Análisis a propósito del delito de enriquecimiento ilícito", en ASENCIO MELLADO, J. M. (Dir.), *Justicia penal y nuevas formas de delincuencia,* Tirant lo Blanch, Valencia, 2017, págs. 267-298.

FERNÁNDEZ APARICIO, J.M., "La responsabilidad civil del partícipe a título lucrativo", *Revista de Responsabilidad Civil, Circulación y Seguro,* núm. 4, 2019, págs. 6-29.

FERNÁNDEZ PANTOJA, P., "Consecuencias accesorias", en COBO DEL ROSAL, M. (Dir.), *Comentarios al Código penal,* Edersa, Tomo IV, Madrid, 1999, págs. 933-946.

FERNÁNDEZ PANTOJA, P., "Comentario al artículo 127 del Código penal", en COBO DEL ROSAL, M. (Dir.), *Comentarios al Código penal,* Edersa, Tomo IV, Madrid, 1999, págs. 967-998.

FERNÁNDEZ TERUELO, J.G., "El comiso con particular referencia a su incidencia en el delito del blanqueo de capitales (a raíz de la reforma del Código penal operada por L.O. 5/2010)", en ABEL SOUTO, M., SÁNCHEZ STEWART, N. (Coord.), *II Congreso sobre prevención y represión del blanqueo de dinero,* Tirant lo Blanch, Valencia, 2011, págs. 111-129.

FERNANDO VELÁSQUEZ, V., "Medidas de seguridad", *Revista de Derecho Penal y Criminología,* Vol. 18, núm. 57-58, 1995, págs. 59-78.

FERREIRO BAAMONDE, X.X., "El decomiso y la salvaguarda de los intereses de las víctimas de delitos", en BERDUGO GÓMEZ DE LA TORRE, I.; RODRÍGUEZ GARCÍA, N. (Coord.), *Decomiso y Recuperación de activos. Crime Doesn´t pay,* Tirant lo Blanch, Valencia, 2020, págs. 191- 219.

FIDALGO GALLARDO, C., "Reconocimiento y ejecución de órdenes europeas de decomiso", en González Cano. I (Dir.), *Cooperación judicial penal en la Unión europea. Reflexiones sobre algunos aspectos de la investigación y el enjuiciamiento en el espacio europeo de justicia penal,* Tirant lo Blanch, Valencia, 2015, págs. 473-495.

FOFFANI, l., "Criminalidad organizada y criminalidad económica", *Revista Penal,* núm.7, 2001, págs. 55-66.

FOFFANI, l., "Escándalos económicos y reformas penales: prevención y represión de las infracciones societarias en la era de la globalización", *Revista Penal,* núm. 23, 2009, págs. 33-40.

FUNES BELTRÁN, T., "La creación de la orga tras la reforma del decomiso, y el uso de las tics en sus funciones", en CONDE FUENTES, J. y SERRANO HOYO, G.(Dir.), *La justicia digital en España y la Unión Europea: situación actual y perspectivas de futuro,* Atelier, Barcelona, 2019, págs. 329-337.

FUNES BELTRÁN, T., "La carga de la prueba en el decomiso ampliado", en ASENCIO MELLADO, J.M. y FUENTES SORIANO, O. (Dir.), *El proceso como garantía,* 2023, Atelier, Barcelona, págs. 641-652.

FUSTER- FABRA, J.I., VELASCO SÁNCHEZ, J.C., "Novedades de la reforma de la Ley de Enjuiciamiento criminal", *Economist & Jurist,* Vol. 23, núm. 195, 2015, págs. 10-24.

GANZENMÜLLER ROIG, C., "El comiso. Examen del artículo 374 del Código Penal", *Revista General de Derecho,* núm. 640-641, 1998, págs. 83-100.

GARCÍA ARÁN, M., "Los fines de la pena en el orden constitucional", *Revista Derecho Penal y Criminología,* Vol. 18, núm. 57-58, 1995, págs. 121-126.

GARCIA VICENTE, F., GUILLÉN SORIA, J.M., LAMO RUBIO, J., y SOTO NIETO, F., *Responsabilidad civil, consecuencias accesorias y costas procesales, extinción de la responsabilidad criminal,* Bosch, 1998.

GARCÍA RIVAS, N., "Criminalidad organizada y tráfico de drogas", *Revista Penal,* núm. 2, 1998, págs. 23-34.

GARRIDO CARRILLO, F.J., "La oficina de recuperación y gestión de activos" en FUENTES SORIANO, O. (Coord.), *El proceso penal: Cuestiones fundamentales,* Tirant lo Blanch, Valencia, 2016, págs. 505-522.

GARRIDO CARRILLO, F.J., "La intervención de terceros afectados por el decomiso" en ARANGÜENA FANEGO, C., DE HOYOS SANCHO, M. (Dir.), *Garantías Procesales de Investigados y acusados. Situación Actual en el ámbito de la Unión europea,* Tirant lo Blanch, Valencia, 2018, págs. 493-522.

GARRIDO CARRILLO, F.J., *El decomiso. Innovaciones, deficiencias y limitaciones en su regulación sustantiva y procesal,* Dykinson, Madrid, 2020.

GARRIDO CARRILLO, F.J., "Deficiencias y contradicciones del decomiso de bienes de terceros en la lucha contra el crimen organizado", en GARRIDO CARRILLO, F.J. (Dir.), FAGGIANI, V. (Coord.) *Respuesta institucional y normativa al crimen organizado. Perfiles estratégicos para una lucha eficaz,* Thomson Reuters Aranzadi, Pamplona, 2022, págs. 343-380.

GARRIDO CARRILLO, F.J., "Cuestiones pendientes sobre el decomiso ocho años después. La propuesta de Directiva del Parlamento Europeo y del Consejo sobre recuperación y decomiso de activos", Revista Estudios europeos, núm. Extra-1, 2023, págs. 211-348.

GASCÓN INCHAUSTI, F., "Cooperación Judicial y Decomiso de bienes en la Unión Europea", en *El Derecho Procesal Penal de la Unión Europea. Tendencias actuales y perspectivas de futuro,* Colex, Madrid, 2006, págs. 209-258.

GASCÓN INCHAUSTI, F., "Decomiso, origen ilícito de los bienes y carga de la prueba", en Robles Garzón, J A. (Coord.), *Problemas actuales del proceso iberoamericano. Jornadas Iberoamericanas de Derecho Procesal,* Tomo I, Málaga, 2006, págs. 587-605.

GASCÓN INCHAUSTI, F., "Mutuo reconocimiento de resoluciones judiciales de la Unión Europea y decomiso de bienes", *Cuadernos Digitales de Formación,* núm. 6, 2010, págs. 1-54. (Ponencia).

GASCÓN INCHAUSTI, F., "Decomiso y cooperación internacional: aplicación del principio de reconocimiento mutuo en la Unión Europea", *Estudios jurídicos,* núm. 2011, 2011, págs. 1-41.

GASCÓN INCHAUSTI, F., "Reconocimiento y ejecución de resoluciones judiciales extranjeras en la ley de cooperación jurídica internacional en materia civil", *Cuadernos de Derecho Trasnacional,* Vol. 7, núm. 2, 2015, págs. 158-187.

GASCÓN INCHAUSTI, F., "Las nuevas herramientas procesales para articular la política criminal de decomiso total: la intervención en el proceso penal de terceros afectados por el decomiso y el proceso para el decomiso autónomo de los bienes y productos del delito", *Revista General de Derecho Procesal*, núm. 38, enero -2016, págs.1-71.

GASCÓN INCHAUSTI, F., "El nuevo proceso para el decomiso autónomo de los bienes y productos del delito", en FUENTES SORIANO, O. (Coord.), *El proceso penal: Cuestiones fundamentales*, Tirant lo Blanch, Valencia, 2016, págs. 469-492.

GASCÓN INCHAUSTI, F., "Reconocimiento mutuo de resoluciones de embargo preventivo y aseguramiento de prueba: análisis normativo", en ARANGÜENA FANEGO, C.; DE HOYOS SANCHO, M.; RODRÍGUEZ-MEDEL NIETO, C. (Coord.), *Reconocimiento mutuo de resoluciones penales en la Unión Europea. análisis teórico-práctico de la Ley 23/2014, de noviembre*, Aranzadi, Pamplona, 2015, págs. 323-362.

GANZENMÜLLER ROIG, C., ESCUDERO MORATALLA, J.F., FRIGOLA VALLINA, J., "EL COMISO. EXAMEN DEL ARTÍCULO 374 DEL CÓDIGO PENAL", *REVISTA GENERAL de Derecho*, núm.640-641, 1998, págs. 83-100.

GIMENO BEVIÁ, J., "Recuperación de activos y proceso penal: algunas cuestiones relevantes", *Cuaderno Electrónico de Estudios Jurídicos*, núm. 2, 2014, págs. 169-198.

GIMENO BEVIÁ, J., "Las diligencias de investigación en la lucha ante la criminalidad empresarial", en ASENCIO MELLADO, J. M. (Dir.), *Justicia penal y nuevas formas de delincuencia*, Tirant lo Blanch, Valencia, 2017, págs. 299-321.

GIMENO SENDRA, V., *Derecho procesal Penal*, 2° ed., Colex, Madrid, 2007.

GIMENO SENDRA, V., "Crisis de las medidas cautelares penales y auge de las resoluciones provisionales", Diario La Ley, núm. 7249, La Ley, 2009, págs. 1-27.

GIMENO SENDRA, V., *Derecho Procesal Penal*, 2° ed., Thomson Reuters-Civitas, Cizur Menor (Navarra), 2015.

GISBERT POMATA, M., "El decomiso ampliado", *La Ley Penal*, núm. 124, enero-febrero 2017, págs. 1- 15.

GÓMEZ DE URBANEJA, E., *Comentarios a la Ley de Enjuiciamiento Criminal*, Tomo II, Barcelona, 1951.

GOMEZ TOMILLO, M., "Beneficio ilícito y comiso del beneficio. Particularidades en el Derecho privado y en el Derecho administrativo sancionador", en García Alfaraz, I.; Díaz Cortés, L.M.; Pérez Álvarez, F. (Coord.), *Serta: in memoriam Louk Hulsman*, Ediciones Universidad de Salamanca, España, 2016, págs. 383-399.

GOMEZ TOMILLO, M., *Comentarios al Código Penal*, Lex Nova, Valladolid, 2011.

GOMEZ TOMILLO, M., *Límites entre el derecho sancionador y el derecho privado: daños punitivos, comiso y responsabilidad patrimonial derivada de infracciones administrativa*, Lex Nova, Valladolid, 2012.

GONZÁLEZ CANO, I., *El decomiso como instrumento de la cooperación judicial en la Unión europea y su incorporación al proceso penal español*", Tirant lo Blanch, Valencia, 2016.

GONZÁLEZ CANO, I., "El decomiso ampliado como instrumento de la política criminal de la Unión Europea", en GALÁN MUÑOZ, A.; MENDOZA CALDERÓN, S. (Coord.), *Globalización y lucha contra las nuevas formas de criminalidad transnacional*, Tirant lo Blanch, Valencia, 2019, págs. 311-343.

GONZÁLEZ CANO, I., "Cooperación judicial penal y decomiso ampliado. Algunas reflexiones sobre su incorporación al proceso penal español", en GONZÁLEZ CANO, I. (Dir.), *Integración europea y justicia penal*, Tirant lo Blanch, Valencia, 2018, págs. 483-514.

GONZÁLEZ-CUELLAR SERRANO, N., *Ley de enjuiciamiento criminal y Ley del jurado: concordancias y comentarios a los procedimientos ordinario, abreviado y Ley del jurado*, Colex, Madrid, 2010.

GONZÁLEZ CUSSAC, J.L., "Decomiso y embargo de bienes. Decisión Marco 2005/212 relativa al decomiso de los productos, instrumentos y bienes relacionados con el delito (DO L68 de 15 de marzo de 2005)", *Boletín del Ministerio de Justicia*, Año 60, núm. Extra-2015, 2006 (Ejemplar dedicado a: la armonización del derecho penal español: una evaluación legislativa), págs. 13-19.

GONZÁLEZ CUSSAC J.L.; MATALLÍN EVANGELIO, A.; GÓRRIZ ROYO, E., *Comentarios a la Reforma del Código penal de 2015*, 2ºed. [con la corrección de errores (BOE 11 de junio de 2015)], Tirant lo Blanch, Valencia, 2015.

GONZÁLEZ LÓPEZ, J.J., "Ejecución de Resoluciones de Decomiso", en JIMENO BULNES, M. (Coord.), *La cooperación judicial civil y penal en el ámbito de la Unión Europea. instrumentos procesales*, J.M. Bosch, Barcelona, 2007, págs. 373-392.

GONZÁLEZ PASTRANA, A., "Las medidas cautelares en el proceso penal", *Revista Derecho Penal y Criminología*, Vol. 18, núm. 57-58, 1995, págs. 161-170.

GONZALEZ RUS, J.J, "La criminalidad organizada en el código penal español: propuestas de reforma", *Anales del Derecho*, núm. 30, 2012, págs. 15- 41.

GRANADOS MUÑOZ, C., "El decomiso de los bienes, efectos o ganancias procedentes del delito", *Revista Jurídica de Castilla y León*, núm. 48, 2019, págs. 87-127.

GRACIA MARTÍN, L., "Recensión al Curso de Derecho penal. Parte General I, de Diego Manuel Luzón Peña, Madrid, 1996", *Revista de Derecho Penal y Criminología*, 2ª época, núm. 5, 2000, págs. 363-399.

GRACIA MARTÍN, L., "Consecuencias jurídicas no penales derivadas de la comisión del delito (I): las consecuencias accesorias generales y las específicas para personas jurídicas y entidades sin personalidad jurídica", en GRACIA MARTÍN, L. (Dir.); BOLDOVA PASAMAR, M.A.; ALASTUEY DOBÓN, C., *Lecciones de consecuencias jurídicas del delito*, 5ºed., Tirant lo Blanch, Valencia, 2016, págs. 208-237.

HAVA GARCÍA, E., "La nueva regulación del comiso", en QUINTERO OLIVARES, G. (Dir.), *Comentario a la reforma penal de 2015*, Thomson Reuters Aranzadi, Cizur Menor (Navarra), 2015, págs. 213- 223.

IGLESIAS CANLE, I.C., "La obtención de perfiles genéticos de ADN a través de la Orden Europea de investigación", en LLORENTE SÁNCHEZ-ARJONA, M. (Dir.), *Estudios procesales sobre el espacio europeo de justicia penal*, Aranzadi, Cizur Menor (Navarra), 2021, págs. 211-247.

JAÉN VALLEJO, M.; PERRINO PÉREZ, A.L., "Recuperación de activos derivados del delito: un objetivo prioritario de la reforma penal", *La Ley*, núm. 8545, Sección Doctrina, 22 de mayo de 2015, págs. 1-13.

JESCHECK, H. H.; MIR PUIG, S.; & MUÑOZ CONDE, F., *Tratado de Derecho penal: parte general*, Vol. 1, Bosch, 1981.

JIMENEZ FRANCO, E., "La oficina de Recuperación y Gestión de Activos (ORGA)", en BERDUGO GÓMEZ DE LA TORRE, I.; FABIÁN CAPARRÓS, E.A.; RODRÍGUEZ GARCÍA, N., *Recuperación de activos y decomiso. Reflexiones desde los sistemas penales iberoamericanos*, Tirant lo Blanch, Valencia, 2017, págs. 63-129.

JIMENEZ- VILLAREJO FERNÁNDEZ, F., "Novedades legislativas en materia de decomiso y recuperación de activos", *Revista de Derecho Penal*, núm. 34, 2011, págs. 91-116.

JIMENEZ- VILLAREJO FERNÁNDEZ, F., "La nueva regulación del decomiso y la recuperación de activos delictivos en el ordenamiento jurídico español", *Revista del Ministerio Fiscal*, núm. 0, 2015, págs. 94-145.

JIMENEZ-VILLAREJO FERNÁNDEZ, F., "Recuperación de activos en la Unión europea", en BERDUGO GÓMEZ DE LA TORRE, I.; RODRÍGUEZ GARCÍA, N. (Coord.), *Decomiso y Recuperación de activos. Crime Doesn´t pay*, Tirant lo Blanch, Valencia, 2020, págs. 295-398.

JIMENO BULNES, M., "La orden de detención europea", en JIMENO BULNES, M. (Coord.), *La cooperación judicial civil y penal en el ámbito de la Unión Europea. instrumentos procesales,* J.M. Bosch, Barcelona, 2007, págs. 299-348.

JIMENO BULNES, M., "El derecho procesal comunitario en Europa (y su aplicación en España)", *Derecho y Sociedad,* núm. 49, 2017, págs. 50-62.

JIMENO BULNES, M., "Carta de los Derechos Fundamentales de la Unión Europea: en especial reunificación familiar y lucha contra el terrorismo", *Revista Unión Europea Aranzadi,* núm. 12, 2020, págs. 51-57.

JIMENO BULNES, M., "La orden de detención europea como instrumento procesal en la lucha contra el terrorismo", *Revista Unión Europea Aranzadi,* núm. 12, 2020, págs. 111-152.

JIMENO BULNES, M., "La estrategia de la cooperación judicial europea en materia de intereses financieros", en BERDUGO GÓMEZ DE LA TORRE, I.; RODRÍGUEZ GARCÍA, N. (Coord.), *Decomiso y Recuperación de activos. Crime Doesn´t pay,* Tirant lo Blanch, Valencia, 2020, págs. 267-294.

JUAN SÁNCHEZ, R., *La responsabilidad civil en el proceso penal,* La Ley, Madrid, 2004.

LANDECHO, C.M., *Derecho Penal español parte general: redactado conforme a la LO 1/2015,* Tecnos, Madrid 2015.

LANDROVE DÍAZ, G., *Las consecuencias jurídicas del delito,* 6° ed., Tecnos, Madrid, 2005.

LLORENTE SÁNCHEZ ARJONA, M., "La fiscalía europea y la investigación de la criminalidad organizada y económica", en GONZÁLEZ CANO, I. (Dir.), *Cooperación judicial penal en la Unión europea. Reflexiones sobre algunos aspectos de la investigación y el enjuiciamiento en el espacio europeo de justicia penal,* Tirant lo Blanch, Valencia, 2015, págs. 317-366.

LÓPEZ BARJA DE QUIROGA, J., *Tratado de Derecho procesal penal,* 2° ed., Thomson- Aranzadi, Cizur Menor (Navarra), 2007.

LÓPEZ REY, O., "El Código Penal de 1822: publicación, vigencia y aplicación: en memoria del Prof. Dr. D. José Ramón Casabó Ruiz en el 50 aniversario de su doctorado", *Anuario de Derecho Penal y Ciencias Penales,* Tomo 71, Fasc./Mes 1, 2018, págs. 347- 401.

LÓPEZ PICÓ, R., "La lucha contra la corrupción y el blanqueo de capitales: La oficina de recuperación y gestión de activos", en SANZ HERMIDA, A.M. (Dir.), *La justicia penal del siglo XXI ante el desafío del blanqueo dinero,* Tirant lo Blanch, 2021, págs. 269 – 281.

LÓPEZ YAGÜES, V., "Acerca de la eficacia en la lucha contra la criminalidad organizada, como reto y la circulación y entrega vigilada de drogas u otros bienes como instrumento", en Pérez-Cruz Martín, A.J. (Dir.), Los *retos del Poder Judicial ante la sociedad globalizada: Actas del IV Congreso Gallego de Derecho Procesal (I Internacional) A Coruña, 2 y 3 de junio de 2011*, Universidad da Coruña, 2012, págs. 531 – 542.

LÓPEZ YAGÜES, V., "Eficacia, eficiencia y garantías en el enjuiciamiento penal de la persona jurídica", en *Nuevos hitos en la gestión de controversias: Estado, Justicia, Educación y Empresa,* Dykinson, Madrid, 2021, págs. 387 a 416.

LORENZO SALGADO, J.M, "Directiva 2014/42/UE sobre el embargo y el decomiso de los instrumentos y del producto del delito y la extensión al blanqueo en 2015 del comiso ampliado, previsto inicialmente para la criminalidad organizada transnacional", en ABEL SOUTO, M.; SÁNCHEZ STEWART, N. (Dir.), *VI Congreso Internacional sobre prevención y represión del blanqueo de dinero: Ponencias y conclusiones del congreso internacional sobre el blanqueo: Unión Europea, incidencia en la economía y sociedad digital, aplicación de las reformas recientes e internacionalización del Derecho penal, celebrado en la Facultad de Derecho de la Universidad de Santiago de Compostela, en julio de 2018,*Tirant lo Blanch, Valencia, 2019, págs. 585-588.

LUZÓN PEÑA, D.M., *Lecciones de Derecho. Penal Parte General,* 3°ed., Tirant lo Blanch, Valencia, 2016.

MAGRO SERVET, V., "La pena de comiso del vehículo de motor y ciclomotores en los delitos contra la seguridad del tráfico tras la Ley Orgánica 5/2010", La Ley, núm. 1357, 2011, págs. 1-7.

MANZANARES SAMANIEGO, J.L., "La pena de comiso en el proyecto de Código penal", *Anuario de Derecho Penal y Ciencias Penales,* Tomo 34, Mes 2-3, 1981, págs. 613-652.

MANZANARES SAMANIEGO, J.L., *Las penas patrimoniales en el código penal español. Tras la Ley Orgánica 8/1983,* Bosch, Barcelona, 1983.

MANZANARES SAMANIEGO, J.L., "El comiso. Artículo 48", en *Comentarios a la legislación penal española,* Edersa, Madrid, 1985, págs. 409-429.

MANZANARES SAMANIEGO, J.L., "Aproximación al comiso del nuevo artículo 344 BIS E) del Código penal (Ley orgánica 1/1988, de 24 de marzo, de reforma del código penal en materia de tráfico ilegal de drogas. BOE de 26 del mismo mes), *Boletín de Información del Ministerio de Justicia,* núm. 1500-1502, 1988, págs. 3795-3815.

MANZANARES SAMANIEGO, J.L., "Notas sobre el comiso y la propiedad de tercero", *Actualidad Penal,* núm. 24, 1997, págs. 521-541.

MANZANARES SAMANIEGO, J.L., "Comentarios a la reforma de la parte general del Código Penal conforme al nuevo anteproyecto de Ley Orgánica (y IV): de la responsabilidad civil, las costas, las consecuencias accesorias y la extinción de la responsabilidad criminal (artículos 109 a 137)", *Diario La Ley*, núm. 8003, Sección Doctrina, 17 de enero de 2013, págs.1-14.

MANZANARES SAMANIEGO, J.L., "La receptación civil", *Diario la Ley*, núm. 8238, Sección Tribuna, 2014, págs. 1-10.

MANZANARES SAMANIEGO, J.L., *Comentarios al código penal: (Tras las Leyes Orgánicas 1/2015, de 30 de marzo, y 2/2015, de 30 de marzo)*, *Wolkers Kluwer*, 2016.

MAPELLI CAFFARENA, B.; TERRADILLOS BASOCO, J., *Las consecuencias jurídicas del delito*, Civitas, Madrid, 1990.

MAPELLI CAFFARENA, B., "Los sustitutivos penales en el proyecto de Código penal de 1994", *Revista Derecho Penal y Criminología*, Vol. 18, núm. 57-58, 1995, págs. 137-160.

MAPELLI CAFFARENA, B., "Las consecuencias accesorias en el nuevo código penal", *Revista Penal*, núm. 1, 1998, págs. 43-54.

MAPELLI CAFFARENA, B., *Las consecuencias jurídicas del delito*, 5° ed., Thomson Reuters Aranzadi, Cizur Menor (Navarra), 2012.

MARCHENA GÓMEZ, M.; GONZÁLEZ-CUELLAR SERRANO, N., *La reforma de la ley de enjuiciamiento criminal en 2015*, Ediciones Jurídicas Castillo de Luna, Madrid, 2015.

MARTÍN PÉREZ, J.A., "El comiso de bienes propiedad de «tercero»: análisis del respeto de las reglas sobre titularidad por las sentencias penales (a propósito del Auto TC 125/2004, de 19 de abril)", *Derecho Privado y Constitución*, núm. 19, enero-diciembre 2005, págs. 225-258.

MARTIN DIZ, F., "Propuesta de un modelo procesal penal europeo para delitos transfronterizos", en LLORENTE SÁNCHEZ-ARJONA, M. (Dir.), *Estudios procesales sobre el espacio europeo de justicia penal*, Aranzadi, Cizur Menor (Navarra), 2021, págs. 51-71.

MARTÍN RODRÍGUEZ, P.J., "La emergencia de los límites constitucionales de la confianza mutua en el espacio de libertad, seguridad y justicia en la sentencia del Tribunal de Justicia Aranyosi y Căldăraru", *Revista de Derecho Comunitario Europeo*, núm. 55, 2016, págs. 859-900.

MARTÍN SAGRADO, O., "El decomiso de las sociedades pantalla", *Diario la Ley*, núm. 8768, 2016, págs.1-18.

MARTINEZ-ARRIETA MARQUEZ DE PRADO, C., "El decomiso y la recuperación y gestión de activos procedentes de actividades delictivas", *Cuadernos de Digitales de Formación*, núm. 31, 2017, págs. 1-115.

MARTINEZ-ARRIETA MARQUEZ DE PRADO, C., *El decomiso y la recuperación de activos procedentes de actividades delictivas*, Tirant lo Blanch, Valencia, 2018.

MARTÍNEZ-BUJAN PÉREZ, C., "Consecuencias Jurídicas Económicas en el Sector de la Delincuencia Económica", *Revista Derecho Penal y Criminología,* Vol. 18, núm. 57-58, 1995, págs. 13-22.

MATÍA SACRISTÁN, A., "Los instrumentos normativos de la cooperación judicial penal en la Unión Europea", *Boletín del Ministerio de Justicia,* Año 63, núm. 2086, 2009, págs. 1615-1670.

MENDOZA CALDERÓN, S., "Criminalidad organizada económica y aplicación del principio *ne bis ídem* en la Unión Europea", en González Cano, I. (Dir.), *Cooperación judicial penal en la Unión europea. Reflexiones sobre algunos aspectos de la investigación y el enjuiciamiento en el espacio europeo de justicia penal,* Tirant lo Blanch, Valencia, 2015, págs. 155-189.

MILITELLO, V., "Hacia un Derecho penal europeo contra el crimen organizado", en ABEL SOUTO, M.; SÁNCHEZ STEWART, N. (Dir.), *IV Congreso Internacional sobre prevención y represión del blanqueo de dinero: Ponencias y conclusiones del congreso internacional sobre las reformas de 2010, la justificación de su castigo en la sociedad de la información avanzada y la posibilidad de un Derecho penal europeo, celebrado en Madrid, en julio de 2013,* Tirant lo Blanch, Valencia, 2014, págs. 227- 244.

MIR PUIG, S., "Una tercera vía en materia de responsabilidad penal de las personas jurídicas", *Revista Electrónica de Ciencia Penal y Criminología,* núm. 6, 2004, págs. 1- 17.

MIR PUIG, S., "El principio de proporcionalidad como fundamento constitucional de límites materiales del Derecho penal", en MIR PUIG, S.; QUERALT JIMENEZ, J.J. (Dir.), *Constitución y principios del Derecho Penal: algunas bases constitucionales,* Tirant lo Blanch, Valencia, 2010, págs. 64-104.

MIR PUIG, S.; CORCOY BIDASOLO, M., *Comentarios al Código penal: reforma LO 5-2010,* Tirant lo Blanch, Valencia, 2011.

MIR PUIG, C., *Comentarios al Código Penal: Reforma LO 1-2015 y LO 2-2015,* Tirant lo Blanch, Valencia, 2015.

MOLINA BLÁZQUEZ, C., *La aplicación de las consecuencias jurídicas del delito: estudio práctico,* Bosch, Barcelona, 2005.

MONTERO AROCA, J. (Dir.), *Derecho Jurisdiccional III. Proceso Penal,* Tirant lo Blanch, Valencia, 2018.

MORÁN MARTÍNEZ, R., "España como país ejecutor de decisiones de embargo y decomiso en el Reglamento (UE) 2018/1805", en BERDUGO GÓMEZ DE LA TORRE, I.; RODRÍGUEZ GARCÍA, N. (Coord.), *Decomiso y Recuperación de activos. Crime Doesn´t pay,* Tirant lo Blanch, Valencia, 2020, págs. 449-475.

MORILLAS CUEVA, L., *Teoría de las consecuencias jurídicas del delito,* Tecnos, Madrid, 1991.

MUÑOZ CONDE, F., *Derecho penal. Parte especial,* 13º ed. con Apéndice de puesta al día, Tirant lo Blanch, Valencia, 2001.

Muñoz Conde, F.; García Arán, M. *Derecho penal. Parte general,* 9ºed. revisada y puesta al día conforme a las Leyes Orgánicas 1/2015 y 2/2015, de 30 de marzo, Tirant lo Blanch, Valencia, 2015.

MUÑOZ CUESTA, J., "El comiso: aspectos novedosos introducidos en su regulación por la LO 15/2003, de 25 de noviembre", *Repertorio de Jurisprudencia Aranzadi 2004,* Vol. 6, Tomo LXX, Aranzadi, 2005, págs.1-8.

MUÑOZ CUESTA, J., "Organizaciones y grupos criminales: tipificación penal imprescindible contra esta forma de delincuencia", *Revista Aranzadi Doctrinal,* núm.1/2011, 2011, págs. 33-44 (versión electrónica p.1-16).

MUSACCHIO, V., "La lucha contra la mafia: el decomiso de los bienes en el ámbito nacional y europeo. Una opinión sobre la cuestión", *Revista General de Derecho Penal,* núm. 30, 2018, págs. 1-6.

NAVAS BLÁZQUEZ, J.J., "Cuestiones prácticas relativas al reconocimiento de resoluciones sobre embargo preventivo y aseguramiento de pruebas", en ARANGÜENA FANEGO, C.; DE HOYOS SANCHO, M.; RODRÍGUEZ- MEDEL NIETO, C. (Coord.), *Reconocimiento mutuo de resoluciones penales en la Unión Europea. análisis teórico-práctico de la Ley 23/2014, de noviembre,* Aranzadi, Pamplona, 2015, págs. 363-388.

NEIRA PENA, A.; PÉREZ-CRUZ MARTÍN, A.J., "El decomiso sin condena y la constitucionalidad de las presunciones legales sobre el origen ilícito de los bienes objeto de decomiso", en FUENTES SORIANO, O. (Coord.), *El proceso penal: Cuestiones fundamentales,* Tirant lo Blanch, Valencia, 2017, págs. 464-473.

NEIRA PENA, A., "Decomiso. Entre garantismo y eficacia: las presunciones legales sobre el origen ilícito de los bienes", en BERDUGO GÓMEZ DE LA TORRE, I.; RODRÍGUEZ GARCÍA, N. (Coord.), *Decomiso y Recuperación de activos. Crime Doesn´t pay,* Tirant lo Blanch, Valencia, 2020, págs. 89-122.

NIEVA FENOLL, J., "El procedimiento de decomiso autónomo en especial, sus problemas probatorios", *Diario La Ley,* núm. 8601, 2015, págs. 1-22.

OCAÑA RODRIGUEZ, A., "Una propuesta de regulación del comiso", *Revista de Derecho y Proceso Penal,* núm. 14, 2005, págs.73–102.

OCAÑA RODRIGUEZ, A., *Medidas cautelares reales en el proceso penal y decomiso,* Sepin, Madrid, 2016.

ORMAZÁBAL SÁNCHEZ, G., “La formación del espacio judicial europeo en materia penal y el principio de mutuo reconocimiento. Especial referencia a la extradición y al mutuo reconocimiento de pruebas”, en ARMENTA DEU, T.; GASCÓN INCHAUSTI, F.; CEDEÑO HERÁN, M., (Coord.), *Derecho procesal penal en la Unión Europea: tendencias actuales y perspectivas de futuro,* Colex, Madrid, 2006, págs. 37-73.

ORTELLS RAMOS, M. y CALDERÓN CUADRADO, M.P., *La tutela judicial cautelar en el Derecho español,* Comares, Granada, 1996.

PARRA QUIJANO, J., “Algunos aspectos probatorios del enriquecimiento ilícito”, *Revista de Derecho Penal y Criminología,* Vol. 18, núm.59, 1996, págs. 13-26.

PÉREZ CEBADERA, A., "Presunción de inocencia y decomiso", *Revista de Economía y Negocios Aplicados,* Vol. 22, núm. 13, 2020, págs. 215–232.

PÉREZ CEBADERA, M.A., “Presunción de inocencia y decomiso”, en SANZ HERMIDA, A.M. (Dir.), *La justicia penal del siglo XXI ante el desafío del blanqueo dinero,* Tirant lo Blanch, 2021, págs. 241-267.

PÉREZ MARÍN, M.A., “Sobre el procedimiento para el reconocimiento y la ejecución de las resoluciones de embargo: el Reglamento (UE) 2018/1805”, *Revista Internacional Consinter de Direito,* Año V, núm. IX, 2° semestre, 2019, págs. 749-774.

PÉREZ MARÍN, M.A., “La regulación europea de los derechos de las víctimas”, en GONZÁLEZ CANO, I. (Dir.), *Cooperación judicial penal en la Unión europea. Reflexiones sobre algunos aspectos de la investigación y el enjuiciamiento en el espacio europeo de justicia penal,* Tirant lo Blanch, Valencia, 2015, págs. 367-410.

PÉREZ ROYO, *J. Curso de Derecho Constitucional,* 11° ed., Marcial Pons, Madrid, 2007.

PERIS RIERA, J.M.; PLÁ NAVARRO, C., “Artículo 127”, en COBO DEL ROSAL, M. (Dir.), *Comentarios al Código penal,* Edersa, Tomo IV, Madrid, 1999, págs. 947-966.

PILLADO GONZÁLEZ, E., FARTO PIAY, T., “Decomiso de bienes de terceros: supuestos y presunciones”, en Asencio Mellado, J.M. (Dir.), Rosell Corbelle, A. (Coord.), *Derecho probatorio y otros estudios procesales: Vicente Gimeno Sendra. Liber amicorum,* Ediciones Jurídicas Castillo de Luna, 2020, págs. 1623-1644.

PINO ABAD, M., *La pena de confiscación de bienes en el derecho histórico español,* Dykinson, Madrid, 2015.

PORTAL MANRUBIA, J., “Aspectos sustantivos y procesales del decomiso”, *Revista Aranzadi Doctrinal,* núm. 3, 2016, págs. 1-28.

PUENTE ALBA, L. M., "La nueva regulación del comiso en el Proyecto de Ley Orgánica, de 5 de mayo de 2003, por el que se modifica el código penal", *Actualidad Penal*, núm. 39, 2003, págs. 981-1008.

QUINTERO OLIVARES, G., *Comentarios al nuevo Código penal*, Thomson-Aranzadi, Cizur Menor (Navarra), 2005.

QUINTERO OLIVARES, G., "Sobre la ampliación del comiso y el blanqueo, y la incidencia en la receptación civil", *Revista Electrónica de Ciencia Penal y Criminología*, núm. 12, 2010, págs. 1-20.

QUINTERO OLIVARES, G., *Comentarios al Código Penal Español*, Thomson Reuters-Aranzadi, Vol. I- II, Cizur Menor (Navarra), 2016.

QUINTERO OLIVARES, G., "La globalización y el Derecho penal: un cajón desastre conceptual", en GALÁN MUÑOZ, A.; MENDOZA CALDERÓN, S. (Coord.) *Globalización y lucha contra las nuevas formas de criminalidad transnacional*, Tirant lo Blanch, Valencia, 2019, págs. 19-32.

RAMON RIBAS, E., "La transformación jurídica del comiso: de pena a consecuencia accesoria", *Estudios penales y Criminológicos*, núm. 24, 2002-2003, págs. 517-564.

ROCA DE AGAPITO, L., *El sistema de sanciones en el Derecho Penal Español*, Bosch, Barcelona, 2007.

ROCA DE AGAPITO, L., *Las consecuencias jurídicas del delito*, Tirant lo Blanch, Valencia, 2017.

RODRÍGUEZ-GARCÍA, N., "El decomiso como instrumento esencial para la recuperación de activos en la política criminal española del siglo XXI", en JIMENO BULNES, M.; PEREZ GIL, J. (Coord.) *Nuevos horizontes del Derecho procesal: libro-homenaje al Prof. Ernesto Pedraz Penalva*, J.M., Bosch, Barcelona, 2016, págs. 911- 940.

RODRÍGUEZ-GARCÍA, N., "Reflexiones críticas sobre la prueba de la buena fe por los "terceros afectados" por el decomiso de bienes ilícitos", en Asencio Mellado, J.M. (Dir.), Rosell Corbelle, A. (Coord.), *Derecho probatorio y otros estudios procesales: Vicente Gimeno Sendra. Liber amicorum*, Ediciones Jurídicas Castillo de Luna, 2020, págs.1719-1739.

RODRÍGUEZ- MEDEL NIETO, C; SEBASTIÁN MONTESINOS, A., *Manual práctico de reconocimiento mutuo penal en la Unión Europea Preguntas, respuestas y formularios de la Ley 23/14 de 20 de noviembre*, Tirant lo Blanch, Valencia, 2015.

RODRÍGUEZ- MEDEL NIETO, C., "España como país emisor de decisiones de embargo y decomiso en el Reglamento (UE) 2018/1805 en BERDUGO GÓMEZ DE LA TORRE, I.; RODRÍGUEZ GARCÍA, N. (Coord.), *Decomiso y Recuperación de activos. Crime Doesn´t pay*, Tirant lo Blanch, Valencia, 2020, págs. 425-448.

RODRÍGUEZ RAMOS, "Societas delinquere potest! Nuevos aspectos dogmáticos y procesales de la cuestión", *La Ley*, núm. 5, 1996, págs. 1490-1495.

RODRÍGUEZ-PIÑERO BRAVO-FERRER, M., "La agilización del proceso penal, el procedimiento de decomiso autónomo y la ampliación de la apelación en el proyecto de reforma de la Ley de Enjuiciamiento Criminal", *Diario La Ley*, núm. 8527, 2015, págs. 1-12.

ROIG TORRES, M., "La regulación del comiso. El modelo alemán y la reciente reforma española", *Estudios Penales y Criminológicos*, núm. 36, 2016, págs. 199-279.

ROJAS PICHLER, P.A., "La función de la responsabilidad civil ex delicto como herramienta de recuperación de activos ilícitos y de prevención con respecto a los delitos de corrupción pública", en BERDUGO GÓMEZ DE LA TORRE, I.; FABIÁN CAPARRÓS, E.A.; RODRÍGUEZ GARCÍA, N., *Recuperación de activos y decomiso. Reflexiones desde los sistemas penales iberoamericanos*, Tirant lo Blanch, Valencia, 2017, págs. 243- 288.

ROMERO PRADAS, M.I., "Resolución de embargo preventivo de bienes y de aseguramiento de pruebas en la Unión Europea", en González Cano, I. (Dir.), *Cooperación judicial penal en la Unión europea. Reflexiones sobre algunos aspectos de la investigación y el enjuiciamiento en el espacio europeo de justicia penal*, Tirant lo Blanch, Valencia, 2015, págs. 435-471.

ROMERO PRADAS, M.I., "Estado actual del reconocimiento mutuo de las resoluciones de embargo y decomiso", en MORENO CATENA, V.; ROMERO PRADAS, M.I., *Nuevos postulados de la cooperación judicial en la Unión Europea. Libro homenaje a la Prof.ª M.ª Isabel López Cano*, Tirant lo Blanch, Valencia, 2021, págs. 1411-1444.

RUIZ YAMUZA, F.G., "La doble incriminación en el sistema de la euroorden o de la necesidad de una exégesis realista del principio de reconocimiento mutuo. Apuntes en relación con el asunto Puigdemont", *Revista de Derecho Comunitario Europeo*, núm. 61, septiembre- diciembre, 2018, págs. 1059-1090.

SALAS CARCELER.A., "Consecuencias accesorias" en *Penas y medidas de seguridad en el nuevo Código Penal*, Cuadernos de derecho Judicial, núm. 24, 1996, págs. 325-347.

SÁNCHEZ SISCART, J.M. "Cuestiones prácticas relativas al reconocimiento de resoluciones de decomiso", en ARANGÜENA FANEGO, C.; DE HOYOS SANCHO, M.; RODRÍGUEZ- MEDEL NIETO, C. (Coord.), *Reconocimiento mutuo de resoluciones penales en la Unión Europea. análisis teórico-práctico de la Ley 23/2014, de noviembre*, Aranzadi, Pamplona, 2015, págs. 409-440.

SÁNCHEZ SISCART, J.M., "El decomiso tras la reforma del Código Penal operada por la Ley Orgánica 1/2015", *Cuadernos Digitales de Formación*, núm. 30, 2015, págs.1-25.

SÁNCHEZ SISCART, J.M., "La intervención de terceros afectados por el decomiso y el decomiso autónomo. La recuperación y gestión de activos", en *las reformas del proceso penal, Cuadernos Digitales de Formación,* núm. 3, 2016, págs. 1-42.

SANTOS M., "Reglamento (UE) 2018/1805 del parlamento y del consejo de 14 de noviembre de 2018 sobre el reconocimiento mutuo de las resoluciones de embargo y decomiso. Algunas notas desde una perspectiva portuguesa", en LLORENTE SÁNCHEZ-ARJONA, M. (Dir.), *Estudios procesales sobre el espacio europeo de justicia penal,* Aranzadi, Cizur Menor (Navarra), 2021, págs. 293-314.

SERRANO PIEDECASAS, J.R., "Naturaleza jurídica. Procedimiento y atribución del daño. Tres aspectos conflictivos de la responsabilidad civil", *Revista de Derecho Penal y Criminología,* Vol. 18, núm. 57-58, 1995, págs. 43-58.

TORRES AGUILAR, M., "La pena de exilio: sus orígenes en el Derecho romano", *Anuario de historia del derecho español,* vol. 63, núm. 63-64, 1993, págs. 701-786.

VALLÉS CAUSADA, L.M., "La oficina de recuperación y gestión de activos en la escena nacional e internacional: ¿cómo hacer efectivos el embargo y el decomiso?, en DEL CARPIO DELGADO, J. (Dir.), *Criminalidad en un mundo global: criminalidad de empresa, transnacional, organizada y recuperación de activos,* Tirant lo Blanch, Valencia, 2020, págs. 467-494.

VALLÉS CAUSADA, L.M., "La actividad de la Oficina de Recuperación y Gestión de Activos como fuente de prueba para el proceso penal", en Asencio Mellado, J.M. (Dir.), Rosell Corbelle, A. (Coord.), *Derecho probatorio y otros estudios procesales: Vicente Gimeno Sendra. Liber amicorum,* Ediciones Jurídicas Castillo de Luna, 2020, págs. 1903-1928.

VALERO MONTENEGRO, L.H., "Los bienes equivalentes y el riesgo de confiscación en la Ley de extinción de dominio y en el comiso penal", *Revista Via Iuris,* núm.6, 2009, págs. 71-87.

VAELLO ESQUERDO, E., *Las consecuencias jurídicas del delito,* Publicaciones de la Universidad de Alicante, 2010.

VARGAS GONZÁLEZ, P., *El comiso del patrimonio criminal,* Universidad de Salamanca, 2012, tesis doctoral inédita.

VÁZQUEZ IRUZUBIETA, C., "Comentario a la Ley de Enjuiciamiento Criminal- actualizada por la Ley 13/ 2009 de 3 de noviembre, y la LO 5/2010, de 22 de junio", *La Ley,* Madrid, 2010.

VELASCO NÚÑEZ, E., "Crimen organizado: organización y grupo criminal tras la reforma del Código Penal en la LO 5/2010", *La Ley,* núm. 16986, 2011, págs. 1-15.

VELASCO NÚÑEZ, E., "Crimen organizado, internet y nuevas tecnologías", en Pérez-Cruz Martín, A.J. (Dir.), *Los retos del Poder Judicial ante la sociedad globalizada: Actas del IV Congreso Gallego de Derecho Procesal (I Internacional), A Coruña, 2 y 3 de junio de 2011*, Universidad da Coruña, 2012, págs. 246-282.

VIDALES RODRÍGUEZ, C., "Las consecuencias accesorias: decomiso (art.127-127 octies)", en GONZÁLEZ CUSSAC J.L. (Dir.); MATALLÍN EVANGELIO Á.; GÓRRIZ ROYO, E. (Coord.), *Comentarios a la Reforma del Código penal de 2015*, 2ºed. [con la corrección de errores (BOE 11 de junio de 2015)], Tirant lo Blanch, Valencia, 2015, págs. 393-416.

VILLARUBIA MARTOS, F. J., "Algunos apuntes sobre la ejecución del contenido civil de la sentencia penal", Curso Secretarios Judiciales "Ejecución Penal", Centro de Estudios Jurídicos, Madrid, 2013.

VIZUETA FERNÁNDEZ, J., "El comiso de los efectos e instrumentos del delito y el de otros bienes por un valor equivalente a éstos", *Revista General de Derecho Penal*, núm. 6, 2006, págs. 1-31.

VIZUETA FERNÁNDEZ, J., "El comiso de las ganancias provenientes del delito y el de otros bienes por un valor equivalente a éstas", *Revista Penal*, núm. 19, 2007, págs. 162-178.

VIZUETA FERNÁNDEZ, J., "El comiso: ¿consecuencia accesoria de una pena?", *Diario la Ley*, núm. 6643, 2007, págs. 1-13.

VIZUETA FERNÁNDEZ, J., "Delitos contra la seguridad vial: El comiso del vehículo de motor o ciclomotor antes y después de la Ley Orgánica 5/2010 de reforma del Código penal", *Revista Electrónica de Ciencia Penal y Criminología*, núm. 13, 2011, págs. 1-42.

VIZUETA FERNÁNDEZ, J., "La regulación general del comiso en el Código Penal español", *Revista de Derecho Penal*, núm. 19, 2011, págs. 99-145.

VIZUETA FERNÁNDEZ, J., "La regulación española de los decomisos ampliado, desvinculado de la imposición de una pena y de bienes de terceros, tras la Directiva 2014/42/UE del Parlamento Europeo y del Consejo de la Unión Europea", *Diario la Ley*, núm. 10216, 2023, págs. 1-29.

ZARAGOZA AGUADO, J.A., "La cooperación judicial internacional en materia penal en el ámbito de la Unión Europea: especial referencia a la materia de las drogas", *Eguzkilore: Cuaderno del Instituto Vasco de Criminología*, núm. 15, 2001, págs. 63-72.

ZUGALDÍA ESPINAR, J.M., "Societas delinquere potest: análisis de la reforma operada en el Código Penal español por la LO 5/2010, *de 22 de junio", La Ley Penal: Revista de Derecho Penal, Procesal y Penitenciario*, núm. 76, 2010, págs. 1-12.

ZUGALDÍA ESPINAR, J.M., "Las penas previstas en el artículo 129 CP para las personas jurídicas (consideraciones teóricas y consecuencias prácticas), *Revista del Poder Judicial*, núm. 46, 1997, págs. 327-342.

ZUÑIGA RODRÍGUEZ, L., "Tratamiento jurídico penal de las sociedades instrumentales: entre la criminalidad organizada y la criminalidad empresarial", en ZUÑIGA RODRÍGUEZ, L. (Dir.), *Criminalidad organizada trasnacional: una amenaza a la seguridad de los Estados democráticos*, Tirant lo Blanch, Valencia, 2017, págs. 195-246.